修订版

学韩语so easy!•词汇篇

学韩语 so easy! • 词汇篇 修订版

著作人 吴承恩
翻译 卢鸿金
初版发行 2014年 6月
修订版第 1 版發行 2024年 1月
发行人 郑圭道
编辑 李淑姬・白茶欣・李贤秀
封面设计 金娜敬
内部设计 金娜敬・尹智映・朴银斐・咸东春
校对 卢鸿金・金英子
插图 金文秀・宋禹锡
配音 崔现哲・李题因・于海峰

DARAKWON
地址: 韩国京畿道坡州市文发路 211, 邮编10881
Tel: 82-2-736-2031, Fax: 82-2-732-2037
(编辑部 分机: 420~426, 销售部 分机: 250~252)

定价：**21,000 元** (免费MP3下载)

ISBN : 978-89-277-3305-8 (14710)
978-89-277-3272-3 (set)

http://www.darakwon.co.kr
http://koreanbooks.darakwon.co.kr

※可登录DARAKWON网站查阅其他出版物及书籍介绍并免费下载MP3音频。

吴承恩

DARAKWON

序文

〈Korean Made Easy〉 시리즈는 제2언어 혹은 외국어로서 한국어를 공부하는 학습자를 위해 집필되었다. 특히 시간적·공간적 제약으로 인해 정규 한국어 교육을 받을 수 없었던 학습자를 위해 혼자서도 한국어를 공부할 수 있도록 기획되었다. 〈Korean Made Easy〉 시리즈는 초판 발행 이후 오랜 시간 독자의 사랑과 지지를 받으며 전 세계 다양한 언어로 번역되어 한국어 학습에 길잡이 역할을 했다고 생각한다. 이번에 최신 문화를 반영하여 예문을 깁고 연습 문제를 보완하여 개정판을 출판하게 되어 저자로서 크나큰 보람을 느낀다. 한국어를 공부하려는 모든 학습자가 〈Korean Made Easy〉를 통해 효과적으로 한국어를 공부하면서 즐길 수 있기를 바란다.

시리즈 중 〈学韩语 so easy! – 词汇篇〉은 학습자가 맥락 안에서 의미 구조를 바탕으로 어휘의 의미와 쓰임을 익혀 갈 수 있도록 고안되었다. 이 책은 어휘 학습이 주제별로 나열된 어휘 목록을 암기하는 데에서 벗어나야 한다는 고민에서 시작되었다. 어휘의 의미를 어떻게 익히는 것이 효과적인지, 학습한 어휘를 담화 내에서 어떻게 사용해야 하는지, 비슷한 어휘들 간에 어떤 차이가 있는지, 이미 학습한 어휘가 다른 어휘로 어떻게 확장될 수 있는지 저자가 연구해 왔던 것을 이 책에 모두 담아내고자 하였다.

〈学韩语 so easy! – 词汇篇〉은 초급에서 중급 초반에 이르는 약 2,500여 개의 방대한 어휘를 총 100개 과에서 다루고 있다. 어휘의 난이도에 따라 Part 1, Part 2, Part 3의 세 부분으로 구성 방식을 달리하여, 학습자가 맥락 안에서 어휘의 의미와 쓰임을 이해하면서 익힐 수 있도록 제시하였다. 또한 그림이나 사진, 듣기 자료, 어휘의 맥락을 보여 주는 대화 카드, 다양한 연습 문제를 통해 학습자가 어휘를 더 짜임새 있게 학습하고 자연스럽게 활용할 수 있도록 하였다. 이 책은 과가 진행되어 갈수록 어휘 수준이 높아지고 복잡해지며 세분화되지만, 각 과는 주제별로 독립적으로 구성되어 있기 때문에 학습자는 목차에서 제시한 순서와 상관 없이 원하는 주제를 선택하여 공부할 수 있다.

〈学韩语 so easy! – 词汇篇〉은 자료 정리 및 책의 구성, 번역, 책의 제작 과정에서 많은 이의 도움과 열정이 함께 했기에 빛을 볼 수 있었다. 먼저, 이 책의 번역을 담당한 노홍금 교수님의 정확한 번역 덕분에 자칫 오해하기 쉬운 어휘 설명을 분명히 할 수 있었다. 또, 중국인 학습자에게 어떤 방향으로 도움을 줄 수 있을지 여러 가지 아이디어를 제안해 준 션뻬이니(沈贝倪) 씨에게도 감사드리고 싶다. 또한 오랜 원고 집필과 제작 과정을 기다려 주신 정규도 사장님과 멋지게 완성해 주신 다락원의 한국어출판부 편집진께 진심으로 감사드린다.

마지막으로, 늘 곁에서 딸의 꿈이 실현되도록 응원해 주시는 어머니와 하늘에서도 큰딸을 흐뭇하게 지켜보실 아버지께 이 책을 바치고 싶다.

오승은

《Korean Made Easy》系列是为将韩语作为第二语言或外语学习的学习者编写的书。尤其是，编写了这本能使因时间和空间限制而无法接受正规韩语教育的学习者能够自学韩语。《Korean Made Easy》系列自发行初版以后，长期以来一直受到读者的喜爱和支持，并被翻译成世界各地的各种语言，我认为它起到了韩语学习指南的作用。这一次，作为作者，我感到非常荣幸，能够通过反映最新文化、创建例句和补充练习来出版修订版。笔者希望通过本书，能够让所有想学习韩语的更有效地学习韩语，也享受学习韩语的乐趣。

此系列中《学韩语 so easy! – 词汇篇》以词汇的意义构造为基础，并着眼于让学习者熟知词意和用法。过去的词汇学习书籍大多是按照主题分类罗列相关词汇目录的词汇手册，因此学习者很难摆脱暗记词汇的负担。笔者一直苦心研究的是如何掌握词意才最有效、在谈话中应如何使用学习过的词汇、词汇如何扩展词意、学习者认为困难的词汇是否有按照意义加以分类的方法等，这些问题的解决方法都具体呈现在这本书中。

《学韩语 so easy! – 词汇篇》将初级到中级的约2,500个的庞大词汇分为100课加以讨论，为了让学习者理解、熟知词汇使用的脉络，按不同构成分为Part 1, Part 2, Part 3等三个部分。通过视觉的形象、听力资料、呈现词汇使用脉络的对话卡片以及多样的练习问题，学习者能够更有条理地学习词汇，进而实话使用。本书随课程的进行，词汇的水平将越来越高并且词意也愈发复杂、细分化，但由于每一课都属独立构成，学习者无需依循目录的顺序，可按自己所需要的主题有选择地加以学习。

《学韩语 so easy! – 词汇篇》的出版在资料整理、内容构成、翻译、编辑过程中，得到了许多人的关心和热情支持。首先要感谢负责此书翻译的卢鸿金教授，由于有卢教授精确的翻译，极易混淆的词汇，才得以明确地加以说明。此外，还要感谢对于中国学习者应以何种方法加以指导，为我提供思路的沈贝倪。在此，还要向耐心等待原稿执笔和制作过程的郑圭道社长，以及为满足笔者要求，使每一课都有多样变化的多乐园韩国语出版部编辑表示谢忱。

最后，我要将此书献给无时无刻不在身边为女儿的梦想祷告的母亲，以及虽然已不在人世，但我相信比任何人都要对女儿的成果感到欣慰的父亲。

吴承恩

本书的使用方法

Part ①

Part 1大致在10个主题下，分为60课，针对在日常生活中常用的基础、核心词汇加以学习。目标词汇分别以听力资料和练习问题形态加以提示，在熟悉词汇的过程中，掌握词汇的意义和发音，并可扩充为谈话形态。

请将学习过的单词应用在对话中。

例 A 방이 어디에 있어요?
B 방이 2층 왼쪽에 있어요.

Track 096

韩语小单词

▶ 掌握目标词汇的意义和实用脉络

学习者通过视觉材料，先凭直觉理解每一单元应熟悉的目标词汇的意义与脉络后，再经解答问题，明确掌握词汇的意义和用法。

QR码

每个录制的语音文件都以QR码的形式提供，因此您可以立即检查清晰的发音和速度，并且您可以从Darakwon网站下载所有MP3文件。

答案

问题的答案通过翻译和标准答案进行核对，将其与听力资料比较，亦可加以检查，这可以帮助学习者独自学习时练习目标词汇的发音。学过的词汇可利用对话卡片进行确认、练习词汇使用的脉络。

对话卡片

目标词汇使用的脉络使用基本的谈话加以提示，学习者即便是自学，也可从听力资料中的内容掌握词汇的用法。对话卡片的台本收录于附录中。

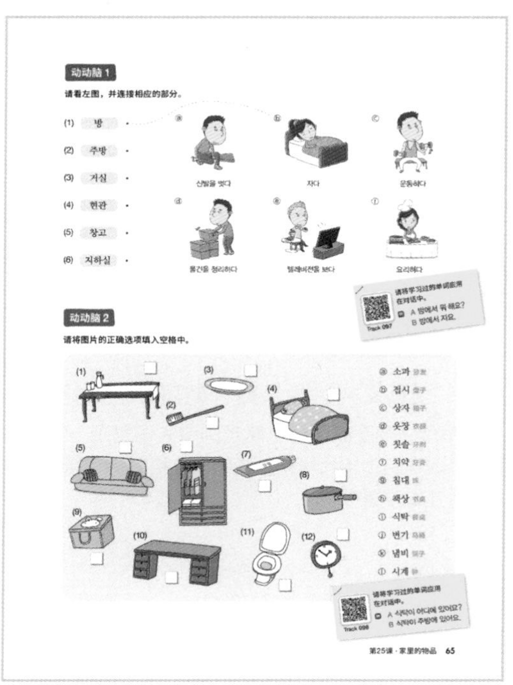

动动脑

▶ 从目标词汇，扩张为多样的词汇，加以练习

动动脑1和**动动脑2**将提示的**动动脑**与**韩语小单词**中学过的词汇加以连贯，以练习问题的形态提示，如同**韩语小单词**一般，在解答练习问题之后，可通过附录的答案纸和听力资料确认答案，并且利用对话卡片加以练习。

贴心小叮咛!

整理出学习者经常出现错误的词汇意义或发音。

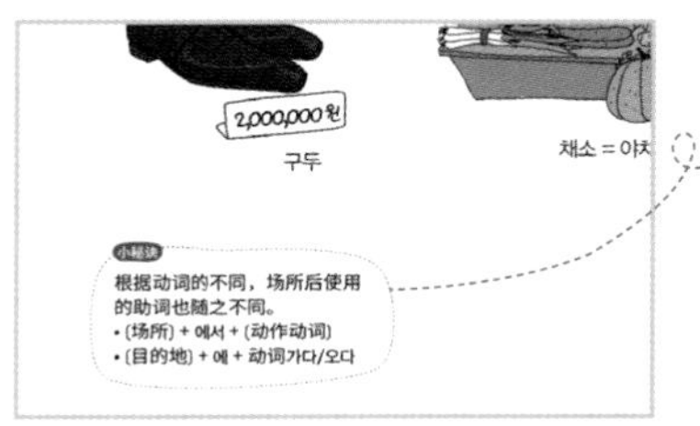

小秘诀

揭示在目标词汇使用的脉络中，学习者要注意的内容。

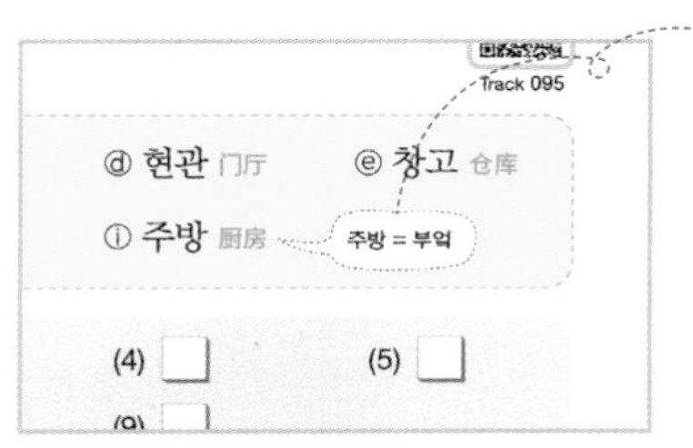

对话气泡

确认该词汇的同义词和反义词等简单有益的词汇。

Part ②

大致由4大主题、20课构成的Part 2比Part 1难度更高，以句子或表现的词汇为对象，将词汇范畴化，让学习者更易理解。此外，每一课的练习问题均加以多样提示，学习者可正确理解词汇的用法。

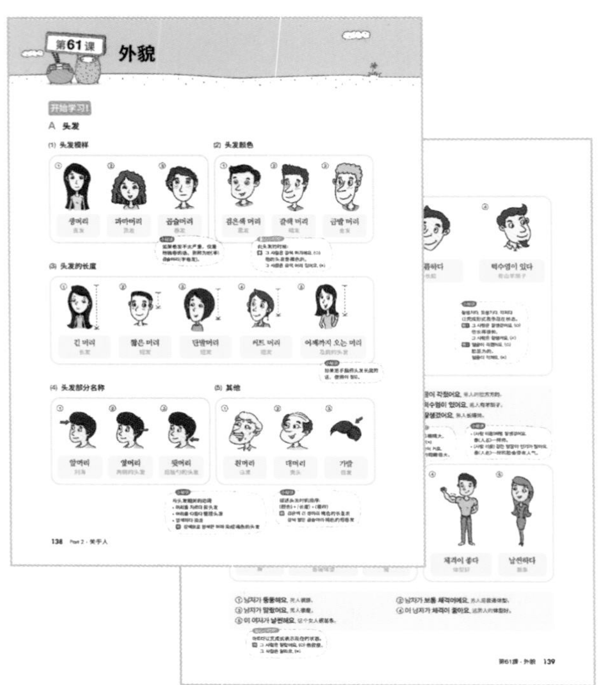

开始学习!

▶ 以意义构造为基础，将目标词汇组织化

Part 2的目标词汇与简短例句共同呈现，可直接确认词汇使用的脉络。与Part 1相同，目标词汇下方注有汉语译文。

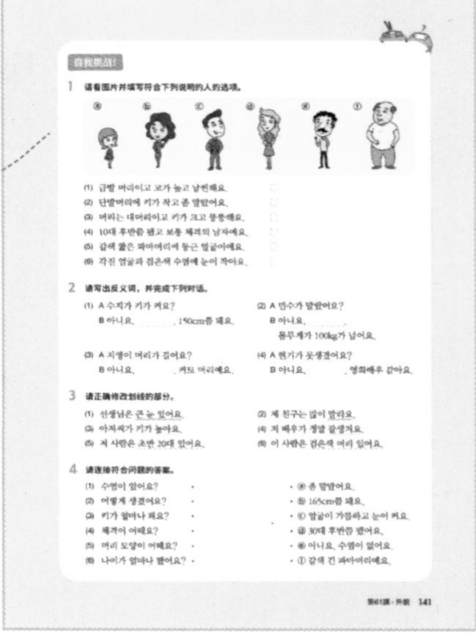

自我挑战!

▶ 以多样的练习，确认词汇的用法

以练习形式呈现的自我挑战!并不仅单纯地确认词汇的意义，还可了解词汇在句子中的应用，并通过多样的练习问题加以确认。

Part ③

大致由3大主题、20课构成的Part 3词汇的难度最高，抽象的词汇也很多。主要由多义词、句子延伸的表现、近义词等学习者最易混淆的词汇所组成，并揭示韩语语法特征中的词类别特征。

开始学习!

▶ 区别意义的差异

每一课的目标词汇以词汇的意义为中心，区分为几个下属范围，在各自的下属范围中共同揭示形象、说明和例句，从而掌握微妙的词汇意义差异。

▶ 直接确认复杂的词汇意义和用法

Part 3的目标词汇具有许多复杂和多义的现象，在学习各领域的词汇之后，可立即解答下方简单的考考自己!，确认词汇的意义和用法。

★ 听力台本

收录Part 1的对话卡和听力练习问题的录音资料台本。

★ 词汇目录

100课中出现的所有词汇包含页数，以字母顺序加以提示。

目录

Part 1

日常生活

食物

闲暇

人

Part 2

Part 3

动词

表现

语言

附录

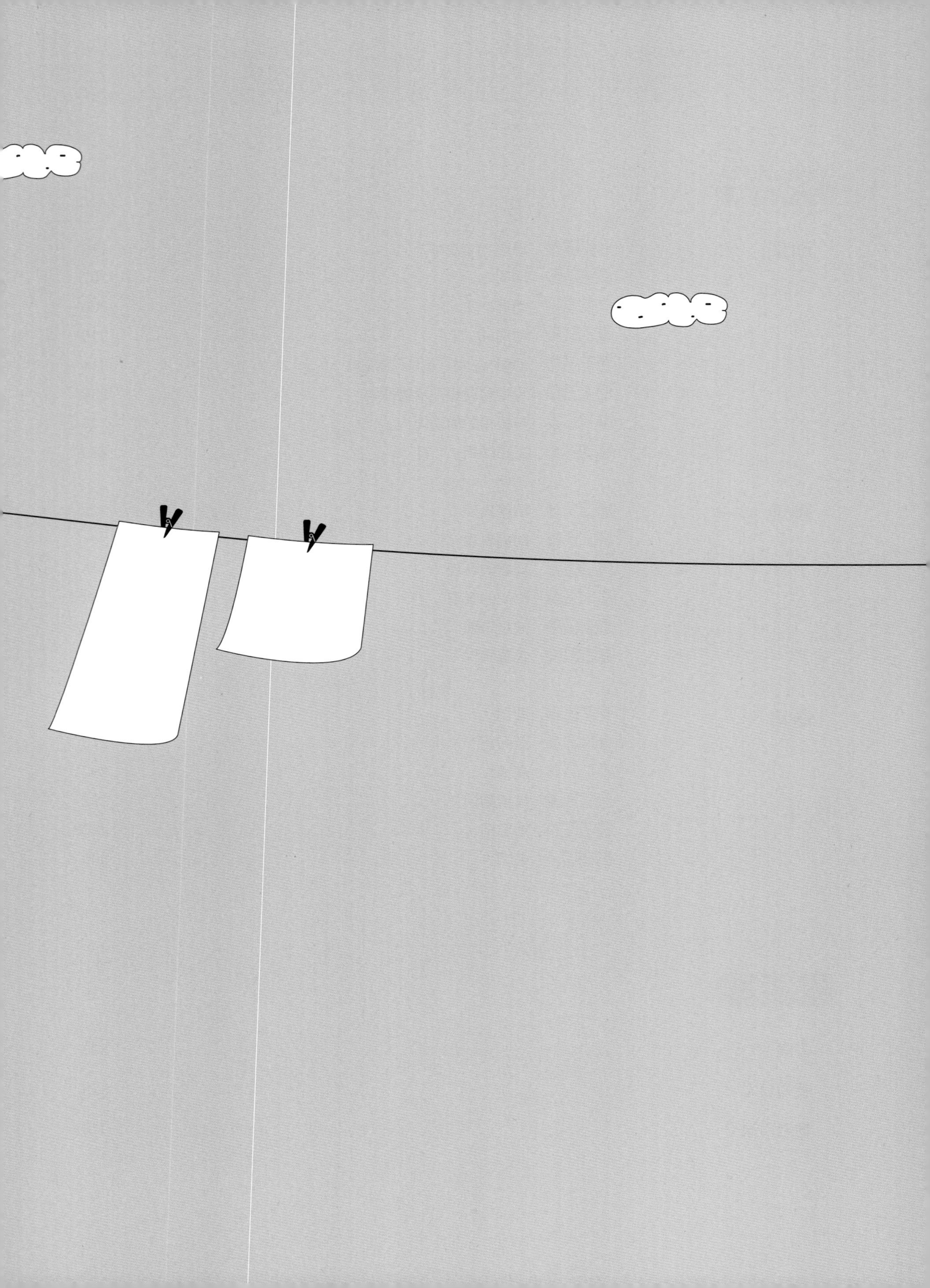

Part 1

数字

时间

个人资料

场所

事物

日常生活

食物

闲暇

人

自然

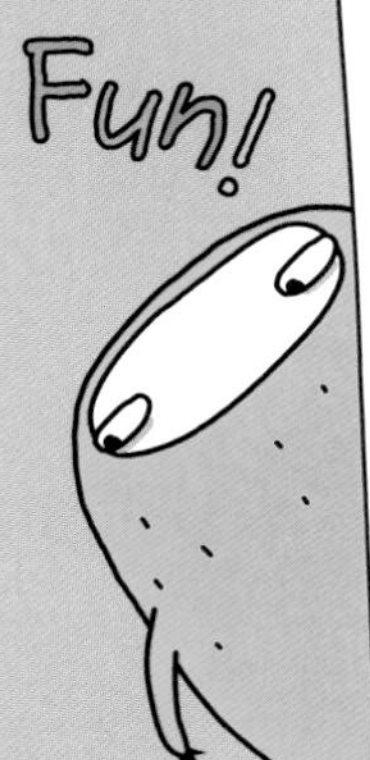

数字的读法 1

韩语小单词

Track 001

1 请听录音，然后跟读下列内容。

Track 002

2 请将图片的正确选项填入空格中，然后听录音确认答案。

ⓐ 삼일오이
ⓑ 칠이공삼
ⓒ 공삼일삼구
ⓓ 사구오이삼공
ⓔ 삼삼칠일 이사이공
ⓕ 공일공 구오이삼 팔육일사
ⓖ 구사이팔 칠칠팔공 삼육삼일 이칠육팔

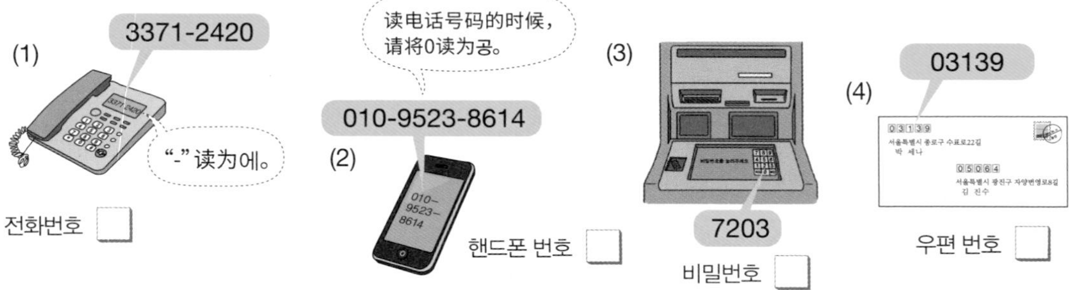

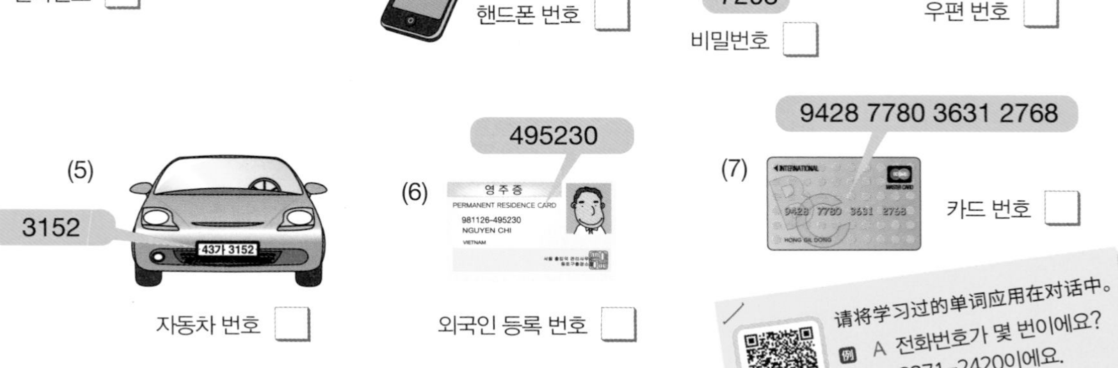

请将学习过的单词应用在对话中。

例 A 전화번호가 몇 번이에요?
B 3371-2420이에요.

Track 003

动动脑 1

请听录音，然后跟读下列内容。

Track 004

(1)

(2)

휴대폰 = 핸드폰 手机

A 전화번호가 2645-7865 맞아요?
B 네, 맞아요.

A 你的电话号码是2645-7865吗?
B 是的。

A 핸드폰 번호가 010-4964-6547 맞아요?
B 아니요, 틀려요. 010-3964-6547이에요.

A 你的手机号码是010-4964-6547吗?
B 不是，号码错了，是010-3964-6547。

动动脑 2

请听录音，号码正确的划○，错误的划×。

(1)

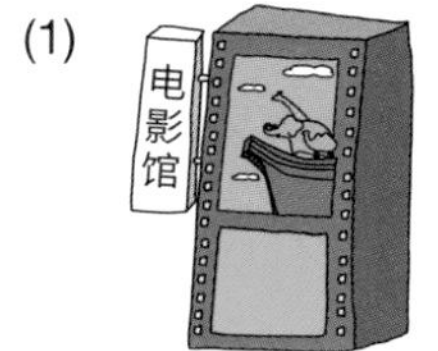

1544-1580 ☐

(2)

1577-2600 ☐

(3)

498-1287 ☐

(4)

010-5690-0135 ☐

(5)

010-3467-3230 ☐

(6)

010-2624-3573 ☐

(7)

507-7583 ☐

(8)

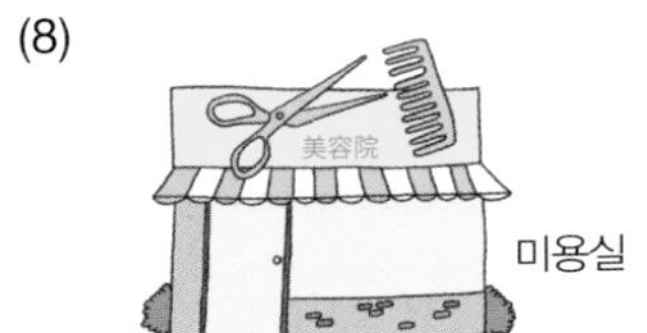

6334-1010 ☐

(9)

2438-6970 ☐

第02课 数字的读法 2

韩语小单词

Track 006

1 请听录音，然后跟读下列内容。

贴心小叮咛!
注意发音!
11 십일 [시빌]
16 십육 [심뉵]

11	12	13	14	15	16	17	18	19	20
십일	십이	십삼	십사	십오	십육	십칠	십팔	십구	이십

10	20	30	40	50	60	70	80	90	100
십	이십	삼십	사십	오십	육십	칠십	팔십	구십	백

小秘诀
10不读为일십，而读십。

Track 007

2 请将图片的正确选项填入空格中，然后听录音确认答案。

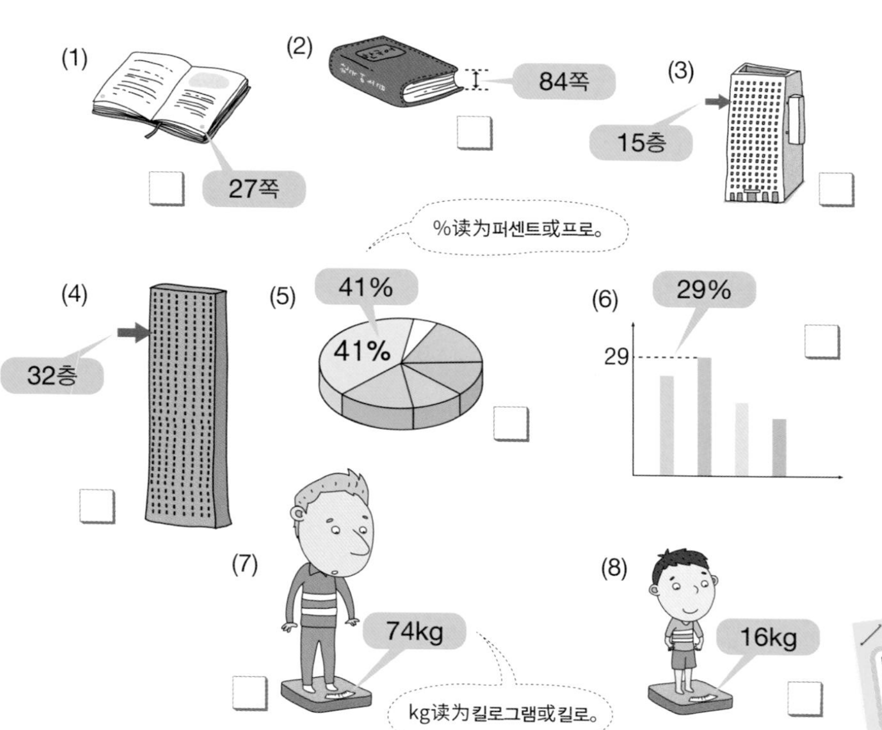

ⓐ 십오
ⓑ 십육
ⓒ 삼십이
ⓓ 이십칠
ⓔ 사십일
ⓕ 이십구
ⓖ 팔십사
ⓗ 칠십사

Track 008

请将学习过的单词应用在对话中。

例 A 몇 쪽이에요?
B 27쪽이에요.

动动脑 1

请听录音，然后跟读下列内容。

(1)
110 백십
120 백이십

(2)
150 백오십
250 이백오십

(3)
1050 천오십
1500 천오백

(4)
1300 천삼백
2300 이천삼백

小秘诀
100不读일백，而是读백。
1000不读일천，而是读천。

动动脑 2

请将图片的正确选项填入空格中，然后听录音确认答案。

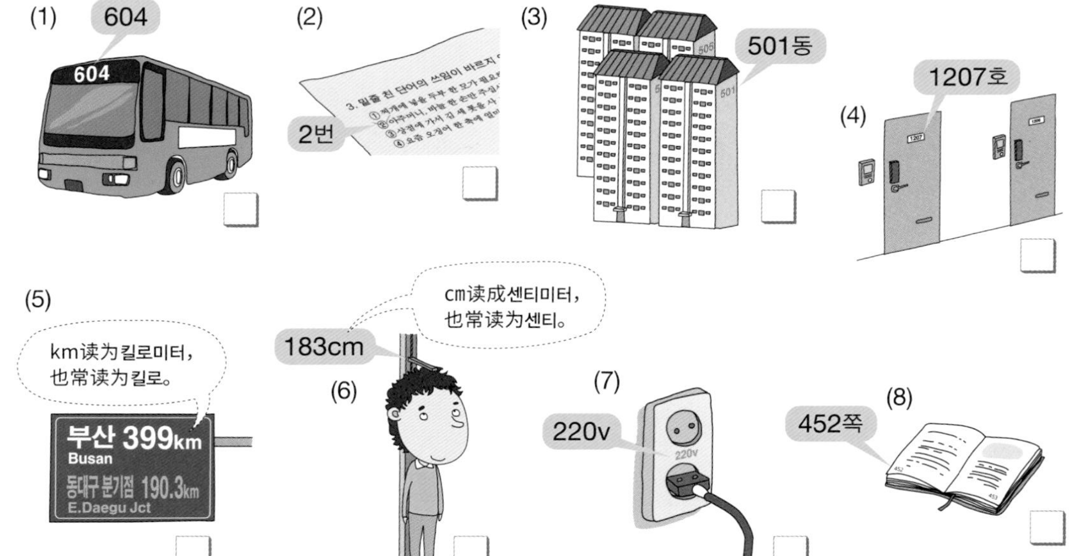

ⓐ A 몇 쪽이에요?
　B 사백오십이 쪽이에요.

ⓑ A 방이 몇 호예요?
　B 천이백칠 호예요.

ⓒ A 답이 몇 번이에요?
　B 이 번이에요.

ⓓ A 집이 몇 동이에요?
　B 오백일 동이에요.

ⓔ A 버스가 몇 번이에요?
　B 육백사 번이에요.

ⓕ A 전기가 몇 볼트예요?
　B 이백이십 볼트예요.

ⓖ A 부산까지 몇 킬로미터예요?
　B 삼백구십구 킬로미터예요.

ⓗ A 키가 몇 센티미터예요?
　B 백팔십삼 센티미터예요.

小秘诀
在询问数字的时候，单位名词前使用몇。
例 몇 쪽(页), 몇 층(楼),
몇 호(房间号), 몇 번(号)

第03课 价格的读法

韩语小单词

Track 011

1 请听录音，然后跟读下列内容。

(1) 10원
십 원 (不是 일십 원)

(2) 50원
오십 원

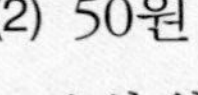

(3) 100원
백 원

(4) 500원
오백 원

(5) 1,000원
천 원 (不是일천 원)

(6) 5,000원
오천 원

(7) 10,000원
만 원 (不是일만 원)

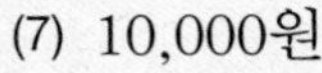

(8) 50,000원
오만 원

	만	천	백	십			
		1,	0	0	0	원 →	천 원
		5,	0	0	0	원 →	오천 원
	1	0,	0	0	0	원 →	만 원
	5	0,	0	0	0	원 →	오만 원
1	0	0,	0	0	0	원 →	십만 원

价格使用汉字词语的数字来读，
汉字词语的数字与汉语相同，
以四位数만(10,000)为基准来读。

贴心小叮咛!
• 10 (십) 원 [시 붠]
• 100 (백) 원 [배 권]
• 1,000 (천) 원 [처 눤]
• 10,000 (만) 원 [마 눤]

Track 012

2 请将图片的正确选项填入空格中，然后听录音确认答案。

ⓐ 팔천오백 원
ⓑ 삼천팔백 원
ⓒ 만 이천오백 원
ⓓ 이만 천칠백 원
ⓔ 천사백오십 원
ⓕ 칠만 육천이백 원

(1)

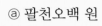

3,800원 ☐

(2)

1,450원 ☐

(3)

21,700원 ☐

(4)

8,500원 ☐

(5)

12,500원 ☐

(6)

76,200원 ☐

动动脑 1

请听录音，然后跟读下列内容。

Track 013

억				만				
			1	0	0,	0	0	0 원
			십만					
		1,	0	0	0,	0	0	0 원
		백만						
	1	0,	0	0	0,	0	0	0 원
	천만							
1	0	0,	0	0	0,	0	0	0 원
일억								

일백만 원, 일천만 원省略일，仅读백만 원, 천만 원。但是일억例外，必须加上일来读。

贴心小叮咛!

注意发音!
- 십만 원 [심마 눤]
- 백만 원 [뱅마 눤]
- 일억 원 [이러 권]

(1) 347,600원　삼십사만 칠천육백 원

(2) 2,650,300원　이백육십오만 삼백 원

(3) 10,824,500원　천팔십이만 사천오백 원

(4) 157,030,000원　일억 오천칠백삼만 원

动动脑 2

请听录音，将图片的正确选项填入空格中。

Track 014

(1)

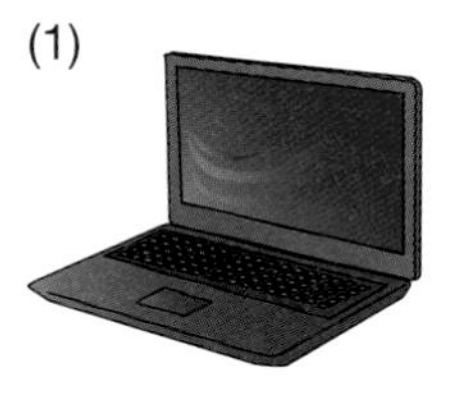

노트북 ☐

(2)

그림 ☐

(3)

한복 ☐

(4)

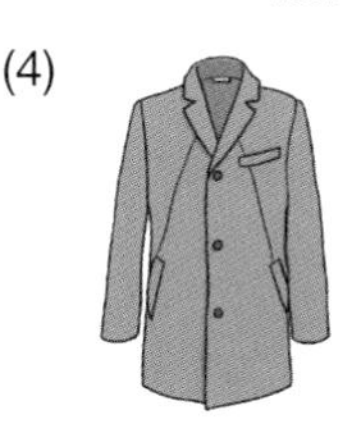

코트 ☐

(5)

자동차 ☐

(6)

가방 ☐

(7)

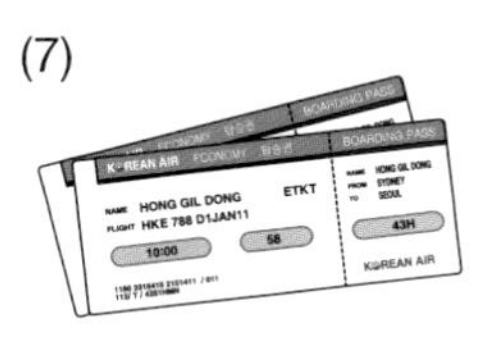

비행기표 ☐

(8)

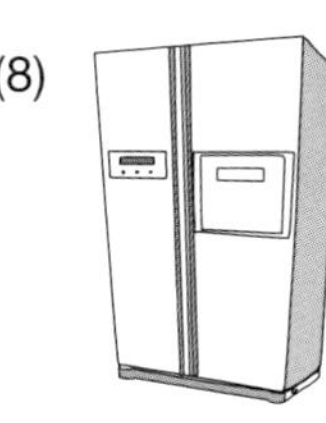

냉장고 ☐

ⓐ 380,000원　ⓑ 2,173,000원　ⓒ 47,400,000원　ⓓ 830,000원

ⓔ 610,000원　ⓕ 56,300,000원　ⓖ 2,837,000원　ⓗ 1,120,000원

个数的读法

韩语小单词

Track 015

1 请听录音，然后跟读下列内容。

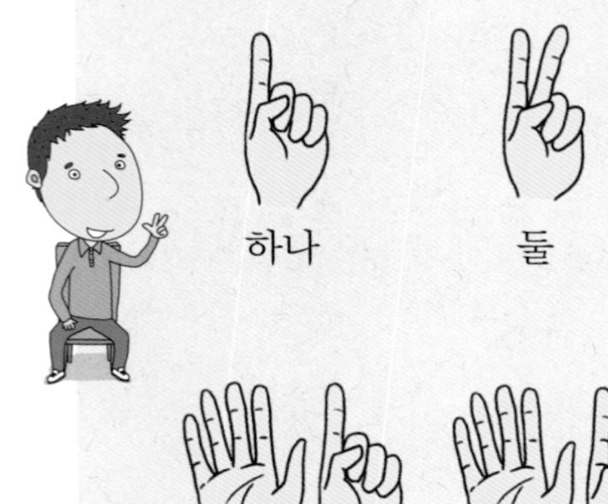

하나　　둘　　셋　　넷　　다섯

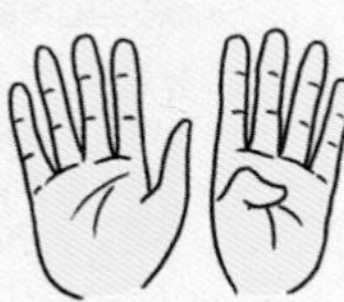

여섯　　일곱　　여덟　　아홉　　열

韩语中有汉字词数词和固有语数词两种。
汉字词数字(일, 이, …)在读号码的时候使用，
固有语数词(하나, 둘, …)在数算个数时使用。

Track 016

2 请将图片的正确选项填入空格中，然后听录音确认答案。

ⓐ 사과 열 개
ⓑ 사과 한 개
ⓒ 사과 세 개
ⓓ 사과 두 개
ⓔ 사과 네 개
ⓕ 사과 일곱 개

小秘诀
개是数算事物的
数字时使用的单位。

(1) ☐　(2) ☐　(3) ☐

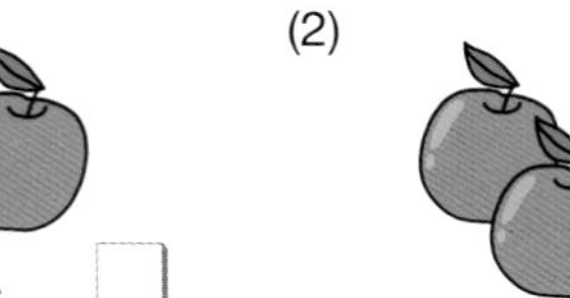

(4) ☐　(5) ☐　(6) ☐

有几个数词置于单位名词前时，
改变为下列形态。
• 하나 → 한 개　• 둘 → 두 개
• 셋 → 세 개　• 넷 → 네 개
• 스물 → 스무 개

贴心小叮咛!
韩语中数算数字时，
事物必须先行出现。
事物+固有语数词+单位名词
例 사과 두 개 (○)
두 개 사과 (×)

动动脑 1

请选择与单位名词不符的选项。

(1) 마리
ⓐ 새 ⓑ 모기 ⓒ 꽃 ⓓ 개

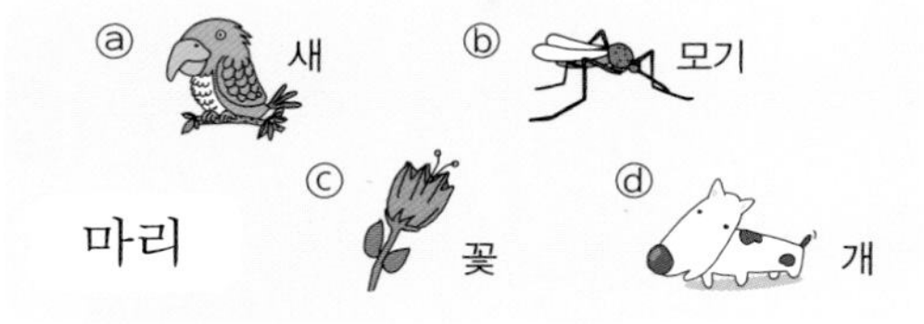

(2) 명
ⓐ 아기 ⓑ 남자 ⓒ 아이 ⓓ 고양이

(3) 개
ⓐ 사과 ⓑ 사탕 ⓒ 치약 ⓓ 생선

(4) 장
ⓐ 책 ⓑ 사진 ⓒ 표 ⓓ 종이

(5) 잔
ⓐ 커피 ⓑ 생맥주 ⓒ 소주 ⓓ 녹차

(6) 대
ⓐ 세탁기 ⓑ 비행기 ⓒ 피아노 ⓓ 책상

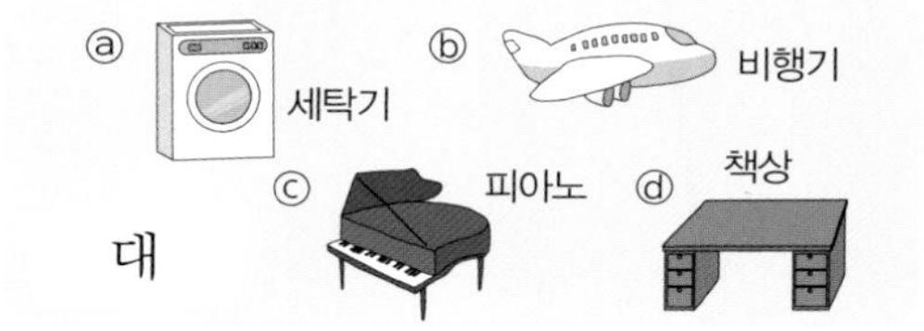

(7) 그릇
ⓐ 만두 ⓑ 국 ⓒ 라면 ⓓ 밥

라면在韩语中并非拌面，而是速食拉面。

(8) 켤레
ⓐ 신발 ⓑ 바지 ⓒ 장갑 ⓓ 양말

动动脑 2

请将图片的正确选项填入空格中，然后听录音确认答案。

Track 017

ⓐ 개 ⓑ 명 ⓒ 장 ⓓ 잔 ⓔ 권 ⓕ 대 ⓖ 병 ⓗ 분 ⓘ 마리 ⓙ 켤레

(1) 책 네 ☐
(2) 표 세 ☐
(3) 물 한 ☐
(4) 맥주 두 ☐
(5) 여자 두 ☐
(6) 생선 네 ☐
(7) 가방 세 ☐ 
(8) 양말 한 ☐ 
(9) 자동차 두 ☐
(10) 할아버지 한 ☐

小秘诀

常用的单位名词
- 개: 事物
- 명: 人(一般)
- 분: 人(명的敬语)
- 마리: 动物
- 장: 像纸张一般薄而平的东西
- 권: 书
- 잔: 杯
- 병: 瓶
- 대: 搭乘的交通工具或机器
- 켤레: 如同袜子一般，以一对形成的东西

月、日

韩语小单词

Track 018

1 请听录音，然后跟读下列内容。

年历
1 一月
2 二月
3 三月
4 四月
5 五月
6 六月
7 七月
8 八月
9 九月
10 十月
11 十一月
12 十二月
贴心小叮咛!
注意发音!
• 1월: 일 월 [이 뤌]
• 3월: 삼 월 [사 뭘]
• 7월: 칠 월 [치 뤌]
• 8월: 팔 월 [파 뤌]
贴心小叮咛!
6月和10月不使用
육和십要特别注意!
• 6월: 유 월 [유 월]
• 10월: 시 월 [시 월]
请将学习过的单词
应用在对话中。
例 A 몇 월이에요?
B 1월이에요.
Track 019

Track 020

2 请听录音，选择正确的答案。

(1) 시험을 (ⓐ 1월 / ⓑ 2월)에 봐요.

(2) 출장을 (ⓐ 4월 / ⓑ 10월)에 가요.

(3) 휴가를 (ⓐ 7월 / ⓑ 8월)에 가요.

(4) 축제를 (ⓐ 6월 / ⓑ 9월)에 해요.

时间名词后需添加助词에。

动动脑 1

请听录音，然后跟读下列内容。

Track 021

动动脑 2

请听录音，选择正确的答案。

Track 023

(1) 오늘이 (ⓐ 13일 / ⓑ 14일)이에요.

(2) 졸업이 (ⓐ 17일 / ⓑ 27일)이에요.

(3) 발표가 (ⓐ 11일 / ⓑ 12일)이에요.

(4) 생일이 (ⓐ 30일 / ⓑ 31일)이에요.

第06课 特别的日子

韩语小单词

Track 024

请将图片的正确选项填入空格中，然后听录音确认答案。

ⓐ 5월 5일	ⓑ 10월 3일	ⓒ 음력 1월 1일
ⓓ 6월 6일	ⓔ 10월 9일	ⓕ 음력 4월 8일
ⓖ 8월 15일	ⓗ 12월 25일	ⓘ 음력 8월 15일

注意发音!
음력 [음녁]

(1)

설날 ☐
春节

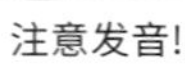
贴心小叮咛!
注意发音!
ㄴ + ㄹ → ㄹ + ㄹ
• 설날 [설랄]
• 한글날 [한글랄]

(2)

개천절 ☐
开天节

(3)

어린이날 ☐
儿童节

(4)

광복절 ☐
光复节

(5)

추석 ☐
中秋节

(6)

부처님 오신 날 ☐
佛诞日

(7)

성탄절 (= 크리스마스) ☐
圣诞节

(8)

현충일 ☐
显忠日

(9)

한글날 ☐
韩文节

Track 025

请将学习过的单词应用在对话中。
例 A 설날이 며칠이에요?
B 음력 1월 1일이에요.

动动脑 1

请将图片的正确选项填入空格中。

ⓐ 추석

ⓑ 돌

ⓒ 설날

ⓓ 어버이날

(1) ☐

세배하다

(2) ☐

잔치를 하다

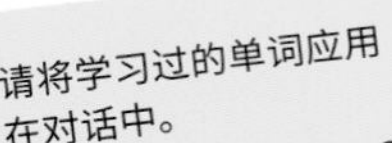

请将学习过的单词应用在对话中。

例 A 설날 때 뭐 해요?
B 세배해요.

Track 026

(3) ☐

부모님께 꽃을 드리다

(4) ☐

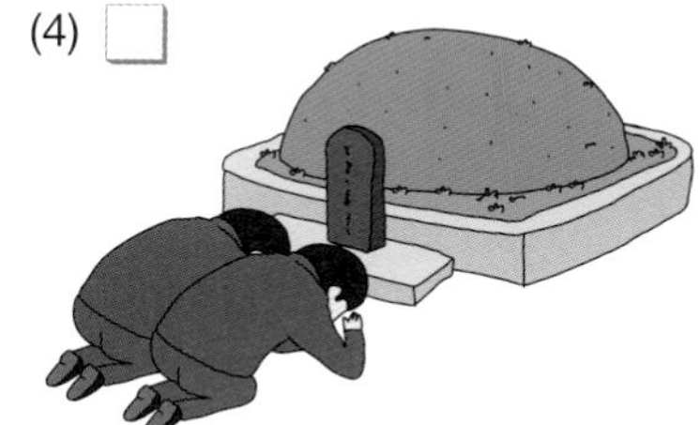

성묘 가다

对于句子的宾语使用尊称时，助词和动词都改为敬语，如下所示。

动动脑 2

请连接相应的部分，然后听录音确认答案。

Track 027

(1)

생일 •

(2)

설날 •

(3)

동지 •

(4)

복날 •

• ⓐ

떡국

• ⓑ

팥죽

• ⓒ

미역국

• ⓓ

삼계탕

星期

韩语小单词

Track 028

1 请将图片的正确选项填入空格中，然后听录音确认答案。

ⓐ 목　ⓑ 일　ⓒ 화　ⓓ 금　ⓔ 월　ⓕ 토　ⓖ 수

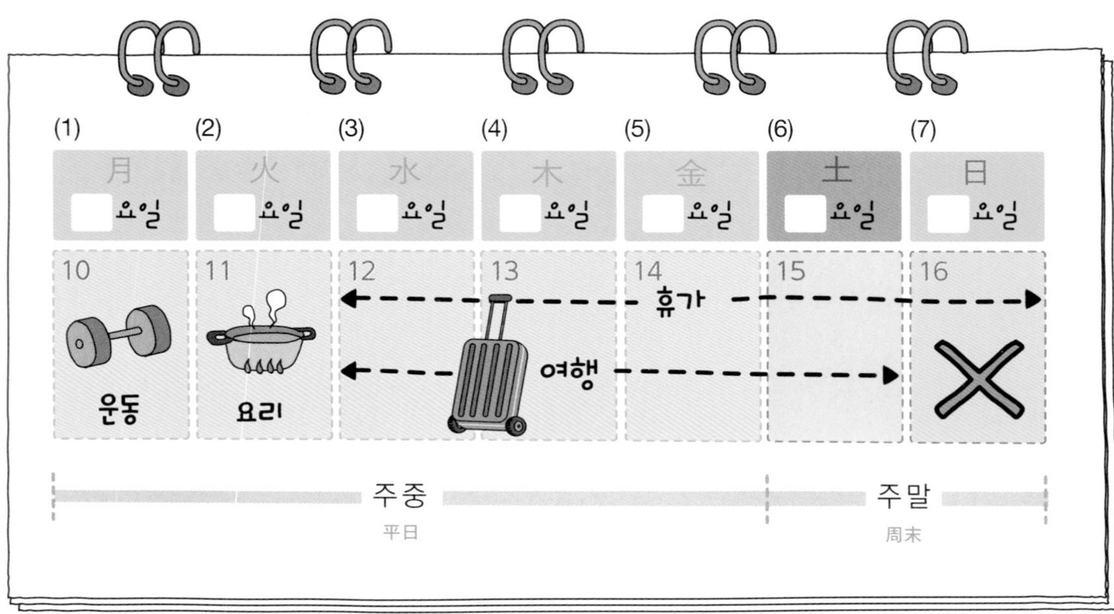

Track 029

2 请看上图，并选择适当的答案，然后听录音确认。

(1) 11일이 (ⓐ 월요일 / ⓑ 화요일)이에요.

(2) 월요일에 (ⓐ 운동해요. / ⓑ 요리해요.)

(3) 휴가가 (ⓐ 수요일 / ⓑ 목요일)에 시작해요.

(4) 휴가가 (ⓐ 토요일 / ⓑ 일요일)에 끝나요.

(5) 수요일(ⓐ 부터 / ⓑ 까지) 토요일(ⓒ 부터 / ⓓ 까지) 여행 가요.

(6) (ⓐ 월요일 / ⓑ 일요일)에 아무것도 안 해요.

> **小秘诀**
> 表现时间范围时：
> 使用〔开始时间〕부터
> 〔结束的时间〕까지

> **小秘诀**
> 아무것도要和안等否定词一起使用。
> 例1 아무것도 안 해요. 什么事情都不做。
> 例2 아무것도 안 먹어요. 什么都不吃。
> 例3 아무것도 안 읽어요. 什么都不读。

动动脑 1

请听录音，然后跟读下列内容。

Track 030

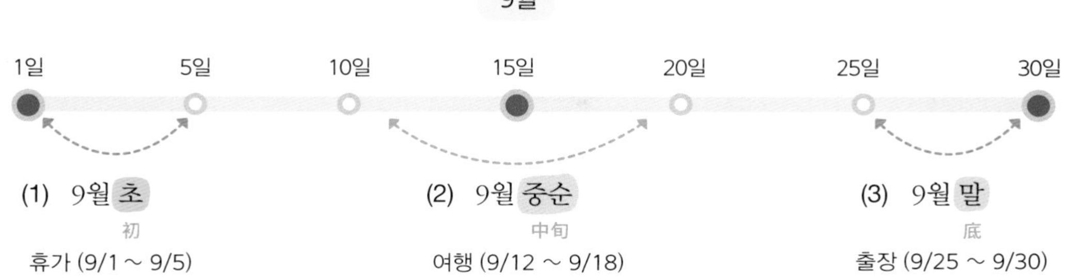

Track 031

请将学习过的单词应用在对话中。

例 A 언제 휴가 가요?
B 9월 초에 가요.

动动脑 2

Track 032

请看图片，并选择适当的答案，然后听录音确认。

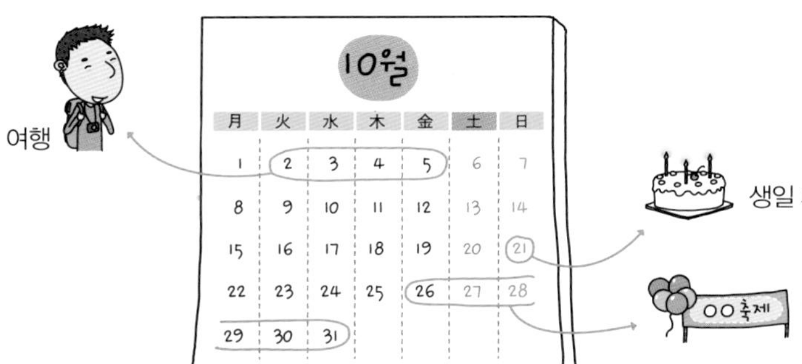

小秘诀
- 첫 번째 주 第一周
- 두 번째 주 第二周
- 세 번째 주 第三周
- 네 번째 주 第四周
- 다섯 번째 주 第五周
- 마지막 주 最后一周

(1) 10월 (ⓐ 초 / ⓑ 말)에 중국에 친구하고 여행 가요.
10월 2일(ⓐ 부터 / ⓑ 까지) 5일(ⓐ 부터 / ⓑ 까지) 여행해요.
10월 5일에 (ⓐ 집을 떠나요. / ⓑ 집에 돌아와요.)

(2) 원래 (ⓐ 십월 / ⓑ 시월) 십칠 일이 제 생일이에요.
그런데 (ⓐ 주중 / ⓑ 주말)에는 일해야 해서 시간이 없어요.
그래서 (ⓐ 세 번째 / ⓑ 네 번째) 주 일요일에 우리 집에서 생일 파티를 해요.

(3) 10월 (ⓐ 초 / ⓑ 말)에 축제가 있어요.
10월 (ⓐ 첫 번째 / ⓑ 마지막) 주 금요일에 축제가 시작해요.
10월 31일에 축제가 (ⓐ 시작해요. / ⓑ 끝나요.)

第08课 年度

韩语小单词

Track 033

1 请听录音，然后跟读下列内容。

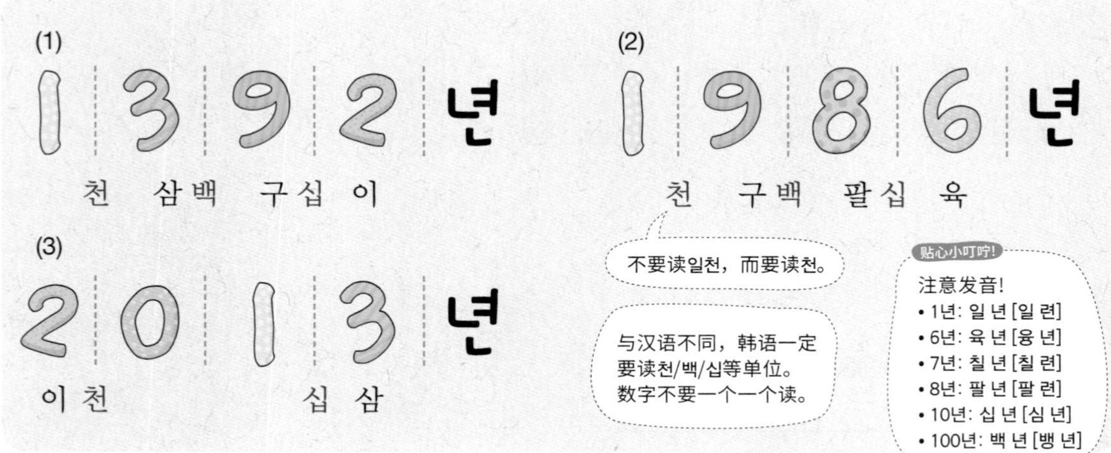

(1)
1392년
천 삼백 구십 이
(2)
1986년
천 구백 팔십 육
(3)
2013년
이천 십 삼
不要读일천，而要读천。
与汉语不同，韩语一定要读천/백/십等单位。数字不要一个一个读。
贴心小叮咛!
注意发音!
• 1년: 일 년 [일 련]
• 6년: 육 년 [융 년]
• 7년: 칠 년 [칠 련]
• 8년: 팔 년 [팔 련]
• 10년: 십 년 [심 년]
• 100년: 백 년 [뱅 년]

Track 034

2 请将图片的正确选项填入空格中，然后听录音确认答案。

(1)

김연아 선수 选手
(1990~) ☐

(2)

김대중 전 대통령 前总统
(1924~2009) ☐

(3)

박찬욱 감독 导演
(1963~) ☐

(4)

배우 演员 이병헌
(1970~) ☐

(5)

세종대왕 世宗大王
(1397~1450) ☐

(6)
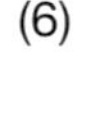

김수환 추기경 枢机主教
(1922~2009) ☐

ⓐ 천구백 육십삼 년에 태어났어요.　　ⓑ 천구백 구십 년에 태어났어요.

ⓒ 천구백 칠십 년에 태어났어요.　　ⓓ 천사백 오십 년에 돌아가셨어요.

ⓔ 천구백 이십사 년에 태어나셨어요.　　ⓕ 이천구 년에 돌아가셨어요.

动动脑 1

Track 035

请听录音，然后跟读下列内容。

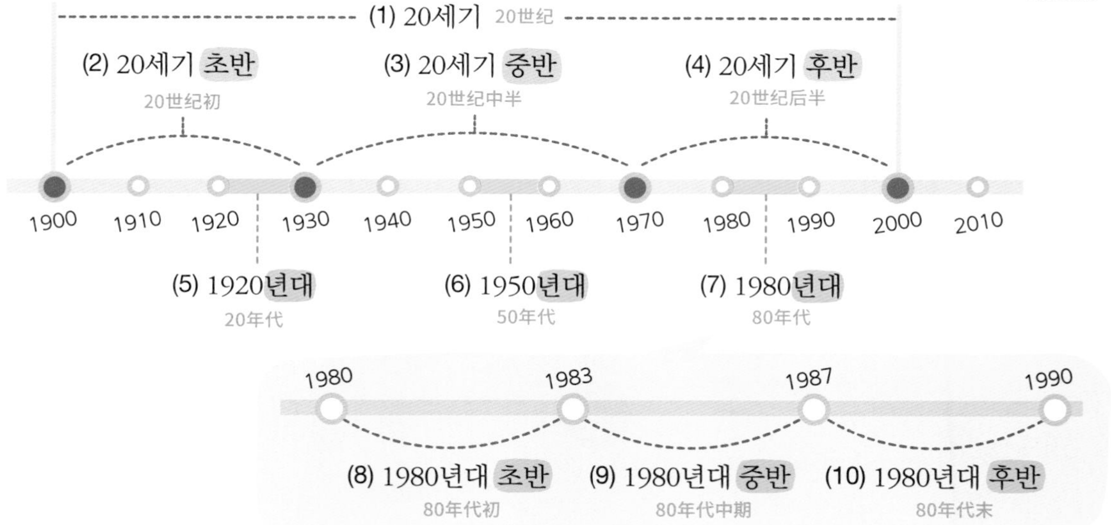

动动脑 2

Track 036

1 请将图片的正确选项填入空格中，然后听录音确认答案。

(1) 한글 1443년 ☐

(2)

경복궁 1395년 ☐

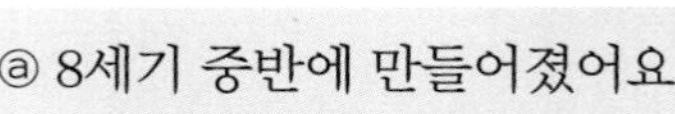

ⓐ 8세기 중반에 만들어졌어요.
ⓑ 7세기 후반에 만들어졌어요.
ⓒ 14세기 후반에 만들어졌어요.
ⓓ 15세기 중반에 만들어졌어요.

(3)

석굴암 751년 ☐

(4)

부석사 676년 ☐

小秘诀
- 한글: 韩文
- 경복궁: 景福宫(朝鲜时期的宫殿)
- 석굴암: 石窟庵(新罗时代以石头制作成洞窟，进而建造成的寺庙。)
- 부석사: 浮石寺(韩国最古老的木造建筑)

Track 037

2 请连接相应的部分，然后听录音确认答案。

(1)

1945년 해방
解放

(2)

1950 ~ 1953년 한국 전쟁
韩国战争

(3)

1988년 서울 올림픽
首尔奥运会

(4)

2002년 한일 월드컵
韩日世界杯足球赛

ⓐ 2000년대 초반　ⓑ 1950년대 초반　ⓒ 1940년대 중반　ⓓ 1980년대 후반

星期与月份

韩语小单词

Track 038

1 请听录音，然后跟读下列内容。

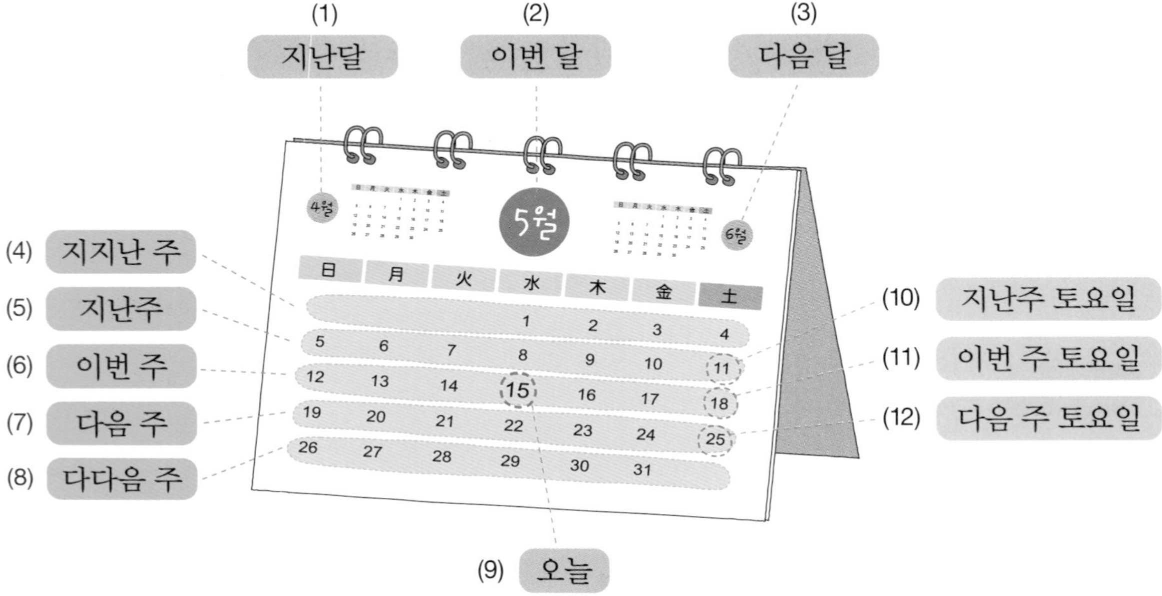

Track 039

2 请看上图，并选择适当的答案，然后听录音确认。

(1) 이번 주 월요일이 (ⓐ 6일 / ⓑ 13일)이에요.
(2) 5월 9일이 (ⓐ 지난주 / ⓑ 이번 주) 목요일이에요.
(3) 4월은 (ⓐ 지난달 / ⓑ 이번 달)이에요.
(4) 다음 달은 (ⓐ 5월 / ⓑ 6월)이에요.
(5) 지지난 주 금요일은 (ⓐ 3일 / ⓑ 10일)이에요.
(6) 5월 29일은 (ⓐ 다음 주 / ⓑ 다다음 주) 수요일이에요.
(7) 지지난달은 (ⓐ 3월 / ⓑ 4월)이에요.
(8) 다음 주 화요일은 (ⓐ 21일 / ⓑ 28일)이에요.

贴心小叮咛!
- 이번 월 (×) → 이번 달 (○)
- 이번 년 (×) → 이번 해 (○)

动动脑 1

Track 040

请听录音，然后跟读下列内容。

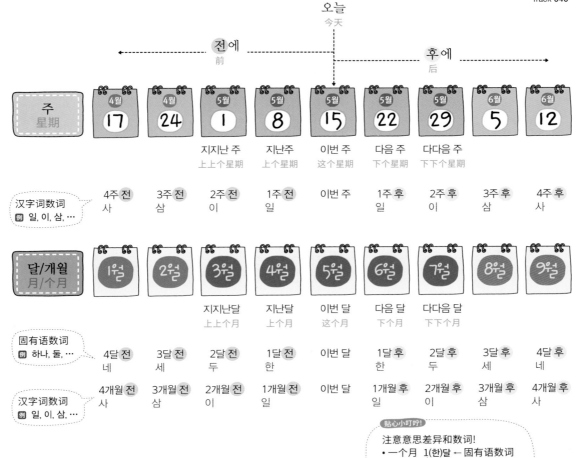

오늘 今天

← 전에 前　　　　후에 后 →

주 星期	4월 17	4월 24	5월 1	5월 8	5월 15	5월 22	5월 29	6월 5	6월 12
			지지난 주 上上个星期	지난주 上个星期	이번 주 这个星期	다음 주 下个星期	다다음 주 下下个星期		
汉字词数词 例 일, 이, 삼, …	4주 전 사	3주 전 삼	2주 전 이	1주 전 일	이번 주	1주 후 일	2주 후 이	3주 후 삼	4주 후 사

달/개월 月/个月	1월	2월	3월	4월	5월	6월	7월	8월	9월
			지지난달 上上个月	지난달 上个月	이번 달 这个月	다음 달 下个月	다다음 달 下下个月		
固有语数词 例 하나, 둘, …	4달 전 네	3달 전 세	2달 전 두	1달 전 한	이번 달	1달 후 한	2달 후 두	3달 후 세	4달 후 네
汉字词数词 例 일, 이, 삼, …	4개월 전 사	3개월 전 삼	2개월 전 이	1개월 전 일	이번 달	1개월 후 일	2개월 후 이	3개월 후 삼	4개월 후 사

贴心小叮咛!

注意意思差异和数词!
- 一个月　1(한)달 ← 固有语数词
　　　　　1(일)개월 ← 汉字词数词
- 一月　　1(일)월

动动脑 2

Track 041

请看上图，并选择适当的答案，然后听录音确认。

(1) (ⓐ 두 달 / ⓑ 세 달) 전에 졸업식을 했어요. 졸업식은 2월 18일이었어요.

(2) (ⓐ 일 개월 / ⓑ 이 개월) 전에 생일 파티를 했어요. 제 생일은 4월 20일이에요.

(3) (ⓐ 한 달 / ⓑ 두 달) 후에 휴가가 시작해요. 7월 22일부터 휴가예요.

(4) (ⓐ 일 개월 / ⓑ 이 개월) 후에 고향에 돌아갈 거예요. 6월 15일에 출발해요.

(5) (ⓐ 이 주 / ⓑ 삼 주) 전에 옷을 샀어요. 그날이 5월 첫 번째 주 목요일이었어요.

(6) 다음 주에는 시간이 없어요. (ⓐ 일 주 / ⓑ 이 주) 후에 시간이 있어요.

小秘诀

일 주在生活中常说일주일。

第10课 日期和年份

韩语小单词

请将图片的正确选项填入空格中，然后听录音确认答案。

Track 042

내일 明天	어제 昨天	올해 今年
그제 前天	작년 去年	후년 后年
모레 后天	내년 明年	재작년 前年

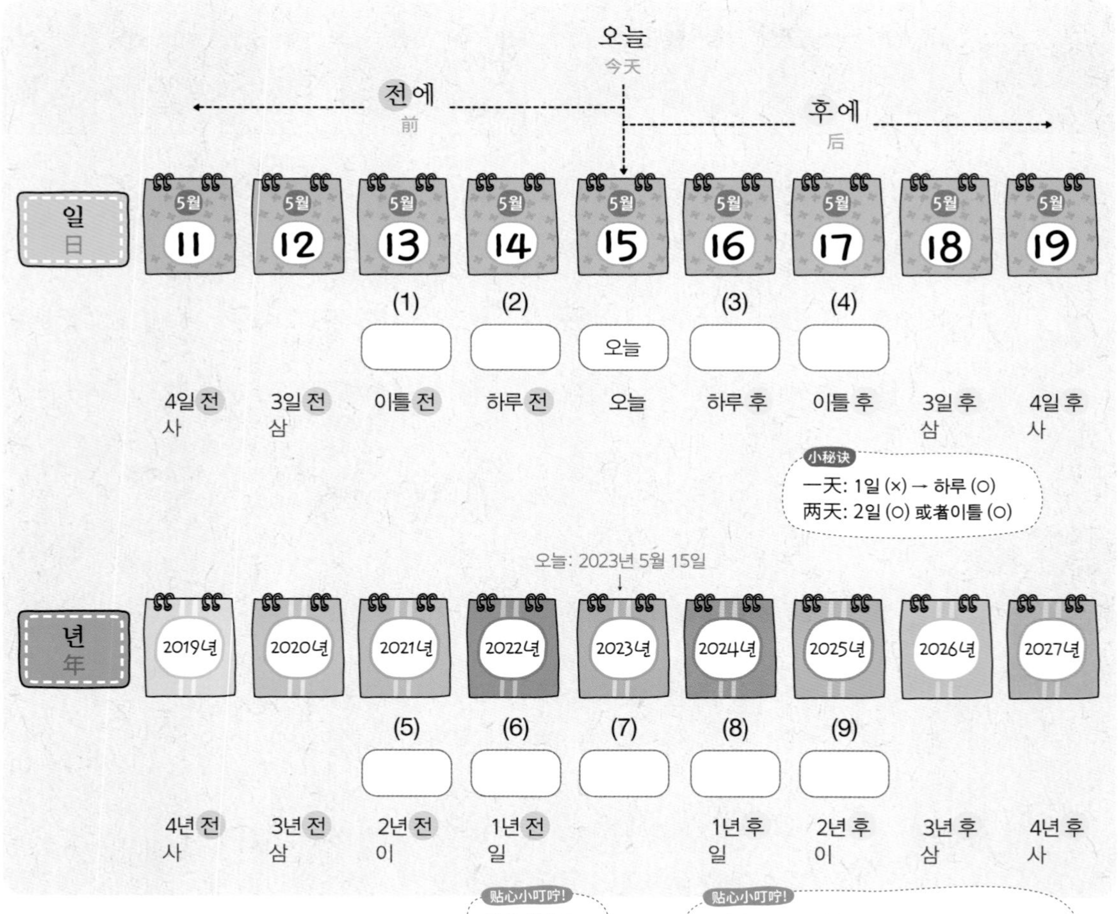

오늘 今天

← 전에 前 ········ 후에 后 →

일 日

5월 11	5월 12	5월 13	5월 14	5월 15	5월 16	5월 17	5월 18	5월 19
		(1) ____	(2) ____	오늘	(3) ____	(4) ____		
4일 전 사	3일 전 삼	이틀 전	하루 전	오늘	하루 후	이틀 후	3일 후 삼	4일 후 사

小秘诀
一天: 1일 (×) → 하루 (○)
两天: 2일 (○) 或者이틀 (○)

오늘: 2023년 5월 15일

년 年

2019년	2020년	2021년	2022년	2023년	2024년	2025년	2026년	2027년
		(5) ____	(6) ____	(7) ____	(8) ____	(9) ____		
4년 전 사	3년 전 삼	2년 전 이	1년 전 일		1년 후 일	2년 후 이	3년 후 삼	4년 후 사

贴心小叮咛!
注意发音!
작년 [장년]

贴心小叮咛!
- 去年: 지난년 (×) → 지난해 (○)或者작년 (○)
- 今年: 이번 년 (×) → 이번 해 (○)或者올해 (○)
- 明年: 다음 년 (×) → 다음 해 (○)或者내년 (○)

动动脑 1

Track 043

请将图片的正确选项填入空格中，然后听录音确认答案。

5월 오늘 : 5월 15일 수요일

월	화	수	목	금	토	일
6 7:00 AM 한국어 수업	7 2:00 PM 동료, 점심	8 등산 (북한산)	9 7:00 PM 쇼핑	10 7:00 AM 출발	11 휴가 여행	12 10:00 PM 도착
13 7:00 AM 한국어 수업	14 10:00 PM 영화	15 1:00 PM 아르바이트	16 6:30 PM 음악회	17 2:00 PM 운동	18 6:00 PM 가족, 식사	19 3:00 PM 친구 집

달
후
전
매주
오늘
내일
어제
모레
화요일
일주일

(1) 이번 ________ 은 5월이에요.

(2) 3일 ________ 에 여행에서 돌아왔어요.

(3) ________ 저녁에 영화 보러 갔어요.

(4) ________ 월요일 저녁 7시마다 한국어 수업이 있어요.

(5) ________ 오후에 운동할 거예요.

(6) ________ 저녁 6시 30분에 음악회에 가려고 해요.

(7) ________ 전에 친구하고 북한산에 등산 갔어요.

(8) 4일 ________ 에 친구 집에 놀러 갈 거예요.

(9) 지난주 ________ 오후 2시에 동료하고 점심을 먹었어요.

(10) ________ 오후 1시에 백화점에서 아르바이트해요.

贴心小叮咛!

昨晚: 지난밤 (×) → 어젯밤 (○)
- 今天早晨: 이 아침 (×) → 오늘 아침 (○)
- 今天傍晚: 이 저녁 (×) → 오늘 저녁 (○)
- 今天晚上: 이 밤 (×) → 오늘 밤 (○)

贴心小叮咛!

时间名词后通常加助词에，但下列名词不与助词에一起使用。
- 오늘에 (×) → 오늘 (○)
- 내일에 (×) → 내일 (○)
- 어제에 (×) → 어제 (○)

小秘诀

韩语中，对于较近的未来也以现在式表示。

例 내일 일해요. = 내일 일할 거예요.
明天我会工作。

动动脑 2

Track 044

请写下助词、完成句子，然后听录音确认答案。

例 작년 / 9월 / 친구 / 중국 / 여행 / 가다
→ 작년 9월에 친구하고 중국에 여행을 갔어요.

(1) 오늘 / 오후 / 2시 / 30분 / 명동 / 약속 / 있다
→ ________________________________.

(2) 지난주 / 금요일 / 밤 / 8시 / 동료 / 저녁 식사 / 하다
→ ________________________________.

(3) 올해 / 12월 / 마지막 주 / 토요일 / 콘서트 / 보다 / 가다
→ ________________________________.

(4) 다음 주 / 월요일 / 아침 / 9시 / 한국어 / 수업 / 시작하다
→ ________________________________.

小秘诀

如果有多个时间名词，助词에仅使用于最后一个。

例 지난주 금요일 밤 8시에
上周星期五晚上八点

时间的读法

韩语小单词

Track 045

1 请听录音，然后跟读下列内容。

10시 10분
열 시 십 분

固有语数词 例 하나, 둘, …
汉字词数词 例 일, 이, 삼, …

시				분	
1시	한 시	7시	일곱 시	5분	오 분
2시	두 시	8시	여덟 시	10분	십 분
3시	세 시	9시	아홉 시	20분	이십 분
4시	네 시	10시	열 시	30분	삼십 분
5시	다섯 시	11시	열한 시	40분	사십 분
6시	여섯 시	12시	열두 시	50분	오십 분

Track 046

2 请将图片的正确选项填入空格中，然后听录音确认答案。

ⓐ 여섯 시 이십 분
ⓑ 두 시 사십 분
ⓒ 일곱 시 십오 분
ⓓ 한 시 이십오 분
ⓔ 아홉 시 삼십 분
ⓕ 네 시 반

(1) 

(2) 

(3) 

(4) 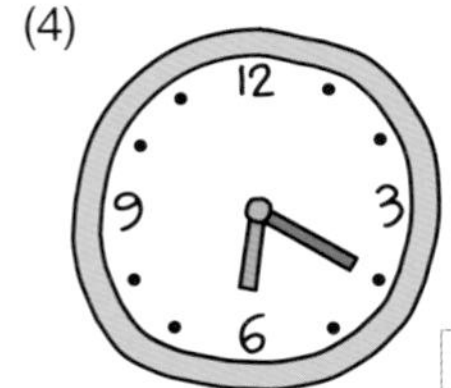

(5) 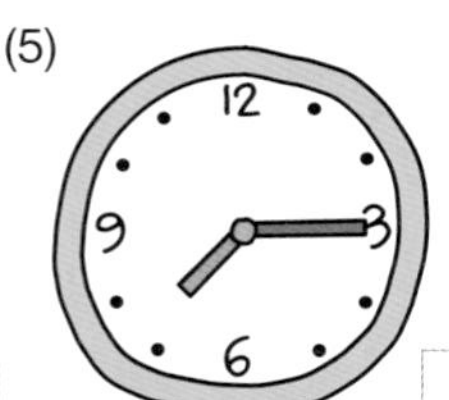

(6) 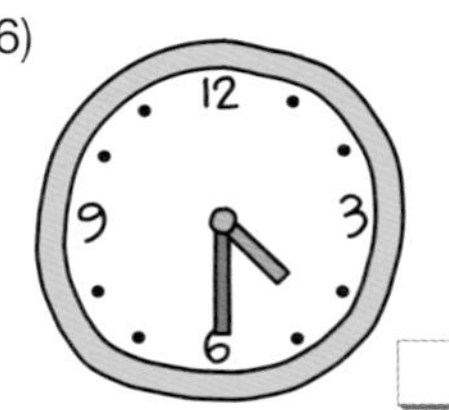

Track 047

3 请听录音，然后跟读下列内容。

(1) 5시 10분 전이에요. 差10分5点。
= 4시 50분이에요. 4点50分。

(2) 6시 15분 전이에요. 差15分6点。
= 5시 45분이에요. 5点45分。

动动脑 1

请听录音，将图片的正确选项填入空格中。

Track 048

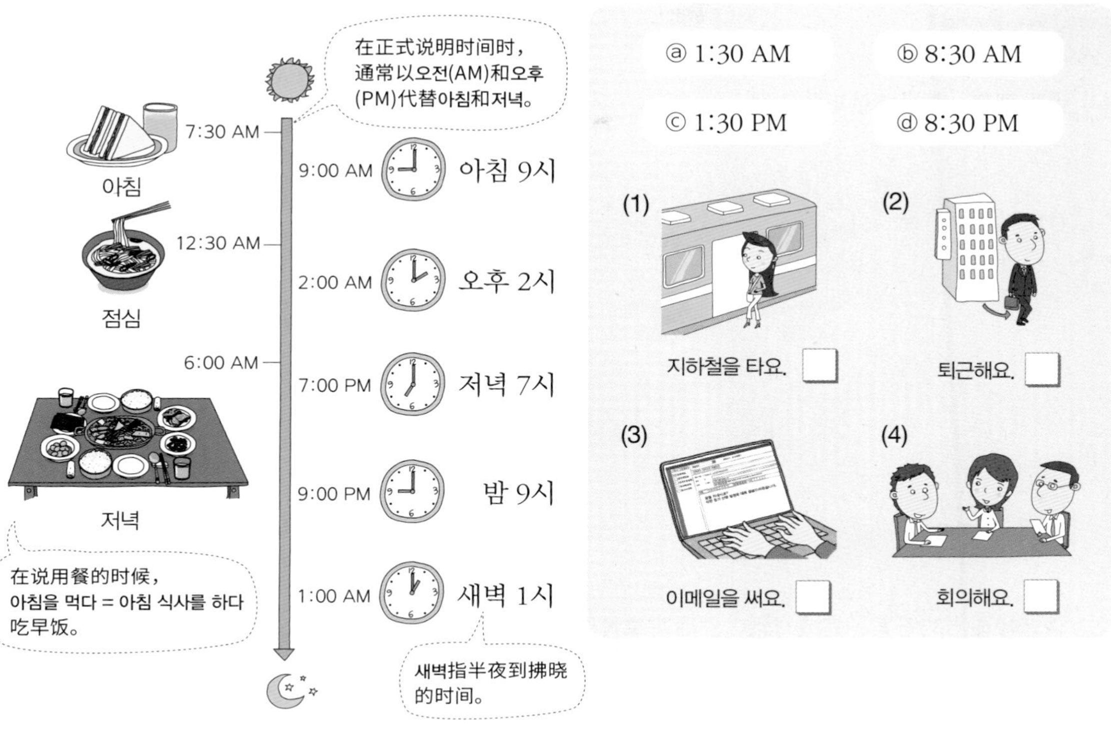

动动脑 2

请听录音，然后跟读下列内容。

Track 049

(1)

A 몇 시에 영화가 시작해요?

B 오후 3시 30분에 시작해요.

A 몇 시에 영화가 끝나요?

B 저녁 6시에 끝나요.

(2)

A 빵집이 몇 시에 문을 열어요?

B 매일 아침 7시에 문을 열어요.

A 빵집이 몇 시에 문을 닫아요?

B 매일 밤 11시에 문을 닫아요.

第12课 需要的时间

韩语小单词

1 请听录音，然后跟读下列内容。

Track 050

(1) 1년(年) = 12달(个月) = 12개월(个月) = 52주(周) = 365일(天)

일 / 열두 / 십이 / 오십이 / 삼백육십오

- 1달: 以固有语数词来读。
- 1개월: 以汉字词数词来读。

(2) 하루(一天) = 24시간(时间)

스물 네

不说1일，而说하루

(3) 1시간 = 60분(分)

한 / 육십

(4) 1분 = 60초(秒)

일 / 육십

2 请选择适当的答案、完成对话，然后听录音确认。

Track 051

ⓐ 며칠 동안　ⓑ 몇 년 동안　ⓒ 몇 개월 동안　ⓓ 몇 시간 동안

(1) 9시부터 11시까지 회의해요.

9:00　11:00

A ________ 회의해요?

B 2시간 동안 회의해요.

(2) 월요일부터 금요일까지 수업해요.

월요일　금요일

A ________ 수업해요?

B 5일 동안 수업해요.

(3) 6월부터 8월까지 휴가예요.

6/1　8/31

A ________ 휴가예요?

B 3개월 동안 휴가예요.

(4) 2019년부터 2020년까지 한국어를 공부했어요.

2019년 9월　2020년 9월

A ________ 한국어를 공부했어요?

B 1년 동안 한국어를 공부했어요.

小秘诀

询问需要的时间时，使用얼마 동안提出问题。

动动脑 1

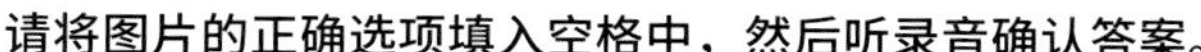

请将图片的正确选项填入空格中，然后听录音确认答案。

Track 052

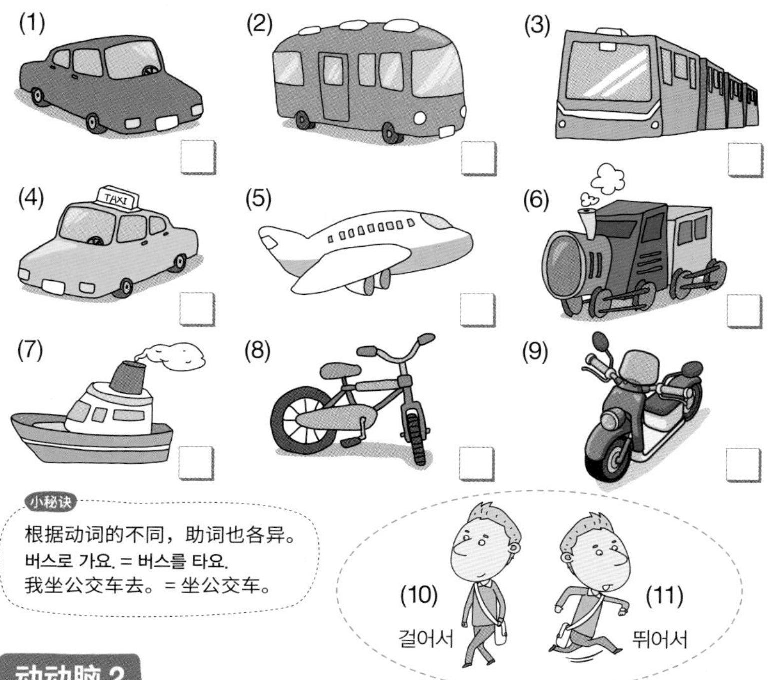

ⓐ 배 船
ⓑ 택시 出租车
ⓒ 기차 火车
ⓓ 버스 公交车
ⓔ 자동차 汽车
ⓕ 비행기 飞机
ⓖ 지하철 地铁
ⓗ 자전거 自行车
ⓘ 오토바이 摩托车

Track 053

请将学习过的单词应用在对话中

例 A 어떻게 가요?
B 자동차로 가요.

小秘诀

根据动词的不同，助词也各异。
버스로 가요. = 버스를 타요.
我坐公交车去。= 坐公交车。

(10) 걸어서

(11) 뛰어서

动动脑 2

请将图片的正确选项填入空格中，然后听录音确认答案。

Track 054

ⓐ 집에서 공항까지 택시로 40분 걸려요.
ⓑ 집에서 회사까지 지하철로 50분 걸려요.
ⓒ 집에서 지하철역까지 걸어서 10분 걸려요.
ⓓ 부산에서 오사카까지 배로 18시간 걸려요.
ⓔ 서울에서 뉴욕까지 비행기로 14시간 걸려요.
ⓕ 서울에서 부산까지 기차로 3시간 30분 걸려요.

Track 055

请将学习过的单词应用在对话中。

例 A 서울에서 뉴욕까지 어떻게 가요?
B 비행기로 가요.
A 시간이 얼마나 걸려요?
B 14시간 걸려요.

从……到/为止
〔空间〕起点에서终点까지
〔时间〕开始时间부터结束时间까지

(1)

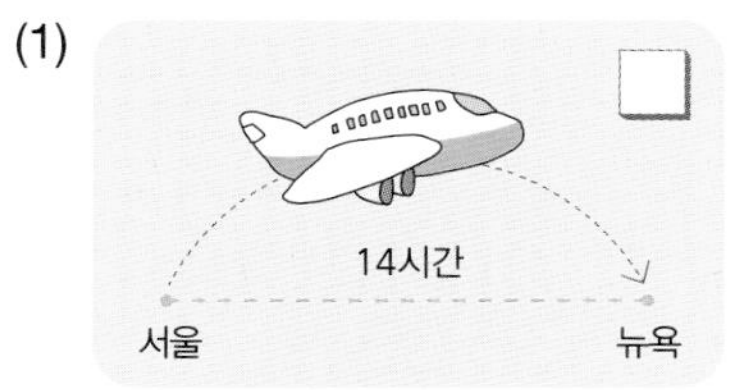

(2)

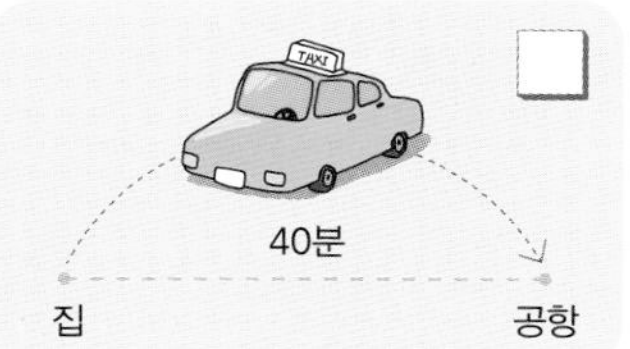

(3)

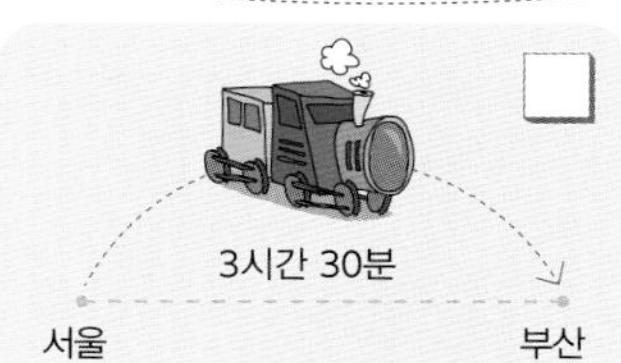

(4)

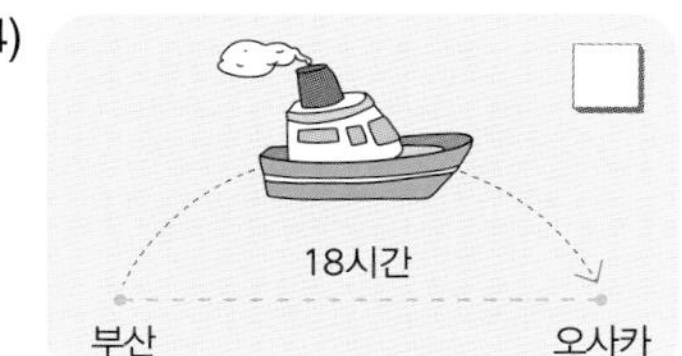

(5)

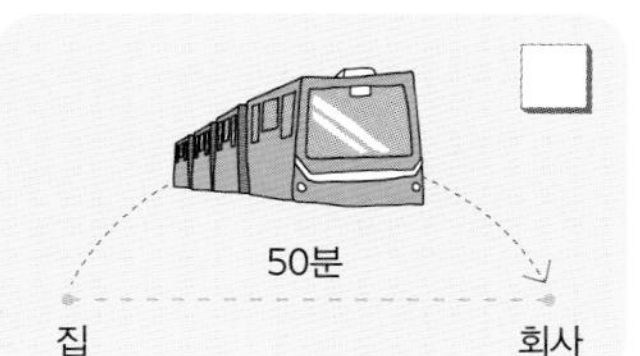

(6)

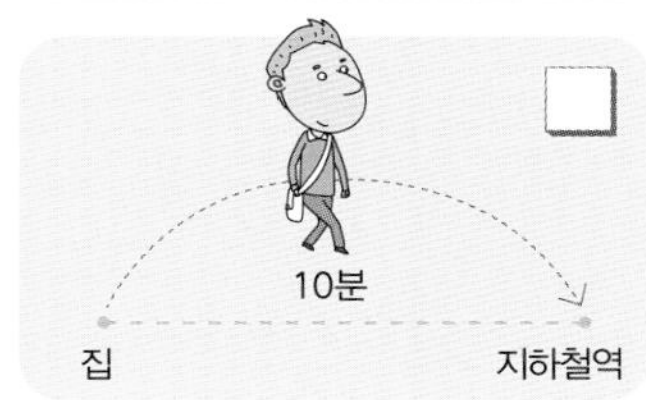

第13课 国家

韩语小单词

请将图片的正确选项填入空格中，然后听录音确认答案。

Track 056

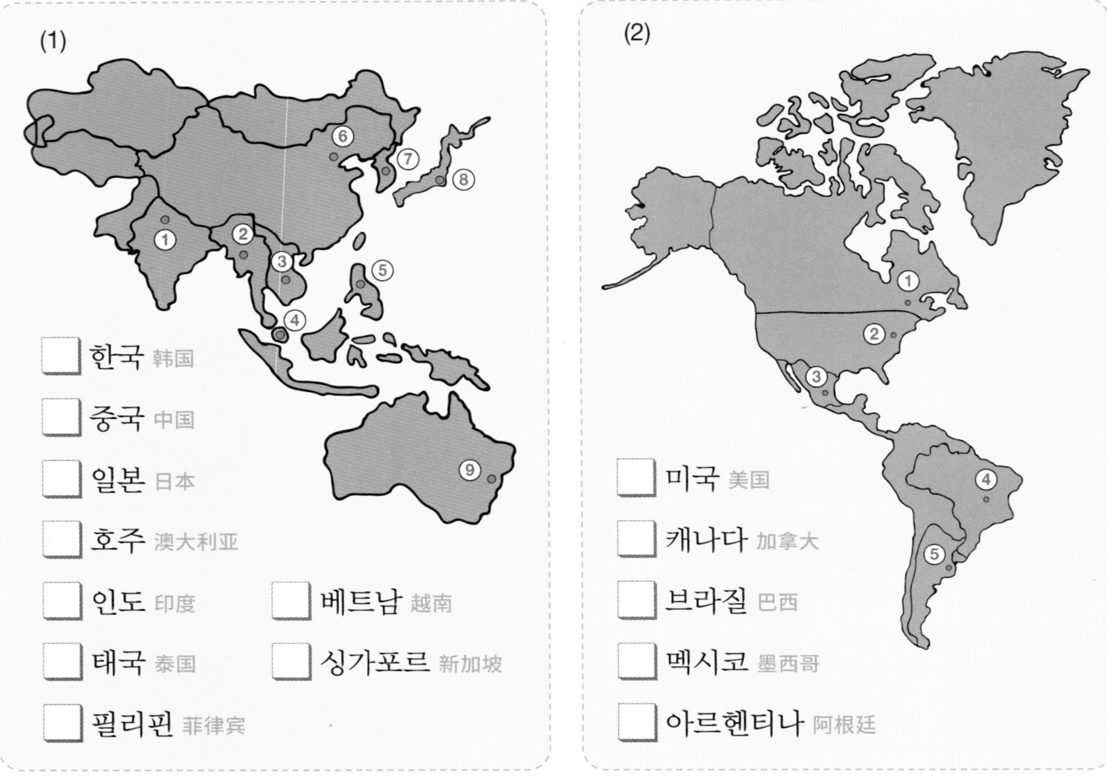

(1)

- ☐ 한국 韩国
- ☐ 중국 中国
- ☐ 일본 日本
- ☐ 호주 澳大利亚
- ☐ 인도 印度
- ☐ 베트남 越南
- ☐ 태국 泰国
- ☐ 싱가포르 新加坡
- ☐ 필리핀 菲律宾

(2)

- ☐ 미국 美国
- ☐ 캐나다 加拿大
- ☐ 브라질 巴西
- ☐ 멕시코 墨西哥
- ☐ 아르헨티나 阿根廷

(3)

①
②
③
④
⑤
⑥
⑦
⑧

- ☐ 영국 英国
- ☐ 스페인 西班牙
- ☐ 독일 德国
- ☐ 이집트 埃及
- ☐ 이란 伊朗
- ☐ 프랑스 法国
- ☐ 케냐 肯尼亚
- ☐ 러시아 俄罗斯

动动脑 1

请将图片的正确选项填入空格中。

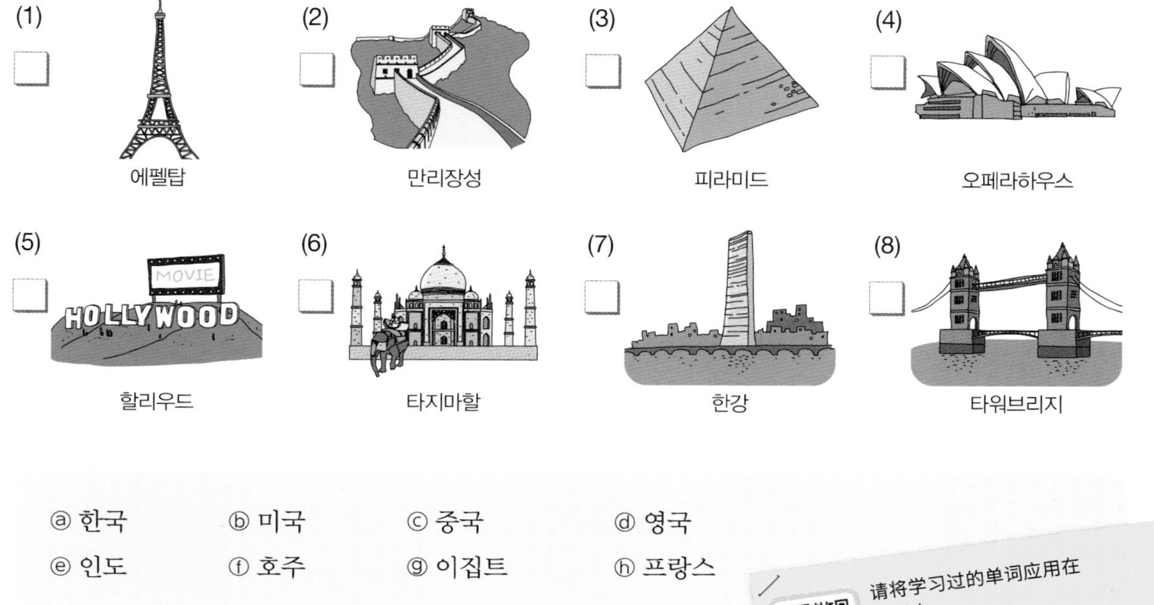

ⓐ 한국 ⓑ 미국 ⓒ 중국 ⓓ 영국
ⓔ 인도 ⓕ 호주 ⓖ 이집트 ⓗ 프랑스

请将学习过的单词应用在对话中。
Track 057
例 A 에펠탑이 어디에 있어요?
B 프랑스에 있어요.

动动脑 2

请将图片的正确选项填入空格中。

(1) 한국 ☐
(2) 일본 ☐
(3) 독일 ☐
(4) 미국 ☐
(5) 영국 ☐
(6) 호주 ☐
(7) 인도 ☐
(8) 스페인 ☐

请将学习过的单词应用在对话中。
Track 058
例 A 한국은 뭐가 유명해요?
B 태권도가 유명해요.

第14课 国籍与语言

韩语小单词

Track 059

请在空格中填写正确的答案，然后听录音确认。

国家		国籍 (国名 + 사람/인)	语言 (国名 + 말/어)
1 한국 韩国	口语	한국 사람 韩国人	한국말 韩国话
	书面语	한국인 韩国人	한국어 韩语
2 일본 日本	口语	일본 사람 日本人	일본말 日语
	书面语	일본인 日本人	(1)
3 중국 中国	口语	중국 사람 中国人	중국말 中国话
	书面语	(2)	중국어 汉语
4 멕시코 墨西哥	口语	멕시코 사람 墨西哥人	스페인말 西班牙语
	书面语	멕시코인 墨西哥人	스페인어 西班牙语
5 (3)	口语	프랑스 사람 法国人	프랑스말 法语
	书面语	프랑스인 法国人	프랑스어 法语
6 이집트 埃及	口语	이집트 사람 埃及人	아랍말 阿拉伯语
	书面语	이집트인 埃及人	(4)
7 미국 美国	口语	(5)	영어 英语
	书面语	미국인 美国人	
8 영국 英国	口语	영국 사람 英国人	(6)
	书面语	영국인 英国人	
9 (7)	口语	외국 사람 外国人	외국말 外国话
	书面语	외국인 外国人	외국어 外国语

英语例外!
영어말 (×), 영국말 (×), 미국말 (×)

动动脑 1

请看图片，并选择正确的答案，然后听录音确认。

Track 060

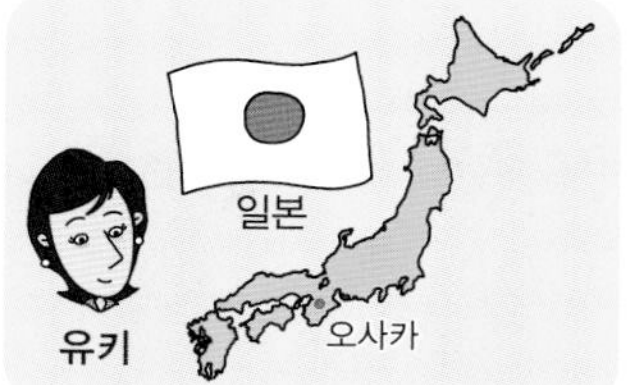

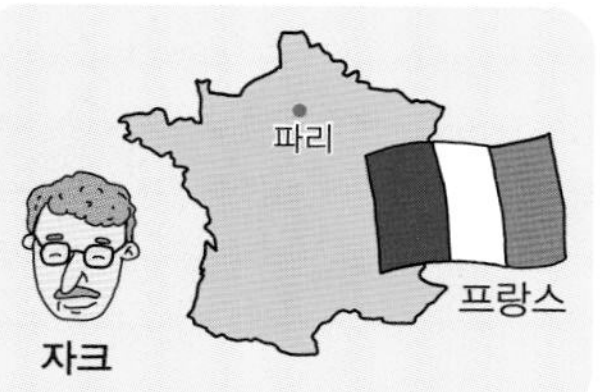

(1) 이 (ⓐ 남자 / ⓑ 여자)는 마크예요. 미국 사람이에요. 뉴욕에서 왔어요.

(2) 이 (ⓐ 남자 / ⓑ 여자)는 유키예요. 일본 사람이에요. 오사카에서 왔어요.

(3) 이 사람은 제임스예요. (ⓐ 미국 / ⓑ 영국) 사람이에요. 런던에서 왔어요.

(4) 이분은 자크 씨예요. 프랑스 분이에요. (ⓐ 파리 / ⓑ 로마)에서 왔어요.

(5) 이 (ⓐ 사람 / ⓑ 사람들)은 링링하고 유웨이예요. 중국 사람들이에요. 상하이에서 왔어요.

(6) 이 (ⓐ 분 / ⓑ 분들)은 사라 씨하고 다니엘 씨예요. 호주 분들이에요. 시드니에서 왔어요.

对所指的人比自己年长、地位高、毫无交情或当正式见面，以분代替사람。

如果是复数，名词后添加들。

动动脑 2

请听录音，话者如果可以说下列语言时划○，不能的话划×。

Track 061

(1) 안녕하세요?
한국어 ☐

(2) こんにちは。
일본어 ☐

(3) Hello.
영어 ☐

(4) 你好!
중국어 ☐

(5) ¡Hola!
스페인어 ☐

(6) اَلسَّلَامُ عَلَيْكُمْ.
아랍어 ☐

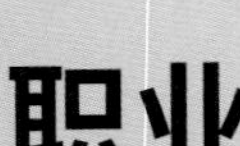

第15课 职业

韩语小单词

请将图片的正确选项填入空格中，然后听录音确认答案。

Track 062

ⓐ 의사 医生	ⓑ 작가 作家	ⓒ 회사원 公司职员
ⓓ 배우 演员	ⓔ 교사 教师	ⓕ 간호사 护士
ⓖ 군인 军人	ⓗ 주부 主妇	ⓘ 요리사 厨师
ⓙ 가수 歌手	ⓚ 변호사 律师	ⓛ 운동선수 运动选手

(1) 

(2) 

(3) 

(4) 

(5) 

(6) 

(7) 

(8) 

(9) 

(10) 

(11) 

(12) 

询问职业的两种方法:
직업이 뭐예요? 你的职业是什么?
= 직업이 어떻게 되세요?
你从事什么工作?

请将学习过的单词应用在对话中。

例 A 직업이 뭐예요?
B 교사예요.

Track 063

动动脑 1

请连接相应的部分。

(1)	(2)	(3)	(4)	(5)
기자	미용사	경찰	수리 기사	영화감독
ⓐ	ⓑ	ⓒ	ⓓ	ⓔ
 머리를 자르다 剪头发	 기사를 쓰다 写报道内容	 기계를 고치다 修理机器	 영화를 만들다 拍电影	 도둑을 잡다 抓小偷

(기계를) 고치다 = 수리하다

Track 064

请将学习过的单词应用在对话中。

例 A 기자가 무슨 일을 해요?
B 기자가 기사를 써요.

动动脑 2

Track 065

请连接适合于问题的答案后，听录音确认。

(1) 무슨 일을 해요? • • ⓐ 우체국에 다녀요.

(2) 월급이 얼마예요? • • ⓑ 3년 됐어요.

(3) 어디에 다녀요? • • ⓒ 변호사예요.

(4) 언제부터 일했어요? • • ⓓ 아침 9시에 출근해요.

(5) 몇 시에 출근해요? • • ⓔ 한 달에 500만 원이에요.

(6) 하루에 얼마 동안 일해요? • • ⓕ 8시간 동안 일해요.

年纪

韩语小单词

Track 066

1 请将图片的正确选项填入空格中，然后听录音确认答案。

1살	5살	8살	22살	31살
(1) ☐	(2) ☐	(3) ☐	(4) ☐	(5) ☐

计算年纪的单位是살。

ⓐ 다섯 살
ⓑ 한 살
ⓒ 서른한 살
ⓓ 여덟 살
ⓔ 스물두 살

在说明年纪的时候，
在韩语中使用固有语数词
(하나, 둘, …)说明。

Track 067

2 请将图片的正确选项填入空格中，然后听录音确认答案。

(1) ☐ (2) ☐ (3) ☐ (4) ☐ (5) ☐ (6) ☐ (7) ☐ (8) ☐ (9) ☐ (10) ☐

ⓐ 열	ⓑ 백	ⓒ 쉰	ⓓ 마흔	ⓔ 아흔
ⓕ 일흔	ⓖ 서른	ⓗ 여든	ⓘ 예순	ⓙ 스물

살前使用的스물形态作如下变化。
例 20 (스물) → 20살 (스무 살)
21 (스물하나) → 21살 (스물한 살)

动动脑 1

Track 068

1 请听录音，然后跟读下列内容。

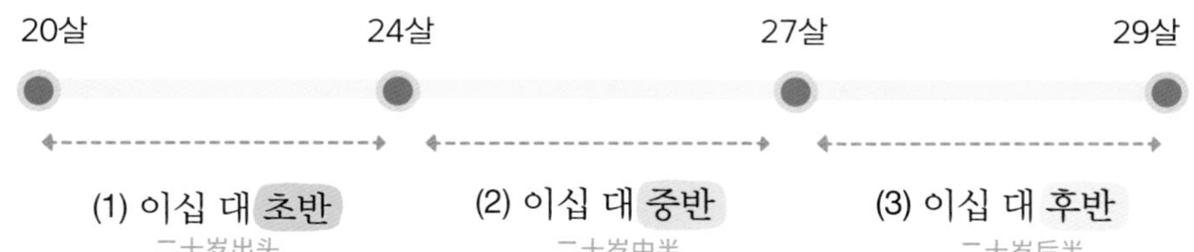

Track 069

2 请将正确选项填入空格中，然后听录音确认答案。

(1) 51살 ☐ (2) 68살 ☐
(3) 29살 ☐ (4) 14살 ☐
(5) 45살 ☐ (6) 32살 ☐

ⓐ 십 대 중반 ⓑ 오십 대 초반
ⓒ 사십 대 중반 ⓓ 이십 대 후반
ⓔ 삼십 대 초반 ⓕ 육십 대 후반

动动脑 2

Track 070

请将图片的正确选项填入空格中，然后听录音确认答案。

할아버지 (72세)	아줌마 (51세)	남학생 (18세)	아저씨 (49세)	할머니 (66세)	여자 (24세)
(1) ☐	(2) ☐	(3) ☐	(4) ☐	(5) ☐	(6) ☐

ⓐ 십 대 후반이에요.
ⓑ 이십 대 중반이에요.
ⓒ 사십 대 후반이에요.
ⓓ 오십 대 초반이에요.
ⓔ 육십 대 중반이에요.
ⓕ 칠십 대 초반이에요.

对于年长的老人不说너/당신(你)，而是说할아버지、할머니。

小秘诀

表现年纪的其他方法:
- 29: 거의 서른이 다 됐어요. 快三十岁了。
- 29-31: 서른쯤 됐어요. 大概三十岁了。
- 33: 서른이 넘었어요. 三十多岁了。

贴心小叮咛!

나이가 많다 年纪大
↔ 젊다 年轻
↔ 어리다 年纪小(或使用于不超过十四、五岁的年纪)

第17课 家人

韩语小单词

请将图片的正确选项填入空格中，然后听录音确认答案。

Track 071

ⓐ 큰딸 大女儿　ⓑ 누나 姐姐　ⓒ 할머니 祖母

ⓓ 작은딸 小女儿　ⓔ 남동생 弟弟　ⓕ 어머니 母亲

ⓖ 형 哥哥　ⓗ 여동생 妹妹　ⓘ 할아버지 祖父

ⓙ 아들 儿子　ⓚ 아버지 父亲　ⓛ 아내 妻子

• 指称自己的妻子时称아내，
• 指称别人的妻子时称부인。
• 指称自己的丈夫时称남편，
• 指称别人的丈夫时称부군。

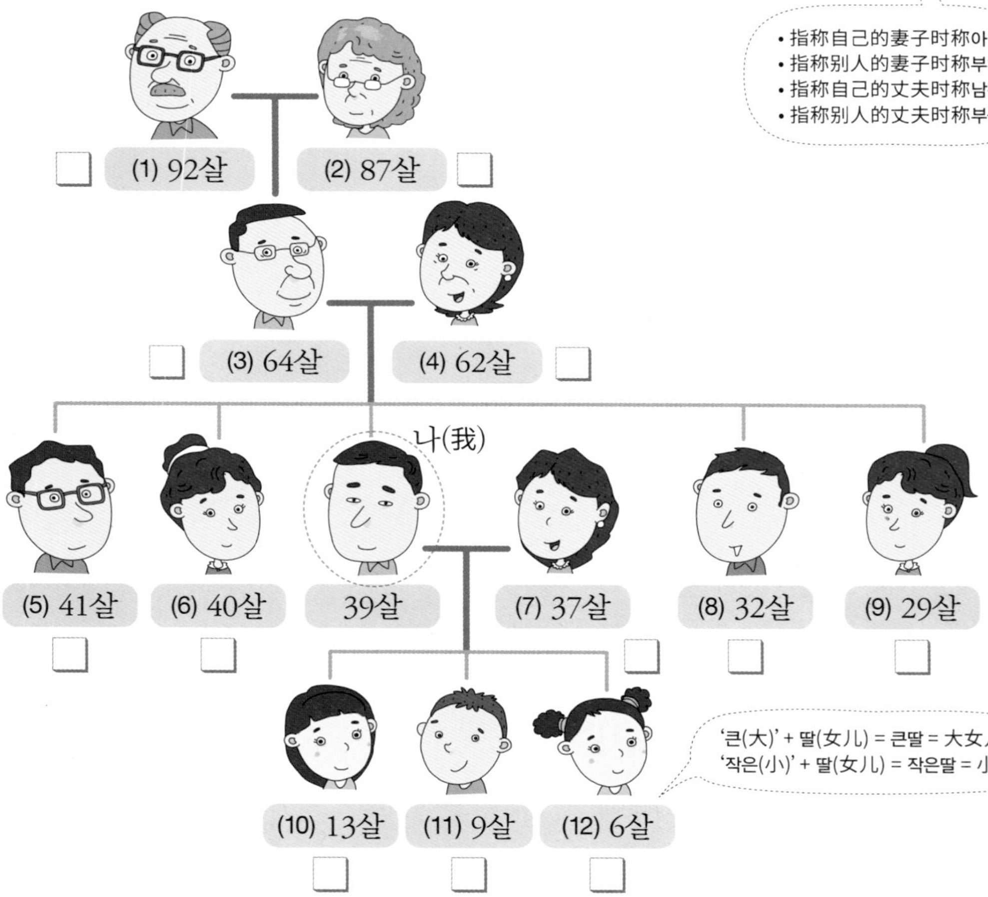

(1) 92살 ☐　(2) 87살 ☐

(3) 64살 ☐　(4) 62살 ☐

나(我)

(5) 41살 ☐　(6) 40살 ☐　39살　(7) 37살 ☐　(8) 32살 ☐　(9) 29살 ☐

(10) 13살 ☐　(11) 9살 ☐　(12) 6살 ☐

'큰(大)' + 딸(女儿) = 큰딸 = 大女儿
'작은(小)' + 딸(女儿) = 작은딸 = 小女儿

	称呼哥哥	称呼姐姐	称呼弟弟	称呼妹妹
话者是男人时	형	누나	남동생	여동생
话者是女人时	오빠	언니	남동생	여동생

动动脑 1

Track 072

请看图片，并选择正确的答案，然后听录音确认。

아버지　어머니

큰딸

아들

작은딸

(1) 큰딸이 (ⓐ 아버지 / ⓑ 어머니)하고 똑같이 생겼어요.
(2) 아들이 아버지의 (ⓐ 귀 / ⓑ 코)를 닮았어요.
(3) 작은딸이 아버지하고 눈이 (ⓐ 비슷해요. / ⓑ 달라요.)
(4) 큰딸이 아버지를 하나도 (ⓐ 닮았어요. / ⓑ 안 닮았어요.)

小秘诀
- 똑같이 생겼어요. 长得一样。
- 닮았어요. ↔ 안 닮았어요.
  长得很像。↔ 长得不像。
- 비슷해요. ↔ 달라요.
  长得差不多。↔ 长得不一样。

动动脑 2

Track 073

请看图片，并选择正确的答案，然后听录音确认。

큰딸
(13살)

아들
(9살)

작은딸
(6살)

큰딸하고 아들이 4살 차이가 나요. 大女儿和儿子相差四岁。
큰딸이 아들보다 4살 많아요. 大女儿比儿子大四岁。
아들이 큰딸보다 4살 어려요. 儿子比大女儿小四岁。

(1) 아들하고 작은딸하고 (ⓐ 삼 년 / ⓑ 세 살) 차이가 나요.
(2) 아들이 큰딸보다 네 살 (ⓐ 많아요 / ⓑ 적어요).
(3) 큰딸하고 작은딸이 (ⓐ 일곱 살 / ⓑ 여덟 살) 차이가 나요.
(4) 작은딸이 아들보다 (ⓐ 세 살 / ⓑ 네 살) 어려요.

小秘诀
有三个以上的孩子时:
- 첫째 老大
- 둘째 老二
- 셋째 老三
- 막내 老幺

第18课 场所1

韩语小单词

请连接相应的部分。

(1) 책

(2) 약

(3) 빵

(4) 꽃

(5) 옷

(6) 우유

(7) 커피

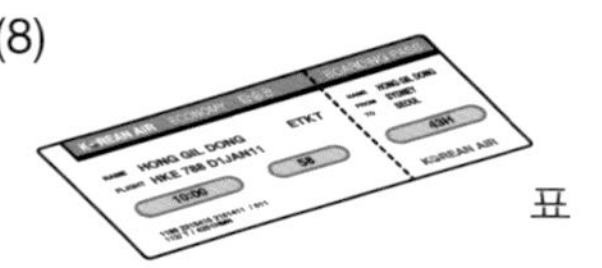

(8) 표

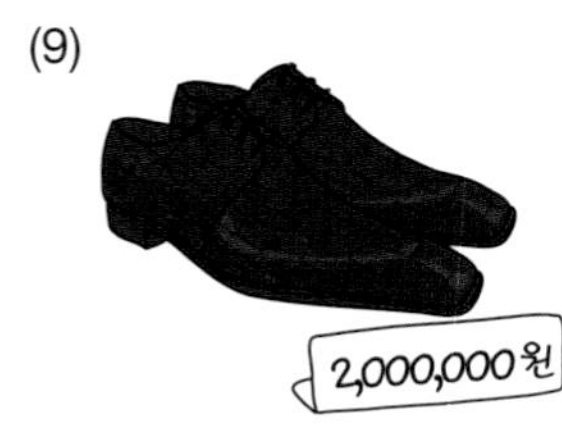

(9) 구두

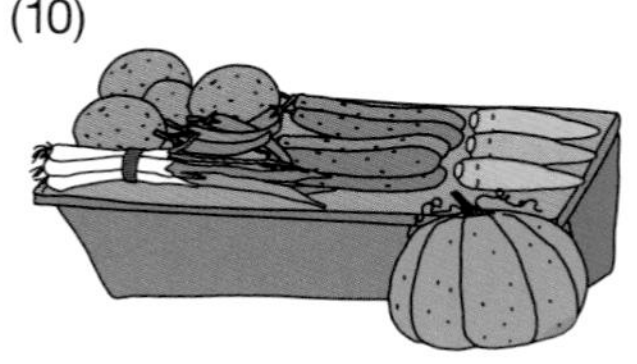

(10) 채소 = 야채

贴心小叮咛!
注意发音!
백화점 [배콰점]
편의점 [펴니점]

- ⓐ 백화점 百货公司
- ⓑ 여행사 旅行社
- ⓒ 서점 书店
- ⓓ 꽃집 花店
- ⓔ 약국 药房
- ⓕ 편의점 便利店
- ⓖ 빵집 面包店
- ⓗ 카페 咖啡厅
- ⓘ 옷 가게 衣服商店
- ⓙ 시장 市场

물건 东西 + 가게 小店
例 옷 가게 衣服店, 가방 가게 手提包商店
생선 가게 鱼店, 과일 가게 水果店

小秘诀
根据动词的不同，场所后使用的助词也随之不同。
- 〔场所〕+ 에서 + 〔动作动词〕
- 〔目的地〕+ 에 + 动词가다/오다

Track 074

请将学习过的单词应用在对话中。
例 A 어디에서 책을 사요?
B 서점에서 책을 사요.

动动脑 1

请将图片的正确选项填入空格中。

(1)

☐
돈을 찾다 取钱

(2)

☐
산책하다 散步

(3)

☐
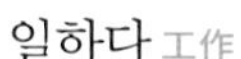
일하다 工作

(4)

☐
기도하다 祷告

(5)
☐
머리를 자르다 剪头发

(6)

☐
소포를 보내다 寄包裹

ⓐ 회사 公司　　ⓑ 은행 银行　　ⓒ 우체국 邮局
ⓓ 공원 公园　　ⓔ 성당 天主教堂　　ⓕ 미용실 美容院

请将学习过的单词应用在对话中。
例 A 어디에 가요?
B 돈을 찾으러 은행에 가요.
Track 075

动动脑 2

请将图片的正确选项填入空格中。

(1)

☐ 집

(2)

☐ 공항

(3)

☐ 식당

(4)

☐ 학원

(5)

☐ 영화관

(6)

☐ PC방

ⓐ 영화를 보다
看电影
ⓑ 밥을 먹다
吃饭
ⓒ 비행기를 타다
坐飞机
ⓓ 요리를 배우다
学做菜
ⓔ 인터넷 하다
上网
ⓕ 쉬다
休息

贴心小叮咛!
注意发音!
학원 [하권]

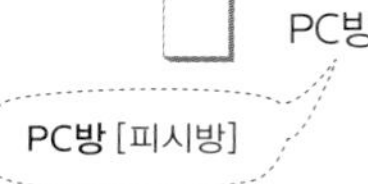
PC방 [피시방]

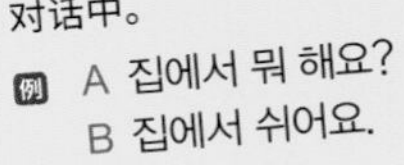
请将学习过的单词应用在对话中。
例 A 집에서 뭐 해요?
B 집에서 쉬어요.
Track 076

第19课 场所2

韩语小单词

请将图片的正确选项填入空格中。

贴心小叮咛!
注意发音!
박물관 [방물관]

ⓐ 교회 教堂　　ⓑ 박물관 博物馆　　ⓒ 주차장 停车场

ⓓ 술집 酒馆　　ⓔ 대사관 大使馆　　ⓕ 노래방 练歌房

ⓖ 대학교 大学　　ⓗ 도서관 图书馆　　ⓘ 경찰서 警察局

ⓙ 헬스장 健身房　　ⓚ 사진관 照相馆　　ⓛ 지하철역 地铁站

(1)

☐

(2)

☐

(3)

☐

(4)

☐

(5)

☐

(6)

☐

(7)

☐

(8)

☐

(9)

☐

(10)

☐

(11)

☐

(12)

☐

Track 077

请将学习过的单词应用在对话中。

例 A 여기가 어디예요?
B 노래방이에요.

动动脑 1

请连接相应的部分。

Track 078

请将学习过的单词应用在对话中。

例 A 경찰이 어디에 있어요?
B 경찰이 경찰서에 있어요.

动动脑 2

请连接相应的部分，然后听录音确认答案。

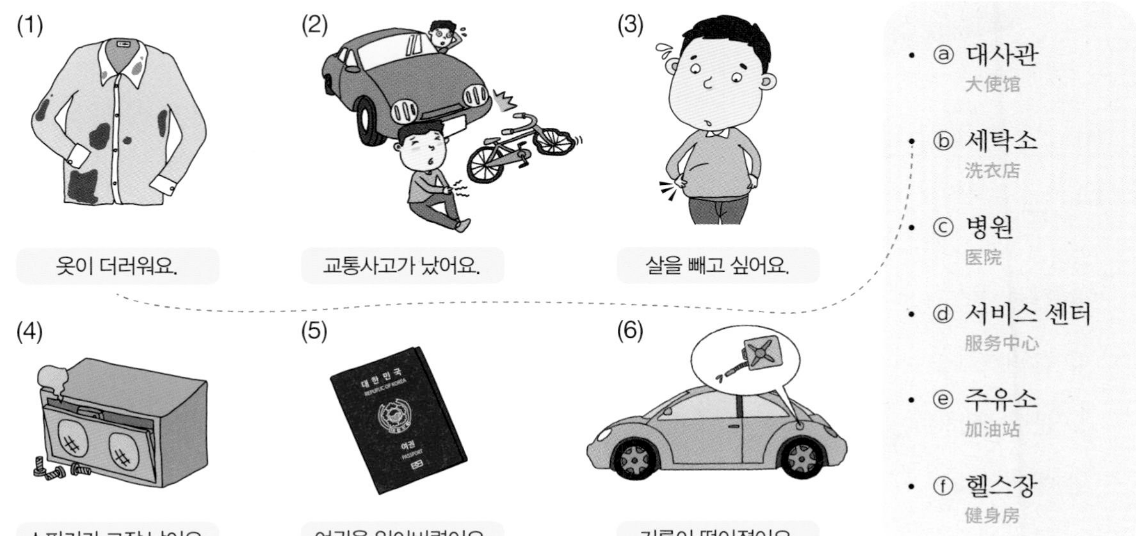

街道

韩语小单词

Track 080

请将图片的正确选项填入空格中，然后听录音确认答案。

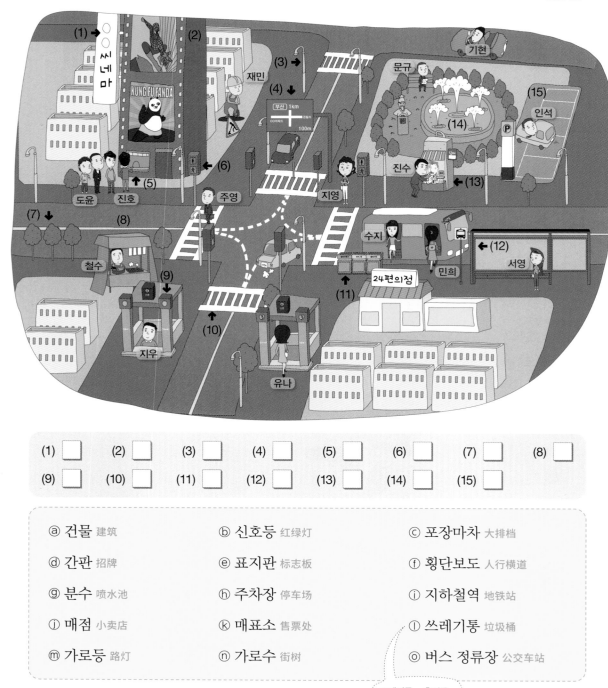

(1)	(2)	(3)	(4)	(5)	(6)	(7)	(8)
(9)	(10)	(11)	(12)	(13)	(14)	(15)	

ⓐ 건물 建筑　ⓑ 신호등 红绿灯　ⓒ 포장마차 大排档

ⓓ 간판 招牌　ⓔ 표지판 标志板　ⓕ 횡단보도 人行横道

ⓖ 분수 喷水池　ⓗ 주차장 停车场　ⓘ 지하철역 地铁站

ⓙ 매점 小卖店　ⓚ 매표소 售票处　ⓛ 쓰레기통 垃圾桶

ⓜ 가로등 路灯　ⓝ 가로수 街树　ⓞ 버스 정류장 公交车站

쓰레기통 = 휴지통

动动脑 1

Track 081

请看左图，并选择正确的答案，然后听录音确认。

(1) (ⓐ 수지 / ⓑ 민희)가 버스를 타고 있어요.

(2) (ⓐ 문규 / ⓑ 진호)가 벤치에 앉아 있어요.

(3) (ⓐ 기현 / ⓑ 재민)이 자동차를 운전하고 있어요.

(4) (ⓐ 도윤 / ⓑ 인석)이 표를 사려고 줄을 서 있어요.

(5) (ⓐ 지우 / ⓑ 유나)가 지하철역의 계단을 내려가고 있어요.

(6) (ⓐ 주영 / ⓑ 서영)이 횡단보도를 건너고 있어요.

动动脑 2

Track 082

请看左图，并选择正确的答案，然后听录音确认。

(1) 지영이 ⓐ □ 신호등 앞에서 신호를 기다리고 있어요.
ⓑ □ 신호등 옆에서 신호를 기다리고 있어요.

(2) 가로수가 ⓐ □ 인도 위에 있어요.
ⓑ □ 인도 뒤에 있어요.

인도 = 보도 人行道

(3) 철수가 ⓐ □ 포장마차 밖에서 음식을 팔고 있어요.
ⓑ □ 포장마차 안에서 음식을 팔고 있어요.

(4) 동상이 ⓐ □ 분수 근처에 있어요.
ⓑ □ 분수에서 멀리 있어요.

(5) ⓐ □ 지하철역 건너편에 공원이 있어요.
ⓑ □ 지하철역 바로 앞에 공원이 있어요.

第21课

位置和方向

韩语小单词

请将图片的正确选项填入空格中，然后听录音确认答案。

Track 083

(1)

(2)

(3)

(4)

(5)

(6)

(7)

(8)

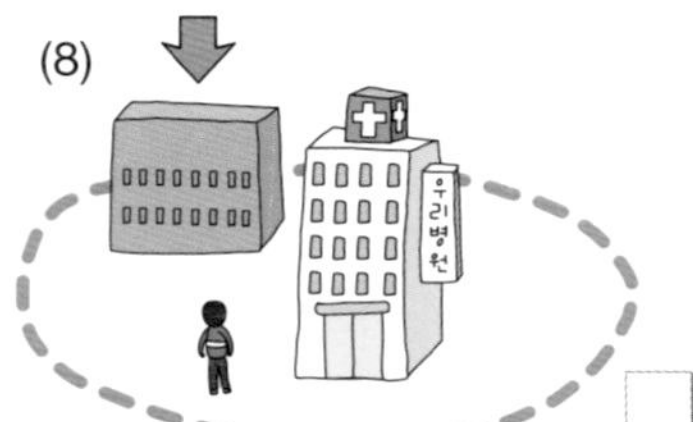

(9)

(10)

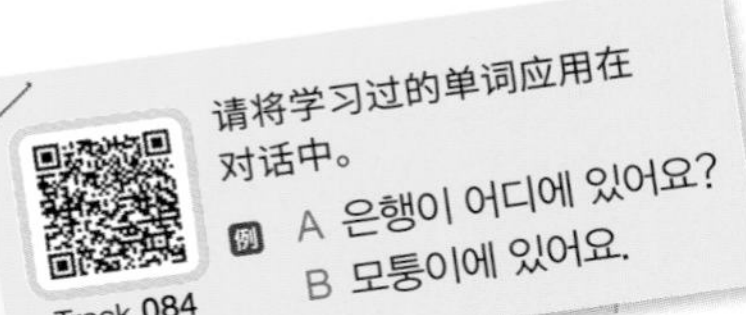
请将学习过的单词应用在对话中。
例 A 은행이 어디에 있어요?
B 모퉁이에 있어요.
Track 084

ⓐ 병원 오른쪽에 있어요.
在医院右边。

ⓑ 길 건너편에 있어요.
在马路对面。

ⓒ 병원 왼쪽에 있어요.
在医院左边。

ⓓ 병원 바로 뒤에 있어요.
就在医院后边。

ⓔ 병원 근처에 있어요.
在医院附近。

ⓕ 약국하고 병원 사이에 있어요.
在药房和医院中间。

ⓖ 모퉁이에 있어요.
在拐弯处。

ⓗ 횡단보도 지나서 오른쪽에 있어요.
过了人行横道后，就在右边。

ⓘ 병원 앞에 있어요.
在医院前面。

ⓙ 횡단보도 지나기 전에 오른쪽에 있어요.
在过人行横道之前的右边。

바로使用在名词之前，强调位置名词。
바로 앞 就在前面，바로 뒤 就在后面，바로 옆 就在旁边

动动脑 1

看图连接场所的位置，然后听录音确认答案。

Track 085

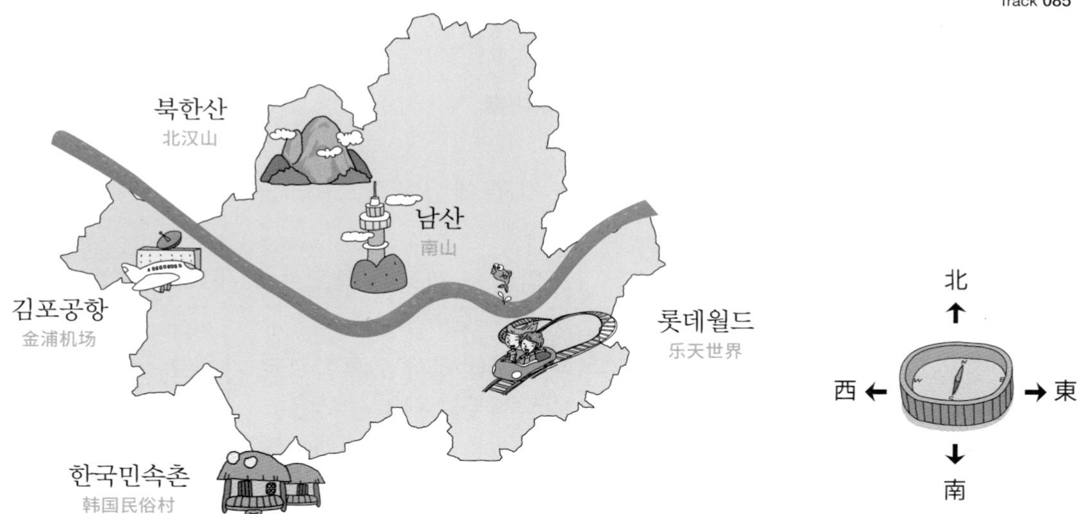

(1) 남산 •	• ⓐ 동쪽에 있어요.
(2) 북한산 •	• ⓑ 서쪽에 있어요.
(3) 김포공항 •	• ⓒ 남쪽에 있어요.
(4) 롯데월드 •	• ⓓ 북쪽에 있어요.
(5) 한국민속촌 •	• ⓔ 중앙에 있어요.

指称方向时，添加쪽。
例 이쪽 这边，저쪽 那边

动动脑 2

请将图片的正确选项填入空格中，然后听录音确认答案。

Track 086

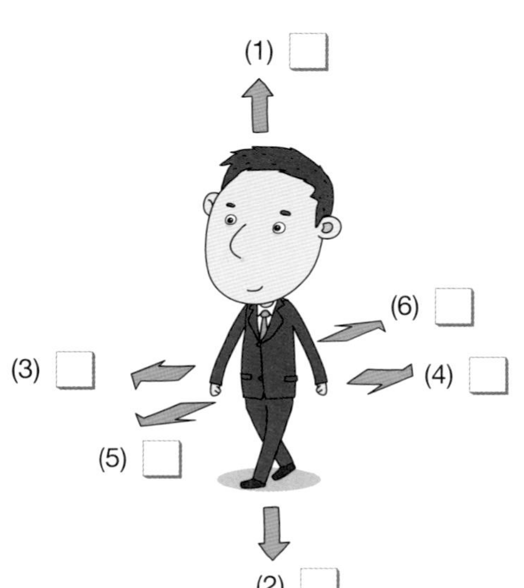

ⓐ 왼쪽으로 가요. 往左走。

ⓑ 위쪽으로 가요. 往上走。

ⓒ 뒤쪽으로 가요. 往后走。

ⓓ 앞쪽으로 가요. 往前走。

ⓔ 아래쪽으로 가요. 往下走。

ⓕ 오른쪽으로 가요. 往右走。

贴心小叮咛!

注意韩语中各动词不相同使用的助词!
〔位置〕오른쪽에 있어요. 在右边。
〔方向〕오른쪽으로 가요. 往右走。

问路

韩语小单词

请将图片的正确选项填入空格中，然后听录音确认答案。

Track 087

ⓐ 쭉 가세요.
一直往前走。

ⓑ 길 끝에서 왼쪽으로 가세요.
走到头往左拐。

ⓒ 다리를 건너세요.
请过桥。

ⓓ 약국을 끼고 왼쪽으로 도세요.
绕着药房左拐。

ⓔ 길을 따라가세요.
沿着路走。

ⓕ 사거리에서 오른쪽으로 가세요.
在十字路口往右拐。

ⓖ 골목으로 들어가세요.
请往胡同里走。

ⓗ 횡단보도를 지나서 오른쪽으로 도세요.
过了人行横道后往右拐。

ⓘ 지하도로 내려가세요.
请过地下道。

ⓙ 횡단보도를 지나기 전에 오른쪽으로 도세요.
在过人行横道之前往右拐。

ⓚ 다리 밑을 지나가세요.
请从桥底下过去。

밑和아래的意思相仿。

打车说明道路时需要的表现:
〔장소〕에 가 주세요. 请到〔地点〕。
〔장소〕에서 세워 주세요. 请在〔地点〕停车。

(1)
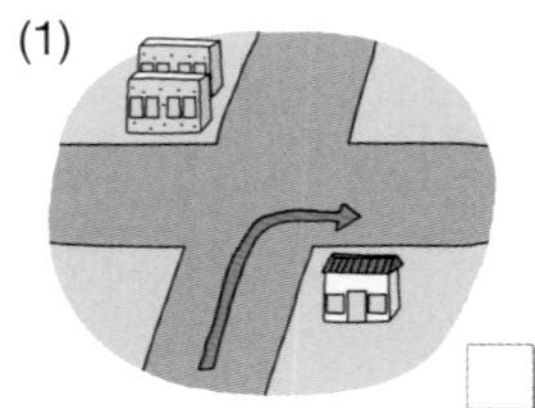

(2)

(3)
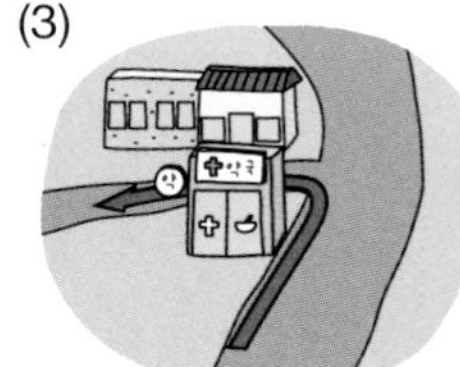

(4)
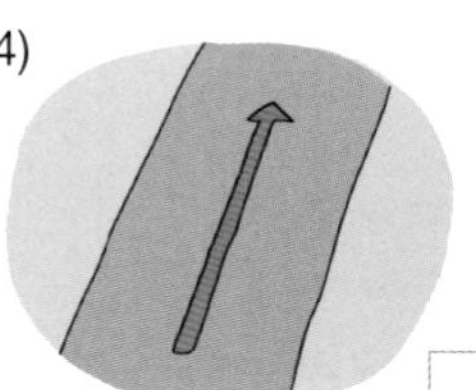

(5)

(6)

(7)

(8)
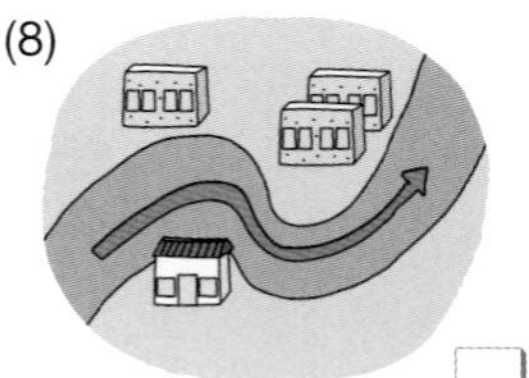

(9)
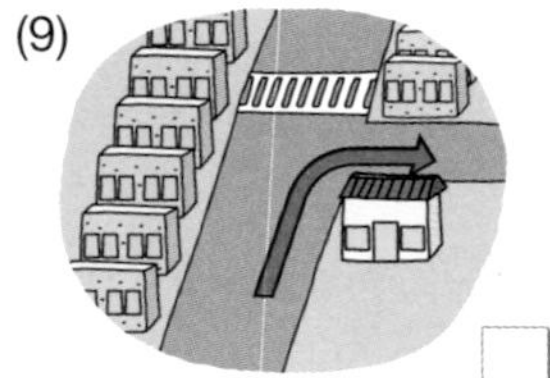

(10)

(11)
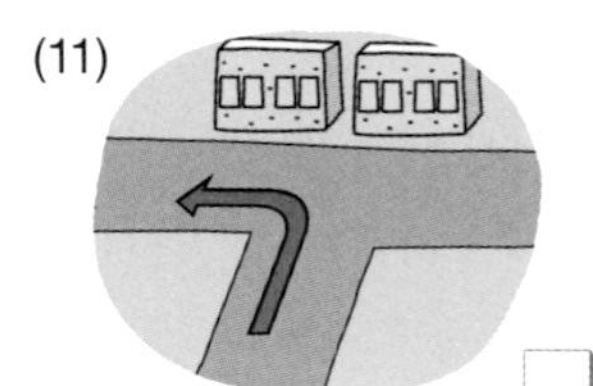

动动脑

Track 088

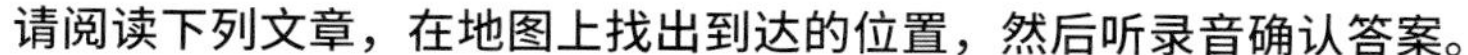

请阅读下列文章，在地图上找出到达的位置，然后听录音确认答案。

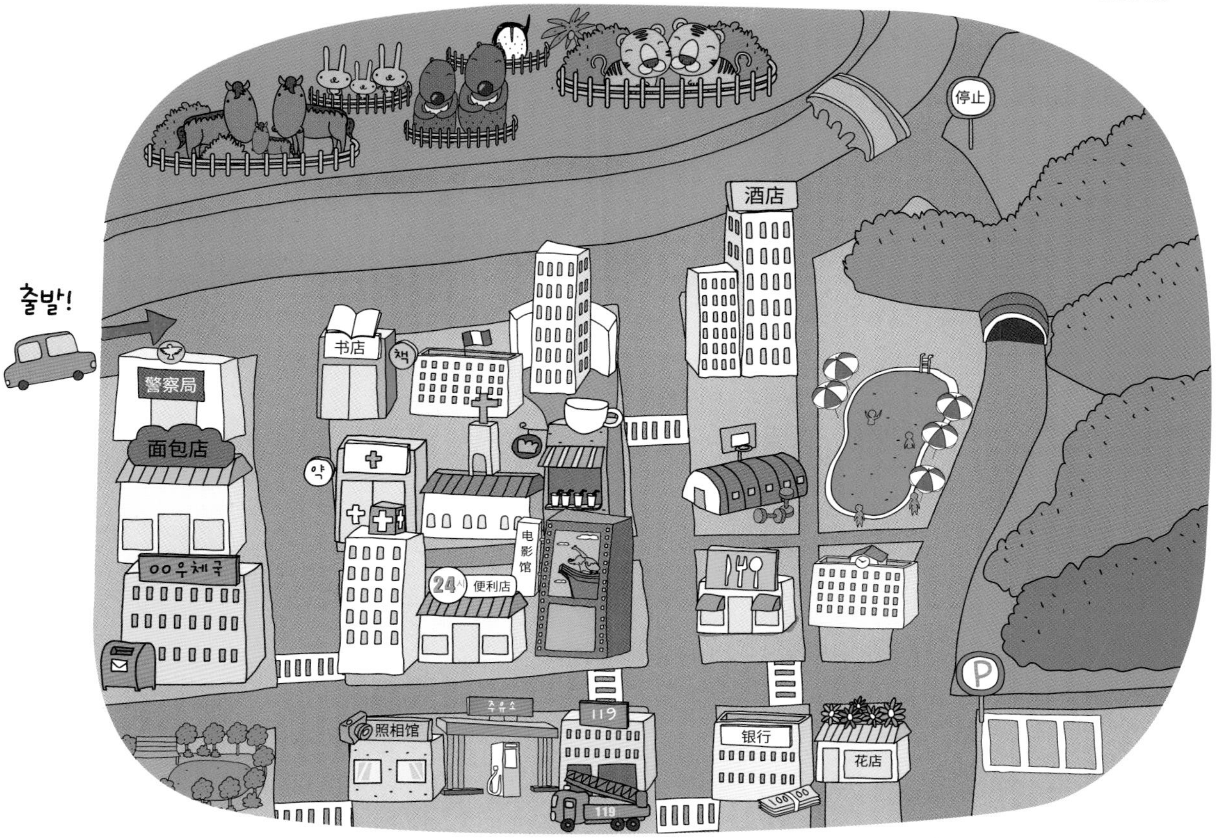

여기가 어디예요?

(1) 쭉 가면 오른쪽에 호텔이 있어요. 호텔을 끼고 오른쪽으로 돌면 왼쪽에 있어요.
체육관 건너편에 있어요. ________

(2) 경찰서에서 오른쪽으로 가면 사거리가 나와요. 사거리에서 왼쪽으로 돌아서 조금만 가면 횡단보도가 나와요. 그 횡단보도 앞 왼쪽에 있는 건물이에요. 편의점 다음 건물이에요. ________

(3) 다리가 보일 때까지 직진하세요.
왼쪽에 다리가 나오면 다리를 건너세요. 다리를 건너자마자 바로 있어요. ________

(4) 서점 앞에서 오른쪽으로 가면 횡단보도를 지나기 전에 왼쪽에 약국이 보여요.
약국을 끼고 왼쪽으로 돌면 왼쪽에 있어요. 약국하고 카페 사이에 있어요. ________

(5) 호텔을 지나서 다리가 나올 때까지 쭉 가세요. 다리 반대쪽으로 가면 터널이 있어요.
터널을 나와서 길을 따라가면 오른쪽에 수영장을 지나서 학교가 나와요.
학교를 끼고 오른쪽으로 돌면 횡단보도가 나오는데 바로 왼쪽에 있어요.
식당 맞은편에 있어요. ________

第23课 个人物品

韩语小单词

Track 089

请将图片的正确选项填入空格中，然后听录音确认答案。

(1)  ☐

(2) 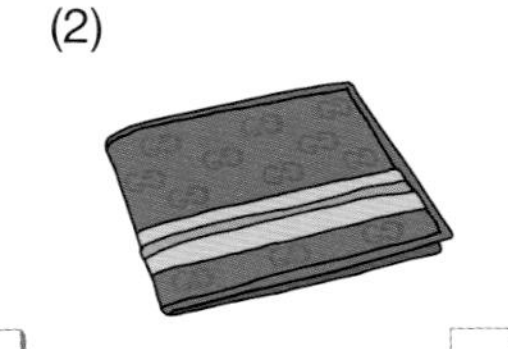 ☐

(3) 

☐

(4)  ☐

(5)  ☐

(6)  ☐

(7) 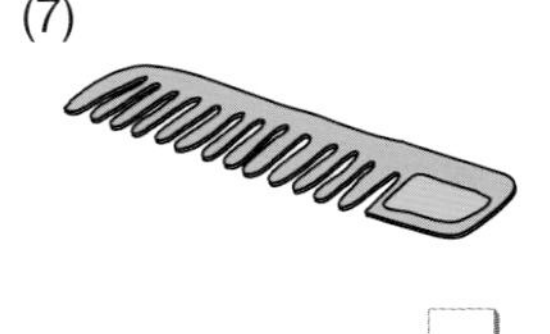 ☐

(8)  ☐

(9) 

☐

(10) 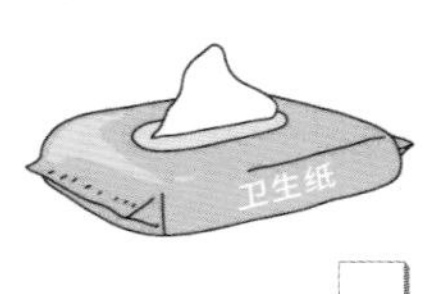

☐

(11) 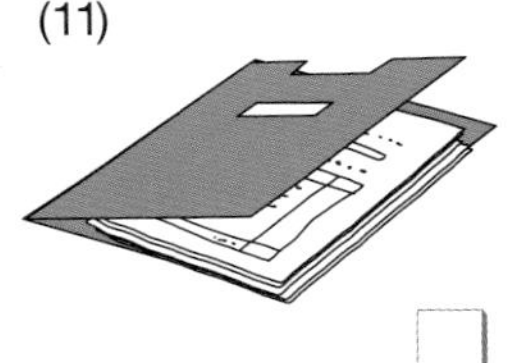 ☐

(12)  ☐

(13)  ☐

(14)  ☐

(15) 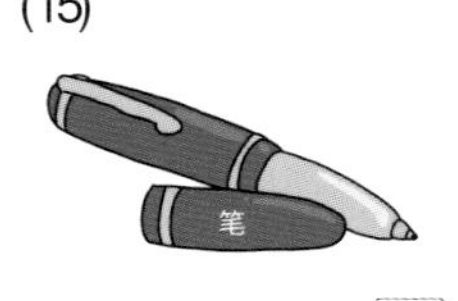

☐

(16) 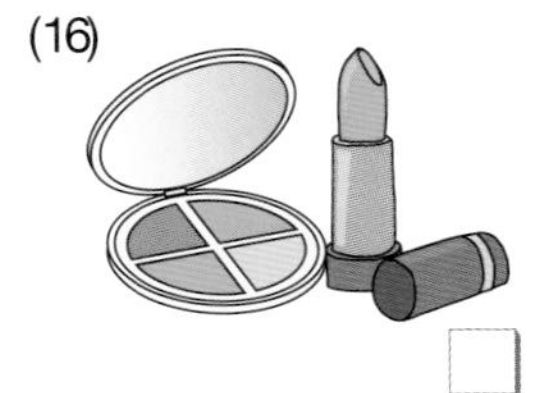 ☐

ⓐ 책 书	ⓑ 우산 雨伞	ⓒ 거울 镜子	ⓓ 빗 梳子
ⓔ 열쇠 钥匙	ⓕ 공책 笔记本	ⓖ 펜 笔	ⓗ 수첩 手册
ⓘ 휴지 卫生纸	ⓙ 안경 眼镜	ⓚ 화장품 化妆品	ⓛ 필통 铅笔盒
ⓜ 사진 照片	ⓝ 핸드폰 手机	ⓞ 서류 文件	ⓟ 지갑 钱包

动动脑 1

Track 090

请听录音后，写下每个人持有的物品。

(1) 아빠

(2) 엄마

(3) 아이

动动脑 2

Track 091

请看上图，并选择正确的答案，然后听录音确认。

(1) 엄마 가방에 우산이 (ⓐ 들어 있어요. / ⓑ 들어 있지 않아요.)

(2) 아이 가방에 열쇠가 (ⓐ 들어 있어요. / ⓑ 들어 있지 않아요.)

(3) 아빠 가방에 서류가 (ⓐ 들어 있어요. / ⓑ 들어 있지 않아요.)

(4) 아이 가방에 휴지가 (ⓐ 들어 있어요. / ⓑ 들어 있지 않아요.)

(5) 아빠 가방에 지갑이 (ⓐ 들어 있어요. / ⓑ 들어 있지 않아요.)

(6) 엄마 가방에 안경이 (ⓐ 들어 있어요. / ⓑ 들어 있지 않아요.)

小秘诀
아빠 = 아버지 爸爸
엄마 = 어머니 妈妈

들어 있어요的否定是들어 있지 않다。
가방에 핸드폰이 들어 없어요. (×)
가방에 핸드폰이 들어 있지 않아요. (○)
包里没放着手机。

第24课 房间里的物品

韩语小单词

Track 092

请将图片的正确选项填入空格中，然后听录音确认答案。

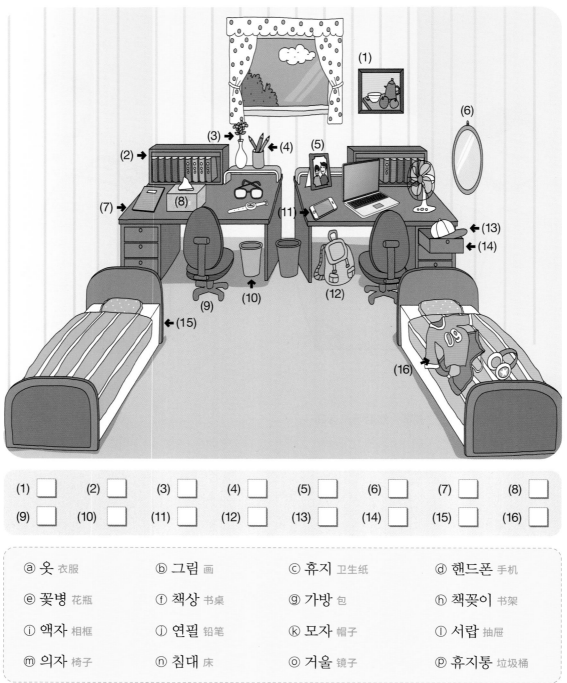

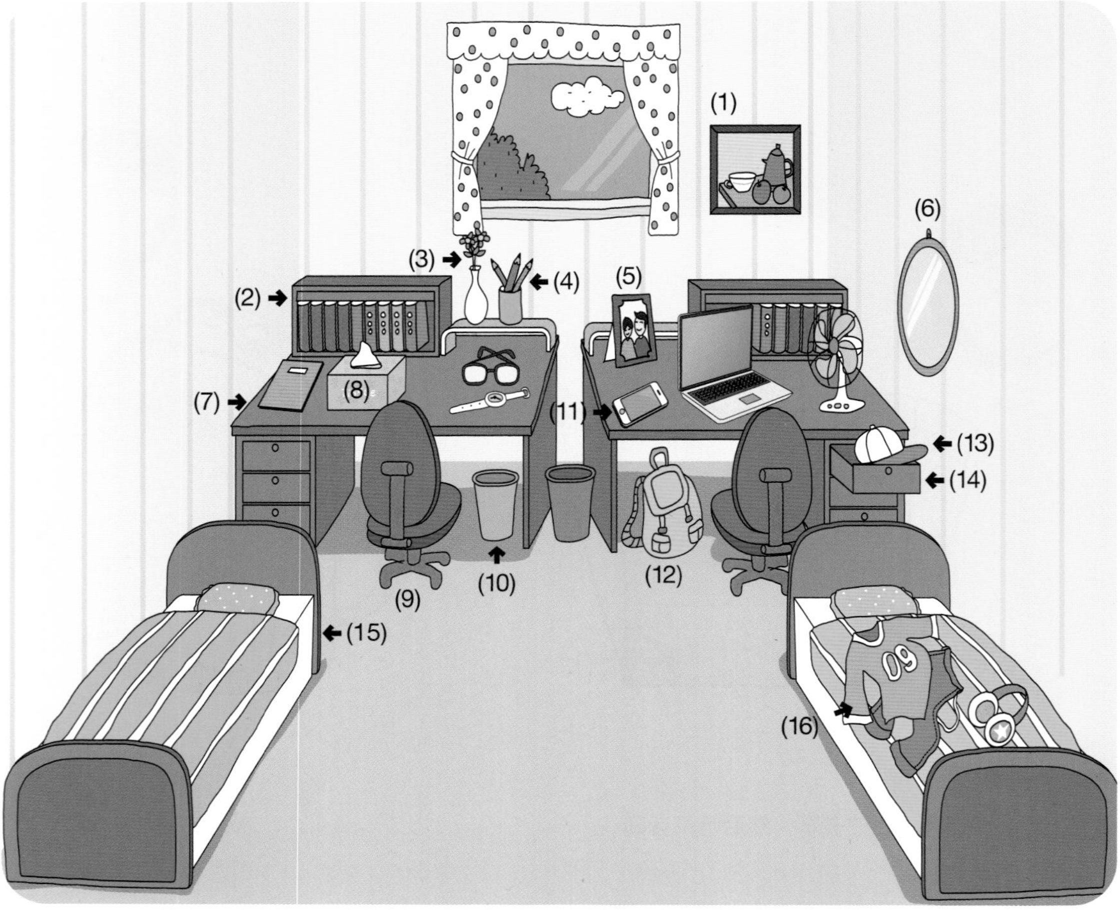

(1)	(2)	(3)	(4)	(5)	(6)	(7)	(8)
☐	☐	☐	☐	☐	☐	☐	☐
(9)	**(10)**	**(11)**	**(12)**	**(13)**	**(14)**	**(15)**	**(16)**
☐	☐	☐	☐	☐	☐	☐	☐

ⓐ 옷 衣服	ⓑ 그림 画	ⓒ 휴지 卫生纸	ⓓ 핸드폰 手机
ⓔ 꽃병 花瓶	ⓕ 책상 书桌	ⓖ 가방 包	ⓗ 책꽂이 书架
ⓘ 액자 相框	ⓙ 연필 铅笔	ⓚ 모자 帽子	ⓛ 서랍 抽屉
ⓜ 의자 椅子	ⓝ 침대 床	ⓞ 거울 镜子	ⓟ 휴지통 垃圾桶

动动脑 1

请看左图，并选择正确的答案。

(1) 공책이 휴지 (ⓐ 앞 / ⓑ 옆)에 있어요.

(2) 나무가 창문 (ⓐ 안 / ⓑ 밖)에 있어요.

(3) 핸드폰이 액자 (ⓐ 앞 / ⓑ 뒤)에 있어요.

(4) 가방이 책상 (ⓐ 위 / ⓑ 아래)에 있어요.

(5) 책꽂이가 휴지 (ⓐ 위 / ⓑ 뒤)에 있어요.

(6) 옷이 침대 (ⓐ 위 / ⓑ 아래)에 있어요.

(7) 시계가 안경 (ⓐ 앞 / ⓑ 뒤)에 있어요.

(8) 모자가 책상 서랍 (ⓐ 안 / ⓑ 밖)에 있어요.

(9) 그림이 창문 (ⓐ 왼쪽 / ⓑ 오른쪽)에 있어요.

(10) 노트북이 핸드폰과 선풍기 (ⓐ 앞 / ⓑ 사이)에 있어요.

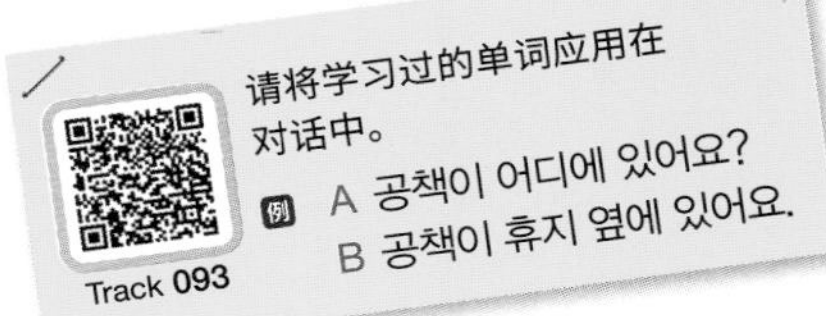

Track 093
请将学习过的单词应用在对话中。
例 A 공책이 어디에 있어요?
B 공책이 휴지 옆에 있어요.

动动脑 2

请看图片，并选择正确的答案。

	ⓐ 지수	ⓑ 승민
(1) 안경	☐	☐
(2) 치마	☐	☐
(3) 노트북	☐	☐
(4) 시계	☐	☐
(5) 핸드폰	☐	☐
(6) 모자	☐	☐
(7) 공책	☐	☐
(8) 가방	☐	☐
(9) 연필	☐	☐
(10) 바지	☐	☐

小秘诀

指称已经指示的对象时，使用거。

例 A 누구 거예요? = 누구 시계예요?
谁的？= 谁的手表？
B 보라 거예요. = 보라 시계예요.
是宝罗的。= 是宝罗的手表。

Track 094

请将学习过的单词应用在对话中。

例 A 안경이 누구 거예요?
B 안경이 지수 거예요.

家里的物品

韩语小单词

Track 095

请将图片的正确选项填入空格中，然后听录音确认答案。

ⓐ 거실 客厅　ⓑ 방 房间　ⓒ 지하실 地下室　ⓓ 현관 门厅　ⓔ 창고 仓库

ⓕ 정원 院子　ⓖ 계단 楼梯　ⓗ 화장실 洗手间　ⓘ 주방 厨房　주방 = 부엌

(1) ☐　(2) ☐　(3) ☐　(4) ☐　(5) ☐

(6) ☐　(7) ☐　(8) ☐　(9) ☐

2층

1층

지하

(1) (2) (3) (4) (5) (6) (7) (8) (9)

请将学习过的单词应用在对话中。

Track 096

例 A 방이 어디에 있어요?
B 방이 2층 왼쪽에 있어요.

动动脑 1

请看左图，并连接相应的部分。

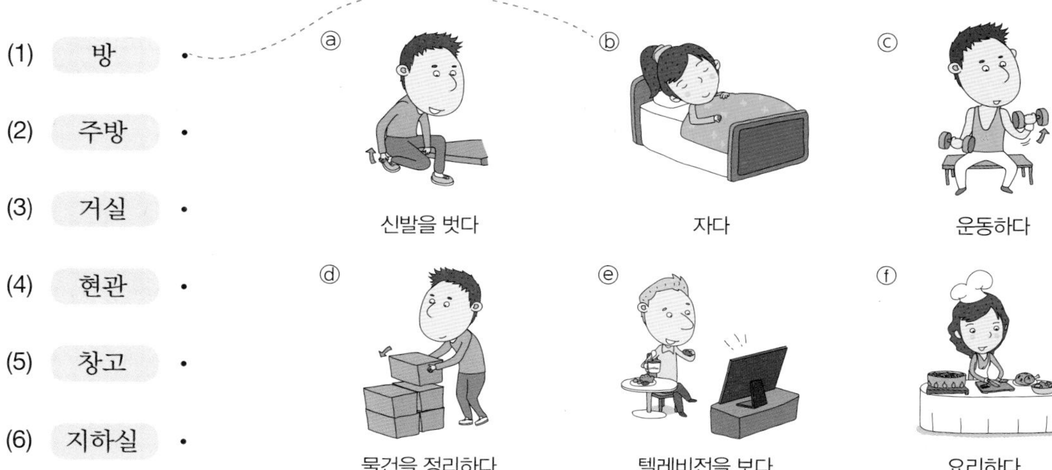

(1) 방 •

(2) 주방 •

(3) 거실 •

(4) 현관 •

(5) 창고 •

(6) 지하실 •

ⓐ
신발을 벗다

ⓑ
자다

ⓒ
운동하다

ⓓ
물건을 정리하다

ⓔ
텔레비전을 보다

ⓕ
요리하다

请将学习过的单词应用在对话中。

Track 097

例 A 방에서 뭐 해요?
B 방에서 자요.

动动脑 2

请将图片的正确选项填入空格中。

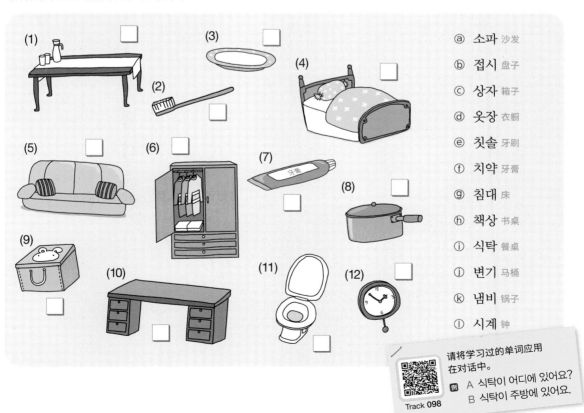

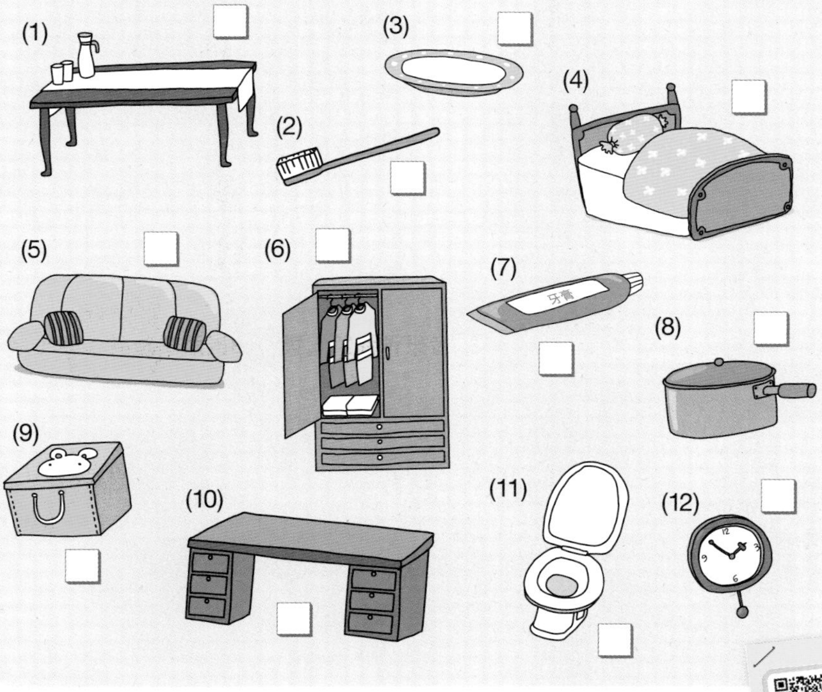

(1)
(2)
(3)
(4)
(5)
(6)
(7)
牙膏
(8)
(9)
(10)
(11)
(12)

ⓐ 소파 沙发

ⓑ 접시 盘子

ⓒ 상자 箱子

ⓓ 옷장 衣橱

ⓔ 칫솔 牙刷

ⓕ 치약 牙膏

ⓖ 침대 床

ⓗ 책상 书桌

ⓘ 식탁 餐桌

ⓙ 변기 马桶

ⓚ 냄비 锅子

ⓛ 시계 钟

请将学习过的单词应用在对话中。

Track 098

例 A 식탁이 어디에 있어요?
B 식탁이 주방에 있어요.

家具和生活用品

韩语小单词

Track 099

请将图片的正确选项填入空格中，然后听录音确认答案。

ⓐ 책장 书架	ⓑ 베개 枕头	ⓒ 옷걸이 衣架	ⓓ 서랍장 五斗柜
ⓔ 옷장 衣橱	ⓕ 욕조 浴缸	ⓖ 청소기 吸尘器	ⓗ 냉장고 冰箱
ⓘ 침대 床	ⓙ 이불 被子	ⓚ 샤워기 淋浴器	ⓛ 에어컨 空调
ⓜ 탁자 桌子	ⓝ 변기 马桶	ⓞ 세면대 盥洗台	ⓟ 가스레인지 煤气灶
ⓠ 의자 椅子	ⓡ 선풍기 电风扇	ⓢ 신발장 鞋柜	ⓣ 전자레인지 微波炉

(1) □	(2) □	(3) □	(4) □	(5) □	(6) □	(7) □	(8) □	(9) □	(10) □
(11) □	(12) □	(13) □	(14) □	(15) □	(16) □	(17) □	(18) □	(19) □	(20) □

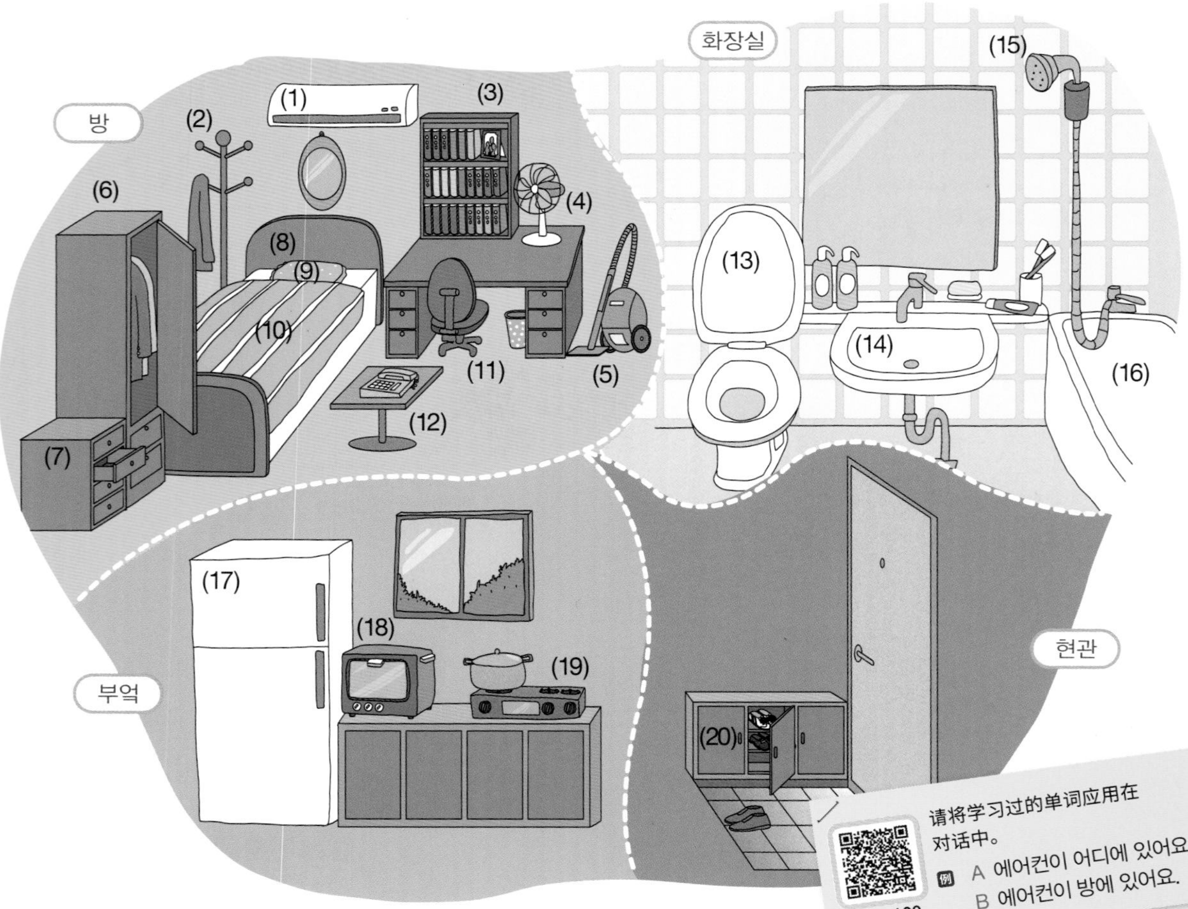

방
(1) (2) (3) (4) (5) (6) (7) (8) (9) (10) (11) (12)

화장실
(13) (14) (15) (16)

부엌
(17) (18) (19)

현관
(20)

请将学习过的单词应用在对话中。

Track 100

例 A 에어컨이 어디에 있어요?
B 에어컨이 방에 있어요.

动动脑 1

请看图片，并选择正确的答案。

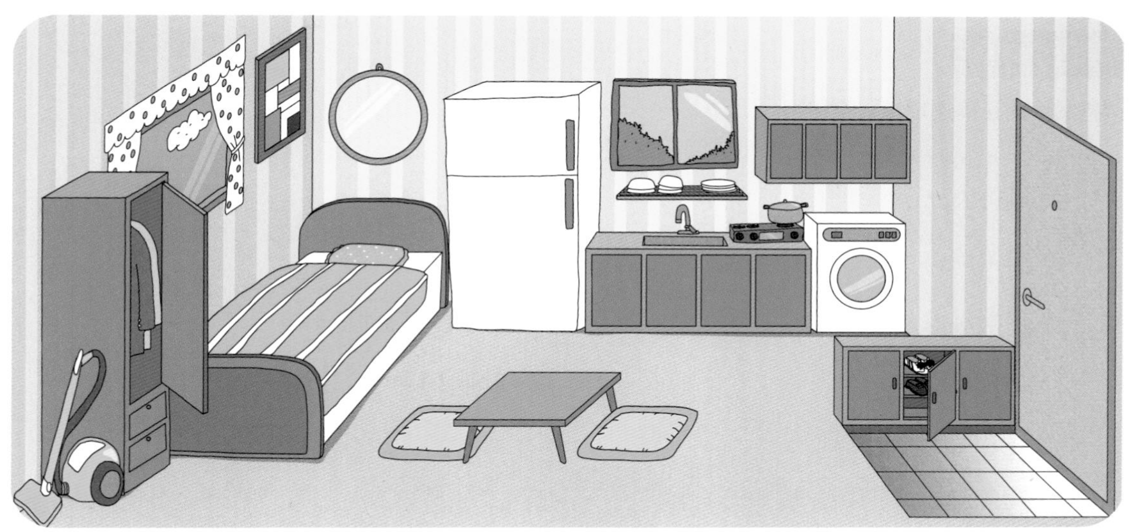

(1) 이 집에 냉장고가 (ⓐ 있어요. / ⓑ 없어요.)

(2) 이 집에 청소기가 (ⓐ 있어요. / ⓑ 없어요.)

(3) 이 집에 의자가 (ⓐ 있어요. / ⓑ 없어요.)

(4) 이 집에 옷장이 (ⓐ 있어요. / ⓑ 없어요.)

(5) 이 집에 신발장이 (ⓐ 있어요. / ⓑ 없어요.)

(6) 이 집에 선풍기가 (ⓐ 있어요. / ⓑ 없어요.)

(7) 이 집에 침대가 (ⓐ 있어요. / ⓑ 없어요.)

(8) 이 집에 세탁기가 (ⓐ 있어요. / ⓑ 없어요.)

动词있다/없다与助词이/가一起使用。

请将学习过的单词应用在对话中。

Track 101

例 A 이 집에 냉장고가 있어요?
B 네, 있어요.

动动脑 2

请看上图，并选择正确的答案，然后听录音确认。

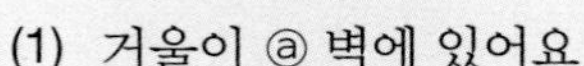

(1) 거울이 ⓐ 벽에 있어요.
ⓑ 바닥에 있어요.

(2) 냄비가 ⓐ 가스레인지 바로 뒤에 있어요.
ⓑ 가스레인지 바로 위에 있어요.

(3) 그림이 ⓐ 창문 옆에 있어요.
ⓑ 창문 앞에 있어요.

(4) 청소기가 ⓐ 옷장 옆에 있어요.
ⓑ 옷장 안에 있어요.

(5) 신발이 ⓐ 신발장 안에 있어요.
ⓑ 신발장 밖에 있어요.

(6) 방석이 ⓐ 탁자 사이에 있어요.
ⓑ 탁자 양쪽에 있어요.

请将学习过的单词应用在对话中。

Track 102

例 A 거울이 어디에 있어요?
B 거울이 벽에 있어요.

第27课 一天作息

韩语小单词

请将图片的正确选项填入空格中。

ⓐ 자다 睡觉	ⓑ 옷을 입다 穿衣服
ⓒ 일어나다 起床	ⓓ 이를 닦다 刷牙
ⓔ 세수하다 洗脸	ⓕ 집에 돌아오다 回家
ⓖ 목욕하다 沐浴	ⓗ 집에서 나가다 出门
ⓘ 밥을 먹다 吃饭	

小秘诀
아침 早上　　오후 下午
저녁 晚上　　밤 夜晚

(1) 

☐

(2) 

☐

(3) 

☐

(4) 

☐

(5) 

☐

(6) 

☐

(7) 

☐

(8) 

☐

(9) 

☐

Track 103

请将学习过的单词应用在对话中。

例 A 몇 시에 일어나요?
B 6시 55분에 일어나요.

动动脑 1

Track 104

请将图片的正确选项填入空格中，然后听录音确认答案。

ⓐ 보통 아침에 신문을 안 읽어요.

ⓑ 보통 아침에 커피를 마셔요.

ⓒ 보통 저녁에 음식을 만들어요.

ⓓ 보통 주말에 편지를 안 써요.

ⓔ 보통 저녁에 텔레비전을 안 봐요.

ⓕ 보통 밤에 친구한테 전화 안 해요.

- 表现动词的否定时，在动词之前加안。
  例 안 봐요. 不看。
- 〔名词〕하다的动词，在〔名词〕与하다之间加안。
  例 전화 안 해요. 不打电话。

动动脑 2

Track 105

请听录音，将图片的正确选项填入空格中。

(1) 뭐 마셔요?

ⓐ 커피를 마셔요. ☐
ⓑ 녹차를 마셔요. ☐
ⓒ 우유를 마셔요. ☐
ⓓ 아무것도 안 마셔요. ☐

(2) 뭐 읽어요?

ⓐ 신문을 읽어요. ☐
ⓑ 책을 읽어요. ☐
ⓒ 잡지를 읽어요. ☐
ⓓ 아무것도 안 읽어요. ☐

(3) 뭐 봐요?

ⓐ 텔레비전을 봐요. ☐
ⓑ 영화를 봐요. ☐
ⓒ 공연을 봐요. ☐
ⓓ 아무것도 안 봐요. ☐

(4) 뭐 해요?

ⓐ 편지를 써요. ☐
ⓑ 전화를 해요. ☐
ⓒ 이메일을 보내요. ☐
ⓓ 아무것도 안 해요. ☐

在家里的行动

韩语小单词

请将学习过的单词应用在对话中。

Track 106

例 A 아빠가 뭐 해요?
B 자동차를 닦아요.

请将图片的正确选项填入空格中。

(1)  ☐

(2)  ☐

(3)  ☐

(4)  ☐

(5)  ☐

(6)  ☐

(7)  ☐

(8)  ☐

(9)  ☐

(10)  ☐

(11)  ☐

(12)  ☐

ⓐ 면도하다 刮胡子
ⓑ 편지를 쓰다 写信
ⓒ 화장하다 化妆
ⓓ 단어를 찾다 查单词
ⓔ 자동차를 닦다 擦车
ⓕ 머리를 빗다 梳头
ⓖ 손을 씻다 洗手
ⓗ 집을 수리하다 修理房子
ⓘ 이를 닦다 刷牙
ⓙ 음식을 만들다 做菜
ⓚ 라면을 먹다 吃拉面
ⓛ 화분에 물을 주다 给花盆浇水

动动脑 1

请看左图，并选择进行下列动作的人。

行动	ⓐ 아빠	ⓑ 엄마	ⓒ 아이	行动	ⓐ 아빠	ⓑ 엄마	ⓒ 아이
(1) 손을 씻어요.	☐	☐	☐	(2) 면도해요.	☐	☐	☐
(3) 이를 닦아요.	☐	☐	☐	(4) 화장해요.	☐	☐	☐
(5) 라면을 먹어요.	☐	☐	☐	(6) 편지를 써요.	☐	☐	☐
(7) 자동차를 닦아요.	☐	☐	☐	(8) 단어를 찾아요.	☐	☐	☐
(9) 머리를 빗어요.	☐	☐	☐	(10) 화분에 물을 줘요.	☐	☐	☐
(11) 집을 수리해요.	☐	☐	☐	(12) 음식을 만들어요.	☐	☐	☐

请将学习过的单词应用在对话中。

Track 107

例 A 누가 손을 씻어요?
B 엄마가 손을 씻어요.

动动脑 2

请连接相应的部分。

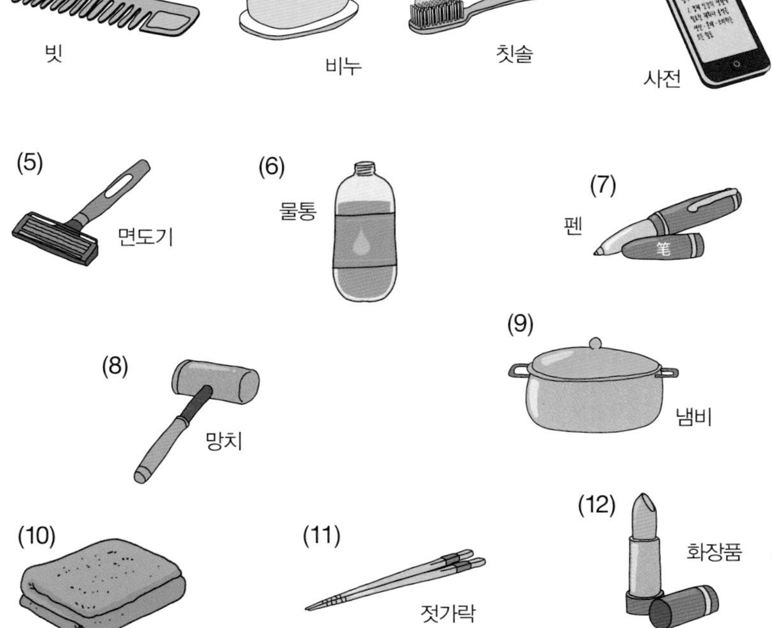

- ⓐ 면도하다
- ⓑ 화장하다
- ⓒ 손을 씻다
- ⓓ 이를 닦다
- ⓔ 라면을 먹다
- ⓕ 편지를 쓰다
- ⓖ 단어를 찾다
- ⓗ 머리를 빗다
- ⓘ 자동차를 닦다
- ⓙ 음식을 만들다
- ⓚ 집을 수리하다
- ⓛ 화분에 물을 주다

请将学习过的单词应用在对话中。

Track 108

例 A 뭘로 머리를 빗어요?
B 빗으로 머리를 빗어요.

生活习惯

韩语小单词

请听录音，并写出进行下列动作的次数。

Track 109

小秘诀
表现频律时，使用固有语数词:
- 하루에 1(한)번 一天一次
- 일주일에 2(두)번 一个星期两次
- 한 달에 3(세)번 一个月三次
- 일 년에 4(네)번 一年四次

하루에 몇 번…?

(1)

커피를 마시다 ☐
喝咖啡

(2)
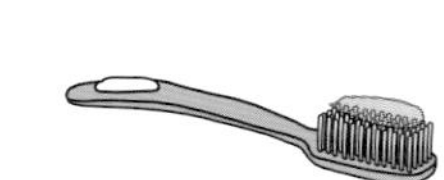
이를 닦다 ☐
刷牙

(3)

손을 씻다 ☐
洗手

(4)

밥을 먹다 ☐
吃饭

小秘诀
1–2(한두) 번 一两次
2–3(두세) 번 两三次
여러 번 几次

일주일에 몇 번…?

(5)

운동하다 ☐
运动

(6)

요리하다 ☐
做菜

(7)

택시를 타다 ☐
打车

(8)

신용 카드를 사용하다 ☐
使用信用卡

한 달에 몇 번…?

(9)

친구를 만나다 ☐
见朋友

(10)

빨래하다 ☐
洗衣服

(11)

가족한테 전화하다 ☐
给家人打电话

(12)

장을 보다 ☐
买菜

일 년에 몇 번…?

(13)

선물을 사다 ☐
买礼物

(14)

여행하다 ☐
旅行

(15)

영화를 보다 ☐
看电影

(16)

미용실에 가다 ☐
去美容院

小秘诀
매일 每天　매주 每周
매달 每个月　매년 每年

小秘诀
表现完全不做的意义时，使用副词전혀和表示否定的안。
例 영화를 전혀 안 봐요. 完全不看电影。

动动脑 1

请连接适合于问题的答案后，听录音确认。

Track 110

(1) 하루에 얼마나 많이 걸어요?

(2) 하루에 얼마나 많이 이메일을 받아요?

(3) 하루에 얼마나 많이 돈을 써요?

(4) 하루에 얼마나 많이 사람을 만나요?

(5) 하루에 얼마나 많이 물을 마셔요?

ⓐ 1리터쯤 마셔요.

ⓑ 30분쯤 걸어요.

ⓒ 10통쯤 받아요.

ⓓ 3만 원쯤 써요.

ⓔ 15명쯤 만나요.

表示大概的数量时:
〔数量名词〕后使用쯤。

动动脑 2

항상 = 언제나 = 늘 经常

100%

항상: **항상** 채소를 먹어요. 我经常吃蔬菜。

보통: **보통** 아침에 채소를 먹어요. 我通常早上吃蔬菜。

자주: 채소를 **자주** 먹어요. 我经常吃蔬菜。

가끔: 채소를 **가끔** 먹어요. 我偶尔吃蔬菜。

별로 안: 채소를 **별로 안** 먹어요. 我不怎么吃蔬菜。

거의 안: 채소를 **거의 안** 먹어요. 我几乎不吃蔬菜。

전혀 안: 채소를 **전혀 안** 먹어요. 我完全不吃蔬菜。

0%

使用表示否定的意义별로、거의、전혀时，一定要与表否定的안一起使用。

例 • 운전을 전혀 해요. (×)
• 운전을 전혀 안 해요. (○)
我从来不开车。

Track 111

请听录音，将图片的正确选项填入空格中。

ⓐ 보통　ⓑ 거의　ⓒ 자주　ⓓ 항상　ⓔ 전혀　ⓕ 가끔

(1)

외식하다 □
在外用餐

(2)

담배를 피우다 □
抽烟

(3)

거짓말하다 □
说谎

(4)

늦잠을 자다 □
睡懒觉

(5)

감기에 걸리다 □
得感冒

(6)

정장을 입다 □
穿正装

(7)

술을 마시다 □
喝酒

(8)

운동하다 □
运动

第30课 家务事

韩语小单词

请将图片的正确选项填入空格中。

ⓐ 청소하다 打扫
ⓑ 상을 차리다 准备饭菜(摆桌)
ⓒ 빨래하다 洗衣服
ⓓ 상을 치우다 收拾饭桌
ⓔ 요리하다 做菜
ⓕ 다리미질하다 烫衣服
ⓖ 장을 보다 买菜
ⓗ 옷을 정리하다 整理衣服
ⓘ 설거지하다 洗碗
ⓙ 음식을 데우다 热菜
ⓚ 바닥을 닦다 擦地板
ⓛ 쓰레기를 버리다 丢垃圾

(1) ☐ 
(2) ☐ 
(3) ☐ 
(4) ☐ 
(5) ☐ 
(6) ☐ 
(7) ☐ 
(8) ☐ 
(9) ☐ 
(10) ☐ 
(11) ☐ 
(12) ☐

Track 112

请将学习过的单词应用在对话中。

例 A 지금 뭐 해요?
B 장을 봐요.

动动脑 1

请连接相应的部分。

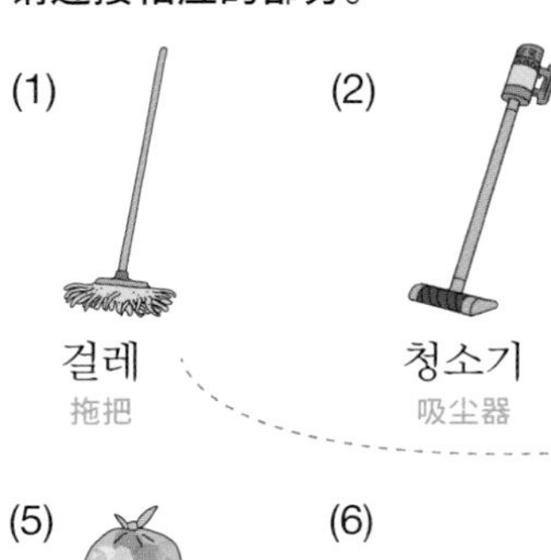
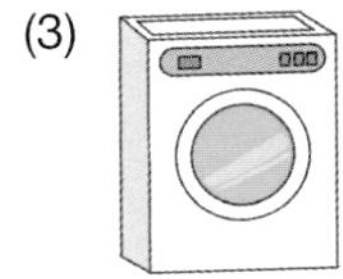

(1) 걸레 拖把

(2) 청소기 吸尘器

(3) 세탁기 洗衣机

(4) 다리미 电熨斗

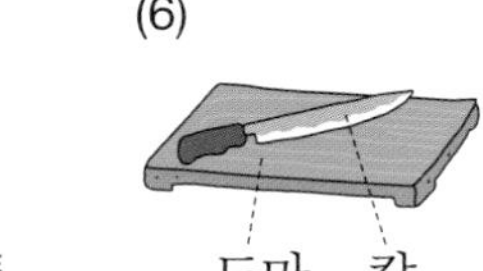

(5) 쓰레기봉투 垃圾袋

(6) 도마 切菜板　칼 菜刀

(7) 전자레인지 微波炉

(8) 행주 抹布

- ⓐ 요리하다
- ⓑ 빨래하다
- ⓒ 상을 치우다
- ⓓ 바닥을 닦다
- ⓔ 청소하다
- ⓕ 다리미질하다
- ⓖ 음식을 데우다
- ⓗ 쓰레기를 버리다

请将学习过的单词应用在对话中。

例 A 걸레로 뭐 해요?
B 바닥을 닦아요.

Track 113

动动脑 2

请看图片，并连接需要的东西。

(1)　(2)

(3)　(4)

(5)　(6)

(7)　(8)

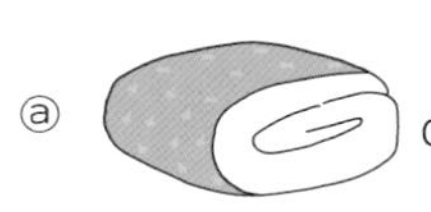

ⓐ 이불 被子

ⓑ 바늘 针　실 线

ⓒ 뚜껑 盖子

ⓓ 삽 铲子

ⓔ 사다리 梯子

ⓕ 빗자루 扫帚

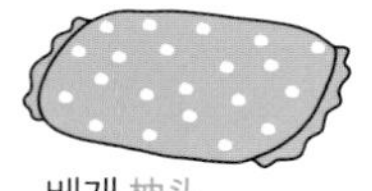

ⓖ 베개 枕头

ⓗ 망치 锤子

请将学习过的单词应用在对话中。

例 A 뭐가 필요해요?
B 베개가 필요해요.

Track 114

第31课 周末活动

韩语小单词

请将图片的正确选项填入空格中。

(1)

(2)

(3)

(4)

(5)

(6)

(7)

(8)

(9)

(10)

(11)

(12)

ⓐ 쉬다 休息
ⓑ 데이트하다 约会
ⓒ 구경하다 参观
ⓓ 시험을 보다 考试
ⓔ 이사하다 搬家
ⓕ 친구를 만나다 见朋友
ⓖ 산책하다 散步
ⓗ 아르바이트하다 打工
ⓘ 책을 읽다 看书
ⓙ 피아노를 배우다 学钢琴
ⓚ 동영상을 보다 上网
ⓛ 친구 집에 놀러 가다 去朋友家玩

Track 115

请将学习过的单词应用在对话中。

例 A 지난 주말에 뭐 했어요?
B 시험을 봤어요.

动动脑 1

请听录音，选择正确的答案。

Track 116

如果将여행、구경、출장、산책、유학等名词与场所一起表现时:
• (场所名称) + 을/를 + 하다
• (场所名称) + 에 + 가다

(1)  

(ⓐ 절 / ⓑ 궁)을 구경했어요.

(2)  

(ⓐ 공원 / ⓑ 길)을 산책했어요.

(3)  

(ⓐ 영화관 / ⓑ 재래시장)에서 데이트했어요.

(4) 

(ⓐ 동물원 / ⓑ 놀이공원)에 놀러 갔어요.

(5) 

(ⓐ 카페 / ⓑ 술집)에서 친구를 만났어요.

(6)  

(ⓐ 편의점 / ⓑ 세탁소)에서 아르바이트했어요.

动动脑 2

재미있다 有意思
신나다 开心
좋다 好

그저 그렇다 还行

재미없다 没意思
심심하다 无聊
별로이다 不怎么样

请听录音，并连接相应的部分。

Track 117

(1)	(2)	(3)	(4)	(5)	(6)

데이트	생일 파티	여행	수업	영화	공연
•	•	•	•	•	•
•	•	•	•	•	•
ⓐ	ⓑ	ⓒ	ⓓ	ⓔ	ⓕ
신났어요	별로였어요	심심했어요	재미있었어요	재미없었어요	그저 그랬어요

生活中常用的动词

韩语小单词

请将图片的正确选项填入空格中。

(4) 진규
나리
(3) 지연
(2) 동현
유나
(9) 소은
(1) 정우
(10) 정희
(11) 영식
(7) 윤호
(8) 동욱
(6) 민수
(14) 성하
(5) 준기
(12) 현철
(13) 혜인
진석

(1)	(2)	(3)	(4)	(5)	(6)	(7)
(8)	(9)	(10)	(11)	(12)	(13)	(14)

ⓐ 울다 哭　　ⓑ 숨다 躲　　ⓒ 얘기하다 说话
ⓓ 웃다 笑　　ⓔ 찾다 找　　ⓕ 춤을 추다 跳舞
ⓖ 사다 买　　ⓗ 앉다 坐　　ⓘ 사진을 찍다 照相
ⓙ 팔다 卖　　ⓚ 싸우다 吵架　　ⓛ 음악을 듣다 听音乐
ⓜ 놀다 玩　　ⓝ 기다리다 等

Track 118

请将学习过的单词应用在对话中。

例 A 정우가 뭐 하고 있어요?
B 정우가 웃고 있어요.

动动脑 1

Track 119

请看左图，并选择正确的答案，然后听录音确认。

(1) 정우는 (ⓐ 웃고 있어요. / ⓑ 웃고 있지 않아요.)

(2) 현철은 (ⓐ 울고 있어요. / ⓑ 울고 있지 않아요.)

(3) 정희는 (ⓐ 앉아 있어요. / ⓑ 서 있어요.)

(4) 민수는 소은을 (ⓐ 찾고 있어요. / ⓑ 사진 찍고 있어요.)

(5) 진규는 유나하고 (ⓐ 놀고 있어요. / ⓑ 만나고 있어요.)

(6) 윤호는 친구를 (ⓐ 기다리고 있어요. / ⓑ 기다리고 있지 않아요.)

(7) 지연은 동욱하고 (ⓐ 얘기하고 있어요. / ⓑ 얘기하고 있지 않아요.)

(8) 혜인은 진석하고 (ⓐ 싸우고 있어요. / ⓑ 싸우고 있지 않아요.)

表现-고 있다的否定时
例 웃고 있지 않아요. (○) 我不笑。
웃고 없어요. (×)

• 动作动词(例: 吵架、说话)使用-고 있다。
例 싸우고 있다 正在吵架。
• 状态动词(例: 坐、站、躺)使用-아/어 있다。
例 앉아 있다 正坐着。

动动脑 2

请看左图，并连接相关的部分。

(1) 

① 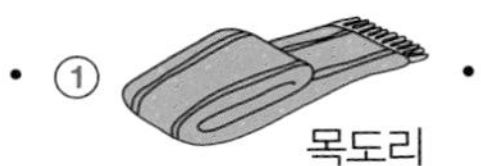

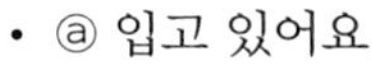
ⓐ 입고 있어요.

(2) 

② 

ⓑ 차고 있어요.

(3) 

③ 운동화

ⓒ 쓰고 있어요.

(4) 

④ 모자

ⓓ 하고 있어요.

(5) 

⑤ 시계

ⓔ 신고 있어요.

(6) 

⑥ 

ⓕ 들고 있어요.

Track 120

请将学习过的单词应用在对话中。

例 A 누가 운동화를 신고 있어요?
B 진석이 운동화를 신고 있어요.

生活中常用的形容词

韩语小单词

Track 121

请将图片的正确选项填入空格中，然后听录音确认答案。

ⓐ 이상하다 奇怪　ⓑ 필요하다 需要　ⓒ 힘들다 累　ⓓ 어렵다 难
ⓔ 재미있다 有意思　ⓕ 위험하다 危险　ⓖ 중요하다 重要
ⓗ 맛있다 好吃　ⓘ 바쁘다 忙　ⓙ 인기가 많다 很受欢迎

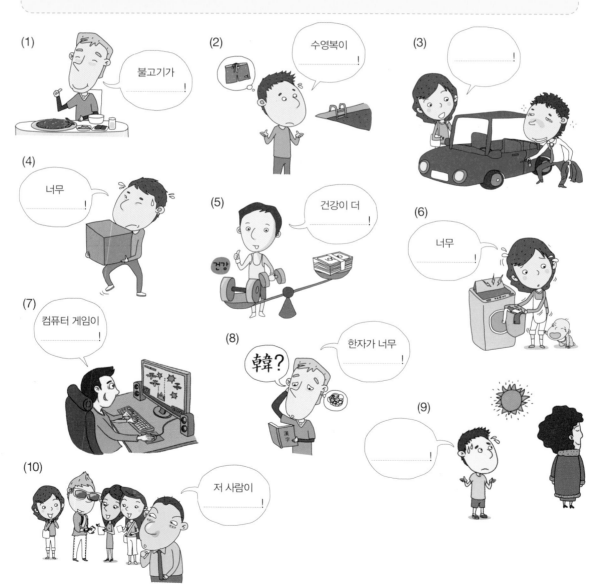

(1) 불고기가 ________!

(2) 수영복이 ________!

(3) ________!

(4) 너무 ________!

(5) 건강 / 건강이 더 ________!

(6) 너무 ________!

(7) 컴퓨터 게임이 ________!

(8) 韓? / 漢字 / 한자가 너무 ________!

(9) ________!

(10) 저 사람이 ________!

动动脑 1

请选择下列单词相对应的反义词、并写下来。

(1) 필요하다 ↔

(2) 어렵다 ↔

(3) 위험하다 ↔

(4) 재미있다 ↔

(5) 맛있다 ↔

(6) 바쁘다 ↔

(7) 중요하다 ↔

(8) 인기가 많다 ↔

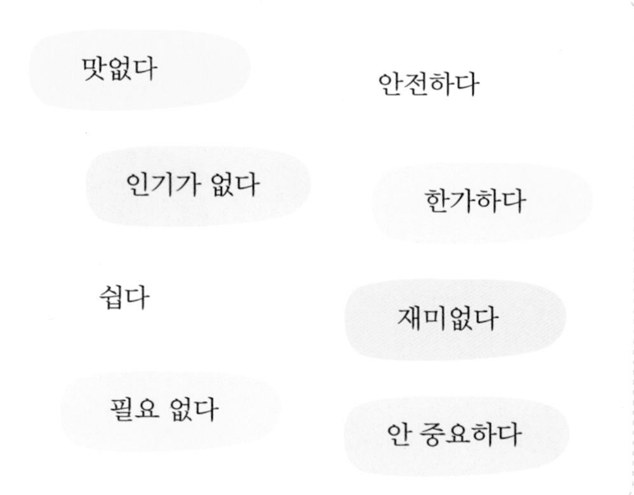

贴心小叮咛!

动词하다和形容词하다的否定素안的位置不同。
- 〔形容词〕 안 중요해요. (안的位置在形容词之前)
- 〔动词〕 운동 안 해요. (안的位置在名词与하다之间)

动动脑 2

Track 122

请连接相应的部分，然后听录音确认答案。

(1) 혼자 이사하는 것은 힘들어요. •　　• ⓐ 돈이 아까워요.

(2) 봄에 눈이 와요. •　　• ⓑ 친구가 도와주면 좋겠어요.

(3) 비싼 음식이 정말 맛없었어요. •　　• ⓒ 냉장고에서 꺼내도 돼요?

(4) 이곳은 안전해요. •　　• ⓓ 요즘 날씨가 정말 이상해요.

(5) 이번 시험이 정말 중요해요. •　　• ⓔ 그러니까 너무 걱정하지 마세요.

(6) 너무 바빠서 쉴 수 없어요. •　　• ⓕ 그러니까 열심히 준비해야 해요.

(7) 얼음이 필요해요. •　　• ⓖ 혼자 10개라도 먹을 수 있어요.

(8) 이 음식은 정말 맛있어요. •　　• ⓗ 그래서 스트레스를 많이 받아요.

生活中常用的表现1

韩语小单词

Track 123

请写出适合于图片表现的选项，然后听录音确认答案。

(1) ⓓ 안녕하세요?

(2) 안녕히 가세요.

(3) 네.

(4) 괜찮아요.

(5)

(6)

(7) 여보세요.

(8) 맛있게 드세요.

(9)

(10) 한국 사람이세요?

(11) 같이 영화 봐요.

(12) 감사합니다.

ⓐ 맞아요. 对。
ⓑ 실례합니다. 失礼了。
ⓒ 좋아요. 好。
ⓓ 안녕하세요? 你好!
ⓔ 여보세요. 喂!
ⓕ 도와주세요. 请帮帮我。
ⓖ 미안합니다. 对不起。
ⓗ 안녕히 계세요. 再见。
ⓘ 축하합니다. 恭喜。
ⓙ 잘 먹었습니다. 我吃好了。
ⓚ 감사합니다. 谢谢!
ⓛ 잘 먹겠습니다. 那我就不客气了。(饭前)

在韩语中，无论是早上、下午还是晚上何时见面都说“안녕하세요?”。

早上好!
中午好!
晚上好!
▶ 안녕하세요!

动动脑 1

请连接相应的部分，然后听录音确认答案。

(1) 맛있게 드세요.

(2) 안녕하세요?

(3) 우리 같이 식사해요.

(4) 김수지 씨죠?

(5) 안녕히 계세요.

(6) 시험에 합격했어요.

ⓐ 좋아요.

ⓑ 축하합니다.

ⓒ 안녕하세요?

ⓓ 잘 먹겠습니다.

ⓔ 안녕히 가세요.

ⓕ 맞아요.

小秘诀

- 안녕히 계세요: 分手的时候，向留在原地的人说的话。
- 안녕히 가세요: 分手的时候，向离开的人说的话。

动动脑 2

请将正确的单词接起来、并完成对话。

(1) 유나는 약속 시간을 잘 몰라서 진수한테 ________.
유나: 3시 맞아요?
진수: 네, 맞아요.

(2) 유나는 약속 시간에 늦게 와서 진수에게 ________.
유나: 약속에 늦어서 정말 미안해요.
진수: 괜찮아요.

(3) 진수는 유나하고 저녁을 먹기로 ________.
진수: 오늘 같이 저녁 먹을까요?
유나: 좋아요. 7시에 만나요.

(4) 진수와 유나는 길에서 만나서 ________.
유나: 안녕하세요? 잘 지내죠?
진수: 네, 잘 지내요.

ⓐ 약속해요

ⓑ 인사해요

ⓒ 확인해요

ⓓ 사과해요

第35课 生活中常用的表现2

韩语小单词

请写出适合于图片表现的选项，然后听录音确认答案。

Track 125

> **小秘诀**
> 알겠어요用在亲近的人之间的非正式性情况中，알겠습니다用于公司或服务员向客人说的正式情况时。
> 例1 A 미안해요. 갑자기 일이 생겨서 못 가요. 对不起，突然有事不能去了。
> B 알겠어요. 知道了。
> 例2 A 커피 한 잔 주세요. 请给我一杯咖啡。
> B 네, 알겠습니다. 好的，知道了。

ⓐ 건배! 干杯!　　ⓑ 잘 모르겠어요. 不知道。

ⓒ 괜찮아요. 没关系。　　ⓓ 수고하셨습니다. 辛苦了。

ⓔ 잠깐만요. 请稍等。　　ⓕ 처음 뵙겠습니다. 初次见面。

ⓖ 잘 지내요. 过得很好。　　ⓗ 주말 잘 보내세요. 周末愉快!

ⓘ 알겠습니다. 知道了。　　ⓙ 아니에요, 괜찮아요. 不，没关系。

ⓚ 오랜만이에요. 好久不见。　　ⓛ 다시 한번 말해 주세요. 请再说一次。

(1) 만나서 반갑습니다.

(2) 그동안 잘 지냈어요?

(3) 요즘 어떻게 지내요?

(4)

(5)

(6) 네?

(7) 표 2장 주세요.

(8)

(9) 죄송합니다.

(10)

(11) 마크 씨 좀 바꿔 주세요.

(12) 좀 더 드세요.

动动脑 1

请将图片的正确选项填入空格中。

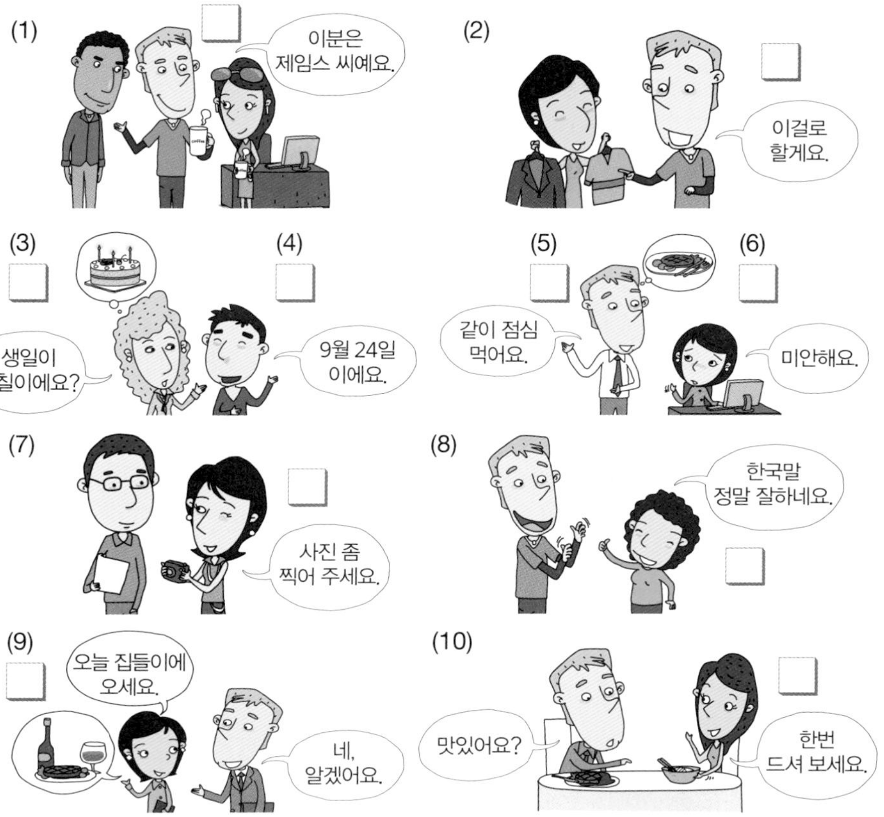

(1)
이분은 제임스 씨예요.
(2)
이걸로 할게요.
(3)
생일이 며칠이에요?
(4)
9월 24일이에요.
(5)
같이 점심 먹어요.
(6)
미안해요.
(7)
사진 좀 찍어 주세요.
(8)
한국말 정말 잘하네요.
(9)
오늘 집들이에 오세요.
네, 알겠어요.
(10)
맛있어요?
한번 드셔 보세요.

ⓐ 부탁하다 拜托
ⓑ 대답하다 回答
ⓒ 소개하다 介绍
ⓓ 칭찬하다 称赞
ⓔ 선택하다 选出
ⓕ 추천하다 推荐
ⓖ 거절하다 拒绝
ⓗ 초대하다 邀请
ⓘ 질문하다 提问
ⓙ 제안하다 建议

动动脑 2

请连接相应的部分。

(1) 집세가 얼마예요?

(2) 표 한 장 주세요.

(3) 여기에서 세워 주세요.

(4) 지하철역이 어디예요?

(5) 뭐 주문하시겠어요?

(6) 소포를 보내려고 하는데요.

ⓐ 우체국에서
ⓑ 售票处
매표소에서
ⓒ ○○房屋中介
부동산 중개소에서
ⓓ 길에서
ⓔ TAXI
택시에서
ⓕ ○○餐厅
식당에서

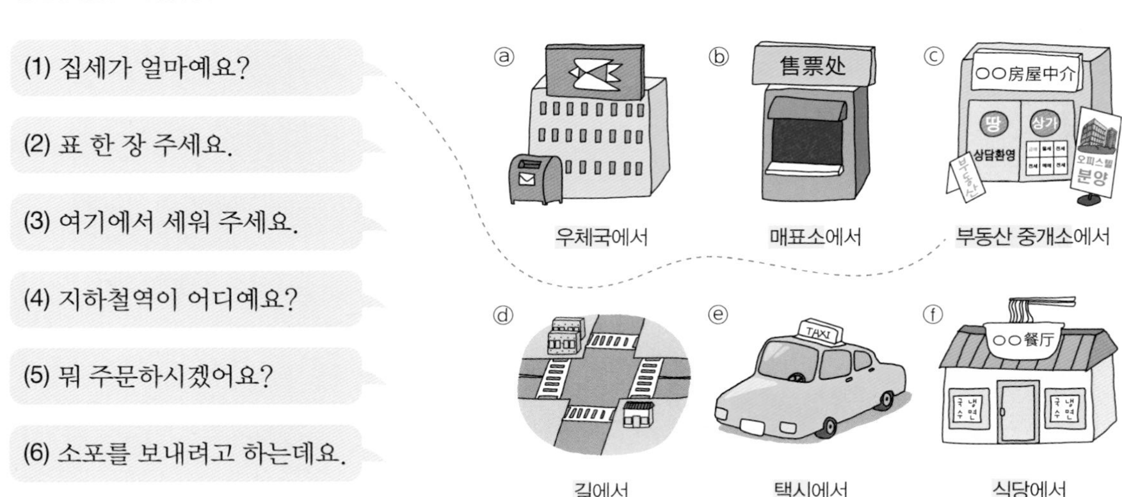

水果

韩语小单词

Track 126

请将图片的正确选项填入空格中，然后听录音确认答案。

ⓐ 배 梨	ⓑ 사과 苹果	ⓒ 키위 猕猴桃
ⓓ 감 柿子	ⓔ 포도 葡萄	ⓕ 레몬 柠檬
ⓖ 귤 桔子	ⓗ 수박 西瓜	ⓘ 바나나 香蕉
ⓙ 딸기 草莓	ⓚ 참외 香瓜	ⓛ 복숭아 桃子

(1)  ☐

(2)  ☐

(3)  ☐

(4)  ☐

(5) 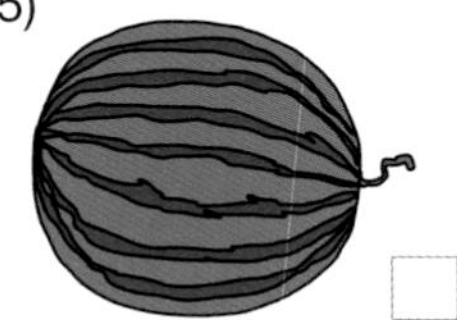 ☐

(6) 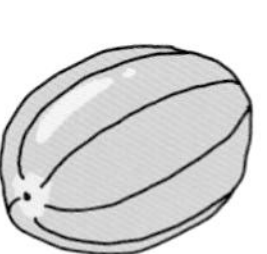 ☐

(7)  ☐

(8)  ☐

(9) 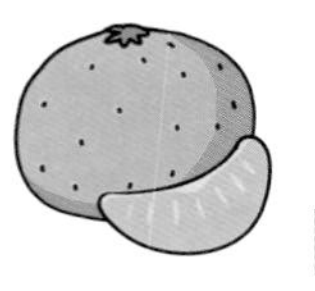 ☐

(10) 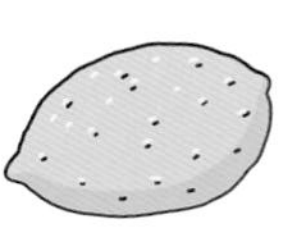 ☐

(11) 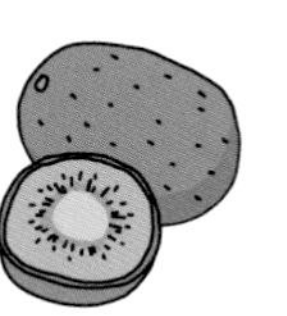 ☐

(12)  ☐

Track 127

请将学习过的单词应用在对话中。

例 A 뭐 드릴까요?
B 사과 주세요.

动动脑 1

请听录音，然后跟读下列内容。

Track 128

(1) 싱싱하다 新鲜

A 사과가 어때요?
苹果怎么样？
B 싱싱해요. 很新鲜。

(2) 안 싱싱하다 不新鲜

A 사과가 어때요?
苹果怎么样？
B 안 싱싱해요. 不新鲜。

(3) 썩다 腐烂

A 사과가 어때요?
苹果怎么样？
B 썩었어요. 烂了。

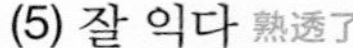

(4) 덜 익다 不太熟

A 사과가 어때요?
苹果怎么样？
B 덜 익었어요. 还不太熟。

(5) 잘 익다 熟透了

A 사과가 어때요?
苹果怎么样？
B 잘 익었어요. 熟透了。

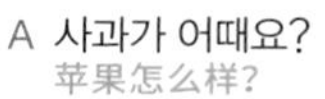

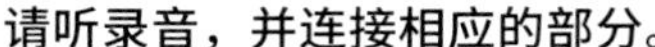

动动脑 2

请听录音，并连接相应的部分。

Track 129

(1)  • • ① 사과 한 상자 • • ⓐ 1,500원이에요.

(2)  • • ② 사과 한 봉지 • • ⓑ 10,000원이에요.

(3)  • • ③ 사과 한 바구니 • • ⓒ 6,000원이에요.

(4) 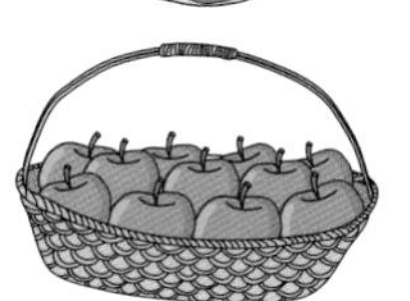 • • ④ 사과 한 개 • • ⓓ 25,000원이에요.

蔬菜

韩语小单词

请将图片的正确选项填入空格中，然后听录音确认答案。

(1) 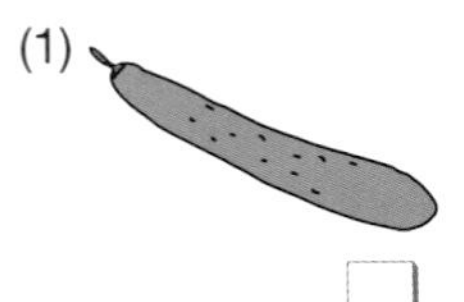 ☐
(2) 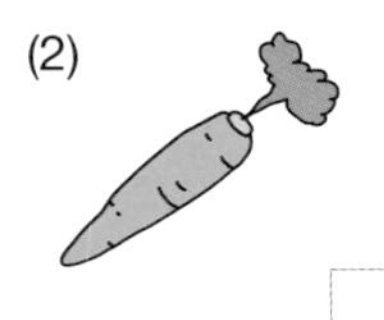 ☐
(3)  ☐
(4)  ☐
(5) 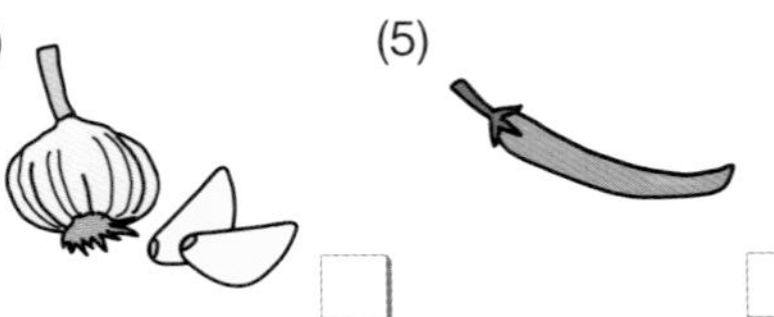 ☐

(6) 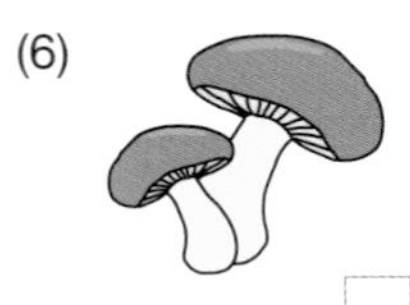 ☐
(7) 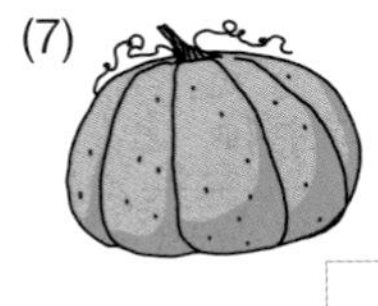 ☐
(8) 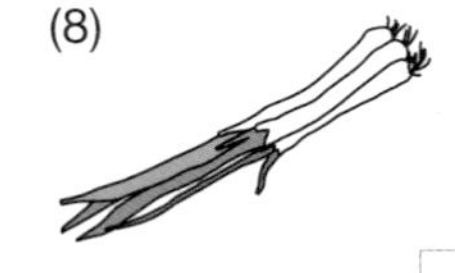 ☐
(9) 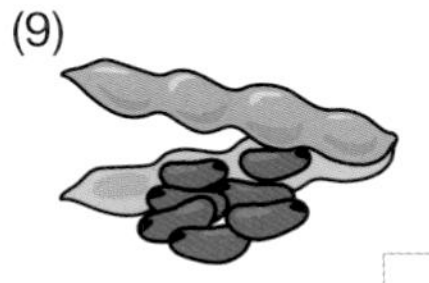 ☐
(10) 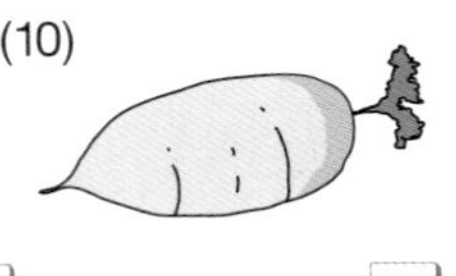 ☐

ⓐ 파 葱　　ⓑ 마늘 蒜头　　ⓒ 호박 南瓜
ⓓ 콩 豆　　ⓔ 당근 胡萝卜　　ⓕ 양파 洋葱
ⓖ 무 萝卜　　ⓗ 고추 辣椒
ⓘ 오이 黄瓜　　ⓙ 버섯 蘑菇

(11) 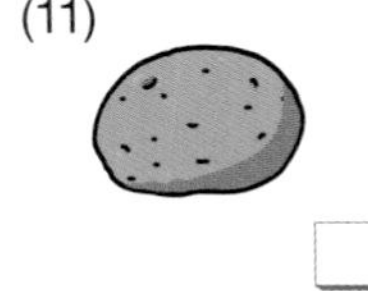 ☐
(12) 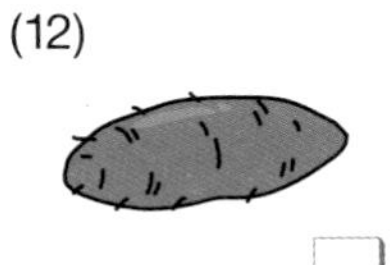 ☐
(13) 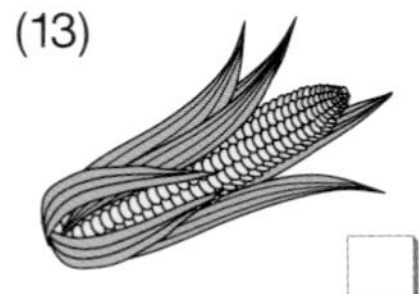 ☐
(14) 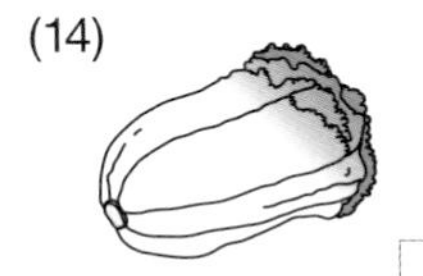 ☐
(15) 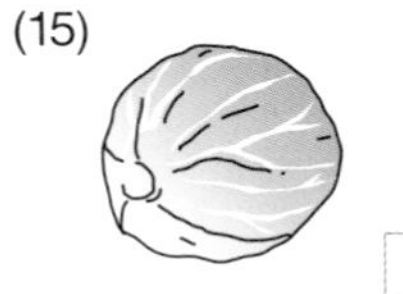 ☐

(16) 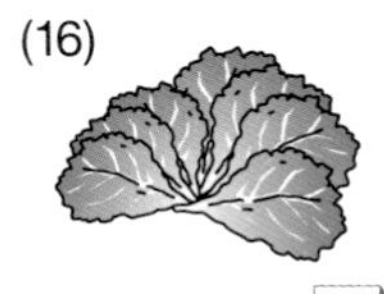 ☐
(17)  ☐
(18) 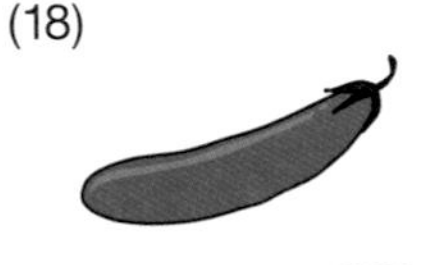 ☐
(19) 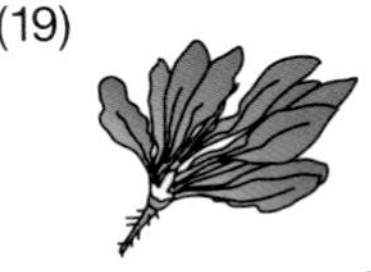 ☐
(20) 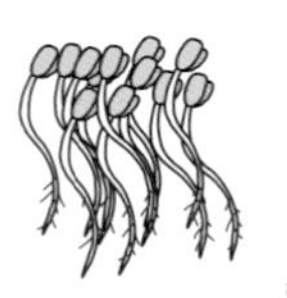 ☐

ⓚ 가지 茄子　　ⓛ 토마토 西红柿　　ⓜ 고구마 白薯
ⓝ 배추 白菜　　ⓞ 콩나물 豆芽　　ⓟ 시금치 菠菜
ⓠ 상추 生菜　　ⓡ 양배추 卷心菜
ⓢ 감자 土豆　　ⓣ 옥수수 玉米

动动脑 1

1 请听录音，然后跟读下列内容。

Track 131

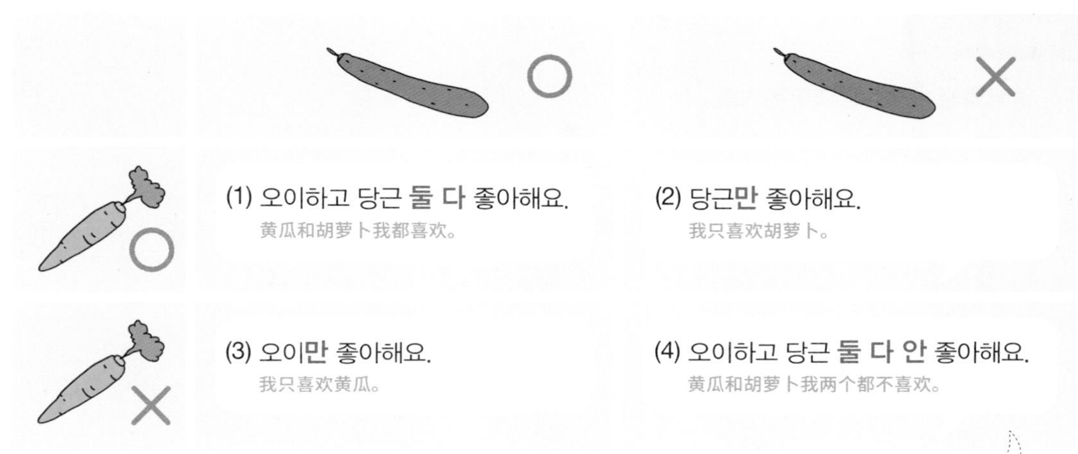

(1) 오이하고 당근 **둘 다** 좋아해요.
黄瓜和胡萝卜我都喜欢。

(2) 당근**만** 좋아해요.
我只喜欢胡萝卜。

(3) 오이**만** 좋아해요.
我只喜欢黄瓜。

(4) 오이하고 당근 **둘 다 안** 좋아해요.
黄瓜和胡萝卜我两个都不喜欢。

- 다: 都
- 둘 다: 两个都
- 둘 다 안: 两个都不

2 请听录音，话者喜欢蔬菜的话划○，不喜欢的话划×。

Track 132

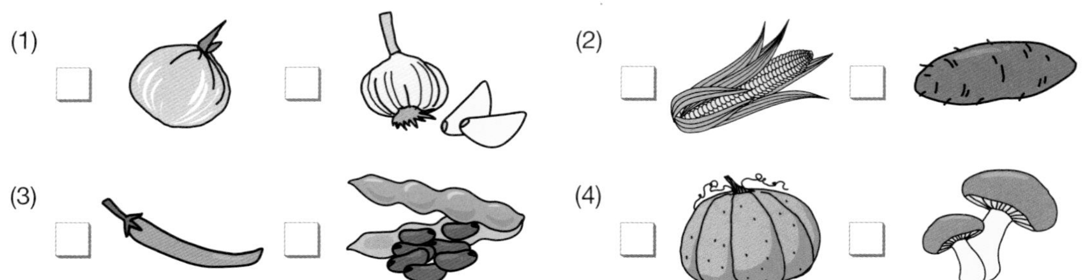

动动脑 2

请听录音，号码正确的划○，错误的划×。

(1) 고추가 흰색이에요. ☐
(2) 오이가 녹색이에요. ☐
(3) 가지가 흰색이에요. ☐
(4) 당근이 파란색이에요. ☐
(5) 양파가 검은색이에요. ☐
(6) 마늘이 빨간색이에요. ☐
(7) 옥수수가 노란색이에요. ☐
(8) 토마토가 검은색이에요. ☐

- 흰색 = 하얀색 白色
- 녹색 = 초록색 绿色
- 검은색 = 까만색 黑色

빨간색 검은색
파란색 흰색
노란색 회색
녹색 보라색
갈색 주황색

肉和海鲜

韩语小单词

Track 133

1　请听录音，然后跟读下列内容。

(1)

 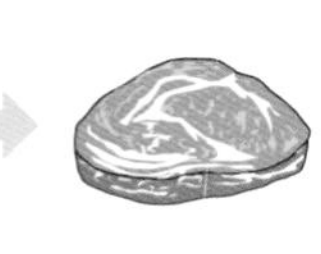

소 牛　소고기 牛肉

(2)

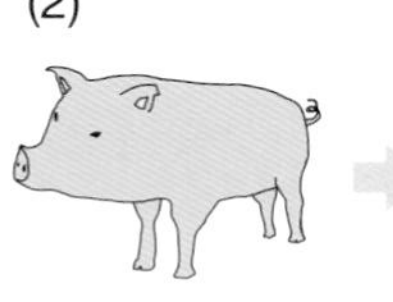 

돼지 猪　돼지고기 猪肉

(3)

닭 鸡　닭고기 鸡肉

Track 134

2　请将图片的正确选项填入空格中，然后听录音确认答案。

(1) 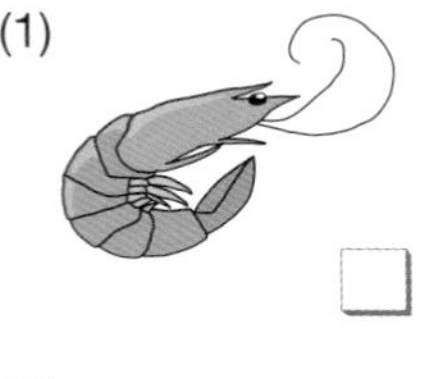 ☐

(2)  ☐

(3) 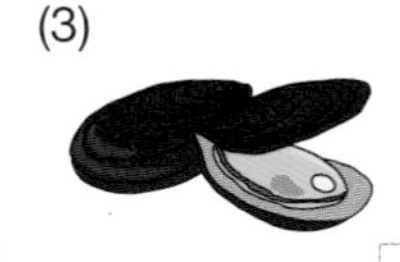 ☐

(4)  ☐

(5)  ☐

(6) 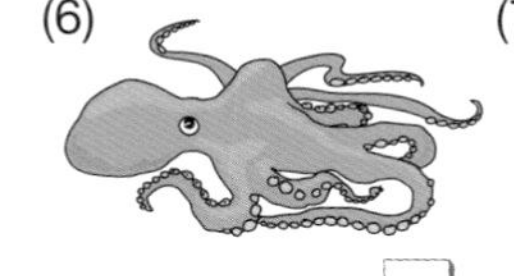 ☐

(7) 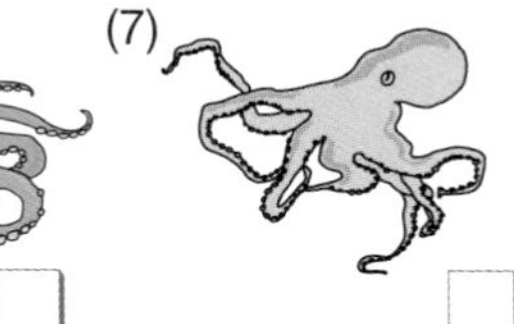 ☐

(8) 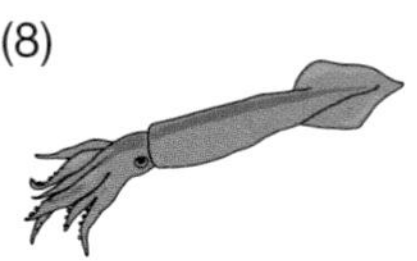 ☐

(9) 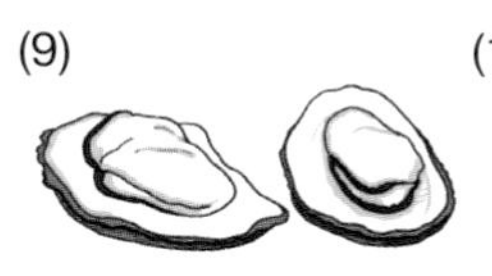 ☐

(10) 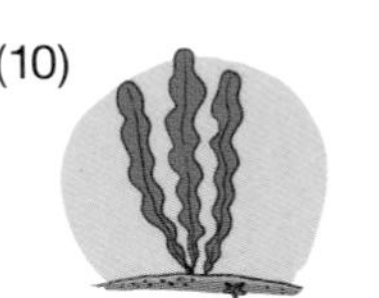 ☐

(11) 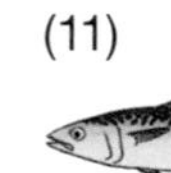 ☐

(12)  ☐

(13)  ☐

(14)  ☐

(15) 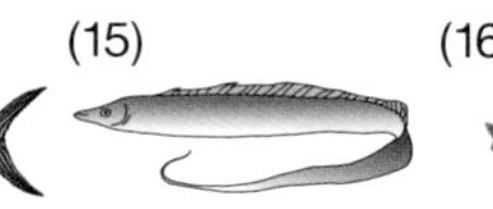 ☐

(16)  ☐

해물 海鲜	ⓐ 문어 章鱼	ⓑ 홍합 红蛤	ⓒ 미역 海带
ⓓ 굴 蛎	ⓔ 낙지 八爪鱼	ⓕ 새우 虾	ⓖ 오징어 鱿鱼
ⓗ 게 螃蟹	ⓘ 조개 贝	ⓙ 가재 小龙虾	
생선 鱼	ⓚ 장어 鳗鱼	ⓛ 참치 金枪鱼	ⓜ 고등어 鲭鱼
ⓝ 연어 鲑鱼	ⓞ 갈치 带鱼	ⓟ 멸치 凤尾鱼	

• 물고기: 在水里生活的所有鱼类。
• 생선: 从水里捕捞而食用的对象，未经风干和腌渍的鱼。

Track 135

请将学习过的单词应用在对话中。

例 A 이게 한국어로 뭐예요?
B 새우예요.

动动脑 1

请听录音，然后跟读下列内容。

Track 136

(1) 신선하다 新鲜

A 고기가 어때요? 肉怎么样?
B 신선해요. 很新鲜。

(2) 신선하지 않다 不新鲜

A 고기가 어때요? 肉怎么样?
B 신선하지 않아요. 不新鲜。

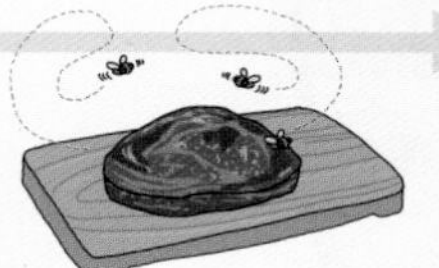

(3) 상하다 坏了

A 고기가 어때요? 肉怎么样?
B 상했어요. 坏了。

(4) 신선하다 新鲜

A 생선이 어때요? 鱼怎么样?
B 신선해요. 很新鲜。

(5) 신선하지 않다 不新鲜

A 생선이 어때요? 鱼怎么样?
B 신선하지 않아요. 不新鲜。

(6) 상하다 坏了

A 생선이 어때요? 鱼怎么样?
B 상했어요. 坏了。

动动脑 2

请将图片的正确选项填入空格中，然后听录音确认答案。

Track 137

		ⓐ	ⓑ	ⓒ	ⓓ	ⓔ
(1) 소고기	남자	항상 □	자주 □	가끔 □	거의 □	전혀 □
	여자	항상 □	자주 □	가끔 □	거의 □	전혀 □
(2) 돼지고기	남자	항상 □	자주 □	가끔 □	거의 □	전혀 □
	여자	항상 □	자주 □	가끔 □	거의 □	전혀 □
(3) 닭고기	남자	항상 □	자주 □	가끔 □	거의 □	전혀 □
	여자	항상 □	자주 □	가끔 □	거의 □	전혀 □
(4) 새우	남자	항상 □	자주 □	가끔 □	거의 □	전혀 □
	여자	항상 □	자주 □	가끔 □	거의 □	전혀 □
(5) 조개	남자	항상 □	자주 □	가끔 □	거의 □	전혀 □
	여자	항상 □	자주 □	가끔 □	거의 □	전혀 □
(6) 장어	남자	항상 □	자주 □	가끔 □	거의 □	전혀 □
	여자	항상 □	자주 □	가끔 □	거의 □	전혀 □

每天吃的食物和食材

1 请连接相应的部分。

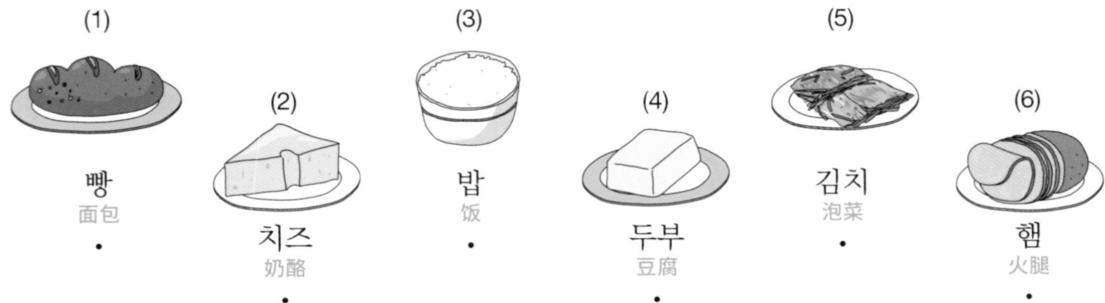

2 请选择正确的答案，然后听录音确认答案。

Track 138

(1) 빵은 (ⓐ 쌀 / ⓑ 밀가루)로 만들어요.

(2) 치즈는 (ⓐ 콩 / ⓑ 우유)(으)로 만들어요.

(3) 밥은 (ⓐ 쌀 / ⓑ 밀가루)로 만들어요.

(4) 두부는 (ⓐ 콩 / ⓑ 우유)(으)로 만들어요.

(5) 김치는 (ⓐ 배추 / ⓑ 돼지고기)로 만들어요.

(6) 햄은 (ⓐ 배추 / ⓑ 돼지고기)로 만들어요.

小秘诀

表现材料时，使用助词(으)로。
但在以ㄹ结束的名词后，使用로。
例 쌀로 만들었어요. 用米做的

动动脑 1

请连接相应的部分，然后听录音确认答案。

Track 139

(1)  고추 辣椒 • • ⓐ 짜다 咸

小秘诀
싱겁다: 饮食的咸味较弱时

(2)  바닷물 海水 • • ⓑ 쓰다 苦

贴心小叮咛!
注意发音!
바닷물 [바단물]

(3) 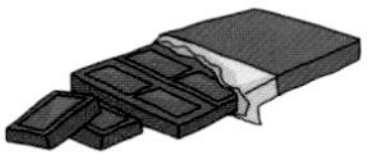 초콜릿 巧克力 • • ⓒ 시다 酸

(4)  레몬 柠檬 • • ⓓ 맵다 辣

(5)  닭고기 鸡肉 • • ⓔ 달다 甜

(6)  인삼 人参 • • ⓕ 느끼하다 油腻

动动脑 2

请将图片的正确选项填入空格中，然后听录音确认答案。

Track 140

(1) 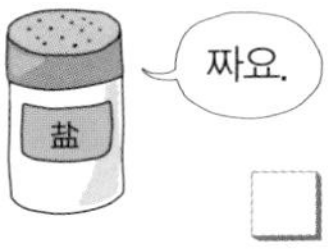 盐 짜요. ☐

(2) 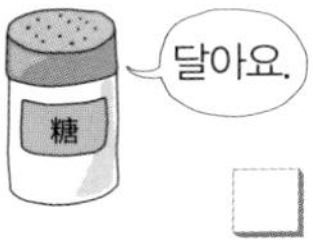 糖 달아요. ☐

(3)  醋 시어요. ☐

(4)  달아요. ☐

(5)  매워요. ☐

(6) 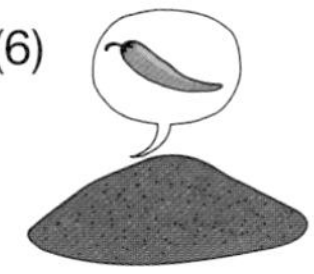 ☐

(7)  ☐

(8)  ☐

(9)  ☐

(10)  ☐

양념 调味料

ⓐ 식초 醋

ⓑ 된장 大酱

ⓒ 꿀 蜂蜜

ⓓ 기름 油

ⓔ 고추장 辣椒酱

ⓕ 소금 盐

ⓖ 설탕 糖

ⓗ 고춧가루 辣椒粉

ⓘ 후추 胡椒

ⓙ 간장 酱油

饮料

韩语小单词

请将图片的正确选项填入空格中，然后听录音确认答案。

Track 141

음료수 饮料

ⓐ 우유 牛奶
ⓑ 주스 果汁
ⓒ 녹차 绿茶
ⓓ 콜라 可乐
ⓔ 홍차 红茶
ⓕ 커피 咖啡
ⓖ 생수 矿泉水
ⓗ 사이다 汽水

(1) 

(2) 

(3) 

(4) 

(5) 

(6) 

(7) 

(8) 

(9) 

(10) 

(11) 

(12) 

(13) 

술 酒

ⓘ 와인 红酒
ⓙ 맥주 啤酒
ⓚ 소주 烧酒
ⓛ 생맥주 扎啤
ⓜ 막걸리 酒

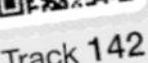
Track 142

请将学习过的单词应用在对话中。

例 A 뭐 드릴까요?
B 커피 주세요.

动动脑 1

请听录音，然后跟读下列内容。

Track 143

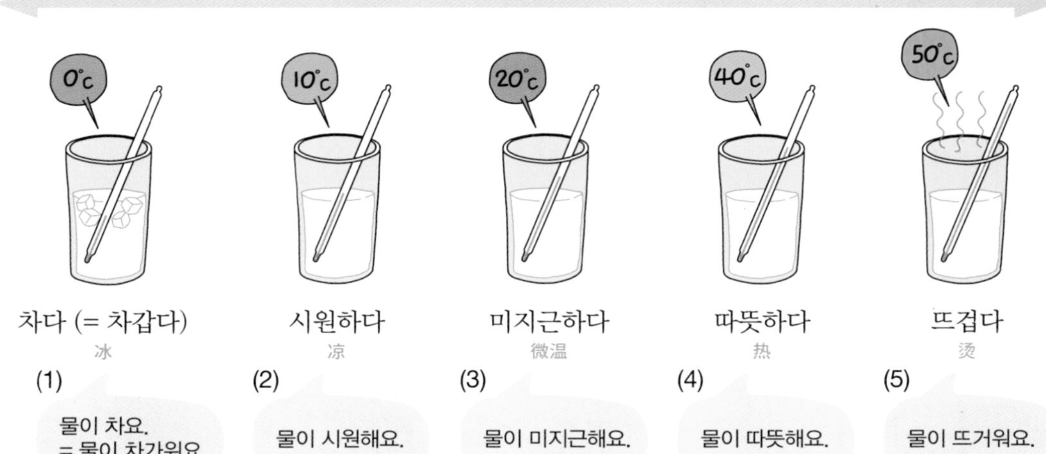

贴心小叮咛!

- 表现手触感的温度时: 차갑다 冰, 뜨겁다 烫
- 表现气温或气温的温度时: 춥다 冷, 덥다 热

动动脑 2

请将图片的正确选项填入空格中，然后听录音确认答案。

Track 144

ⓐ 커피가 연해요.
咖啡很淡。

ⓑ 커피가 진해요.
咖啡很浓。

ⓒ 술이 독해요.
酒很烈。

ⓓ 술이 순해요.
酒的度数低。

ⓔ 주스가 사과 맛이 나요.
果汁有苹果味。

ⓕ 주스가 딸기 향이 나요.
果汁有草莓香。

贴心小叮咛!

- 与液体的浓度相关时，使用진하다。
  例 진한 커피 浓的咖啡 (↔ 연한 커피 淡的咖啡)
- 表现液体的刺激性时，使用독하다。
  例 독한 술 烈酒 (↔ 순한 술 薄酒)

第41课 饭后甜点和零食

韩语小单词

Track 145

1 请将图片的正确选项填入空格中，然后听录音确认答案。

ⓐ 떡 年糕　ⓑ 사탕 糖果　ⓒ 케이크 蛋糕

ⓓ 과자 点心　ⓔ 호두 核桃　ⓕ 아이스크림 冰淇淋

ⓖ 땅콩 花生　ⓗ 초콜릿 巧克力

Track 146

2 请听录音，然后跟读下列内容。

(1) 케이크가 부드러워요.
蛋糕很软。

(2) 호두가 딱딱해요.
核桃很硬。

(3) 사탕이 몸에 안 좋아요.
糖果对身体不好。

(4) 땅콩이 몸에 좋아요.
花生对身体很好。

动动脑 1

请将图片的正确选项填入空格中，然后听录音确认答案。

Track 147

(1)  ☐

(2)  ☐

(3)  ☐

(4)  ☐

(5)  ☐

(6)  ☐

(7)  ☐

(8)  ☐

ⓐ 커피 한 **잔**	ⓑ 생수 세 **통**	ⓒ 땅콩 한 **접시**	ⓓ 케이크 한 **조각**
ⓔ 맥주 두 **병**	ⓕ 과자 한 **봉지**	ⓖ 생맥주 세 **잔**	ⓗ 초콜릿 한 **상자**

• 통: 由木头、金属或塑料制成的容器，用于盛装东西。
• 병: 由玻璃制成的容器，主要用于盛装液体或粉末。

动动脑 2

请听录音，并连接相应的部分。

Track 148

(1)   •  • ⓐ   

(2)  •  • ⓑ 

(3) 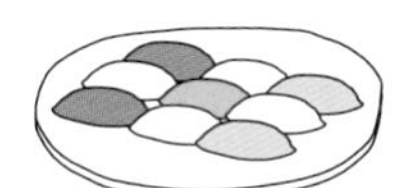 •  • ⓒ 

小秘诀
하고作为和的意义，只能用于名词后。

(4)  •  • ⓓ  

饭桌

韩语小单词

Track 149

1 请将图片的正确选项填入空格中，然后听录音确认答案。

(1) ☐ (2) ☐ (3) ☐ (4) ☐ (5) ☐
(6) ☐ (7) ☐ (8) ☐ (9) ☐

ⓐ 밥 饭 ⓑ 김 海苔 ⓒ 반찬 小菜 ⓓ 국 汤 ⓔ 김치 泡菜
ⓕ 숟가락 匙子 ⓖ 물 水 ⓗ 찌개 炖汤 ⓘ 젓가락 筷子

2 请将图片的正确选项填入空格中。

Track 150
请将学习过的单词应用在句子中。
例 개인 접시 좀 갖다주세요.

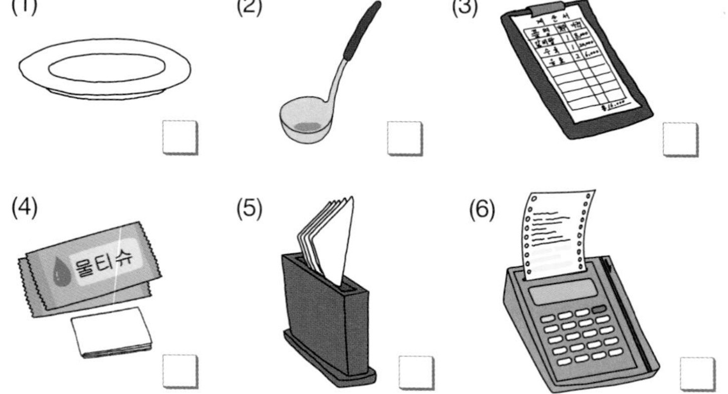

ⓐ 국자 汤勺
ⓑ 냅킨 巾纸
ⓒ 물티슈 湿纸巾
ⓓ 계산서 帐单
ⓔ 영수증 收据
ⓕ 개인 접시 个人餐碟

动动脑 1

Track 151

请听录音，菜肴中有该蔬菜的话划○，没有的话划×。

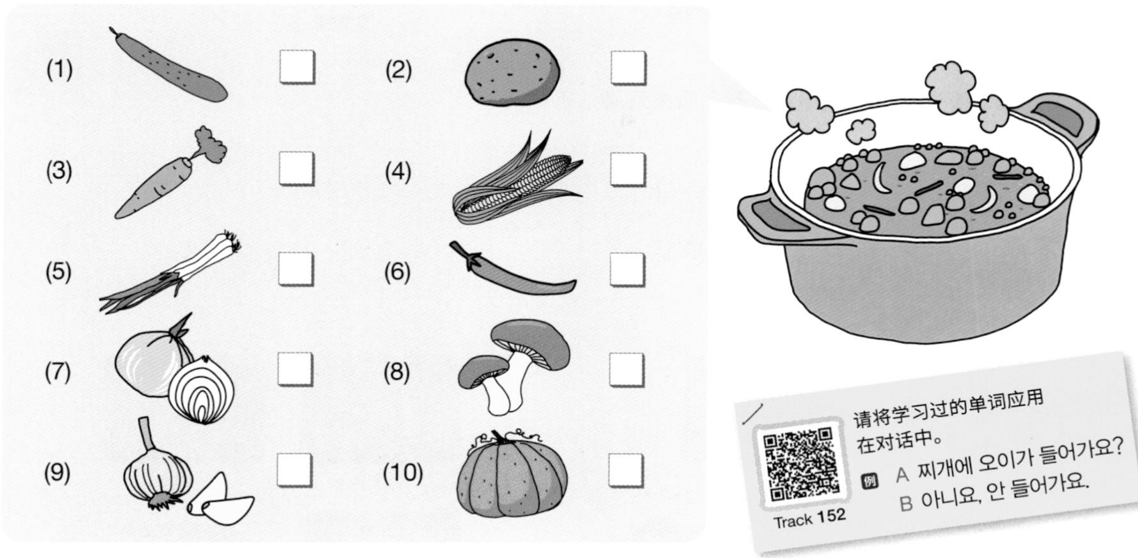
(1)
(2)
(3)
(4)
(5)
(6)
(7)
(8)
(9)
(10)
请将学习过的单词应用
在对话中。
Track 152
例 A 찌개에 오이가 들어가요?
B 아니요, 안 들어가요.

动动脑 2

Track 153

请看图片，并选择正确的答案，然后听录音确认。

糖
盐

(1) 저는 단 음식을 좋아해요. (ⓐ 설탕 / ⓑ 소금)을 넣어 주세요.

(2) 고기를 정말 좋아해요. 고기를 (ⓐ 빼 / ⓑ 넣어) 주세요.

(3) 저는 매운 음식을 못 먹어요. (ⓐ 된장 / ⓑ 고추장)을 빼 주세요.

(4) 계란을 정말 (ⓐ 좋아해요. / ⓑ 싫어해요.) 계란을 하나 더 주세요.

(5) 마늘을 먹으면 배가 아파요. 마늘을 (ⓐ 빼 / ⓑ 넣어) 주세요.

(6) 저는 버섯 알레르기가 (ⓐ 있어요. / ⓑ 없어요.) 버섯을 빼 주세요.

- 〔名词〕을/를 넣어 주세요.
  请加_____。
- 〔名词〕을/를 빼 주세요.
  请不要加_____。

贴心小叮咛!

注意顺序!
하나 더 주세요. (○)
请再给我一个。
더 하나 주세요. (×)

用餐

韩语小单词

Track 154

请将图片的正确选项填入空格中，然后听录音确认答案。

ⓐ 양식 西餐　ⓑ 중식 中餐　ⓒ 일식 日餐
ⓓ 한식 韩餐　ⓔ 분식 面食　ⓕ 패스트푸드 快餐

(1)

(2)

(3)

(4)

(5)

(6)

动动脑 1

请将图片的正确选项填入空格中，然后听录音确认答案。

Track 155

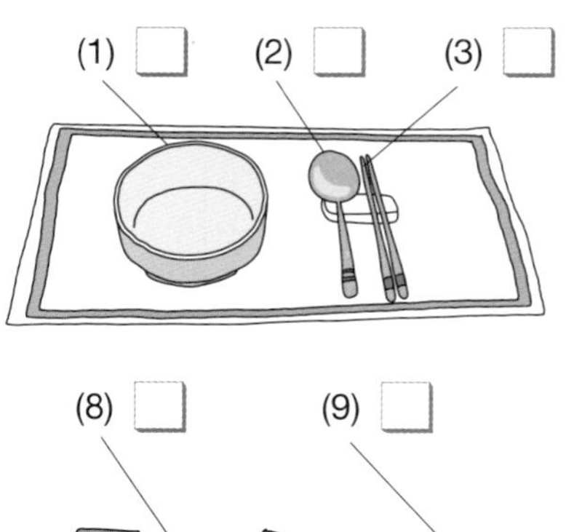

(1)
(2)
(3)
(7)
(8)
(9)

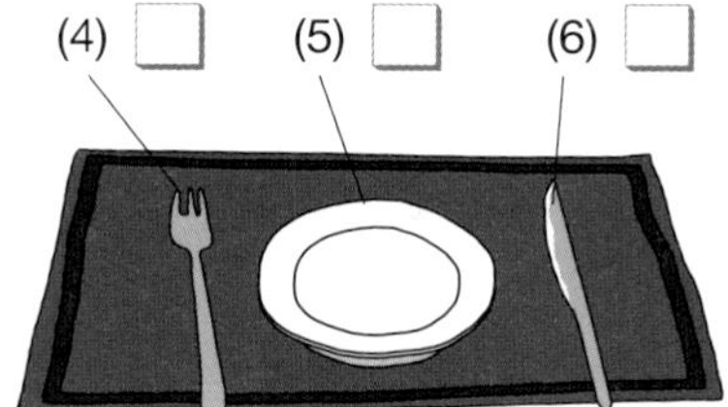

(4)
(5)
(6)

(10)
(11)
(12)
啤酒

ⓐ 칼 餐刀
ⓑ 컵 杯子
ⓒ 집게 夹子
ⓓ 접시 碟子
ⓔ 그릇 碗
ⓕ 가위 剪刀
ⓖ 쟁반 托盘
ⓗ 포크 餐叉
ⓘ 불판 烧烤盘
ⓙ 병따개 开瓶器
ⓚ 젓가락 筷子
ⓛ 숟가락 匙子

动动脑 2

请将图片的正确选项填入空格中，然后听录音确认答案。

Track 156

(1)
식당
(2)
여기 앉으세요.
(3)
이거 매워요?
(4)
이걸로 주세요.
비빔밥 10,0
(5)
비빔밥 주세요.
(6)
(7)
물 좀 주세요.
(8)
10,000원 입니다.

ⓐ 손님이 의자에 앉아요.
ⓑ 손님이 음식값을 계산해요.
ⓒ 손님이 음식을 정해요.
ⓓ 종업원이 음식을 갖다줘요.
ⓔ 손님이 음식을 시켜요.
ⓕ 손님이 종업원에게 물을 부탁해요.
ⓖ 손님이 식당에 들어가요.
ⓗ 손님이 종업원에게 음식에 대해 물어봐요.

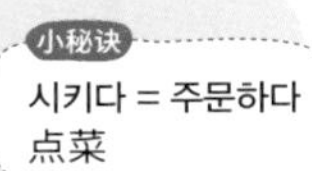

小秘诀
시키다 = 주문하다
点菜

第44课 料理方法

韩语小单词

小秘诀
- 양념: 调味料
- 거품: 气泡
- 국물: 汤汁

Track 157

1 请听录音，然后跟读下列内容。

(1) 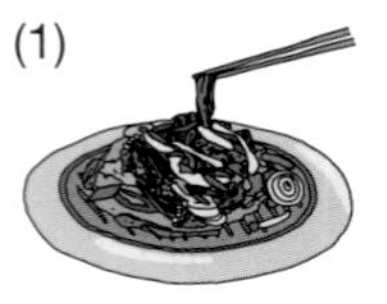
고기를 굽다
烤肉

(2) 
찌개를 끓이다
炖汤

(3) 
채소를 볶다
炒菜

(4)
만두를 찌다
蒸饺子

(5) 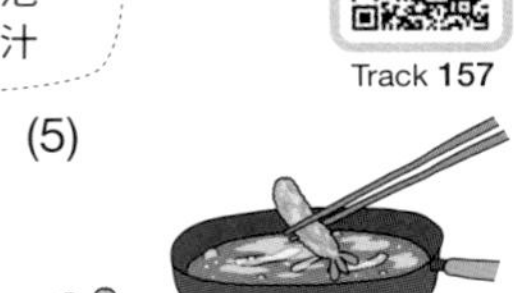
새우를 튀기다
炸虾

2 请看图片，并选择正确的答案，然后听录音确认。

Track 158

(1) ⓐ 자르다 剪断、切
ⓑ 썰다 切

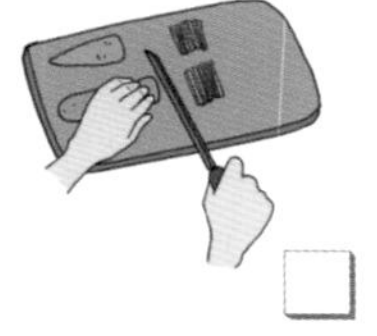 ☐ 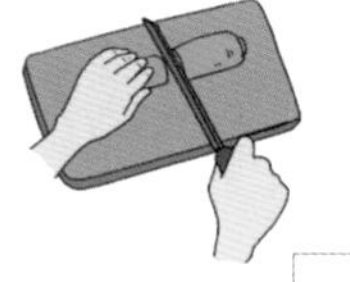 ☐

(2) ⓐ 넣다 放入
ⓑ 빼다 取出

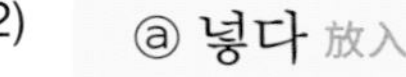
 ☐  ☐

(3) ⓐ 부치다 煎
ⓑ (생선) 굽다 烤(鱼)

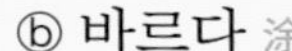
 ☐  ☐

(4) ⓐ 뿌리다 撒
ⓑ 바르다 涂

 ☐  ☐

(5) ⓐ 섞다 混合
ⓑ 젓다 搅拌

 ☐  ☐

(6) ⓐ 삶다 煮
ⓑ 데치다 (在开水中)焯、汆烫

 ☐  ☐

动动脑 1

请在下列各项中选出一个料理方法不同的选项。

(1) ⓐ 국 ☐
ⓑ 탕 ☐
ⓒ 찌개 ☐
ⓓ 김치 ☐

(2) ⓐ 갈비 ☐
ⓑ 불고기 ☐
ⓒ 비빔밥 ☐
ⓓ 삼겹살 ☐

(3) ⓐ 간장 ☐
ⓑ 된장 ☐
ⓒ 김장 ☐
ⓓ 고추장 ☐

(4) ⓐ 김밥 ☐
ⓑ 만두 ☐
ⓒ 갈비찜 ☐
ⓓ 아귀찜 ☐

(5) ⓐ 빵 ☐
ⓑ 과자 ☐
ⓒ 떡볶이 ☐
ⓓ 케이크 ☐

(6) ⓐ 라면 ☐
ⓑ 국수 ☐
ⓒ 튀김 ☐
ⓓ 냉면 ☐

动动脑 2

请听录音，然后按照操作的顺序写上号码。

Track 159

ⓐ 채소를 밥 위에 놓아요.

ⓑ 맛있게 먹어요.

ⓒ 채소를 씻어요.

ⓓ 고추장을 넣어요.

ⓔ 채소를 썰어요.

ⓕ 잘 비벼요.

贴心小叮咛!
因为发音类似，所以要注意!
• 놓다: 放在上面。
• 넣다: 放进里面。

☐ → ☐ → ☐ → ☐ → ☐ → ☐

第45课 兴趣

韩语小单词

请将图片的正确选项填入空格中。

Track 160

请将学习过的单词应用在对话中。

例 A 시간이 있을 때 뭐 해요?
B 여행해요.

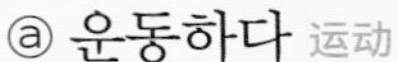

ⓐ 운동하다 运动
ⓑ 책을 읽다 读书
ⓒ 여행하다 旅行
ⓓ 사진을 찍다 照相
ⓔ 요리하다 做菜
ⓕ 영화를 보다 看电影
ⓖ 수리하다 修理
ⓗ 음악을 듣다 听音乐
ⓘ 등산하다 登山
ⓙ 그림을 그리다 画画儿
ⓚ 낚시하다 钓鱼
ⓛ 테니스를 치다 打网球 (테니스를 하다 (×))
ⓜ 쇼핑하다 购物
ⓝ 악기를 연주하다 演奏乐器
ⓞ 게임하다 玩儿游戏
ⓟ 개하고 놀다 和小狗一起玩儿

(1) ☐　(2)  ☐　(3)  ☐　(4) ☐

(5)  ☐　(6)  ☐　(7)  ☐　(8) ☐

(9)  ☐　(10)  ☐　(11)  ☐　(12) ☐

(13)  ☐　(14)  ☐　(15)  ☐　(16) ☐

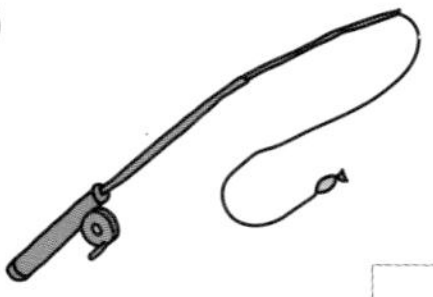

动动脑 1

请听录音，然后跟读下列内容。

> **小秘诀**
> 싫어해요因为是非常强烈的表现，在需要注意礼仪的谈话时，通常不予使用。
> 比起싫어해요，별로 안 좋아해요更常使用，亦可使用缩略型별로예요。

Track 161

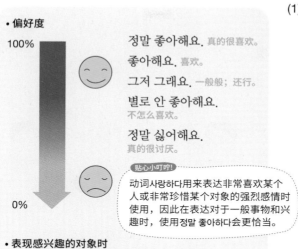

• **偏好度**

100%

정말 좋아해요. 真的很喜欢。

좋아해요. 喜欢。

그저 그래요. 一般般；还行。

별로 안 좋아해요.
不怎么喜欢。

정말 싫어해요.
真的很讨厌。

0%

> **贴心小叮咛!**
> 动词사랑하다用来表达非常喜欢某个人或非常珍惜某个对象的强烈感情时使用，因此在表达对于一般事物和兴趣时，使用정말 좋아하다会更恰当。

• **表现感兴趣的对象时**

저는 한국 영화에 관심이 있어요. (事物)
我对韩国电影很感兴趣。

친구는 저 여자에게 관심이 있어요. (人/动物)
朋友很关注那个女人。

> 关心的对象若为事物使用에，若是人/动物则使用에게或한테。

(1)

A 여행 좋아해요?
你喜欢旅行吗?
B 네, 정말 좋아해요.
是，真的很喜欢。

(2)

A 영화 좋아해요?
你喜欢电影吗?
B 네, 좋아해요.
是的，喜欢。

(3)

A 그림 좋아해요?
你喜欢画吗?
B 그저 그래요.
一般般。

(4)

A 쇼핑 좋아해요?
你喜欢购物吗?
B 아니요, 별로 안 좋아해요.
不，我不怎么喜欢。

(5)

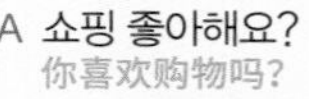

A 등산 좋아해요?
你喜欢登山吗?
B 아니요, 정말 싫어해요.
不，我真的很讨厌登山。

动动脑 2

Track 162

请听录音，话者喜欢或感兴趣的话划○，不是的话划×。

(1) ☐ 음악 ☐ 가수

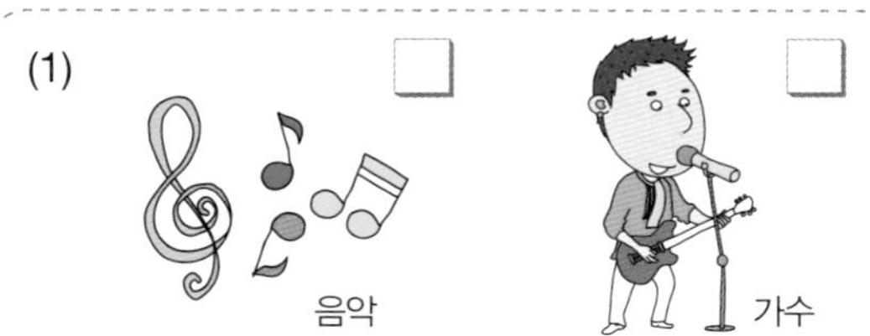

(2) ☐ 사진 ☐ 사진작가

(3) ☐ 요리 ☐ 음식

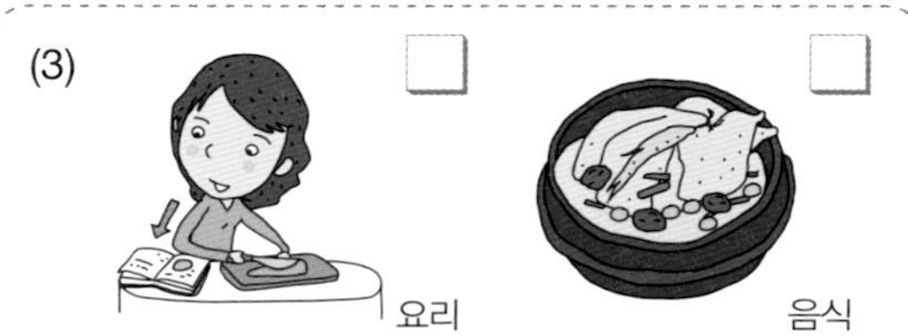

(4) ☐ 운동 ☐ 운동선수

(5) ☐ 영화 ☐ 영화감독 ☐ 배우

(6) ☐ 그림 ☐ 서예 ☐ 역사

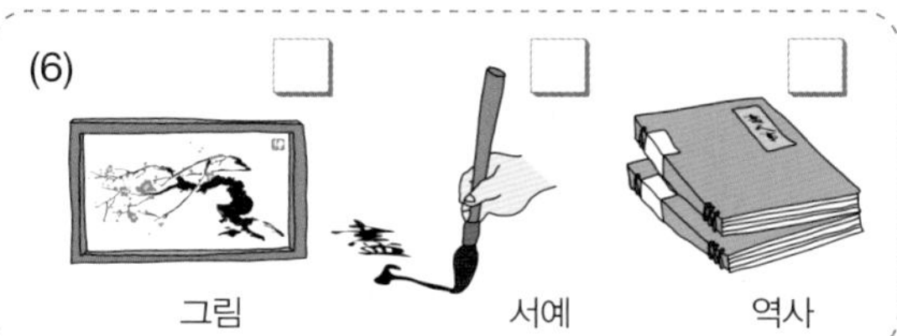

运动

韩语小单词

Track 163

请将图片的正确选项填入空格中，然后听录音确认答案。

치다 从事打球的运动时

(1)  (2)  (3)  (4)  

타다 从事骑在某种东西之上的运动时

(5) 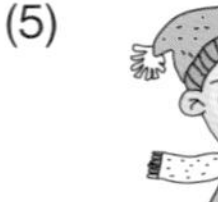  (6)  (7)  

하다 从事除치다或타다之外的运动时

(8)  (9)  (10)  (11) 

(12)  (13)  (14) 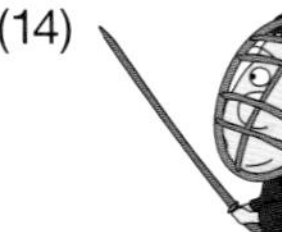  (15) 

ⓐ 야구 棒球	ⓑ 스키 滑雪	ⓒ 검도 剑道
ⓓ 축구 足球	ⓔ 골프 高尔夫球	ⓕ 태권도 跆拳道
ⓖ 탁구 乒乓球	ⓗ 수영 游泳	ⓘ 자전거 自行车
ⓙ 농구 篮球	ⓚ 볼링 保龄球	ⓛ 테니스 网球
ⓜ 배구 排球	ⓝ 요가 瑜伽	ⓞ 스케이트 滑冰

动动脑 1

Track 164

请听录音，然后跟读下列内容。

(1)

수영을 잘해요.
游泳游得很好。

(2)

수영을 조금 해요.
游泳会一点儿。

(3)

수영을 잘 못해요.
不太会游泳。

(4)

수영을 전혀 못해요.
完全不会游泳。

贴心小叮咛!

请注意잘하다和못하다前面使用的助词!

例 노래를 잘해요. 歌唱得很好。(○) ≠ 노래가 못해요. (×)
수영을 못해요. 不会游泳。(○) ≠ 수영이 못해요. (×)

小秘诀

因为韩国文化和中国文化相似，都认为谦虚是一种美德，即使实力高强，仍然会谦虚地说잘 못해요。

动动脑 2

Track 165

请听录音，话者如果能很有自信地回答划○，不太会的话划△，完全不会的话划×。

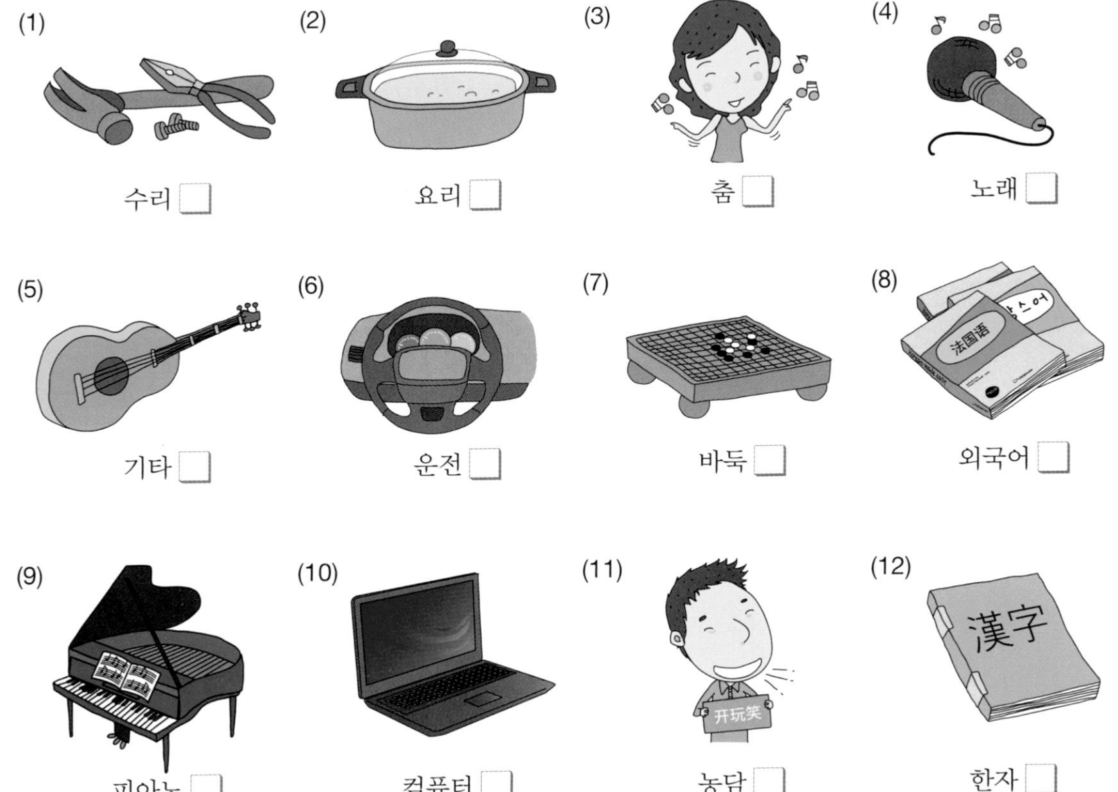

第47课 旅行1

韩语小单词

Track 166

请将图片的正确选项填入空格中，然后听录音确认答案。

(1) ☐　(2) ☐　(3) ☐

(4) ☐　(5) ☐　(6) ☐

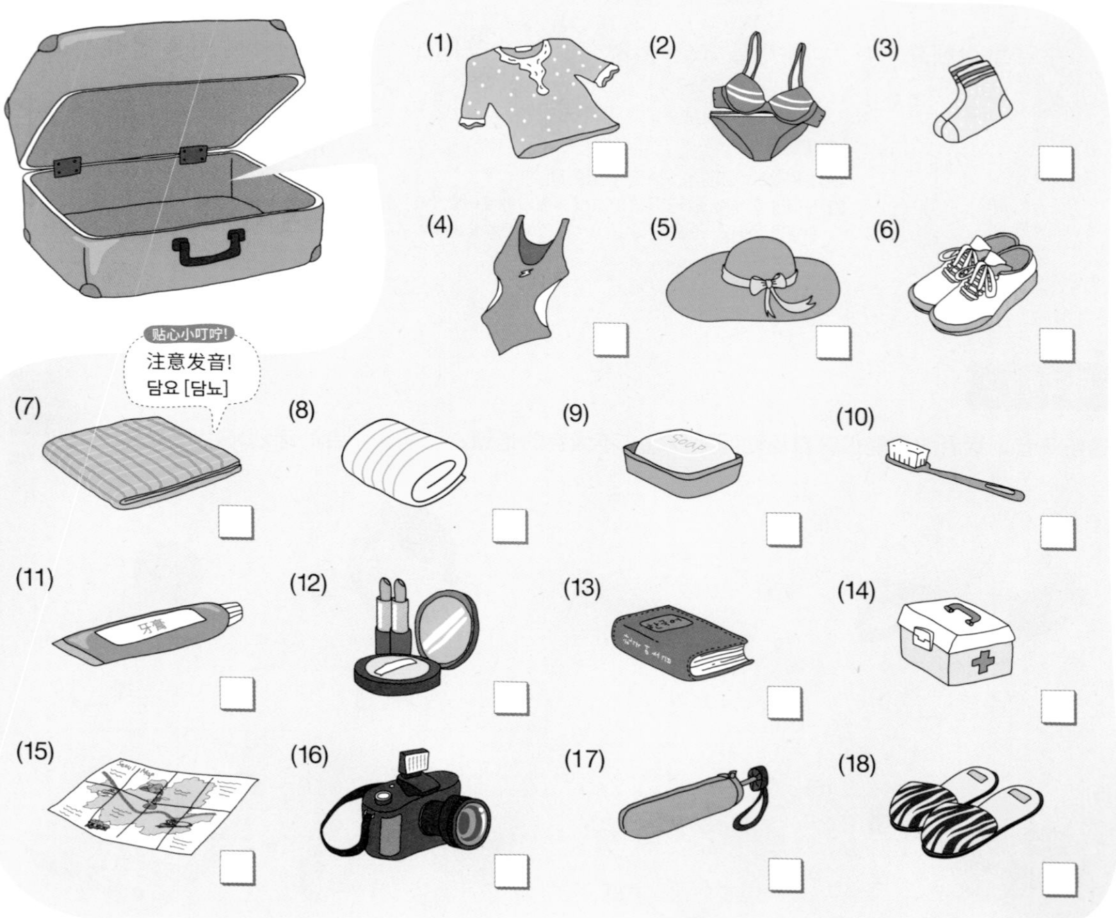

贴心小叮咛!
注意发音!
담요 [담뇨]

(7) ☐　(8) ☐　(9) ☐　(10) ☐

(11) ☐　(12) ☐　(13) ☐　(14) ☐

(15) ☐　(16) ☐　(17) ☐　(18) ☐

ⓐ 옷 衣服	ⓑ 비누 肥皂	ⓒ 양말 袜子	ⓓ 카메라 照相机
ⓔ 책 书	ⓕ 속옷 内衣	ⓖ 우산 雨伞	ⓗ 화장품 化妆品
ⓘ 약 药	ⓙ 담요 毛毯	ⓚ 지도 地图	ⓛ 슬리퍼 拖鞋
ⓜ 치약 牙膏	ⓝ 수건 毛巾	ⓞ 수영복 泳衣	ⓟ 모자 帽子
ⓠ 칫솔 牙刷	ⓡ 운동화 运动鞋		

Track 167

请将学习过的单词应用在对话中。

例 A 옷을 가져가요?
B 네, 가져가요.

动动脑 1

请将学习过的单词应用在对话中。

Track 168

例 A 어디로 놀러 갔어요?
B 산으로 놀러 갔어요.

请连接相应的部分。

(1) 산 • • ⓐ

(2) 바닷가 • • ⓑ

(3) 강 • • ⓒ

(4) 섬 • • ⓓ

(5) 궁 • • ⓔ

(6) 동물원 • • ⓕ

(7) 관광지 • • ⓖ

(8) 놀이공원 • • ⓗ

动动脑 2

Track 169

1 请听录音，然后跟读下列内容。

혼자서 = 혼자 独自
• 둘이서 两个人
• 셋이서 三个人
• 여럿이서 几个人

(1)

혼자 独自

가요.

贴心小叮咛!
注意助词!
혼자하고 (×)
혼자 (○)

贴心小叮咛!
注意发音!
동료 [동뇨]

(2)

가족 家人

(3)

친구 朋友

(4)

동료 同事

(5)

이웃 邻居

(6)

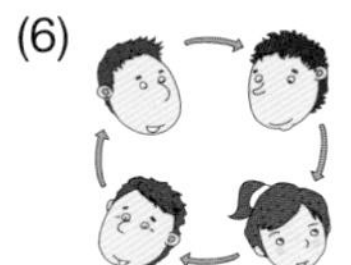

아는 사람 认识的人

하고 가요.

Track 170

2 请听录音，选择正确的答案。

	ⓐ 가족	ⓑ 친구	ⓒ 동료	ⓓ 이웃	ⓔ 아는 사람	ⓕ 혼자
(1) 산	☐	☐	☐	☐	☐	☐
(2) 강	☐	☐	☐	☐	☐	☐
(3) 바다	☐	☐	☐	☐	☐	☐
(4) 관광지	☐	☐	☐	☐	☐	☐
(5) 동물원	☐	☐	☐	☐	☐	☐
(6) 놀이공원	☐	☐	☐	☐	☐	☐

第48课 旅行2

韩语小单词

Track 171

请将图片的正确选项填入空格中，然后听录音确认答案。

ⓐ 탑 塔	ⓑ 한옥 韩屋	ⓒ 폭포 瀑布
ⓓ 절 寺庙	ⓔ 단풍 枫叶	ⓕ 매표소 售票处
ⓖ 일몰 日落	ⓗ 축제 庆典	ⓘ 안내소 服务中心
ⓙ 일출 日出	ⓚ 동굴 洞窟	ⓛ 기념품 가게 纪念品商店

(1)

☐

(2)

☐

(3)

☐

(4)

☐

(5)

☐

(6)

☐

(7)

☐

(8)

☐

(9)

☐

(10)

☐

(11)
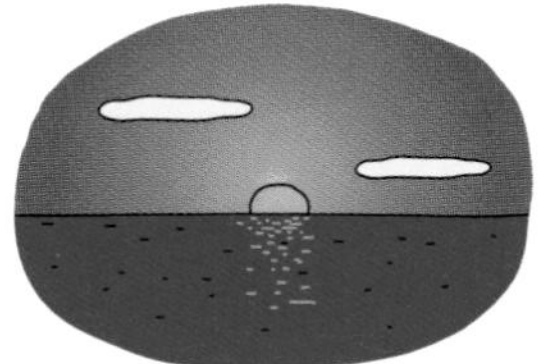
☐

(12)

☐

动动脑 1

请将图片的正确选项填入空格中。

ⓐ 

ⓑ 

ⓒ  

ⓙ 

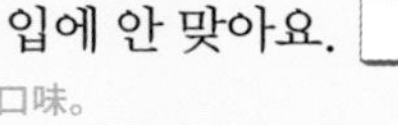

ⓓ 

(1) 경치가 좋아요. 风景很好。	☐	↔	(2) 경치가 안 좋아요. 风景不好。	☐
(3) 음식이 입에 맞아요. 食物很可口。	☐	↔	(4) 음식이 입에 안 맞아요. 食物不合口味。	☐
(5) 물가가 싸요. 物价便宜。	☐	↔	(6) 물가가 비싸요. 物价很贵。	☐
(7) 말이 잘 통해요. 话很投机。	☐	↔	(8) 말이 잘 안 통해요. 话不投机。	☐
(9) 사람들이 친절해요. 人们很亲切。	☐	↔	(10) 사람들이 불친절해요. 人们很不亲切。	☐

ⓘ

ⓔ 

ⓗ 

ⓖ 

ⓕ 

动动脑 2

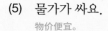

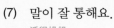

Track 172

请连接相应的部分，然后听录音确认答案。

(1) 어디로 여행 가요? •
(2) 얼마 동안 여행해요? •
(3) 누구하고 여행 가요? •
(4) 여행지에 어떻게 가요? •
(5) 어디에서 묵어요? •
(6) 언제 호텔을 예약했어요? •
(7) 여행이 어땠어요? •
(8) 하루에 돈이 얼마나 들어요? •

• ⓐ 가족하고 여행 가요.
• ⓑ 호텔에서 묵어요.
• ⓒ 15만 원쯤 들어요.
• ⓓ 산으로 여행 가요.
• ⓔ 2박 3일 여행해요.
• ⓕ 기차로 가요.
• ⓖ 여행 떠나기 일주일 전에 했어요.
• ⓗ 힘들었지만 재미있었어요.

小秘诀
因为顺序不同，所以要注意！
• 2(이)박 3(삼)일 两夜三天
• 당일 여행 一日游

第49课 通信

韩语小单词

Track 173

1 请将图片的正确选项填入空格中，然后听录音确认答案。

ⓐ 소포 包裹　　ⓑ 팩스 传真　　ⓒ 편지 信
ⓓ 메모 便条　　ⓔ 문자 메시지 短信　　ⓕ 엽서 明信片
ⓖ 핸드폰 手机　　ⓗ 음성 메시지 留言　　ⓘ 전화 电话
ⓙ 이메일 电子邮件

핸드폰 = 휴대폰

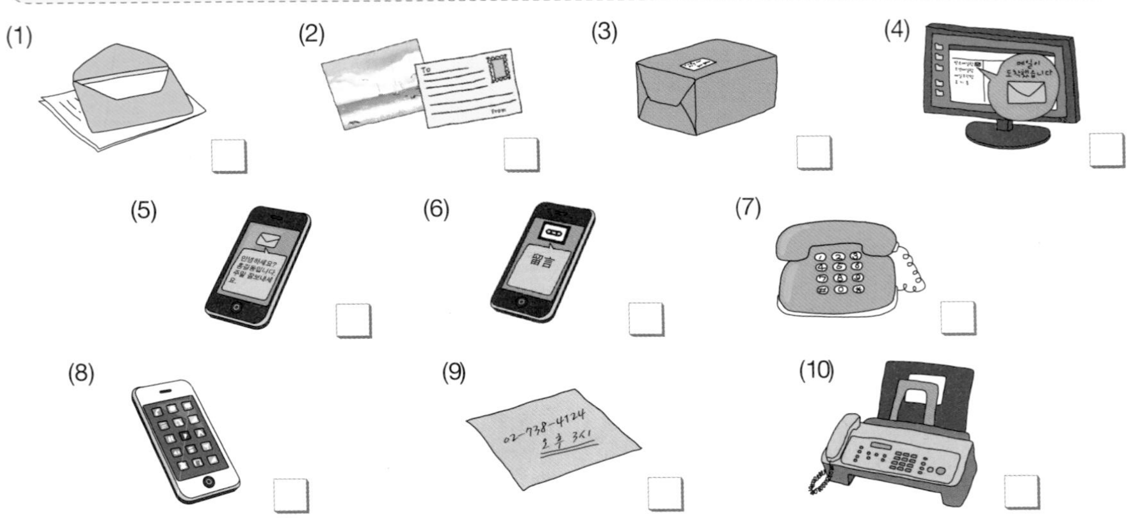

Track 174

2 请选择正确的答案、完成句子，然后听录音确认。

(1) A 여보세요. ____________
　　B 지금 안 계신데요.

(2) B 실례지만 누구세요?
　　A ____________

(3) A ____________
　　B 잠깐만요. 말씀하세요.

(4) A ____________
　　B 안녕히 계세요.

ⓐ 안녕히 계세요.　　ⓑ 저는 '박유나'라고 합니다.
ⓒ 메시지 좀 전해 주세요.　　ⓓ 김진수 씨 계세요?

动动脑 1

请将图片的正确选项填入空格中。

(1)

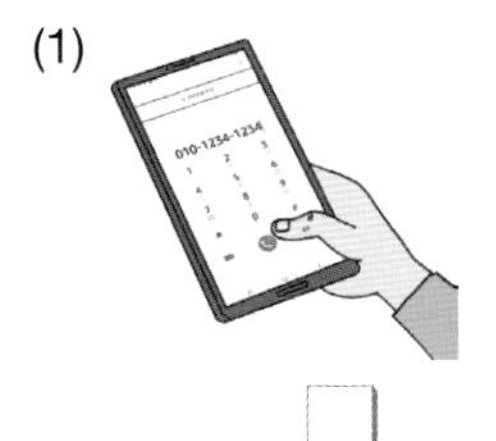

(2)

(3)

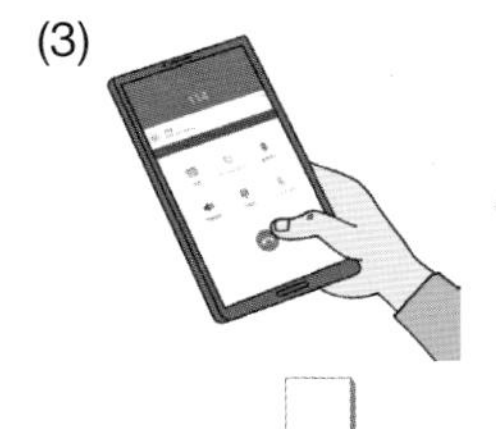

(4)

ⓐ 통화하다 通话

ⓑ 전화를 받다 接电话

ⓒ 전화를 끊다 挂断电话

ⓓ 전화를 걸다 打电话

小秘诀

通话时各种状况的表现:
- 전화가 안 돼요. 电话不行。
- 수신이 안 돼요. 电话不通。
- 통화 중이에요. 战线。
- 전원이 꺼져 있어요. 电源关上了。

动动脑 2

请将图片的正确选项填入空格中。

(1)

ⓐ 편지를 주다 给了一封信

ⓑ 편지를 받다 收到一封信

(2)

ⓐ 소포를 보내다 寄了一个包裹

ⓑ 소포를 받다 收到一个包裹

(3)

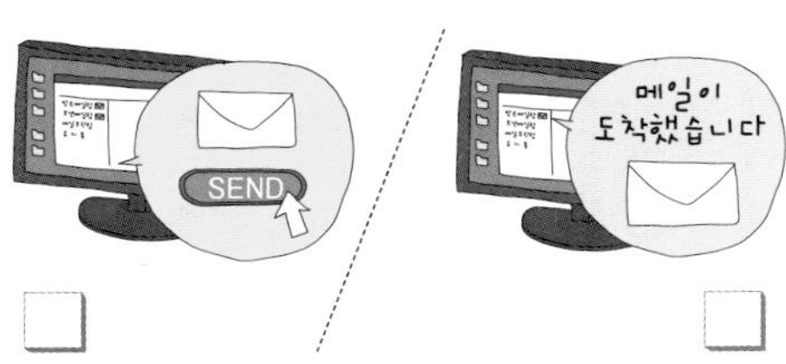

ⓐ 이메일을 받다 收到电子邮件

ⓑ 이메일을 보내다 发电子邮件

小秘诀

口语体中经常加以精简:
문자 메시지를 보내다 → 문자를 보내다 发短信

(4)

ⓐ 메모를 받다 收到便条

ⓑ 메모를 전하다 转交便条

ⓒ 메모를 남기다 写下便条

第50课 买东西

韩语小单词

Track 175

请写出适合于图片表现的选项，然后听录音确认答案。

(1)

(2) (3)

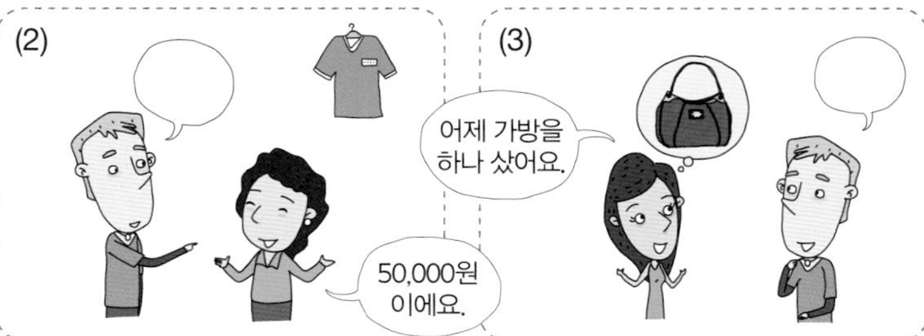

(4)

(5)

(6)

(7)

(8)

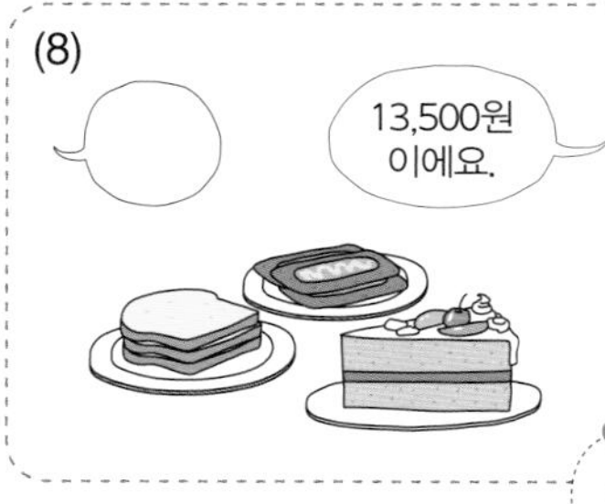

(9)

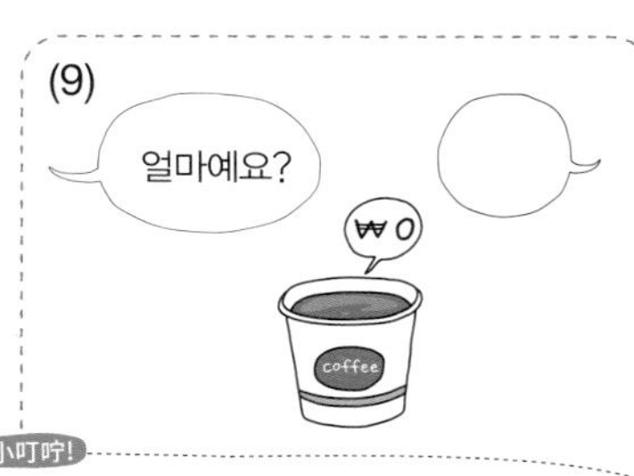

贴心小叮咛!

이게是在初次介绍某种事物时使用，与其相反，이건是在强调所指事物时使用。
이건的功能与汉语中为强调某种事物，在单词中增加强度的情况类似。

ⓐ 각각 얼마예요? 每一样多少钱?

ⓑ 전부 얼마예요? 总共多少钱?

ⓒ 저게 얼마예요? 那个多少钱?

ⓓ 뭘 드릴까요? 您需要什么?

ⓔ 그게 얼마예요? 那个多少钱?

ⓕ 어떻게 드릴까요? 您喜欢这怎么做?

ⓖ 이게 얼마예요? 这个多少钱?

ⓗ 이게 무료예요. 这是免费的。

ⓘ 이건 얼마예요? 这个多少钱?

小秘诀

- 이게 / 그게 / 저게(= 이것이 / 그것이 / 저것이)
  在口语体中，比起이것이更常使用缩略型이게。
- 이건 / 그건 / 저건(= 이것은 / 그것은 / 저것은)
  在口语体中，更常使用缩略型。
  当比较多个项目时，通常会附加补助词은/는。

小秘诀

- 무료: 免费
  例 한국 식당에서 김치는 무료예요.
  在韩国餐馆的泡菜是免费的。
- 공짜: 不消耗力气或金钱而获得的东西。
  例 오늘 길에서 책을 공짜로 받았어요.
  今天在路上免费拿到了一本书。

动动脑 1

请连接相应的部分，然后听录音确认答案。

Track 176

(1) 뭐 찾으세요? •　　　　• ⓐ 저한테 좀 작아요.

(2) 사이즈가 어떠세요? •　　　　• ⓑ 바지 좀 보여 주세요.

(3) 옷이 어떠세요? •　　　　• ⓒ 흰색으로 보여 주세요.

(4) 더 큰 건 없어요? •　　　　• ⓓ 그럼요, 탈의실에서 입어 보세요.

(5) 입어 봐도 돼요? •　　　　• ⓔ 지금은 이 사이즈밖에 없어요.

(6) 무슨 색으로 보여 드릴까요? •　　　　• ⓕ 디자인은 마음에 드는데 좀 비싸요.

> **贴心小叮咛!**
> 좀有两种意义：
> 1. 有点儿的意义：좀 작아요. 有点儿小。
> 2. 拜托的时候：바지 좀 보여 주세요. 请让我看一下裤子。

动动脑 2

请填写购买水果时，水果的个数。

	사과 (每一个)	배 (每一个)	딸기 (每一篮)
(1) 사과 4,000원어치하고 딸기 5,000원어치 주세요.	3	0	1
(2) 딸기 10,000원어치하고 사과 20,000원어치 주세요.			
(3) 배 10,000원어치하고 사과 4,000원어치 주세요.			
(4) 사과 8,000원어치하고 배 5,000원어치 주세요.			
(5) 딸기 20,000원어치하고 사과 8,000원어치 주세요.			
(6) 사과 12,000원어치하고 배 10,000원어치 주세요.			

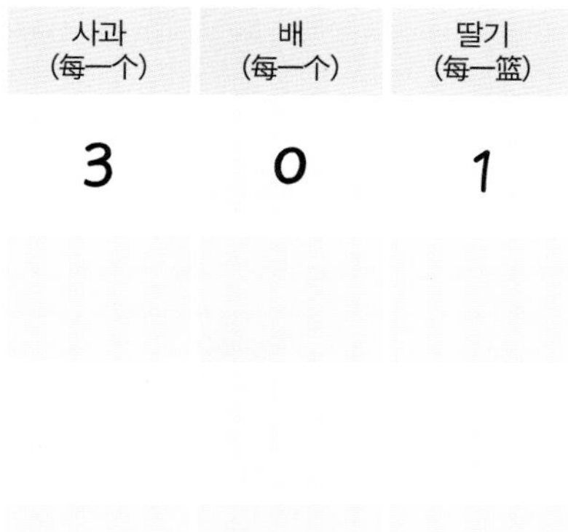

> **小秘诀**
> • 어치: 用在价格之后，表示符合于该价格的分量。
> • 짜리: 具有其相应的价格。
> 例 만 원짜리 책을 오만 원어치 샀어요.
> 我买了价值5万韩元的书，每本1万韩元。

> 为两个梨要支付5,000韩元时：
> 배 10,000원어치 → 배 4개
> 배 10,000원어치 = 价值10,000韩元的梨（4个梨）
> (어치: X를 Y원어치 주세요 表现“请给我价值Y韩元的X”)

感觉

韩语小单词

请将图片的正确选项填入空格中。

(1)  ☐

(2)  ☐

(3)  ☐

(4)  ☐

(5)  ☐

(6)  ☐

(7)  ☐

(8)  ☐

(9)  ☐

ⓐ 춥다 冷	ⓑ 졸리다 困	ⓒ 피곤하다 累
ⓓ 덥다 热	ⓔ 목마르다 渴	ⓕ 배부르다 饱
ⓖ 아프다 痛	ⓗ 긴장되다 紧张	ⓘ 배고프다 饿

小秘诀

- 긴장되다: 表现主观的感觉状态时。
  例 지금 너무 긴장돼요. 现在太紧张了。
- 긴장하다: 以外在表现的形式加以客观叙述时。
  例 시험 볼 때 너무 긴장하지 마세요. 考试的时候不要太紧张。

Track 177

请将学习过的单词应用在对话中。

例 A 지금 어때요?
B 아파요.

动动脑 1

请连接相应的部分，然后听录音确认答案。

(1) 여름에 에어컨이 고장 났어요. •　　　　• ⓐ 아파요.

(2) 너무 많이 먹었어요. •　　　　• ⓑ 긴장돼요.

(3) 5분 후에 시험을 봐요. •　　　　• ⓒ 배불러요.

(4) 감기에 걸렸어요. •　　　　• ⓓ 더워요.

(5) 요즘 일이 너무 많아요. •　　　　• ⓔ 배고파요.

(6) 아무것도 못 먹었어요. •　　　　• ⓕ 피곤해요.

动动脑 2

请连接相应的部分，然后听录音确认答案。

(1)　(2)　(3)　(4)　(5)

ⓐ　ⓑ　ⓒ　ⓓ　ⓔ

약　담요　물　빵　부채

第52课 情绪

韩语小单词

请将图片的正确选项填入空格中。

ⓐ 기쁘다 高兴	ⓑ 심심하다 无聊
ⓒ 슬프다 悲伤	ⓓ 실망하다 失望
ⓔ 무섭다 害怕	ⓕ 창피하다 丢脸
ⓖ 외롭다 寂寞	ⓗ 화가 나다 生气
ⓘ 놀라다 惊吓	ⓙ 기분이 좋다 心情好
ⓚ 걱정되다 担心	ⓛ 기분이 나쁘다 心情不好

贴心小叮咛!

下列的表现在表示现在的情绪状态时，要使用过去形。

- 놀라다: 例 알람 소리에 깜짝 놀랐어요. (○)
  因为闹钟的声音吓了一跳。
  알람 소리에 깜짝 놀라요. (×)
- 화가 나다: 例 사장님이 지금 화가 났어요. (○)
  老总现在生气了。
  사장님이 지금 화가 나요. (×)
- 실망하다: 例 시험에 떨어져서 실망했어요. (○)
  因为考试落榜而失望了。
  시험에 떨어져서 실망해요. (×)

(1) (2) (3) (4) (5) (6) (7) (8)

(9)

(10)

(11)

(12)

기분只与좋다和나쁘다一起使用来表达情绪。

Track 180

请将学习过的单词应用在对话中。

例 A 기분이 어때요?
B 기분이 좋아요.

动动脑 1

Track 181

请选择正确的答案，然后听录音确认。

(1) 내일 시험이 있는데 공부를 많이 못 해서 ⓐ 외로워요.
ⓑ 걱정돼요.

(2) 열심히 공부해서 좋은 성적을 받았을 때 ⓐ 기뻤어요.
ⓑ 슬펐어요.

(3) 오늘도 친구가 약속에 늦게 와서 ⓐ 무서웠어요.
ⓑ 화가 났어요.

(4) 같은 일을 매일 반복하고 새로운 일이 없으면 ⓐ 놀라요.
ⓑ 심심해요.

(5) 제가 실수로 한국어를 잘못 말했을 때 사람들이 웃어서 ⓐ 창피했어요.
ⓑ 기분이 좋았어요.

动动脑 2

Track 182

请连接相应的部分，然后听录音确认答案。

(1)	(2)	(3)	(4)	(5)	(6)
무서워요.	슬퍼요.	심심해요.	화가 났어요.	기뻐요.	창피해요.
ⓐ	ⓑ	ⓒ	ⓓ	ⓔ	ⓕ

눈물이 나요.	웃어요.	몸이 떨려요.	얼굴이 빨개졌어요.	소리를 질러요.	하품이 나요.

第53课 人物描述

韩语小单词

Track 183

请看图片，并选择正确的答案，然后听录音确认。

ⓐ  ⓑ 

(1) 머리가 길어요. 头发长。 ☐
(2) 머리가 짧아요. 头发短。 ☐

ⓐ 

ⓑ 

(3) 뚱뚱해요. 肥胖。 ☐
(4) 말랐어요. 瘦。 ☐

ⓐ  ⓑ 

(5) 멋있어요. 帅。 ☐
(6) 촌스러워요. 土气。 ☐

ⓐ  ⓑ 

(7) 약해요. 弱。 ☐
(8) 힘이 세요. 力气大。 ☐

ⓐ ⓑ 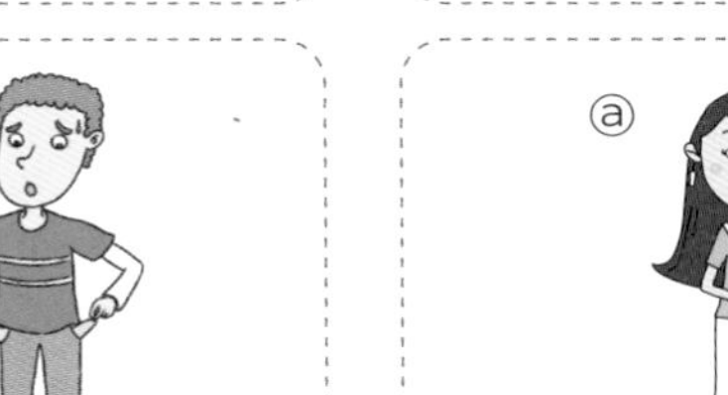

(9) 돈이 없어요. 没钱。 ☐
(10) 돈이 많아요. 钱多。 ☐

ⓐ  ⓑ 

(11) 키가 커요. 个子高。 ☐
(12) 키가 작아요. 个子矮。 ☐

贴心小叮咛!

在说人的个子的时候:
- 키가 높다 (×) → 키가 크다 (○) 个子高。
- 키가 낮다 (×) → 키가 작다 (○) 个子矮。

ⓐ 

ⓑ 

ⓒ 

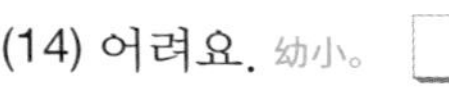

(13) 젊어요. 年轻。 ☐
(14) 어려요. 幼小。 ☐
(15) 나이가 많아요. 年纪大。 ☐

动动脑 1

请选择正确的答案、完成对话，然后听录音确认。

Track 184

ⓐ 귀여워요　ⓑ 아름다워요　ⓒ 날씬해요　ⓓ 건강해요　ⓔ 예뻐요　ⓕ 체격이 좋아요

(1)

A 5살 여자아이가 웃고 있어요.
B 웃는 얼굴이 정말 ________.

(2)

A 우리 할아버지는 90살인데 매일 등산하세요.
B 와! 할아버지가 ________.

(3)

A 요즘 살이 쪘어요.
B 아니에요. ________.

(4)

A 아기가 웃어요.
B 아기가 정말 ________.

(5)

A 결혼식에서 신부 봤어요?
B 네. 신부가 정말 ________.

(6)

A 진호 씨는 ________. 매일 운동해요?
B 네, 운동을 좋아해요.

动动脑 2

请选择正确的答案、完成句子，然后听录音确认。

Track 185

ⓐ

군인

ⓑ

공주

ⓒ
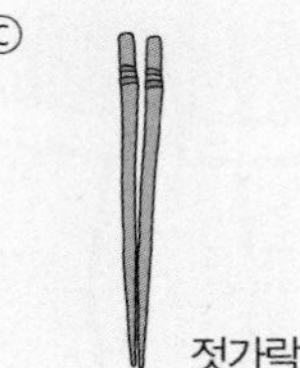
젓가락

ⓓ

돼지

(1) 그 사람은 ________처럼 예뻐요.

(2) 그 사람은 ________처럼 말랐어요.

(3) 그 사람은 ________처럼 뚱뚱해요.

(4) 그 사람은 ________처럼 머리가 짧아요.

小秘诀
请注意使用처럼和같아요的区别！
- 그 사람은 영화배우처럼 잘생겼어요.
  他长得像电影明星一样帅。
- 그 사람은 영화배우 같아요.
  他好像电影明星。

身体与症状

韩语小单词

Track 186

请将图片的正确选项填入空格中，然后听录音确认答案。

(1) ☐
(2) ☐
(3) ☐
(4) ☐
(5) ☐
(6) ☐
(7) ☐
(8) ☐
(9) ☐
(10) ☐
(11) ☐
(12) ☐
(13) ☐
(14) ☐
(15) ☐
(16) ☐
(17) ☐
(18) ☐
(19) ☐
(20) ☐

ⓐ 이 牙齿
ⓑ 목 喉咙
ⓒ 귀 耳朵
ⓓ 입 嘴巴
ⓔ 눈 眼睛
ⓕ 코 鼻子
ⓖ 이마 额头
ⓗ 머리 头
ⓘ 눈썹 眉毛
ⓙ 어깨 肩膀

ⓚ 팔 胳膊
ⓛ 발 脚
ⓜ 손 手
ⓝ 배 肚子
ⓞ 허리 腰
ⓟ 다리 腿
ⓠ 가슴 胸部
ⓡ 무릎 膝盖
ⓢ 발가락 脚趾
ⓣ 손가락 手指

小秘诀

- 오른손 右手, 오른발 右脚
- 왼손 左手, 왼발 左脚
- 양손 双手, 양발 双脚

动动脑 1

Track 187

请将图片的正确选项填入空格中，然后听录音确认答案。

어디가 아파요?

ⓐ 이

ⓑ 목

ⓒ 배

ⓓ 머리

ⓔ 허리

ⓕ 어깨

(1)

_____이/가 아파요. ☐

(2)

_____이/가 아파요. ☐

(3)

_____이/가 아파요. ☐

(4)

_____이/가 아파요. ☐

(5)

_____이/가 아파요. ☐

(6)

_____이/가 아파요. ☐

小秘诀
- 목이 부었어요. = 목이 아파요.
  喉咙肿了。= 喉咙痛。
- 배탈이 났어요. = 배가 아파요.
  闹肚子。= 肚子痛。

动动脑 2

Track 188

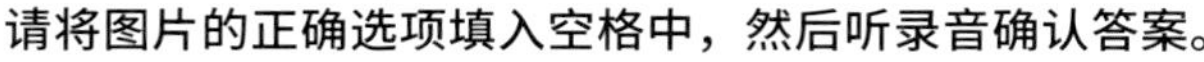
请将图片的正确选项填入空格中，然后听录音确认答案。

(1)

☐

(2)

☐

(3)

☐

(4)

☐

(5)

☐

(6)

☐

(7)

☐

(8)

☐

(9)

☐

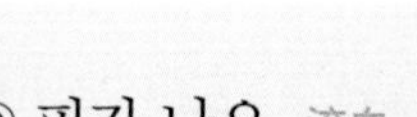
ⓐ 피가 나요. 流血。

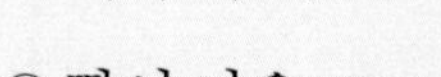
ⓑ 땀이 나요. 流汗。

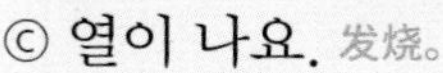
ⓒ 열이 나요. 发烧。

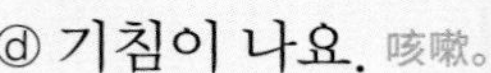
ⓓ 기침이 나요. 咳嗽。

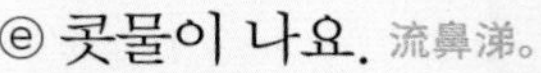
ⓔ 콧물이 나요. 流鼻涕。

ⓕ 눈물이 나요. 流眼泪。

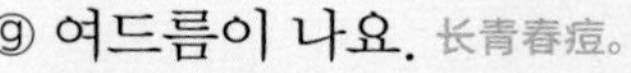
ⓖ 여드름이 나요. 长青春痘。

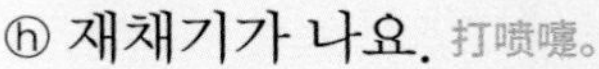
ⓗ 재채기가 나요. 打喷嚏。

ⓘ 두드러기가 나요. 出风疹。

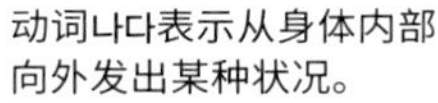
动词나다表示从身体内部向外发出某种状况。

贴心小叮咛!
注意发音!
콧물[콘물]

贴心小叮咛!
身体不适时的表现:
몸이 안 좋다 (○) 身体不好
몸이 나쁘다 (×)

身体部位

韩语小单词

请将图片的正确选项填入空格中，然后听录音确认答案。

A 얼굴 脸

ⓐ 턱 下巴　ⓑ 볼 脸颊
ⓒ 이 牙齿　ⓓ 눈썹 眉毛
ⓔ 혀 舌头　ⓕ 입술 嘴唇

B 몸 身体

ⓐ 배 肚子　ⓑ 허리 腰
ⓒ 등 背　ⓓ 옆구리 腰眼
ⓔ 어깨 肩膀　ⓕ 엉덩이 臀部

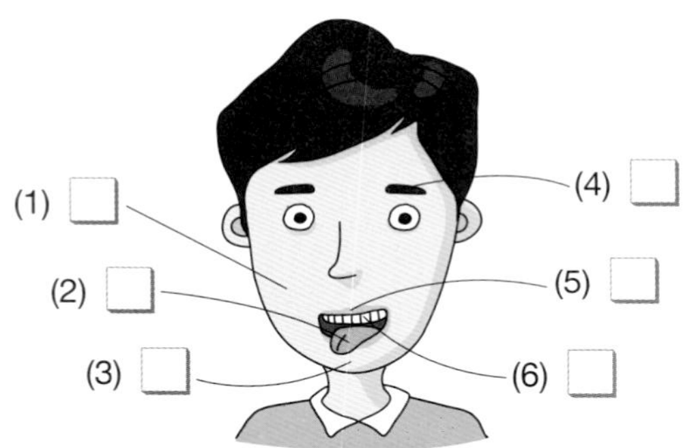

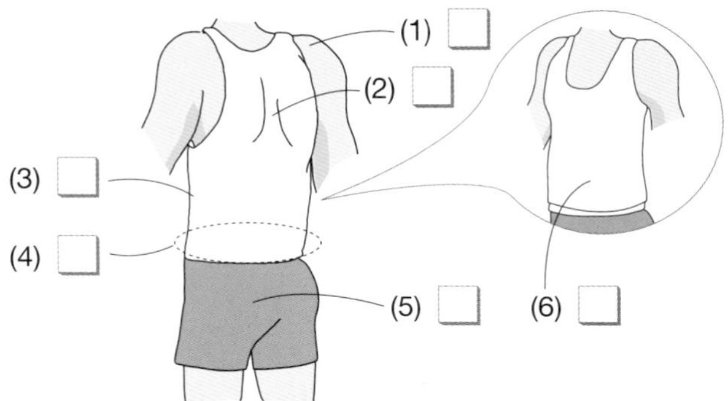

C 팔 胳膊

ⓐ 손목 手腕　ⓑ 손가락 手指
ⓒ 손등 手背　ⓓ 손바닥 手掌
ⓔ 손톱 手指甲　ⓕ 팔꿈치 胳膊肘

D 발 脚

ⓐ 발목 脚腕　ⓑ 발가락 脚趾
ⓒ 발등 脚背　ⓓ 발바닥 脚掌
ⓔ 발톱 脚趾甲　ⓕ 뒤꿈치 脚后跟

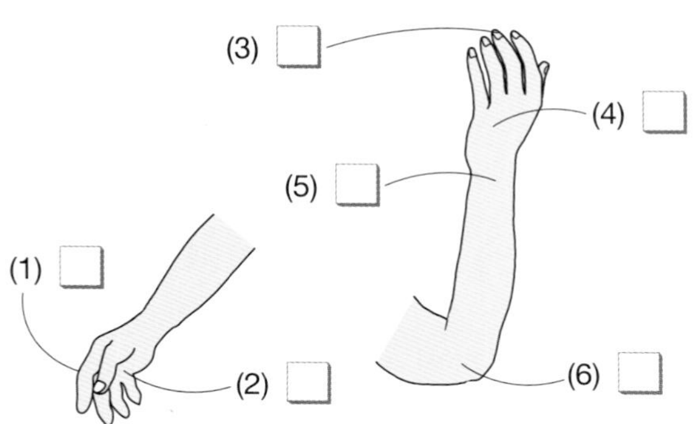

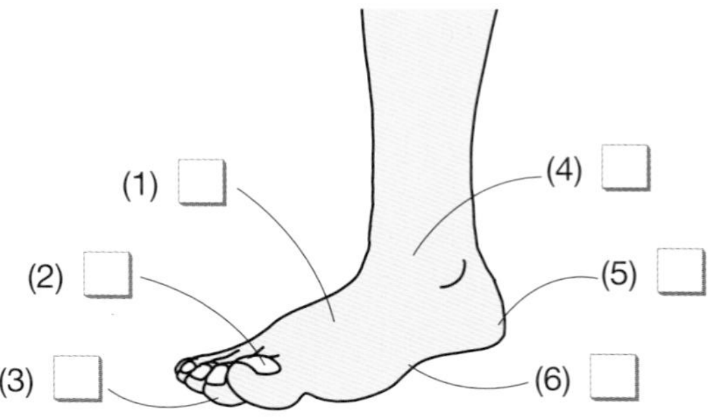

动动脑 1

请将下列单词按部位分类后，写出它们的号码。

ⓐ 눈	ⓑ 혀	ⓒ 턱	ⓓ 가슴	ⓔ 눈썹	ⓕ 손가락	ⓖ 발바닥
ⓗ 코	ⓘ 이	ⓙ 배	ⓚ 허리	ⓛ 손톱	ⓜ 손바닥	ⓝ 발꿈치
ⓞ 입	ⓟ 볼	ⓠ 등	ⓡ 입술	ⓢ 발톱	ⓣ 발가락	ⓤ 팔꿈치

(1) **얼굴**

(2) **팔**

(3) **발**

(4) **몸**

动动脑 2

请连接相应的部分，然后听录音确认答案。

(1)  맥주를 많이 마셨어요. • • ⓐ 배탈이 났어요.

(2)  오랫동안 박수를 쳤어요. • • ⓑ 배가 나왔어요.

(3)  높은 구두를 신고 많이 걸었어요. • • ⓒ 허리가 아파요.

(4) 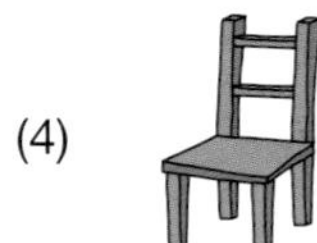 오랫동안 의자에 앉아 있었어요. • • ⓓ 발목이 아파요.

(5)  모기에게 팔을 물렸어요. • • ⓔ 팔이 가려워요.

(6) 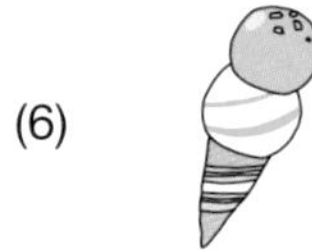 아이스크림을 많이 먹었어요. • • ⓕ 손바닥이 아파요.

穿着

韩语小单词

Track 191

请将图片的正确选项填入空格中，然后听录音确认答案。

A 입다 用于叙述服装穿着时

• 정장: 男女穿着的正装
• 양복: 男士西服

ⓐ 치마 裙子　ⓑ 재킷 夹克　ⓒ 양복 西装　ⓓ 스웨터 毛衣
ⓔ 바지 裤子　ⓕ 코트 外套　ⓖ 정장 正装、西服　ⓗ 티셔츠 T恤
ⓘ 셔츠 衬衫　ⓙ 점퍼 夹克　ⓚ 반바지 短裤　ⓛ 원피스 连衣裙
ⓜ 조끼 背心　ⓝ 한복 韩服　ⓞ 청바지 牛仔裤

(1) 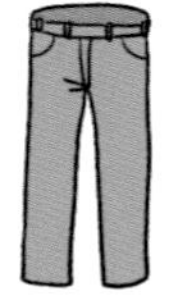 ☐
(2)  ☐
(3) 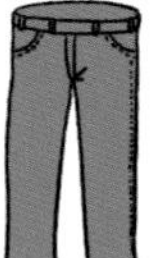 ☐
(4)  ☐
(5)  ☐
(6)  ☐
(7)  ☐
(8)  ☐
(9)  ☐
(10)  ☐
(11)  ☐
(12)  ☐
(13)  ☐
(14)  ☐
(15)  ☐

B 신다 用于叙述鞋袜穿着时

ⓐ 구두 皮鞋　ⓑ 운동화 运动鞋
ⓒ 부츠 靴子　ⓓ 슬리퍼 拖鞋
ⓔ 샌들 凉鞋　ⓕ 스타킹 丝袜
ⓖ 양말 袜子

(1)  ☐
(2)  ☐
(3) 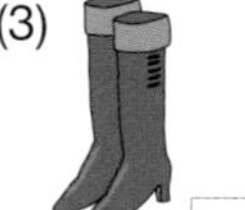 ☐
(4)   ☐
(5)   ☐
(6) 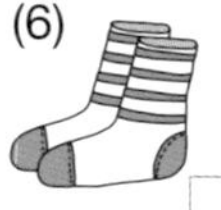 ☐
(7) 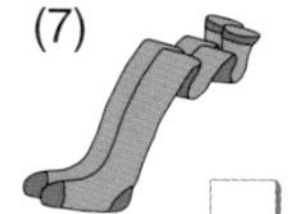 ☐

C 쓰다 用于叙述头部装饰时

ⓐ 모자 帽子　ⓑ 털모자 毛帽
ⓒ 안경 眼睛　ⓓ 선글라스 太阳眼镜
ⓔ 마스크 口罩

(1)  ☐
(2)  ☐
(3)  ☐
(4)  ☐
(5) 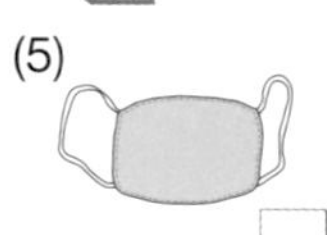 ☐

D 하다 叙述佩戴饰品时

ⓐ 목걸이 项链　ⓑ 목도리 围巾
ⓒ 귀걸이 耳环　ⓓ 스카프 领巾
ⓔ 팔찌 手链　ⓕ 넥타이 领带

E 끼다 叙述在展开的空间中，置入某种东西，使之不会脱落时

ⓐ 장갑 手套
ⓑ 콘택트렌즈 隐形眼镜
ⓒ 반지 戒指

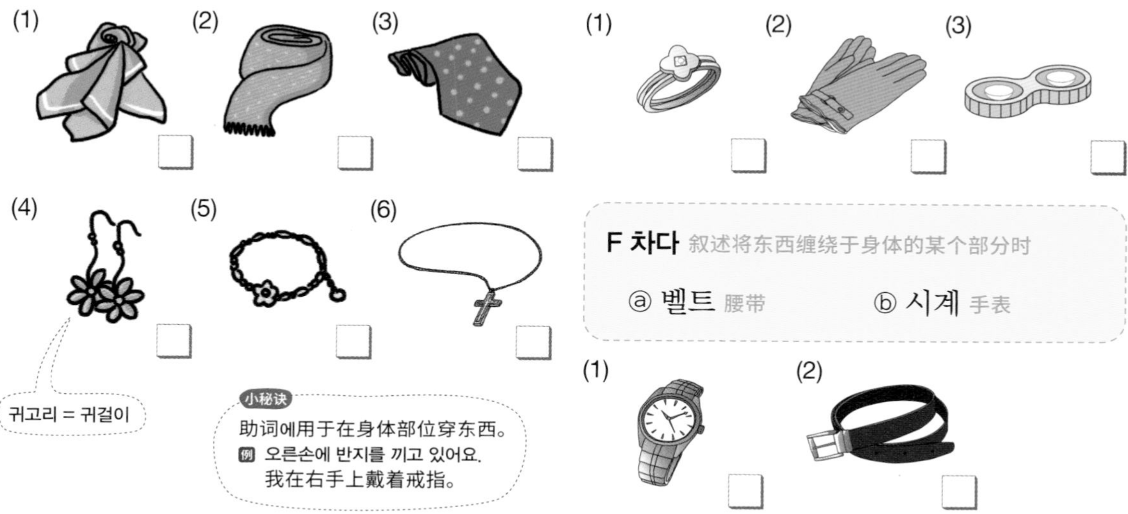
(1)
(2)
(3)
(1)
(2)
(3)
(4)
(5)
(6)
F 차다 叙述将东西缠绕于身体的某个部分时
ⓐ 벨트 腰带
ⓑ 시계 手表
(1)
(2)
귀고리 = 귀걸이
小秘诀
助词에用于在身体部位穿东西。
例 오른손에 반지를 끼고 있어요.
我在右手上戴着戒指。

动动脑

请看图片，并选择正确的答案，然后听录音确认。

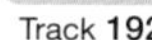
Track 192

(1) 여자는 우산을 ⓐ 쓰고 있어요.
ⓑ 쓰고 있지 않아요.

(2) 남자는 운동화를 ⓐ 신고 있어요.
ⓑ 신고 있지 않아요.

(3) 여자는 시계를 ⓐ 차고 있어요.
ⓑ 차고 있지 않아요.

(4) 남자는 청바지를 ⓐ 입고 있어요.
ⓑ 입고 있지 않아요.

(5) 여자는 목도리를 ⓐ 하고 있어요.
ⓑ 하고 있지 않아요.

(6) 남자는 장갑을 ⓐ 끼고 있어요.
ⓑ 끼고 있지 않아요.

季节

韩语小单词

1 请连接相应的部分，然后听录音确认答案。

(1) 
(2) 
(3) 
(4) 

3월 ~ 5월	6월 ~ 8월	9월 ~ 11월	12월 ~ 2월
ⓐ 겨울	ⓑ 여름	ⓒ 봄	ⓓ 가을

2 请听录音，然后跟读下列内容。

날씨가 어때요?

A 날씨가 추워요.
天气冷。
B 네, 오늘 영하 10도예요.
是啊，今天零下10度。

A 날씨가 시원해요.
天气好凉爽啊!
B 네, 오늘 7도예요.
是啊，今天7度。

A 날씨가 더워요.
天气好热啊!
B 네, 오늘 30도예요.
是啊，今天30度。

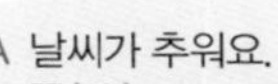

(1) 춥다
冷

(2) 쌀쌀하다
凉飕飕的

(3) 시원하다
凉爽

(4) 따뜻하다
温暖

(5) 덥다
热

A 날씨가 쌀쌀해요.
天气凉飕飕的。
B 네, 오늘 2도예요.
是啊，今天只有两度。

A 날씨가 따뜻해요.
天气真暖。
B 네, 오늘 13도예요.
是啊，今天13度。

小秘诀
在读气温的时候，“ー”读作영하。0读为영。

动动脑 1

Track 195

请连接相应的部分，然后听录音确认答案。

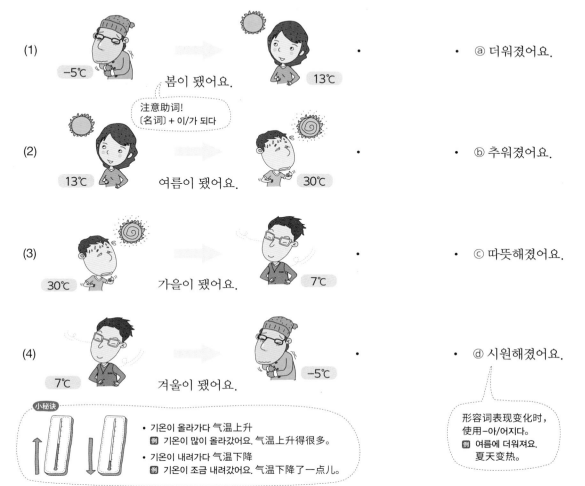

(1) 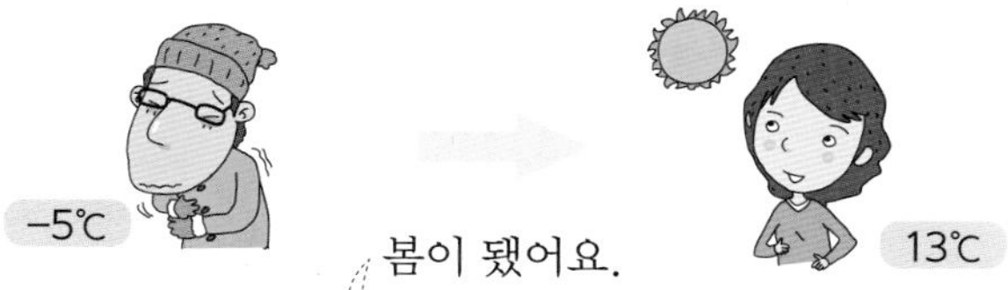 −5℃ → 13℃ 봄이 됐어요. •　　　　• ⓐ 더워졌어요.

注意助词!
〔名词〕+ 이/가 되다

(2) 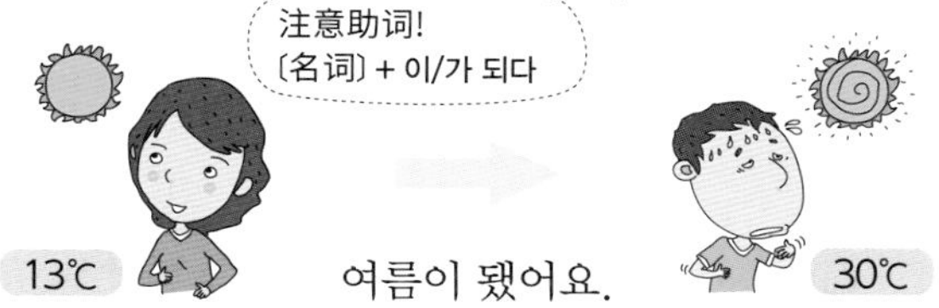 13℃ → 30℃ 여름이 됐어요. •　　　　• ⓑ 추워졌어요.

(3) 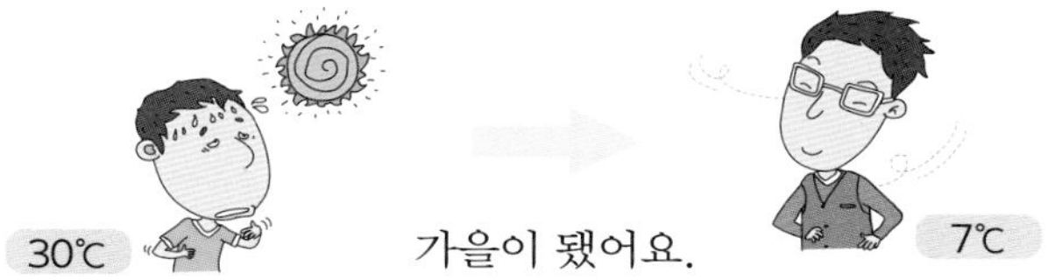 30℃ → 7℃ 가을이 됐어요. •　　　　• ⓒ 따뜻해졌어요.

(4) 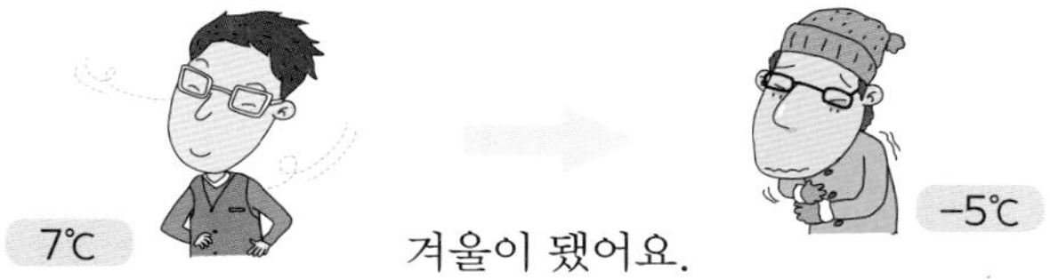 7℃ → −5℃ 겨울이 됐어요. •　　　　• ⓓ 시원해졌어요.

小秘诀

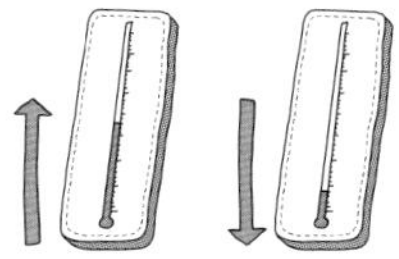

- 기온이 올라가다 气温上升
  例 기온이 많이 올라갔어요. 气温上升得很多。
- 기온이 내려가다 气温下降
  例 기온이 조금 내려갔어요. 气温下降了一点儿。

形容词表现变化时，
使用-아/어지다。
例 여름에 더워져요.
夏天变热。

动动脑 2

Track 196

请选择正确的答案，然后听录音确认答案。

(1) 보통 한국에서 (ⓐ 8월 / ⓑ 10월)에 시원해요.

(2) 보통 (ⓐ 여름 / ⓑ 가을)에 쌀쌀해요.

(3) 한국에서 (ⓐ 5월 / ⓑ 11월)에 추워져요.

(4) 한국에서 (ⓐ 6월 / ⓑ 10월)에 기온이 올라가요.

(5) 기온이 영하 3도면 날씨가 (ⓐ 더워요. / ⓑ 추워요.)

天气

韩语小单词

Track 197

1 请将图片的正确选项填入空格中，然后听录音确认答案。

ⓐ 눈　ⓑ 해　ⓒ 비　ⓓ 안개　ⓔ 구름　ⓕ 번개　ⓖ 천둥　ⓗ 바람

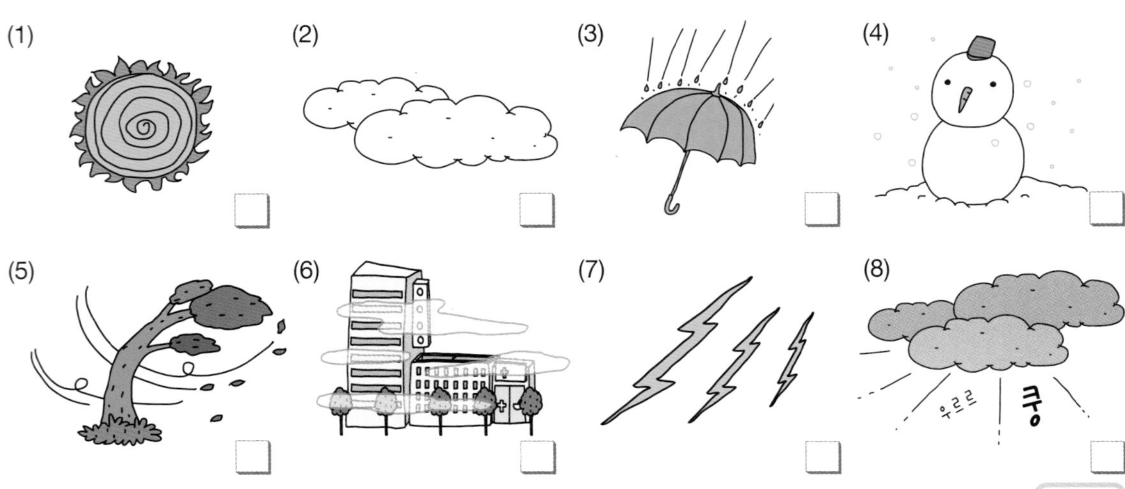

Track 198

2 请将图片的正确选项填入空格中，然后听录音确认答案。

날씨가 어때요?

(1)

(2)

(3)

(4)

(5)

(6)

ⓐ 맑다 晴
ⓑ 흐리다 阴
ⓒ 비가 오다 下雨
ⓓ 눈이 오다 下雪
ⓔ 바람이 불다 刮风
ⓕ 안개가 끼다 起雾

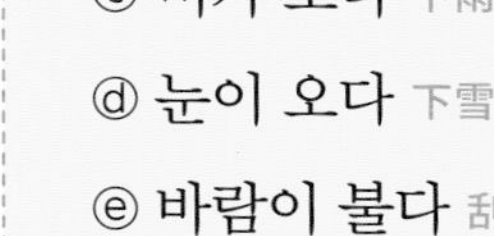

• 개다: 放晴
• 形容词흐리다
= 动词구름이 끼다 阴

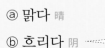

小秘诀

• 습기가 많다 湿气重
• 건조하다 干燥

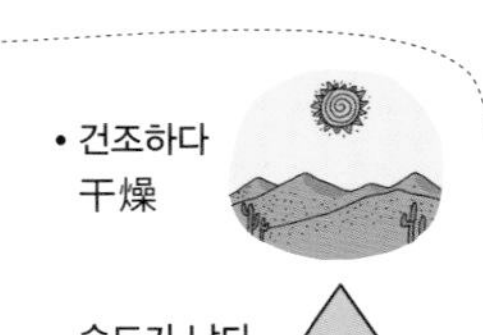

• 습도가 높다 湿度高

• 습도가 낮다 湿度低

• 소나기: 骤雨
• 장마: 雨季

动动脑 1

请选择正确的答案、完成句子，然后听录音确认。

ⓐ 나다　ⓑ 치다　ⓒ 오다　ⓓ 끼다　ⓔ 불다

小秘诀

记住相反词!
- 그치다: 停
  비가 오다 ↔ 그치다 雨停
  눈이 오다 ↔ 그치다 雪停
  바람이 불다 ↔ 그치다 风停
  번개가 치다 ↔ 그치다 闪电停
- 걷히다: 消散
  구름이 끼다 ↔ 걷히다 云消散
  안개가 끼다 ↔ 걷히다 雾消散

动动脑 2

Track 199

请连接在下列情况中需要的物品，然后听录音确认答案。

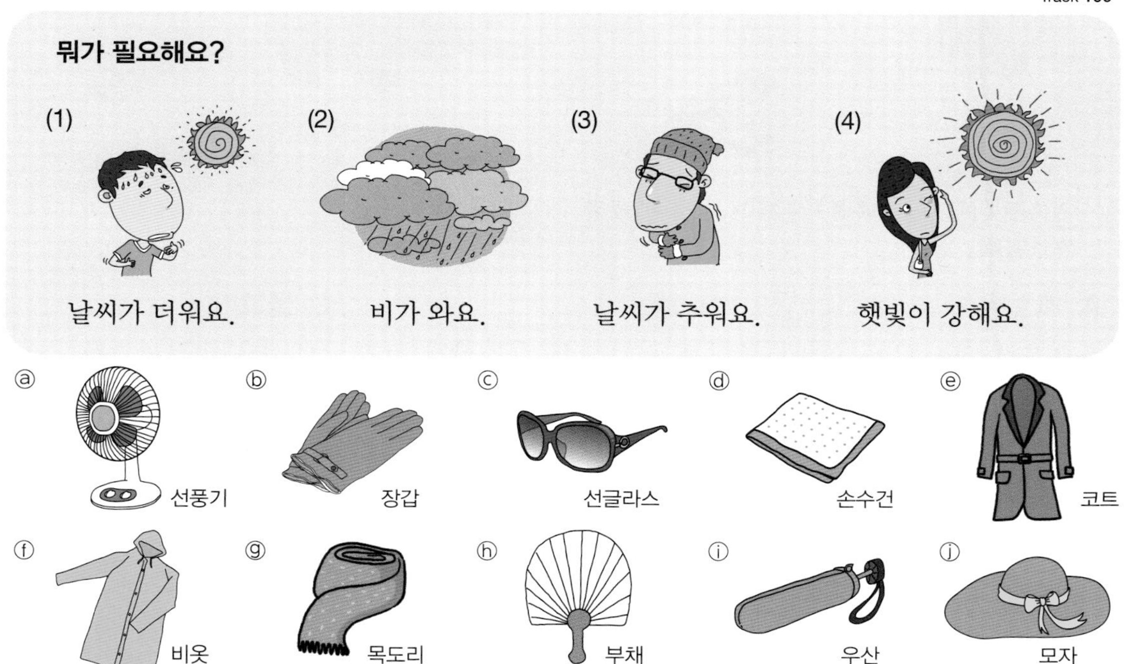

动物

韩语小单词

Track 200

1 请将图片的正确选项填入空格中，然后听录音确认答案。

ⓐ 곰 熊	ⓑ 여우 狐狸	ⓒ 늑대 狼	ⓓ 코끼리 大象
ⓔ 사자 狮子	ⓕ 사슴 鹿	ⓖ 기린 长颈鹿	ⓗ 고양이 猫
ⓘ 오리 鸭子	ⓙ 악어 鳄鱼	ⓚ 개구리 青蛙	ⓛ 거북이 乌龟

小秘诀
새(鸟)、벌레(虫子)和물고기(鱼)并非指个别的动物，而是类别概念。

2 请将图片的正确选项填入空格中，然后听录音确认答案。

Track 201

A 개

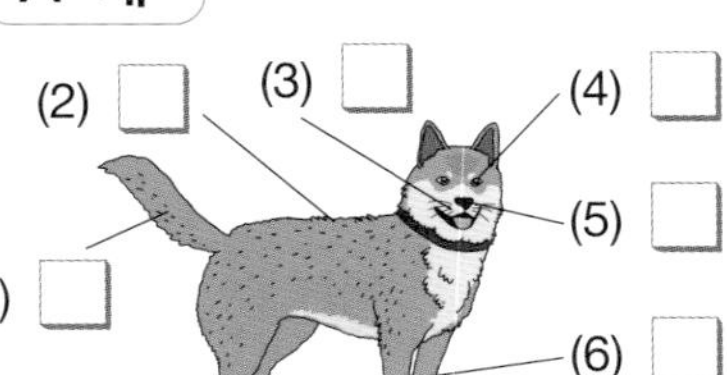

ⓐ 다리 ⓑ 눈 ⓒ 코
ⓓ 꼬리 ⓔ 털 ⓕ 수염

B 새

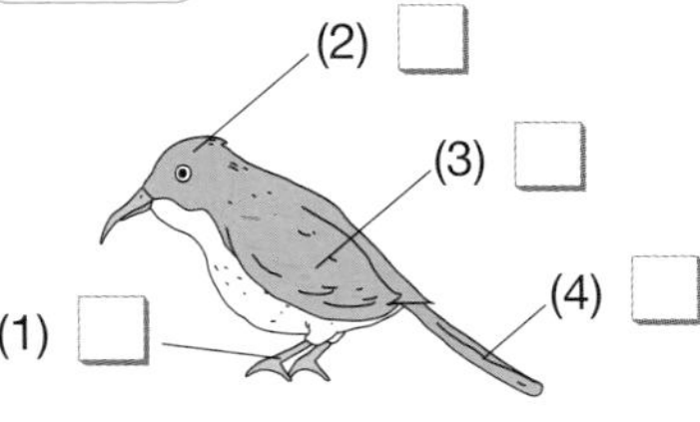

ⓐ 꼬리 ⓑ 다리
ⓒ 머리 ⓓ 날개

C 물고기

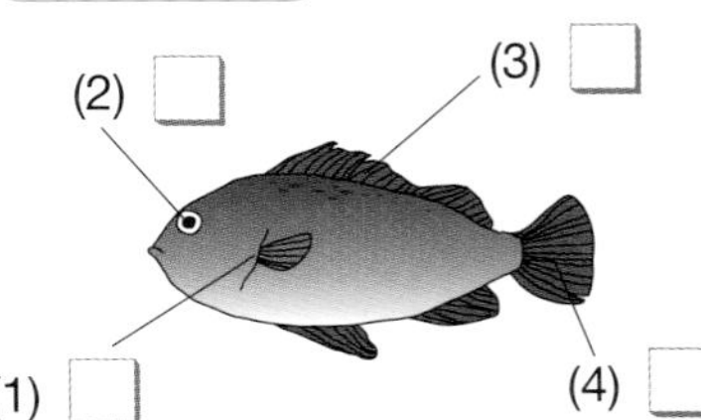

ⓐ 아가미 ⓑ 지느러미
ⓒ 눈 ⓓ 꼬리

动动脑 1

请将图片的正确选项填入空格中。

ⓐ 뱀 ⓑ 개 ⓒ 말 ⓓ 소 ⓔ 닭 ⓕ 용

生肖

쥐 (出生于 1972, 1984, 1996, 2008年)

(1) ☐ (出生于 1973, 1985, 1997, 2009年)

호랑이 (出生于 1974, 1986, 1998, 2010年)

토끼 (出生于 1975, 1987, 1999, 2011年)

(2) ☐ (出生于 1976, 1988, 2000, 2012年)

(3) ☐ (出生于 1977, 1989, 2001, 2013年)

(4) ☐ (出生于 1978, 1990, 2002, 2014年)

양 (出生于 1979, 1991, 2003, 2015年)

원숭이 (出生于 1980, 1992, 2004, 2016年)

(5) ☐ (出生于 1981, 1993, 2005, 2017年)

(6) ☐ (出生于 1982, 1994, 2006, 2018年)

돼지 (出生于 1983, 1995, 2007, 2019年)

请将学习过的单词应用在对话中。

例 A 무슨 띠예요?
B 쥐띠예요.

Track 202

动动脑 2

请选择出现哪种动物的特征。

(1) 귀가 길어요.	ⓐ 개	ⓑ 토끼	ⓒ 곰
(2) 목이 길어요.	ⓐ 악어	ⓑ 사자	ⓒ 기린
(3) 다리가 없어요.	ⓐ 뱀	ⓑ 양	ⓒ 쥐
(4) 코가 길어요.	ⓐ 개구리	ⓑ 코끼리	ⓒ 고양이
(5) 나무에 올라가요.	ⓐ 원숭이	ⓑ 돼지	ⓒ 거북이
(6) 빨리 달려요.	ⓐ 돼지	ⓑ 악어	ⓒ 말
(7) 풀을 먹어요.	ⓐ 뱀	ⓑ 소	ⓒ 쥐
(8) 집에서 길러요.	ⓐ 고양이	ⓑ 코끼리	ⓒ 호랑이
(9) 하늘을 날아요.	ⓐ 뱀	ⓑ 말	ⓒ 새
(10) 다리가 두 개예요.	ⓐ 사자	ⓑ 닭	ⓒ 개
(11) 털이 있어요.	ⓐ 개구리	ⓑ 뱀	ⓒ 고양이
(12) 물에서 살아요.	ⓐ 악어	ⓑ 여우	ⓒ 호랑이

乡村

韩语小单词

Track 203

请将图片的正确选项填入空格中，然后听录音确认答案。

(1) ☐ (2) ☐ (3) ☐ (4) ☐ (5) ☐ (6) ☐ (7) ☐ (8) ☐ (9) ☐ (10) ☐
(11) ☐ (12) ☐ (13) ☐ (14) ☐ (15) ☐ (16) ☐ (17) ☐ (18) ☐ (19) ☐ (20) ☐

ⓐ 산 山	ⓑ 절 寺庙	ⓒ 밭 田	ⓓ 언덕 山坡	ⓔ 나무 树木
ⓕ 강 江	ⓖ 길 路	ⓗ 숲 森林	ⓘ 호수 湖	ⓙ 바위 岩石
ⓚ 꽃 花	ⓛ 돌 石头	ⓜ 하늘 天空	ⓝ 연못 池塘	ⓞ 마을 村庄
ⓟ 논 稻田	ⓠ 풀 草	ⓡ 시내 小溪	ⓢ 폭포 瀑布	ⓣ 절벽 悬崖

动动脑 1

请看图片，并下列句子正确的话划O，错误的话划×。

(1) 새가 하늘을 날아가요. ☐

(2) 말이 울고 있어요. ☐

(3) 닭이 먹고 있어요. ☐

(4) 개가 자고 있어요. ☐

(5) 소가 물을 마시고 있어요. ☐

(6) 고양이가 집 위에 앉아 있어요. ☐

动动脑 2

将图片的正确选项填入空格中。

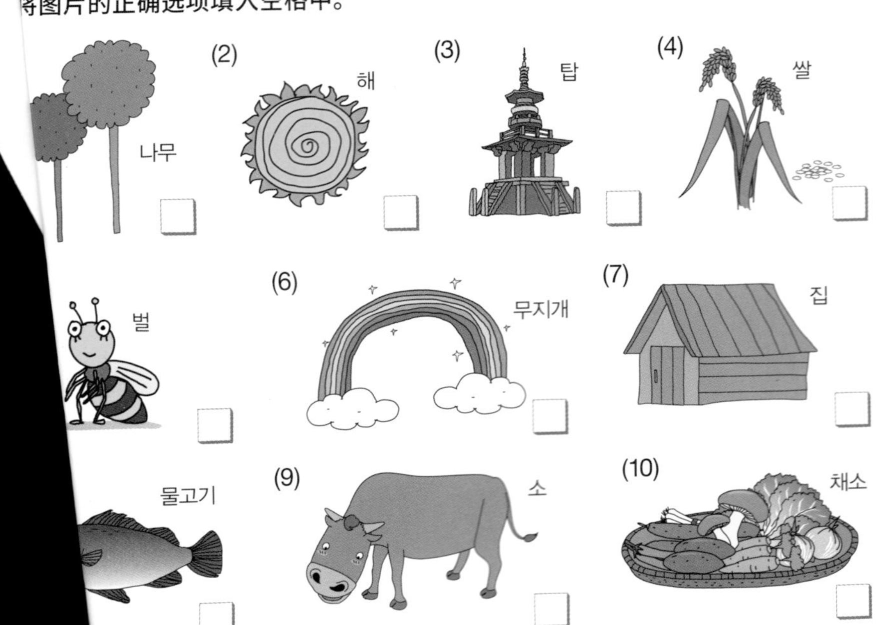

ⓐ 논
ⓑ 밭
ⓒ 숲
ⓓ 연못
ⓔ 절
ⓕ 꽃
ⓖ 풀
ⓗ 하늘
ⓘ 마을
ⓙ 폭포

Part 2

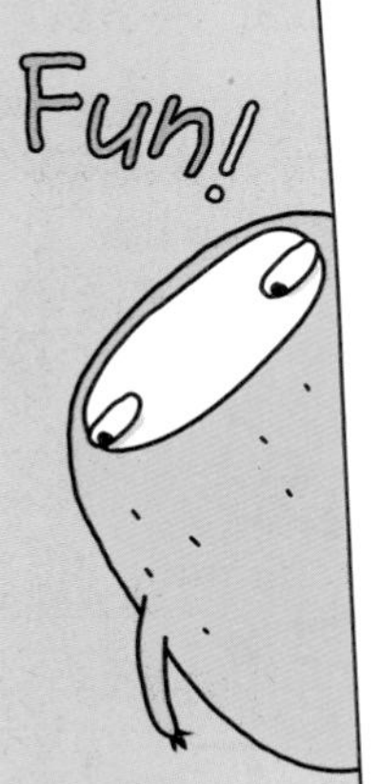

关于人

问题

相反词

其他

外貌

开始学习!

A 头发

(1) 头发模样

① 
생머리
直发

② 
파마머리
烫发

③ 
곱슬머리
卷发

小秘诀
如果卷发不太严重，仅是稍微卷的话，则称为반(半)곱슬머리(半卷发)。

(2) 头发颜色

① 
검은색 머리
黑发

② 
갈색 머리
褐发

③ 
금발 머리
金发

贴心小叮咛!
说头发的时候:
例 그 사람은 갈색 머리예요. (○)
他的头发是褐色的。
그 사람은 갈색 머리 있어요. (×)

(3) 头发的长度

① 
긴 머리
长发

② 
짧은 머리
短发

③ 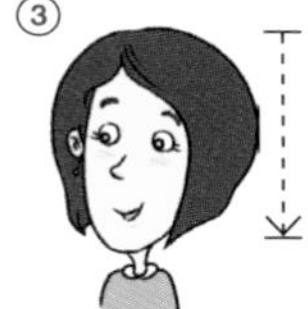
단발머리
短发

④ 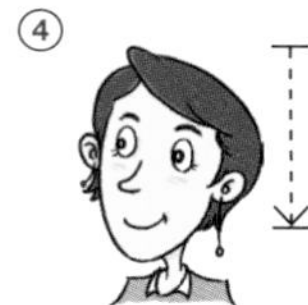
커트 머리
短发

⑤ 
어깨까지 오는 머리
及肩的头发

小秘诀
如果用手指称头发长度的话，使用이 정도。

(4) 头发部分名称

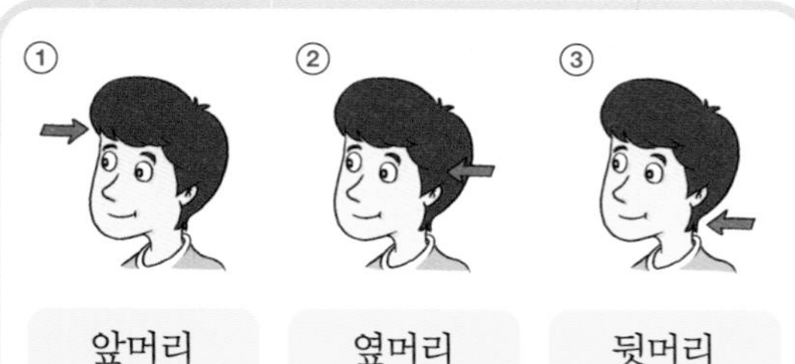

① 앞머리
刘海

② 옆머리
两侧的头发

③ 뒷머리
后脑勺的头发

(5) 其他

① 흰머리
白发

② 대머리
秃头

③ 가발
假发

小秘诀
与头发相关的动词
- 머리를 자르다 剪头发
- 머리를 다듬다 整理头发
- 염색하다 染发
  例 갈색으로 염색한 머리 染成褐色的头发

小秘诀
描述头发时的顺序:
〔颜色〕+〔长度〕+〔模样〕
例 검은색 긴 생머리 褐色的长直发
갈색 짧은 곱슬머리 褐色的短卷发

B 脸

① 남자 얼굴이 **둥글어요.** 男人的脸圆圆的。
② 남자 얼굴이 **각졌어요.** 男人的脸方方的。
③ 남자 얼굴이 **갸름해요.** 男人的脸稍长。
④ 남자가 **턱수염이 있어요.** 男人有羊胡子。
⑤ 남자가 **콧수염이 있어요.** 男人有小胡子。
⑥ 남자가 **잘생겼어요.** 男人长得帅。
⑦ 남자가 **못생겼어요.** 男人长得难看。

贴心小叮咛!
눈이 크다 (○) 眼睛大。
큰 눈이 있다 (×)
例 친구가 눈이 커요.
我朋友的眼睛很大。

小秘诀
- (사람 이름)처럼 잘생겼어요.
  像(人名)一样帅。
- (사람 이름) 같은 얼굴이 인기가 많아요.
  像(人名)一样的脸会很有人气。

C 体型

① 남자가 **뚱뚱해요.** 男人很胖。
② 남자가 **보통 체격이에요.** 男人是普通体型。
③ 남자가 **말랐어요.** 男人很瘦。
④ 이 남자가 **체격이 좋아요.** 这男人的体型好。
⑤ 이 여자가 **날씬해요.** 这个女人很苗条。

贴心小叮咛!
마르다以完成式表示现在的状态。
例 그 사람은 말랐어요. (○) 他很瘦。
그 사람은 말라요. (×)

D 身高

① 형이 **키가 커요.** 哥哥个子高。
② 저는 **보통 키예요.** 我个子一般。
③ 동생이 **키가 작아요.** 弟弟个子矮。

E 年龄

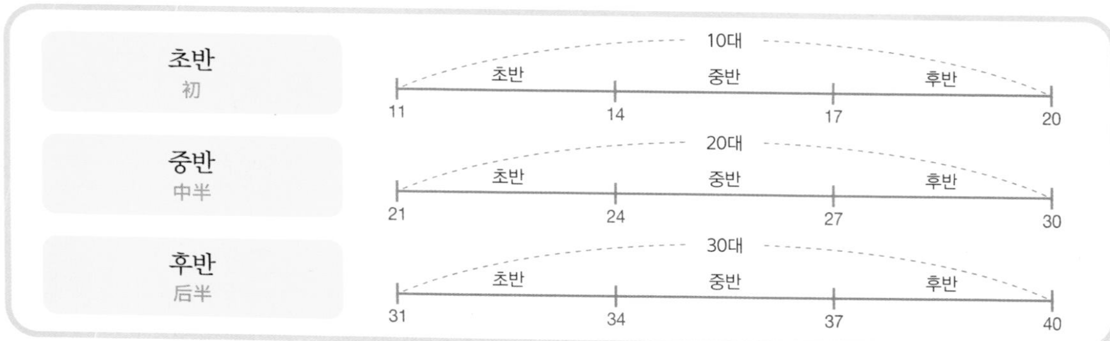

12살 → 아이가 **10대 초반**이에요. 孩子刚到十多岁。
25살 → 여자가 **20대 중반**이에요. 她二十四、五岁。
38살 → 남자가 **30대 후반**이에요. 男人三十八、九岁。

小秘诀

根据年纪不同的特定用语:

1살 → 아기 婴儿
7살 → 아이 孩子
16살 → 청소년 青少年
31살 → 젊은이 (젊은 사람) 年轻人
75살 → 노인 (나이가 많은 사람) 老人

나이가 들다 上年纪了

F 其他

(1)

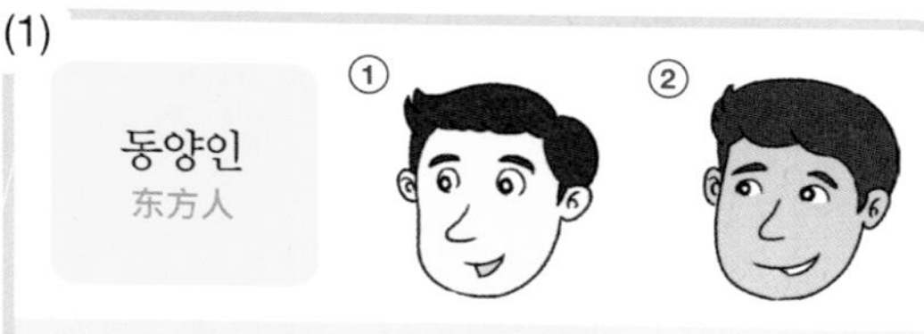

① 피부가 **하얀 편**이에요. 皮肤比较白。
② 피부가 **까만 편**이에요. 皮肤比较黑。

(2)

① 백인 白人
② 흑인 黑人

(3)

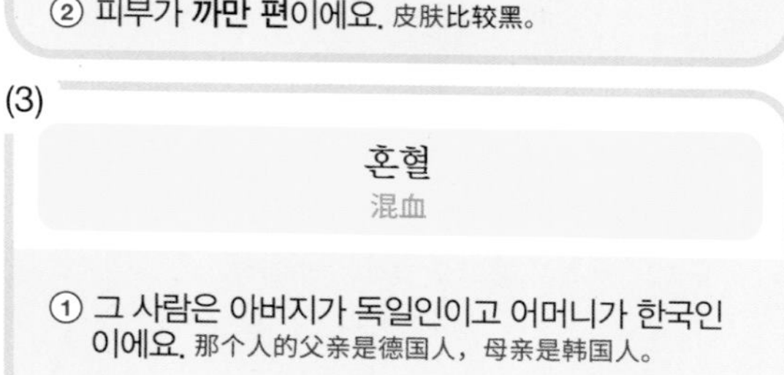

① 그 사람은 아버지가 독일인이고 어머니가 한국인이에요. 那个人的父亲是德国人，母亲是韩国人。

(4)

교포
侨胞

① 재미 교포 美侨
② 재일 교포 日侨
③ 그 사람은 재미 **교포**라서 영어하고 한국어를 둘다 잘해요. 他是美侨，所以他英语和韩语都说得好。

自我挑战!

1 请看图片并填写符合下列说明的人的选项。

ⓐ ⓑ ⓒ ⓓ ⓔ ⓕ

(1) 금발 머리이고 코가 높고 날씬해요. ☐
(2) 단발머리에 키가 작고 좀 말랐어요. ☐
(3) 머리는 대머리이고 키가 크고 뚱뚱해요. ☐
(4) 10대 후반쯤 됐고 보통 체격의 남자예요. ☐
(5) 갈색 짧은 파마머리에 둥근 얼굴이에요. ☐
(6) 각진 얼굴과 검은색 수염에 눈이 작아요. ☐

2 请写出反义词，并完成下列对话。

(1) A 수지가 키가 커요?
B 아니요, ________. 150cm쯤 돼요.

(2) A 민수가 말랐어요?
B 아니요, ________.
몸무게가 100kg가 넘어요.

(3) A 지영이 머리가 길어요?
B 아니요, ________. 커트 머리예요.

(4) A 현기가 못생겼어요?
B 아니요, ________. 영화배우 같아요.

3 请正确修改划线的部分。

(1) 선생님은 큰 눈 있어요.
(2) 제 친구는 많이 말라요.
(3) 아저씨가 키가 높아요.
(4) 저 배우가 정말 잘생겨요.
(5) 저 사람은 초반 20대 있어요.
(6) 이 사람은 검은색 머리 있어요.

4 请连接符合问题的答案。

(1) 수염이 있어요? •
(2) 어떻게 생겼어요? •
(3) 키가 얼마나 돼요? •
(4) 체격이 어때요? •
(5) 머리 모양이 어때요? •
(6) 나이가 얼마나 됐어요? •

• ⓐ 좀 말랐어요.
• ⓑ 165cm쯤 돼요.
• ⓒ 얼굴이 갸름하고 눈이 커요.
• ⓓ 30대 후반쯤 됐어요.
• ⓔ 아니요, 수염이 없어요.
• ⓕ 갈색 긴 파마머리예요.

第62课 个性

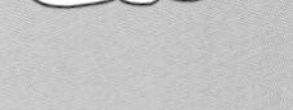

开始学习!

부지런하다 勤快 ↔ 게으르다 懒惰

욕심이 많다 贪心

활발하다 活泼 ↔ 조용하다 安静

마음이 넓다 心胸宽大

죄송해요.
괜찮아.

겸손하다 谦逊 ↔ 거만하다 傲慢

한국말 정말 잘해요.
아니요. 잘 못해요.
난 뭐든지 잘해.

이기적이다 自私

자기만 생각해요.

贴心小叮咛!

못되다以完成式表示现在的状态。

例 그 사람은 못됐어요. (○) 他很恶劣。
그 사람은 못돼요. (×)

착하다 善良 ↔ **못되다** 恶劣

⑩ 

⑪ 

고집이 세다 固执

⑫ 

인내심이 있다 有耐心 ↔ **인내심이 없다** 没有耐心

⑬ 

⑭ 

성실하다 诚实

⑮ 

자신감이 있다 有自信心 ↔ **자신감이 없다** 没有自信心

⑯ 

⑰ 

솔직하다 直率

⑱ 

自我挑战!

1 请连接个性相反的人。

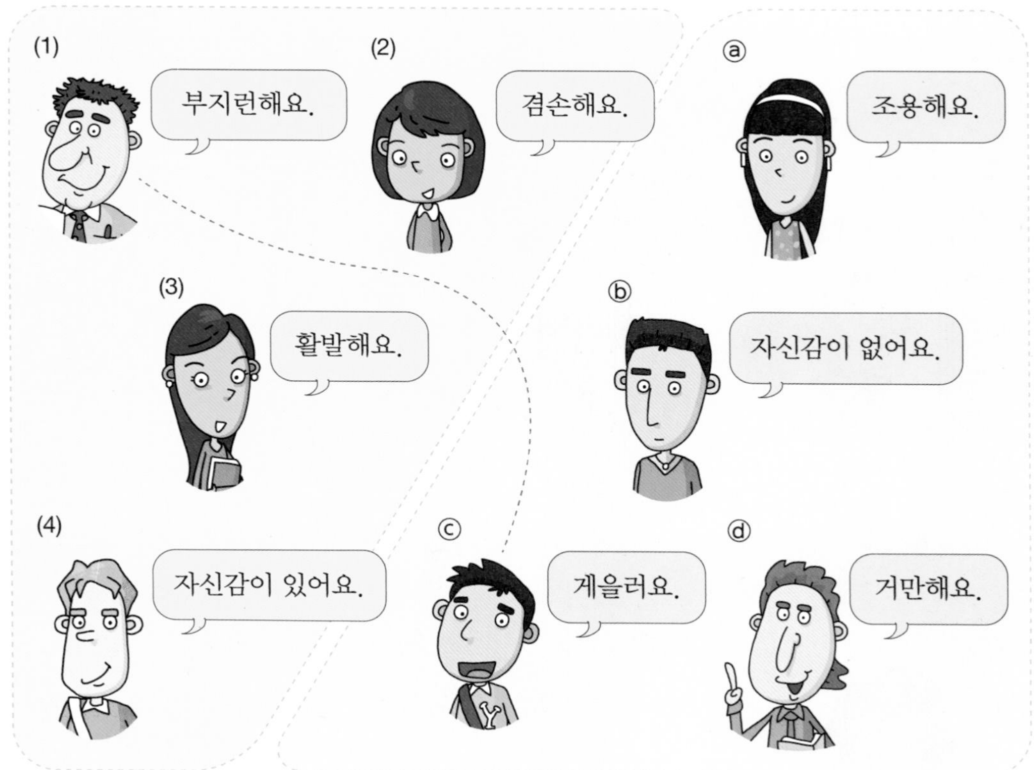

(1)
부지런해요.
(2)
겸손해요.
ⓐ
조용해요.
(3)
활발해요.
ⓑ
자신감이 없어요.
(4)
자신감이 있어요.
ⓒ
게을러요.
ⓓ
거만해요.

2 请选择正确的答案。

(1) (ⓐ 솔직한 / ⓑ 성실한) 사람은 오늘 일을 내일로 미루지 않아요.

(2) (ⓐ 못된 / ⓑ 게으른) 사람은 힘이 없는 사람에게 나쁘게 행동해요.

(3) (ⓐ 겸손한 / ⓑ 조용한) 사람은 혼자 있는 것을 좋아해요.

(4) (ⓐ 착한 / ⓑ 거만한) 사람은 다른 사람을 자주 무시해요.

(5) (ⓐ 활발한 / ⓑ 이기적인) 사람과 같이 있으면 분위기가 밝아요.

(6) (ⓐ 인내심이 있는 / ⓑ 인내심이 없는) 사람은 화가 나도 잘 참아요.

(7) (ⓐ 자신감이 있는 / ⓑ 자신감이 없는) 사람은 사람들 앞에서 말을 잘 안 해요.

(8) (ⓐ 고집이 센 / ⓑ 욕심이 많은) 아이는 자기 음식을 다른 사람과 함께 먹지 않아요.

3 请选择恰当的生词填空，并完成下列对话。

게으르다　　인내심이 없다　　활발하다　　이기적이다　　성실하다　　착하다

(1) A 저는 진수처럼 ______________ 사람은 처음 봐요.
B 맞아요. 진수는 도움이 필요한 사람을 항상 도와줘요.

(2) A 미나는 정말 ______________!
B 맞아요, 미나 씨는 기분 나쁜 일이 있으면 바로 화를 내요.

(3) A 현주 동생은 부지런한데 현주는 성격이 반대예요.
B 맞아요. 현주는 ______________서 항상 자기 일을 미루고 안 해요.

(4) A 유리는 지각도 안 하고 결석도 안 해요. 숙제도 매일 해요.
B 그래요. 유리는 정말 ______________ 것 같아요.

(5) A 민기는 자기 생각만 해요. 다른 사람을 전혀 생각하지 않아요.
B 네, 정말 ______________. 그래서 민기하고 같이 일하고 싶지 않아요.

(6) A 문규는 정말 에너지가 많은 것 같아요.
B 그렇죠? 문규는 ______________니까 조용한 사람을 만나면 지루해 할 거예요.

4 请连接彼此相符的正确答案。

(1) 고집이 센 사람은 •　　　• ⓐ 일하기 싫어해요.
(2) 활발한 사람은 •　　　• ⓑ 거짓말을 할 수 없어요.
(3) 솔직한 사람은 •　　　• ⓒ 집에 혼자 있는 것을 안 좋아해요.
(4) 게으른 사람은 •　　　• ⓓ 다른 사람의 얘기를 듣지 않아요.
(5) 착한 사람은 •　　　• ⓔ 자기 생활에 만족할 수 없어요.
(6) 욕심이 많은 사람은 •　　　• ⓕ 다른 사람의 부탁을 잘 거절하지 못해요.

感觉描述

开始学习!

① 저기 데이트하는 커플이 정말 **부러워요.**
我真的很**羡慕**在那儿约会的恋人。

② 말하는 앵무새가 진짜 **신기해요.**
我觉得会说话的鹦鹉太**神奇**了。

③ 제 친구는 여러 나라 말을 할 줄 알아요. 친구가 정말 **대단해요.**
我的朋友会说好几个国家的语言，真**了不起**。

④ 어렵게 살고 있는 아이들이 **불쌍해요.**
我觉得生活困难的孩子真**可怜**。

⑤ 주말에 일도 숙제도 약속도 없어요. 이런 생활이 **지루해요.**
我周末又没事又没作业，也没约会，这种生活真**无聊**。

⑥ 가족이 멀리 떨어져 살고 있어요. 가족이 **그리워요.**
我的家人住得很远，我很**想念**家人。

⑦ 여행이 정말 재미있는데 이제 집에 돌아가야 해요. **아쉬워요.**
旅行真的很有意思，但现在得回家了，真**可惜**。

⑧ 옆에서 너무 시끄럽게 얘기해요. 진짜 **싫어요.**
他们在旁边大声喧哗，真**讨厌**。

贴心小叮咛!
当你主观地描述自己的感受时你会说"친구가 부러워요"，当你客观地描述自己的感受时你会说"친구를 부러워해요"。

贴心小叮咛!
这些形容词表现说话人的感情。但在韩语中说话人常被省略了，所以要注意感受到情感的宾语看起来就像句子的主语。
例 (저는) 그 사람이 부러워요.
(我)羡慕他。

自我挑战!

1 请选择正确的答案。

(1) 수업이 재미없어서 계속 잠이 와요.
너무 (ⓐ 신기해요 / ⓑ 지루해요).

(2) 저 사람은 한국어, 영어, 일본어, 중국어, 프랑스어까지 할 줄 알아요.
정말 (ⓐ 대단해요 / ⓑ 불쌍해요).

(3) 부산에 가면 꼭 회를 먹어 보려고 했는데, 시간이 없어서 못 먹었어요.
진짜 (ⓐ 부러워요 / ⓑ 아쉬워요).

(4) 길거리에서 담배를 피우는 사람을 만나고 싶지 않아요.
그런 사람은 정말 (ⓐ 싫어요 / ⓑ 그리워요).

2 请写下符合句子的图片的选项，并选择恰当的单词完成下列句子。

싫다　그립다　아쉽다　대단하다　불쌍하다　신기하다

(1) □ 대학생 때로 다시 돌아가고 싶어요. 그때가 정말 ________.

(2) □ 저 사람은 다른 사람의 도움을 받지 않고 혼자 큰 회사를 만들었어요. 정말 ________.

(3) □ 저 아이는 항상 우울하고 고민이 많아 보여요. 그런데 도와주는 친구도 없어요.
저 아이가 ________.

(4) □ 2살짜리 아기가 벌써 한글을 읽어요. 정말 ________.

(5) □ 고향에 돌아가서 옛날 친구를 만나서 재미있게 지냈어요.
이제 고향을 떠나야 해서 ________.

(6) □ 저는 노래를 잘 못하는데 한국 친구들이 저한테 자꾸 노래를 시켜요. 정말 ________.

人际关系

开始学习!

A 家族关系1

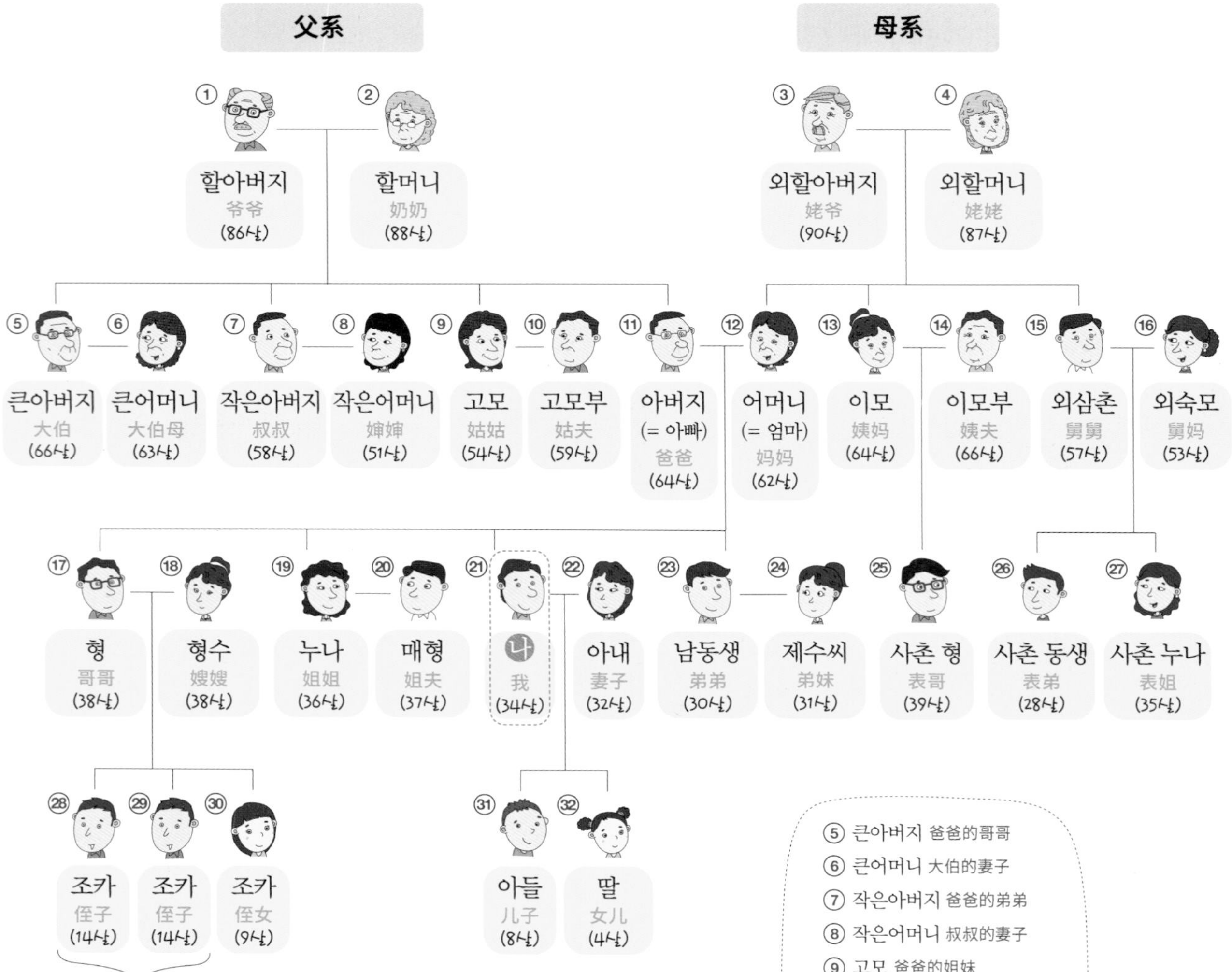

父系

① 할아버지 爷爷 (86살)
② 할머니 奶奶 (88살)

⑤ 큰아버지 大伯 (66살)
⑥ 큰어머니 大伯母 (63살)
⑦ 작은아버지 叔叔 (58살)
⑧ 작은어머니 婶婶 (51살)
⑨ 고모 姑姑 (54살)
⑩ 고모부 姑夫 (59살)
⑪ 아버지 (= 아빠) 爸爸 (64살)

母系

③ 외할아버지 姥爷 (90살)
④ 외할머니 姥姥 (87살)

⑫ 어머니 (= 엄마) 妈妈 (62살)
⑬ 이모 姨妈 (64살)
⑭ 이모부 姨夫 (66살)
⑮ 외삼촌 舅舅 (57살)
⑯ 외숙모 舅妈 (53살)

⑰ 형 哥哥 (38살)
⑱ 형수 嫂嫂 (38살)
⑲ 누나 姐姐 (36살)
⑳ 매형 姐夫 (37살)
㉑ 나 我 (34살)
㉒ 아내 妻子 (32살)
㉓ 남동생 弟弟 (30살)
㉔ 제수씨 弟妹 (31살)
㉕ 사촌 형 表哥 (39살)
㉖ 사촌 동생 表弟 (28살)
㉗ 사촌 누나 表姐 (35살)

㉘ 조카 侄子 (14살)
㉙ 조카 侄子 (14살)
㉚ 조카 侄女 (9살)

쌍둥이 双胞胎

小秘诀
不分性别，都称呼조카。

㉛ 아들 儿子 (8살)
㉜ 딸 女儿 (4살)

小秘诀
- 부모님 → 아버지 + 어머니
- 형제 → 형 + 남동생
- 자매 → 언니 + 여동생
- 부부 → 남편 + 아내
- 아이들 → 아들 + 딸

⑤ 큰아버지 爸爸的哥哥
⑥ 큰어머니 大伯的妻子
⑦ 작은아버지 爸爸的弟弟
⑧ 작은어머니 叔叔的妻子
⑨ 고모 爸爸的姐妹
⑩ 고모부 姑姑的丈夫
⑬ 이모 妈妈的姐妹
⑭ 이모부 姨妈的丈夫
⑮ 외삼촌 妈妈的兄弟
⑯ 외숙모 舅舅的妻子
⑱ 형수 哥哥的妻子
⑳ 매형 姐姐的丈夫
㉔ 제수씨 弟弟的妻子

B 家族关系2

(1)

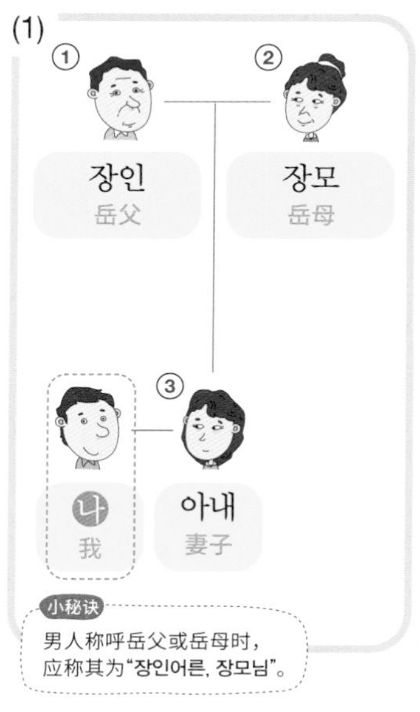

小秘诀

男人称呼岳父或岳母时，
应称其为“장인어른, 장모님”。

(2)

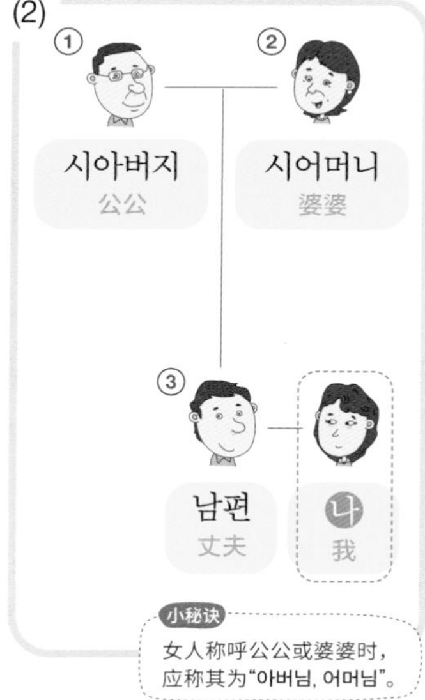

小秘诀

女人称呼公公或婆婆时，
应称其为“아버님, 어머님”。

(3)

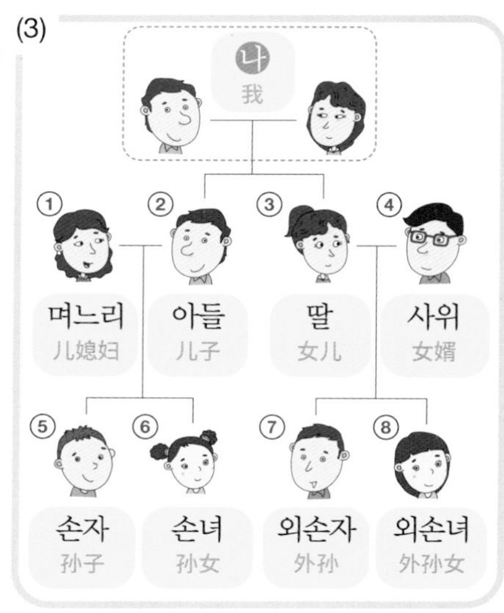

C 同事关系

小秘诀

동기是指同一年进公司的同事
或同一年进学校的朋友。

D 朋友关系

小秘诀

- 반 친구 同班同学
- 방 친구 同屋
- 전(옛날) 여자 친구 以前的女朋友
- 전(옛날) 남자 친구 以前的男朋友

E 路上见到的人

① 할아버지 爷爷

② 할머니 奶奶

③ 아저씨 大叔

④ 아줌마 大娘

小秘诀

- 오빠: 女性称呼比自己年长的哥哥时使用，
  或者称呼男明星时使用。
- 언니: 女性称呼比自己年长的姐姐时使用，或者称呼
  女明星、或在社交场合强调亲切感时使用。

自我挑战!

1 请写下属于该范围内的单词。

할아버지	아저씨	딸	아내	엄마	이모	조카
장모	사위	며느리	삼촌	손녀	고모	할머니
아들	동생	형	손자	아빠	남편	누나

(1)

(2)

① 比自己年纪大的人	② 比自己年纪小的人

2 请正确连接男和女的对称关系。

(1) 남편	•	•	ⓐ 사위
(2) 이모	•	•	ⓑ 아내
(3) 아들	•	•	ⓒ 장모
(4) 딸	•	•	ⓓ 할머니
(5) 장인	•	•	ⓔ 이모부
(6) 할아버지	•	•	ⓕ 며느리

3 请选择恰当的单词，修改划线部分。

부부　　부모님　　동료　　형제

(1) 아버지와 어머니는 동료예요. ________ 예요/이에요.

(2) 남편하고 아내는 형제예요. ________ 예요/이에요.

(3) 형하고 남동생은 부부예요. ________ 예요/이에요.

(4) 상사하고 부하 직원은 부모님이에요. ________ 예요/이에요.

4 请选择一个与其它性质不同的单词。

(1) ⓐ 아빠　ⓑ 이모부　ⓒ 어머니　ⓓ 시아버지

(2) ⓐ 이모　ⓑ 고모　ⓒ 남편　ⓓ 외숙모

(3) ⓐ 조카　ⓑ 딸　ⓒ 손자　ⓓ 장인

(4) ⓐ 부모님　ⓑ 아이들　ⓒ 형　ⓓ 부부

(5) ⓐ 삼촌　ⓑ 엄마　ⓒ 고모　ⓓ 이모

(6) ⓐ 상사　ⓑ 가족　ⓒ 동료　ⓓ 부하 직원

5 请在空格中填写正确的答案。

(1) 어머니의 여자 자매를 ________ (이)라고 불러요.

(2) 아버지와 어머니를 합쳐서 ________ (이)라고 해요.

(3) 딸의 남편을 ________ (이)라고 해요.

(4) 형제나 자매의 아이들을 ________ (이)라고 해요.

(5) 남편의 어머니를 ________ (이)라고 해요.

(6) 어렸을 때 어머니를 ________ (이)라고 불러요.

(7) 아들이나 딸의 아들을 ________ (이)라고 해요.

(8) 아버지의 형을 ________ (이)라고 불러요.

(9) 아들의 아내를 ________ (이)라고 해요.

(10) 이모나 고모, 삼촌의 자식을 ________ (이)라고 불러요.

人生

开始学习!

人的一生

① 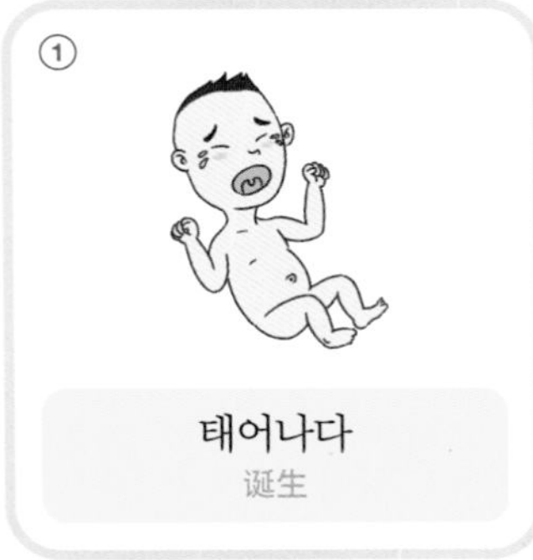

태어나다
诞生

② 

자라다
成长

③ 

학교에 다니다
上学

小秘诀
입학하다 入学
졸업하다 毕业

④ 

취직하다
就业

小秘诀
- 회사에 다니다 工作
- 출근하다 上班 ↔ 퇴근하다 下班
- 승진하다 晋升
- 회사를 옮기다 跳槽
- 회사를 그만두다 辞职
- 퇴직하다 退休

⑤ 

데이트하다
约会

小秘诀
- 사귀다使用助词을/를。
  例 남자/여자 친구를 사귀어요.
  跟男朋友/女朋友交往。
- 연애하다 谈恋爱
- 하고 헤어지다 跟~分手

⑥ 

결혼하다
结婚

小秘诀
- 결혼식을 하다 举行婚礼
- 신혼여행을 가다 度蜜月
- 이혼하다 离婚

⑦ 

아이를 낳다
生孩子

⑧ 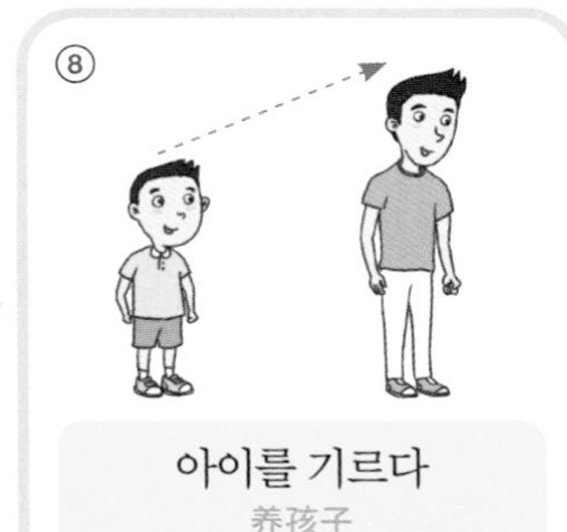

아이를 기르다
养孩子

小秘诀
아이를 기르다
(= 아이를 키우다)

⑨ 

죽다
死亡

小秘诀
- 사고가 나다 出事故
- 병에 걸리다 得病
- 장례식을 하다 举行葬礼

自我挑战!

1 请写出反义词。

(1) 출근 ↔ ________ (2) 취직 ↔ ________

(3) 입학 ↔ ________ (4) 결혼 ↔ ________

2 在下列各项中，请选出一个不恰当的选项。

(1) ⓐ 학교 □ ⓑ 일 □ ⓒ 회사 □ ⓓ 학원 □ 에 다녀요.

(2) ⓐ 이민 □ ⓑ 출장 □ ⓒ 출근 □ ⓓ 유학 □ 을/를 가요.

(3) 아이를 ⓐ 자라요. □ ⓑ 낳아요. □ ⓒ 길러요. □ ⓓ 돌봐요. □

(4) 회사를 ⓐ 옮겨요. □ ⓑ 그만둬요. □ ⓒ 퇴직해요. □ ⓓ 취직해요. □

3 请看图片并选择正确的答案，并完成下列文章。

10년 전에 대학교를 (1) (ⓐ 입학 / ⓑ 졸업)했어요. 그때 제 나이가 (2) (ⓐ 스물 여섯 / ⓑ 스물 여덟) 살이었어요. 2년 동안 준비해서 서른 살 때 (3) (ⓐ 취직 / ⓑ 퇴직)했어요. 그리고 작년에 결혼했어요. (4) (ⓐ 신랑 / ⓑ 신부)가 너무 예뻤어요. 올해 아이를 낳아서 잘 (5) (ⓐ 자라고 / ⓑ 키우고) 싶어요. 회사에서 열심히 일하면 내년에는 (6) (ⓐ 승진 / ⓑ 출근)할 수 있을 거예요.

受伤了

开始学习!

다쳤어요!

① 다리가 부러졌어요. 腿骨折了。

② 발목이 삐었어요. 脚踝扭伤了。

③ 발이 부었어요. 脚肿了。

④ 손가락이 베였어요. 割到手指了。

⑤ 손이 데었어요. 手被烫了。

⑥ 손가락이 찔렸어요. 手指被刺了。

⑦ 무릎이 까졌어요. 膝盖擦伤了。

⑧ 눈이 멍들었어요. 眼睛淤血了。

小秘诀

다치다前面使用助词을/를。

例 팔을 다쳤어요. (O) 手臂受伤了。
팔이 다쳤어요. (×)

自我挑战!

1 请看图片，并选择正确的答案。

(1)
ⓐ 부러졌어요. □
ⓑ 멍들었어요. □

(2)
ⓐ 부었어요. □
ⓑ 찔렸어요. □

(3)
ⓐ 삐었어요. □
ⓑ 베였어요. □

(4)
ⓐ 까졌어요. □
ⓑ 데었어요. □

2 请看图片，连接相应的部分，并完成下列句子。

(1)	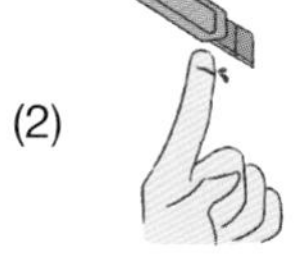	손이 •	• ① 공에 •	• ⓐ 데었어요.
(2)	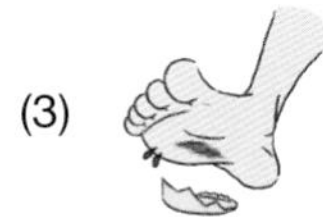	손가락이 •	• ② 불에 •	• ⓑ 찔렸어요.
(3)	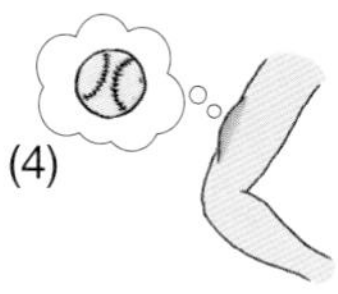	발바닥이 •	• ③ 칼에 •	• ⓒ 베였어요.
(4)		팔이 •	• ④ 유리에 •	• ⓓ 멍들었어요.

3 请选择正确的答案。

(1) 친구하고 싸울 때 많이 맞아서 눈이 파랗게 (ⓐ 부었어요. / ⓑ 멍들었어요.)

(2) 넘어졌는데 다리가 (ⓐ 베였어요. / ⓑ 부러졌어요.) 병원에서 깁스해야 해요.

(3) 뜨거운 물을 실수로 쏟았어요. 그래서 팔이 (ⓐ 데었어요. / ⓑ 까졌어요.)

(4) 테니스를 하다가 발목이 조금 (ⓐ 삐었어요. / ⓑ 찔렸어요.) 오늘 쉬면 괜찮을 거예요.

治疗

开始学习!

A 治疗方法

B 医院/科

① 치과 牙科
② 소아과 小儿科
③ 내과 内科
④ 외과 外科
⑤ 산부인과 妇产科
⑥ 피부과 皮肤科
⑦ 안과 眼科
⑧ 이비인후과 耳鼻喉科
⑨ 정형외과 整形外科; 骨科
⑩ 성형외과 整容外科
⑪ 응급실 急诊室
⑫ 한의원 韩医院

自我挑战!

1 请选择正确的答案。

(1) 반창고를 ⓐ 바르다 □ ⓑ 붙이다 □

(2) 침을 ⓐ 맞다 □ ⓑ 하다 □

(3) 모기약을 ⓐ 먹다 □ ⓑ 뿌리다 □

(4) 얼음찜질을 ⓐ 넣다 □ ⓑ 하다 □

2 请看图片，并连接符合下列症状的治疗方法。

(1) 어깨가 아파요.　(2) 팔이 부러졌어요.　(3) 모기에게 물렸어요.　(4) 감기에 걸렸어요.　(5) 무릎이 까졌어요.　(6) 발목을 삐었어요.

ⓐ 깁스 하세요.　ⓑ 얼음찜질 하세요.　ⓒ 주사를 맞으세요.　ⓓ 파스를 붙이세요.　ⓔ 반창고를 붙이세요.　ⓕ 모기약을 바르세요.

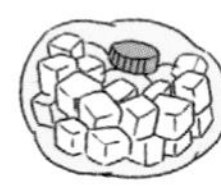
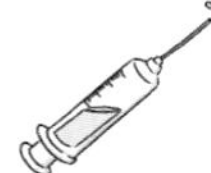
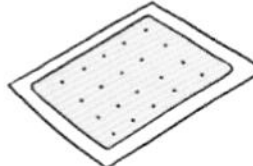
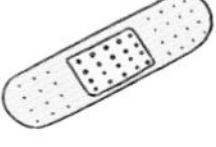

3 请在空格中填写正确的答案。

치과　　내과　　안과　　피부과　　소아과　　정형외과

(1) 가려워요. 그러면 ＿＿＿＿＿에 가 보세요.

(2) 눈이 아파요. 그러면 ＿＿＿＿＿에 가 보세요.

(3) 이가 아파요. 그러면 ＿＿＿＿＿에 가 보세요.

(4) 아이가 아파요. 그러면 ＿＿＿＿＿에 가 보세요.

(5) 감기에 걸렸어요. 그러면 ＿＿＿＿＿에 가 보세요.

(6) 다리가 부러졌어요. 그러면 ＿＿＿＿＿에 가 보세요.

家里可能出现的问题

문제가 생겼어요!

① 물이 안 나와요. 水出不来了。

② 파이프에서 물이 새요. 排水管漏水。

③ 변기가 막혔어요. 马桶堵住了。

④ 의자 다리가 부러졌어요. 椅子脚断了。

⑤ 창문이 깨졌어요. 窗户破了。

⑥ 액자가 떨어졌어요. 相框掉下来了。

⑦ 불이 안 켜져요. 灯不亮了。

⑧ 불이 안 꺼져요. 灯没法儿关。

⑨ 보일러가 얼었어요. 锅炉冻住了。

⑩ 창문이 안 열려요. 门打不开。

⑪ 문이 안 잠겨요. 门锁不上。

⑫ 벌레가 나와요. 有虫子。

小秘诀

수리하다: 修理机械、装备或设施
고치다: 1. 修理机械、装备或设施
2. 治病

小秘诀

询问费用时:
A 수리비가 얼마나 들었어요?
花了多少修理费?
B 10만 원 들었어요.
花了10万韩元。

自我挑战!

1 请选择正确的答案。

(1) 의자 다리(ⓐ 가 / ⓑ 를) 부러졌어요.

(2) 뜨거운 물(ⓐ 이 / ⓑ 을) 안 나와요.

(3) 창문(ⓐ 을 / ⓑ 이) 고장 나서 안 열려요.

(4) 액자(ⓐ 가 / ⓑ 를) 떨어졌어요.

2 请选择正确的答案。

(1) 물이 안 ⓐ 켜져요. ☐ ⓑ 나와요. ☐

(2) 변기가 ⓐ 막혔어요. ☐ ⓑ 떨어졌어요. ☐

(3) 불이 안 ⓐ 잠겨요. ☐ ⓑ 꺼져요. ☐

(4) 창문이 안 ⓐ 열려요. ☐ ⓑ 얼었어요. ☐

(5) 벌레가 ⓐ 새요. ☐ ⓑ 나와요. ☐

(6) 창문이 ⓐ 깨졌어요. ☐ ⓑ 부러졌어요. ☐

3 请看图片，并连接相对应的回答。

(1) 수리비가 얼마나 들어요? •

(2) 무슨 문제예요? •

(3) 어디세요? •

(4) 전에도 그랬어요? •

(5) 언제부터 그랬어요? •

• ⓐ 아니요, 이번이 처음이에요.

• ⓑ 3일 됐어요.

• ⓒ 변기가 고장 났어요.

• ⓓ 여기는 한국아파트 3동 201호예요.

• ⓔ 5만 원쯤 들어요.

生活中可能发生的问题

开始学习!

무슨 일이 있어요?

① 길이 막혀요. 堵车。
② 교통사고가 났어요. 发生交通事故了。
③ 시험에서 떨어졌어요. 考试落榜了。
④ 돈이 다 떨어졌어요. 钱都花光了。
⑤ 약속에 늦었어요. 约会迟到了。
⑥ 친구와 싸웠어요. 跟朋友吵架了。
⑦ 여자 친구와 헤어졌어요. 跟女朋友分手了。
⑧ 노트북이 고장 났어요. 笔记本电脑出故障了。
⑨ 지갑을 잃어버렸어요. 钱包丢了。
⑩ 비밀번호를 잊어버렸어요. 密码忘了。
⑪ 회사에서 해고됐어요. 被公司炒鱿鱼了。
⑫ 할머니께서 돌아가셨어요. 奶奶过世了。

贴心小叮咛!
떨어지다 的两种意思
1. 不及格
2. 没有剩余的

贴心小叮咛!
注意发音和缀字法!
• 잃어버리다 丢了
• 잊어버리다 忘了

贴心小叮咛!
注意意思上的差异!
• 잃어버리다 丢了
• 도둑을 맞다 被偷了

自我挑战!

1 在下列各项中，请选出一个不恰当的选项。

(1)
ⓐ 가족 ☐
ⓑ 모임 ☐
ⓒ 친구 ☐
ⓓ 동료 ☐
하고 싸웠어요.

(2)
ⓐ 약속 ☐
ⓑ 수업 ☐
ⓒ 친구 ☐
ⓓ 회의 ☐
에 늦었어요.

(3)
ⓐ 눈 ☐
ⓑ 물 ☐
ⓒ 돈 ☐
ⓓ 배터리 ☐
이/가 떨어졌어요.

(4)
ⓐ 냉장고 ☐
ⓑ 어머니 ☐
ⓒ 다리미 ☐
ⓓ 세탁기 ☐
이/가 고장 났어요.

(5)
ⓐ 할아버지 ☐
ⓑ 할머니 ☐
ⓒ 아버지 ☐
ⓓ 며느리 ☐
께서 돌아가셨어요.

(6)
ⓐ 이름 ☐
ⓑ 가방 ☐
ⓒ 여권 ☐
ⓓ 지갑 ☐
을/를 잃어버렸어요.

2 请选择正确的答案。

(1) ⓐ 길이 너무 막혀요. ☐ 빨리 병원에 가야 해요.
ⓑ 교통사고가 났어요. ☐

(2) ⓐ 노트북이 고장 났어요. ☐ 노트북을 수리해야 해요.
ⓑ 노트북을 잃어버렸어요. ☐

(3) ⓐ 친구가 약속에 늦었어요. ☐ 그 친구를 위로해야 해요.
ⓑ 친구가 시험에 떨어졌어요. ☐

(4) ⓐ 여자 친구하고 헤어졌어요. ☐ 친구에게 다시 물어봐야 해요.
ⓑ 친구 전화번호를 잊어버렸어요. ☐

(5) ⓐ 친구와 크게 싸웠어요. ☐ 친구에게 사과해야 해요.
ⓑ 친구가 회사에서 해고됐어요. ☐

问题情况

开始学习!

A 身体问题

① 
② 
③ 
④ 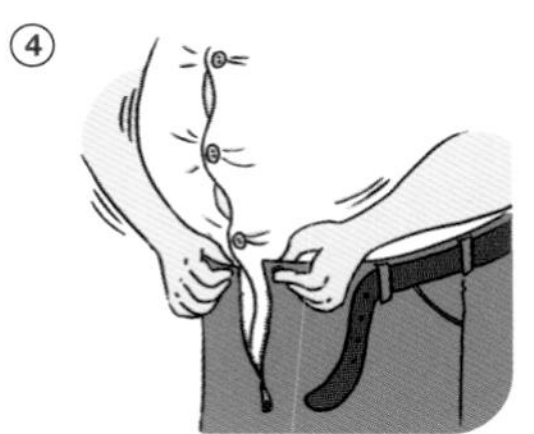

① 머리가 자꾸 빠져요. 总掉头发。
② 흰머리가 많이 생겼어요. 长了许多白发。
③ 주름살이 생겼어요. 长出皱纹了。
④ 살이 쪘어요. 胖了。

> **小秘诀**
> 注意反义词的不同点!
> • 흰머리가 생겼어요. ↔ 흰머리가 없어졌어요.
> 长了白发。↔ 白头发没了。
> • 살이 쪘어요. ↔ 살이 빠졌어요.
> 胖了。↔ 瘦了。

B 都市的生活问题

① 
② 
③ 
④ 

① 길이 많이 막혀요. 路太堵了。
② 사람이 너무 많아요. 人太多了。
③ 공기가 나빠요. 空气不好。
④ 주차장이 너무 부족해요. 停车场太不够了。

> **小秘诀**
> 相似的表现
> 길이 막히다 路堵住了
> = 차가 밀리다 塞车
> = 교통이 복잡하다 交通复杂

C 公司里的问题

① 
② 

③ 

④ 

① 동료하고 사이가 안 좋아요. 与同事关系不好。
② 월급이 안 올라요. 薪水不涨。
③ 승진이 안 돼요. 不能晋升。
④ 일이 너무 많아요. 工作太多。

D 健康问题

① 체했어요. 积食。
② 어지러워요. 头晕。
③ 가려워요. 痒。
④ 답답해요. 闷。

E 生活中的失误

① 물을 쏟았어요. 水打翻了。
② 옷에 커피를 흘렸어요. 咖啡倒在衣服上了。
③ 발을 밟았어요. 踩了别人的脚。
④ 길을 잃어버렸어요. 迷路了。

小秘诀
强调失误的时候，在动词之前添加副词실수로。
例 실수로 다른 사람의 발을 밟았어요.
我不小心踩到别人的脚。

F 副词

副词잘못(意义为错误地)在动词前面使用，意指错误的行动。

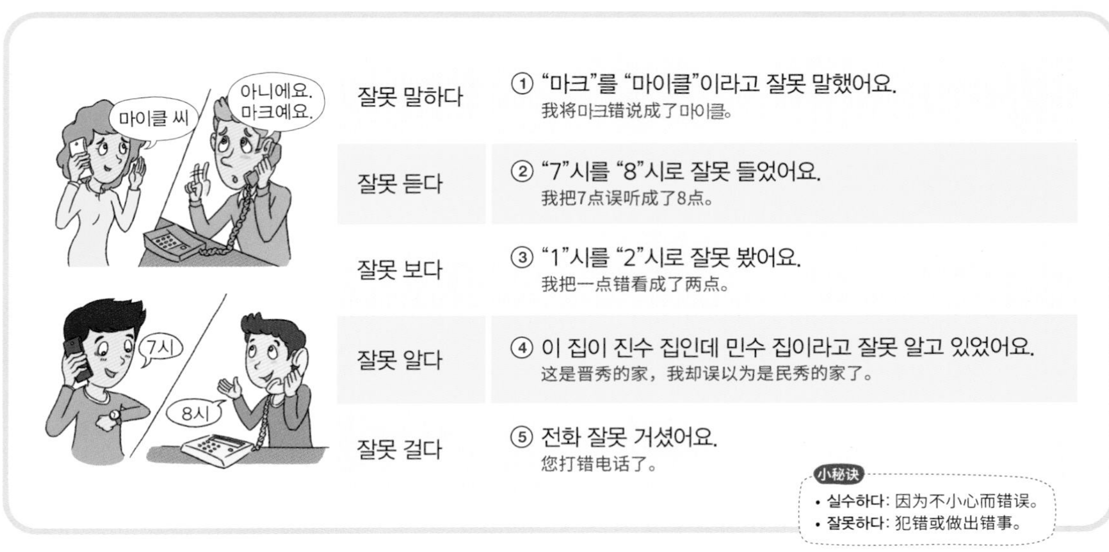

잘못 말하다	① "마크"를 "마이클"이라고 잘못 말했어요. 我将마크错说成了마이클。
잘못 듣다	② "7"시를 "8"시로 잘못 들었어요. 我把7点误听成了8点。
잘못 보다	③ "1"시를 "2"시로 잘못 봤어요. 我把一点错看成了两点。
잘못 알다	④ 이 집이 진수 집인데 민수 집이라고 잘못 알고 있었어요. 这是晋秀的家，我却误以为是民秀的家了。
잘못 걸다	⑤ 전화 잘못 거셨어요. 您打错电话了。

小秘诀
• 실수하다: 因为不小心而错误。
• 잘못하다: 犯错或做出错事。

自我挑战!

1 在下列各项中，请选出一个不恰当的选项。

(1)
ⓐ 나이 □
ⓑ 고민 □
ⓒ 흰머리 □
ⓓ 주름살 □
이/가 생겼어요.

(2)
ⓐ 교통 □
ⓑ 얼굴 □
ⓒ 기분 □
ⓓ 공기 □
이/가 나빠요.

(3)
ⓐ 살 □
ⓑ 이 □
ⓒ 머리 □
ⓓ 건강 □
이/가 빠졌어요.

(4)
ⓐ 이름 □
ⓑ 소리 □
ⓒ 번호 □
ⓓ 사진 □
을/를 잘못 봤어요.

2 请选择正确的答案。

(1) 누가 주름살이 생겨요?
ⓐ 아기 ⓑ 아이 ⓒ 노인

(2) 어디가 공기가 나빠요?
ⓐ 시골 ⓑ 도시 ⓒ 바다

(3) 왜 승진이 안 돼요?
ⓐ 열심히 일해요. ⓑ 일을 잘 못해요. ⓒ 월급이 안 올라요.

(4) 어지러우면 어때요?
ⓐ 밥을 먹고 싶어요. ⓑ 책을 읽을 수 있어요. ⓒ 걸을 수 없어요.

(5) 언제 체해요?
ⓐ 음식을 빨리 먹어요. ⓑ 사람이 많아요. ⓒ 물을 쏟았어요.

(6) 길을 잃어버렸을 때 뭐가 필요해요?
ⓐ 우산 ⓑ 지도 ⓒ 부채

3 请连接符合句子的对话。

(1) 단어를 잘못 썼어요.

(2) 이름을 잘못 불렀어요.

(3) 약속 시간을 잘못 알았어요.

(4) 회의 장소를 잘못 들었어요.

(5) 다른 사람한테 잘못 말했어요.

(6) 다른 사람한테 편지를 잘못 보냈어요.

ⓐ 진수 지민 씨, 안녕하세요?
민지 제 이름은 민지인데요.

ⓑ 민지 진호한테 이번 모임을 전했죠?
진수 네? 민호한테 이번 모임을 말했는데요?

ⓒ 민지 회의 장소는 12층 회의실이에요.
진수 네? 11층 회의실이라고요?

ⓓ 민지 3시 약속인데 왜 아직 안 와요?
진수 3시요? 4시 아니에요?

ⓔ 민지 진수 씨, "학고"가 아니라 "학교"라고 쓰세요.
진수 그래요? 실수했네요.

ⓕ 민지 민기한테 편지를 보냈어요?
진수 네? 저는 수지한테 편지를 보냈는데요?

4 请连接相应的部分，并完成下列句子。

(1) 옷에 커피를 흘리면 •
(2) 밤에 음식을 많이 먹으면 •
(3) 친구의 이름을 잘못 부르면 •
(4) 동료하고 사이가 안 좋으면 •
(5) 길이 너무 막히면 •
(6) 너무 많이 가려우면 •

• ⓐ 약을 발라요.
• ⓑ 지하철을 타면 좋아요.
• ⓒ 살이 많이 찔 거예요.
• ⓓ 옷을 빨아야 해요.
• ⓔ 회사 분위기가 안 좋아요.
• ⓕ 친구가 기분 나빠해요.

相反副词1

开始学习!

> 贴心小叮咛!
> 名词后方使用잘하다/못하다，表现能力的有无。
> 例 노래 → 노래를 잘해요.
> 노래를 못해요.

(1)

잘 好	↔	못 没能

ⓐ ⓑ

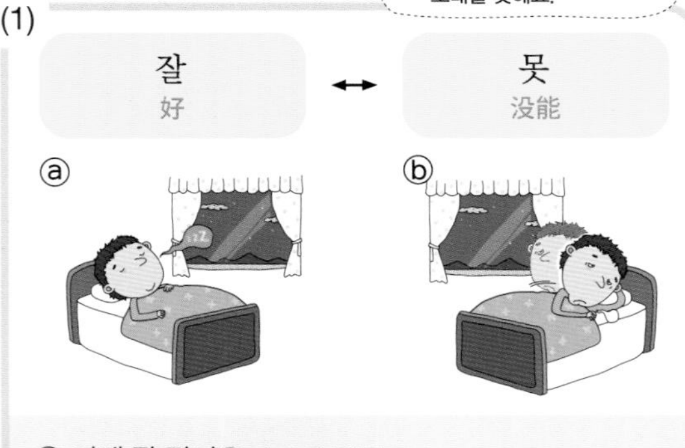

ⓐ 어제 **잘** 잤어요. 昨天睡得很好。

ⓑ 어제 잘 **못** 잤어요. 昨天没睡好。

(2)

많이 多	↔	조금 一点儿；一些

ⓐ ⓑ

ⓐ 친구가 **많이** 있어요. 我有很多朋友。

ⓑ 친구가 **조금** 있어요. 我有一些朋友。

> 贴心小叮咛!
> 注意发音!
> **많이** [마니]

(3)

빨리 快	↔	천천히 慢

ⓐ ⓑ

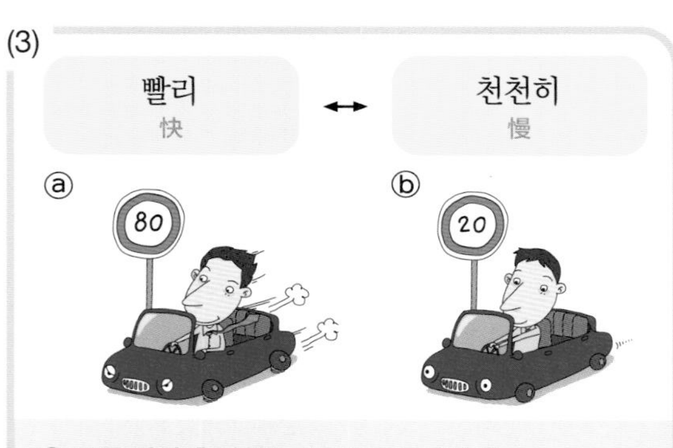

ⓐ 보통 **빨리** 운전해요. 我通常开车开得很快。

ⓑ 보통 **천천히** 운전해요. 我通常开车开得很慢。

(4)

일찍 早	↔	늦게 晚

ⓐ ⓑ

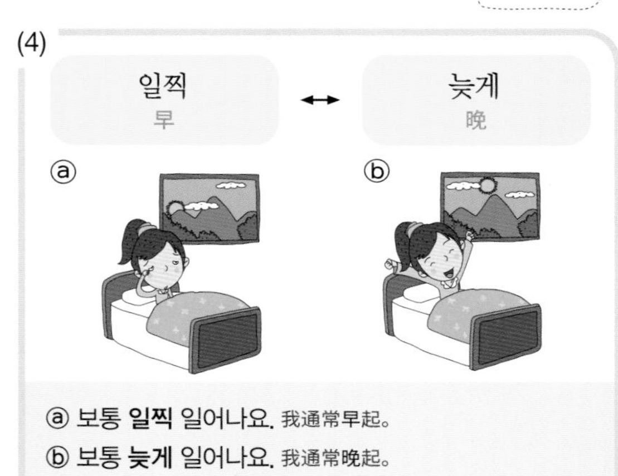

ⓐ 보통 **일찍** 일어나요. 我通常早起。

ⓑ 보통 **늦게** 일어나요. 我通常晚起。

(5)

잠깐 一会儿	↔	오래 很久

ⓐ ⓑ

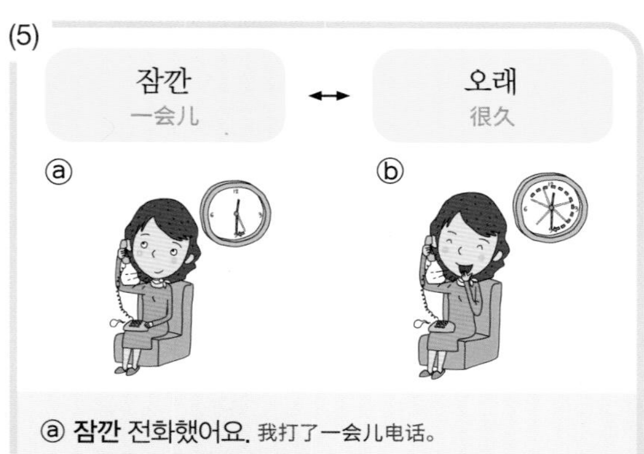

ⓐ **잠깐** 전화했어요. 我打了一会儿电话。

ⓑ **오래** 전화했어요. 我打了很久的电话。

(6)

함께 一起	↔	혼자 独自；一个人

ⓐ ⓑ

ⓐ 보통 가족하고 **함께** 식사해요. 我通常和家人一起吃饭。

ⓑ 보통 **혼자** 식사해요. 我通常一个人吃饭。

自我挑战!

1 请连接反义词。

(1) 빨리 (2) 혼자 (3) 잘 (4) 잠깐 (5) 많이 (6) 늦게

ⓐ 못 ⓑ 함께 ⓒ 천천히 ⓓ 조금 ⓔ 일찍 ⓕ 오래

2 请看图片，并在空格中写下正确答案。

빨리 잘 일찍 오래 혼자 많이

(1) 보통 ________ 여행 가요.

(2) 
요리를 ________ 못해요.

(3) ________ 컴퓨터를 해서 어깨가 아파요.

(4) 아까 ________ 집을 청소했어요.

(5) 
________ 먹어서 배가 불러요.

(6) 
보통 약속 시간에 ________ 나가요.

3 请填写与划线的部分相反的副词。

(1) 매일 약속에 늦게 갔지만, 오늘은 ________ 갔어요.

(2) 짐이 무거우니까 많이 들지 마세요. ________ 들고 가세요.

(3) 친구하고 함께 일하는 것보다 ________ 일하는 것이 편해요.

(4) 너무 빨리 말해서 이해 못 했어요. 좀 ________ 말해 주세요.

第72课 相反副词2

开始学习！

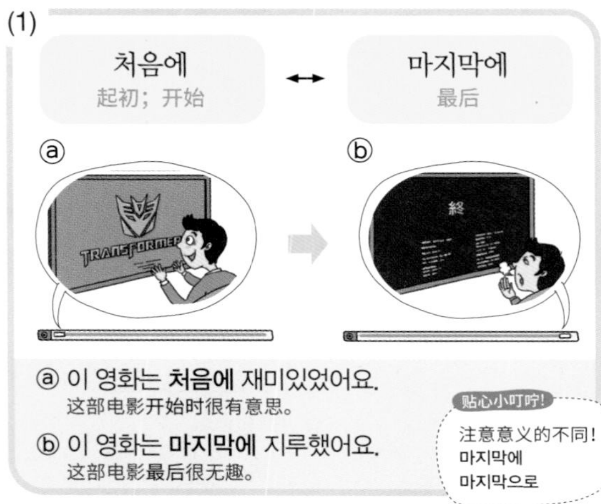

(1)

처음에 起初；开始 ↔ 마지막에 最后

ⓐ 이 영화는 **처음에** 재미있었어요.
这部电影开始时很有意思。

ⓑ 이 영화는 **마지막에** 지루했어요.
这部电影最后很无趣。

贴心小叮咛！
注意意义的不同！
마지막에
마지막으로

(2)

같이 一起 ↔ 따로 各自

ⓐ 식사비를 **같이** 계산해요.
我们的餐费一起结吧。

ⓑ 식사비를 **따로** 계산해요.
我们各自付餐费。

贴心小叮咛！
注意发音！
같이 [가치]

(3)

다 都 ↔ 전혀 完全不；都没

ⓐ 일을 **다** 했어요. 事情都做完了。

ⓑ 일을 **전혀** 안 했어요. 事情一点儿都没做。

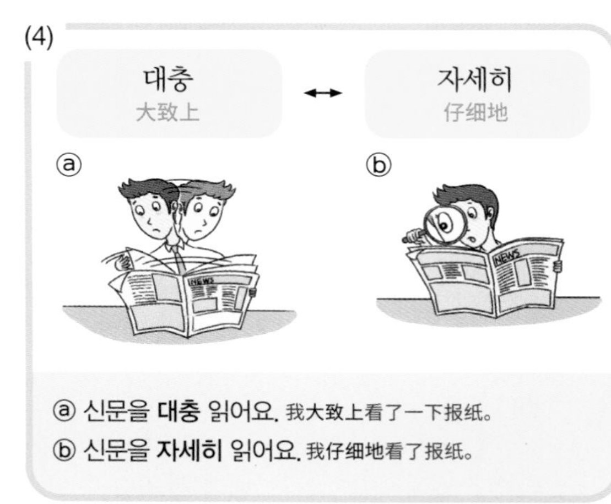

(4)

대충 大致上 ↔ 자세히 仔细地

ⓐ 신문을 **대충** 읽어요. 我大致上看了一下报纸。

ⓑ 신문을 **자세히** 읽어요. 我仔细地看了报纸。

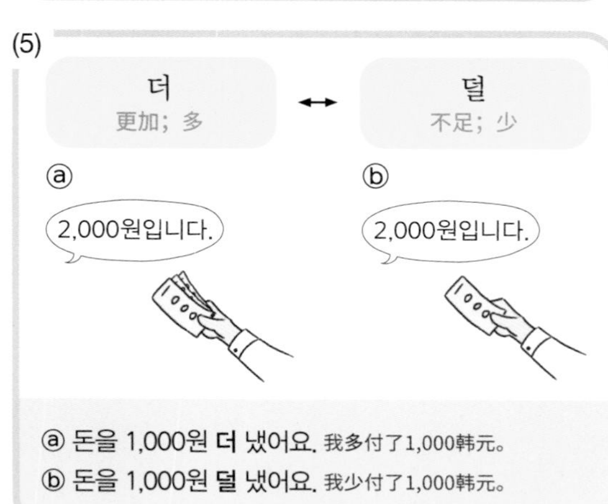

(5)

더 更加；多 ↔ 덜 不足；少

ⓐ 돈을 1,000원 **더** 냈어요. 我多付了1,000韩元。

ⓑ 돈을 1,000원 **덜** 냈어요. 我少付了1,000韩元。

(6)

먼저 先 ↔ 나중에 以后

ⓐ 여자가 **먼저** 나가요. 她先出去。

ⓑ 여자가 **나중에** 먹을 거예요. 她以后再吃。

自我挑战!

1 请连接反义词。

(1) 먼저　(2) 같이　(3) 대충　(4) 다　(5) 더

ⓐ 따로　ⓑ 전혀　ⓒ 덜　ⓓ 자세히　ⓔ 나중에

2 请写下符合句子的图片的选项，并选择恰当的单词完成下列句子。

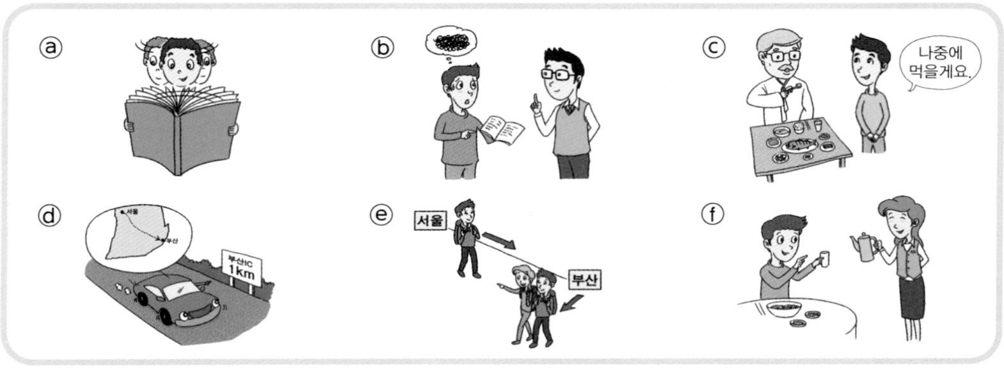

대충　더　다　자세히　먼저　같이

(1) □ 이제 목적지에 거의 ______ 왔어요. 5분 후면 도착할 거예요.

(2) □ 목이 많이 말라요. 물 한 잔 ______ 갖다주세요.

(3) □ 서울에서 부산까지 따로 가고 부산에서 만나서 ______ 여행했어요.

(4) □ 아까 선생님이 짧게 설명해서 잘 모르겠어요. ______ 설명해 주세요.

(5) □ 할아버지께서 ______ 식사하시면 저는 나중에 먹을게요.

(6) □ 이 책을 자세히 못 읽었지만, 오늘 아침에 이 책을 ______ 읽어서 내용은 조금 알아요.

3 请正确修改划线的部分。

(1) 비빔밥 더 하나 주세요.

(2) 내일이 시험인데 공부를 전혀 해요.

(3) 집에 여자가 처음 들어오고 남자가 나중에 들어왔어요.

相反形容词1

贴心小叮咛!
在名词前方使用形容词时，
需添加词尾-(으)ㄴ。
〔形容词词干〕+(으)ㄴ+〔名词〕
例 크다 + ㄴ → 큰 옷 大衣服
작다 + 은 → 작은 옷 小衣服

(1) 크다 大 ↔ 작다 小

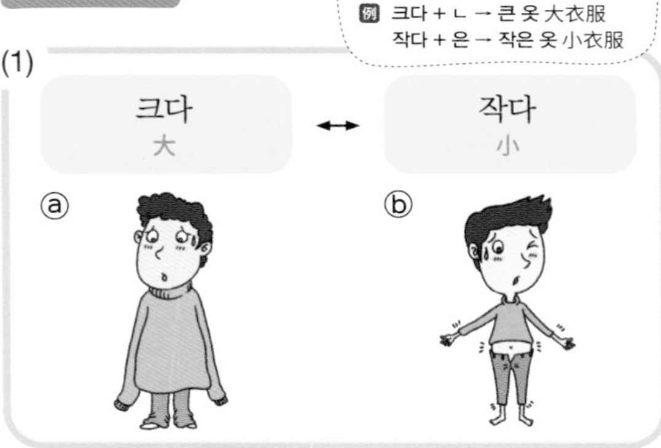

(2) 싸다 便宜 ↔ 비싸다 贵

(3) 길다 长 ↔ 짧다 短

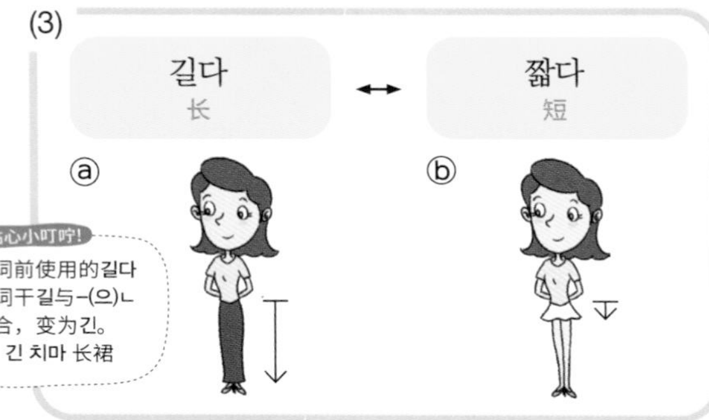

贴心小叮咛!
名词前使用的길다
的词干길与-(으)ㄴ
结合，变为긴。
例 긴 치마 长裙

(4) 깨끗하다 干净 ↔ 더럽다 脏

(5) 새롭다 新 ↔ 오래되다 老旧

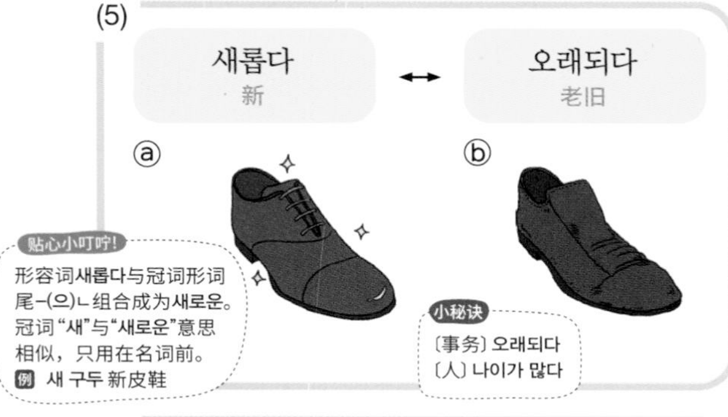

贴心小叮咛!
形容词새롭다与冠词形词
尾-(으)ㄴ组合成为새로운。
冠词“새”与“새로운”意思
相似，只用在名词前。
例 새 구두 新皮鞋

小秘诀
〔事务〕오래되다
〔人〕나이가 많다

(6) 편하다 舒服 ↔ 불편하다 不舒服

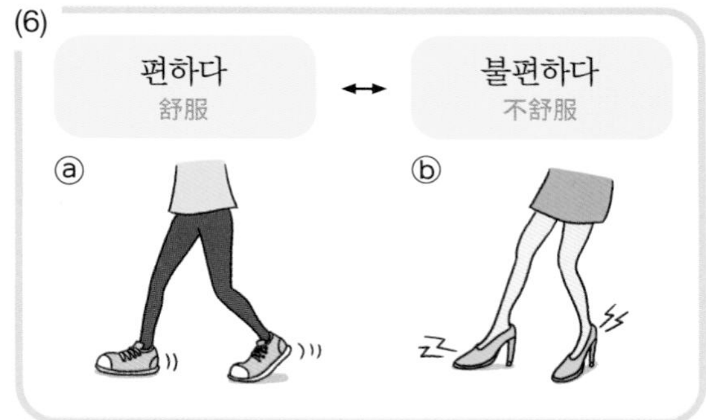

(7) 두껍다 厚 ↔ 얇다 薄

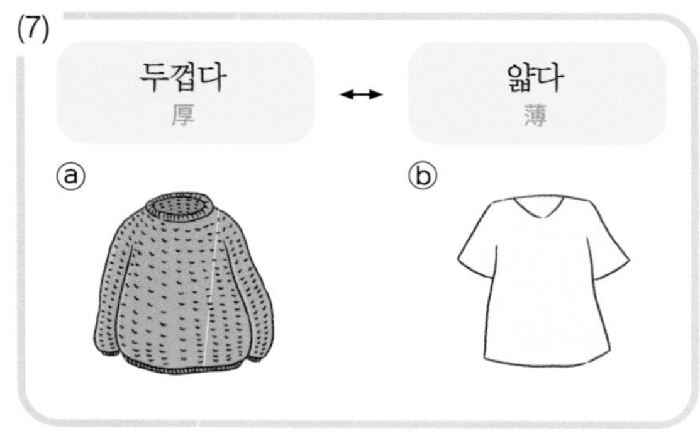

(8) 무겁다 重 ↔ 가볍다 轻

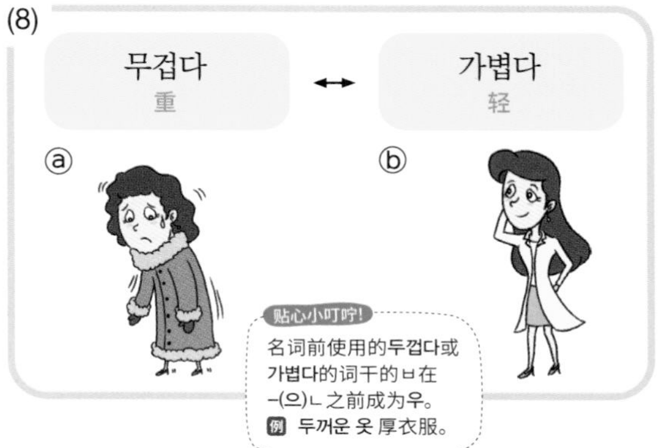

贴心小叮咛!
名词前使用的두껍다或
가볍다的词干的ㅂ在
-(으)ㄴ之前成为우。
例 두꺼운 옷 厚衣服。

自我挑战!

1 请看图片，并选择正确的答案。

(1)

ⓐ 얇은 책 ☐

ⓑ 두꺼운 책 ☐

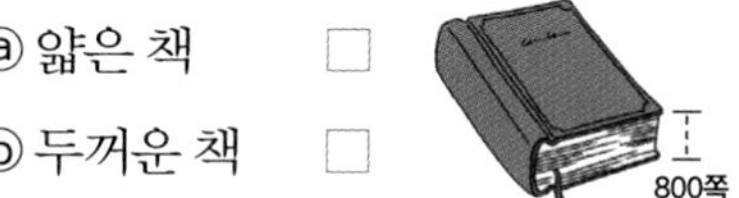

(2)

ⓐ 새로운 가방 ☐

ⓑ 오래된 가방 ☐

(3)

ⓐ 긴 머리 ☐

ⓑ 짧은 머리 ☐

(4)

ⓐ 싼 커피 ☐

ⓑ 비싼 커피 ☐

2 请连接相应的部分，并完成下列句子。

(1)  더러운 옷을 • • ⓐ 운전해 본 적이 없어요.

(2)  주머니가 없는 옷에 • • ⓑ 갖고 있지 않아요.

(3)  굽이 높은 구두가 • • ⓒ 세탁기에 넣으세요.

(4)  단추가 많은 옷은 • • ⓓ 지갑을 넣을 수 없어요.

(5)  오래된 모자를 • • ⓔ 발 건강에 안 좋아요.

(6)  비싼 차를 • • ⓕ 입기 불편해요.

3 请选择正确的答案。

> 小秘诀
> • 옷이 정말 커요. (肯定)衣服真的太大。
> • 옷이 너무 커요. (否定)衣服太大。

(1) 이 옷이 너무 (ⓐ 커요. / ⓑ 작아요.) 좀 큰 옷 없어요?

(2) 어제 빨래를 다 했어요. 그래서 오늘은 (ⓐ 깨끗한 / ⓑ 더러운) 바지를 입었어요.

(3) 이 자동차는 (ⓐ 새로운 / ⓑ 오래된) 자동차예요. 20년 전에 샀어요.

(4) 저는 (ⓐ 편한 / ⓑ 불편한) 것을 안 좋아하니까 굽이 높은 구두를 신지 않아요.

相反形容词2

开始学习!

(1)

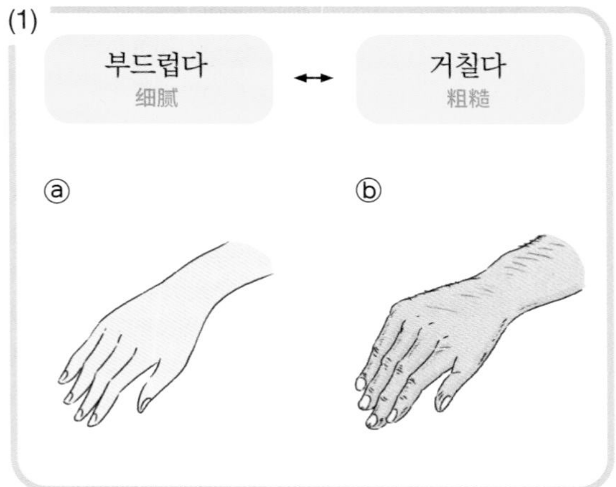

(2)

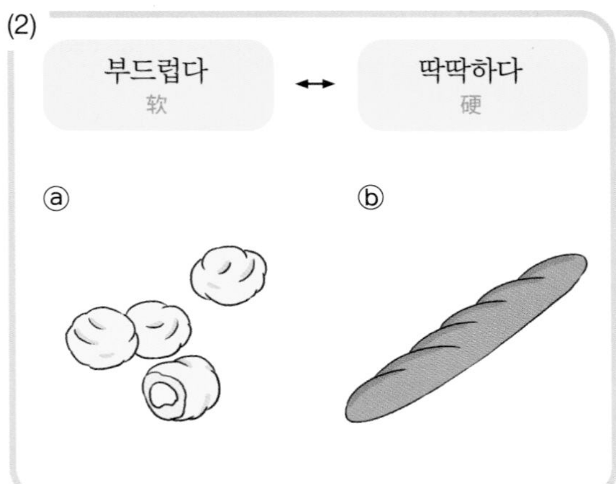

(3)

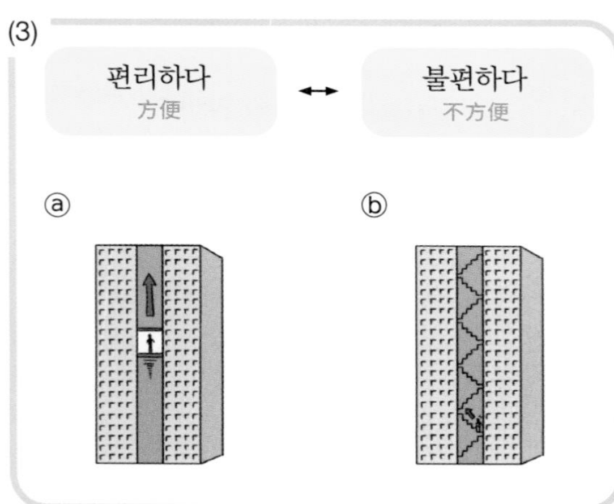

(4)

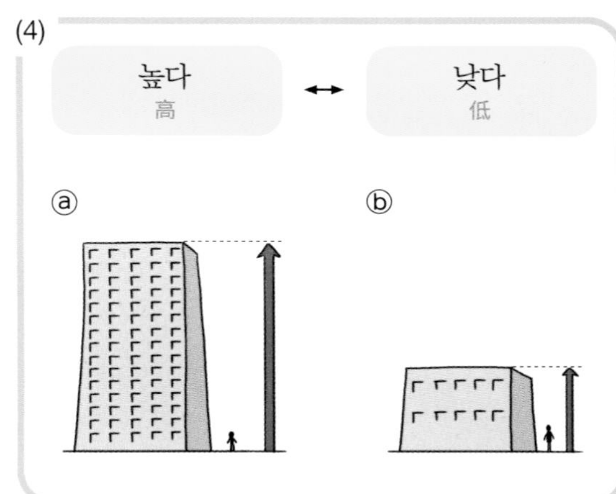

(5)

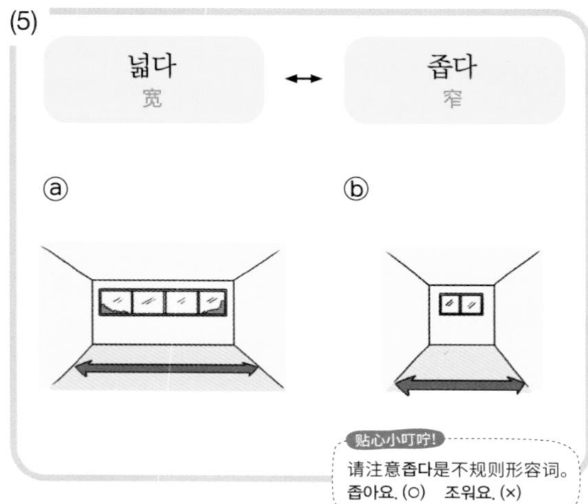

(6)

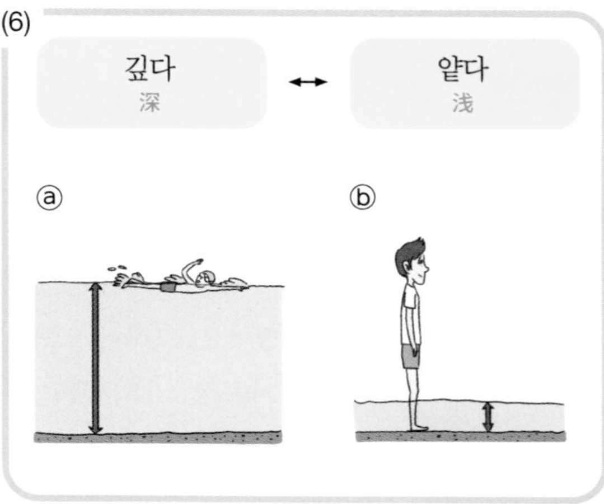

贴心小叮咛!

请注意좁다是不规则形容词。
좁아요. (○)　조워요. (×)

(7)

같다 ↔ 다르다
同 不同

ⓐ ⓑ

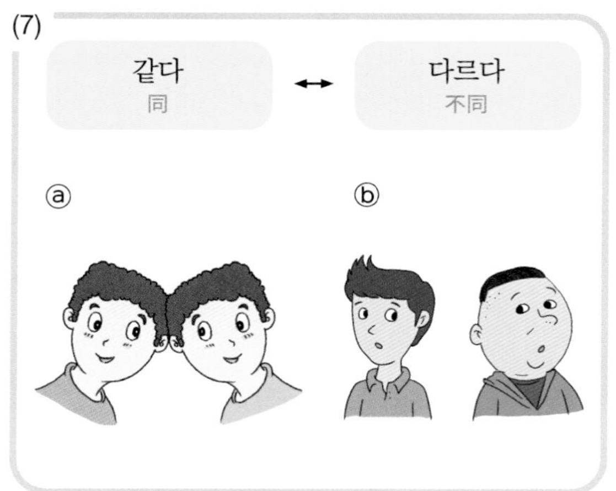

(8)

빠르다 ↔ 느리다
快 慢

ⓐ ⓑ

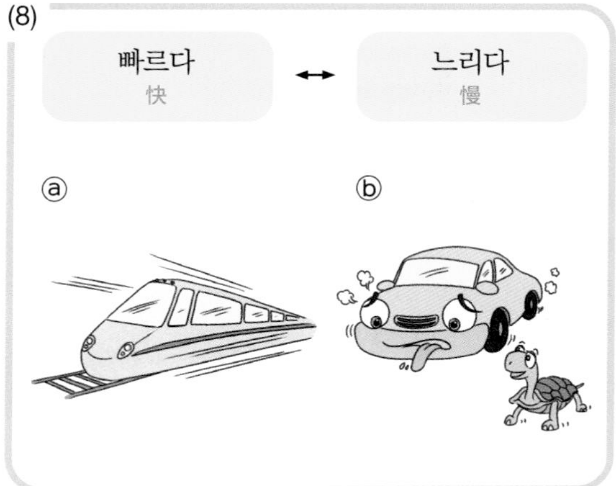

(9)

밝다 ↔ 어둡다
明亮 黑暗

ⓐ ⓑ

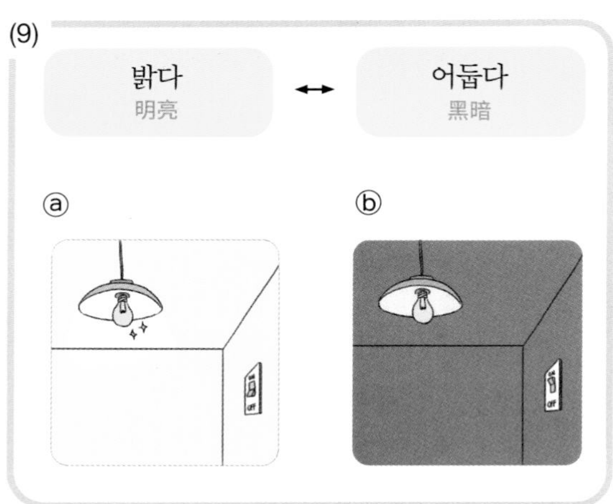

(10)

가깝다 ↔ 멀다
近 远

ⓐ ⓑ

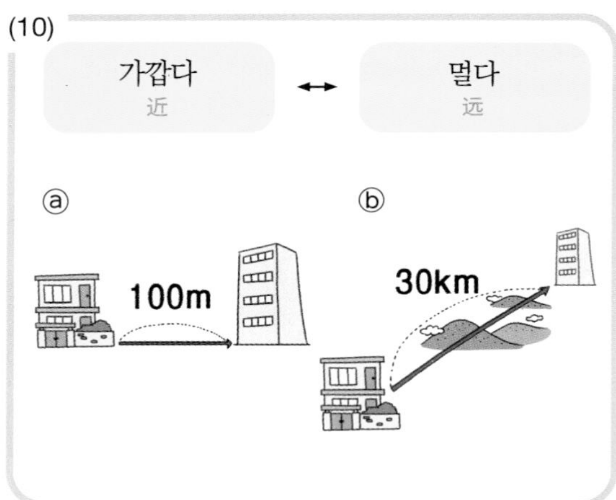

(11)

많다 ↔ 적다
多 少

ⓐ ⓑ

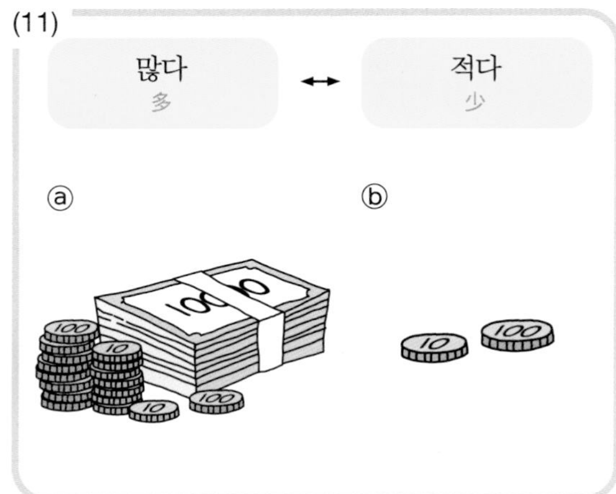

(12)

좋다 ↔ 나쁘다
好 不好

ⓐ ⓑ

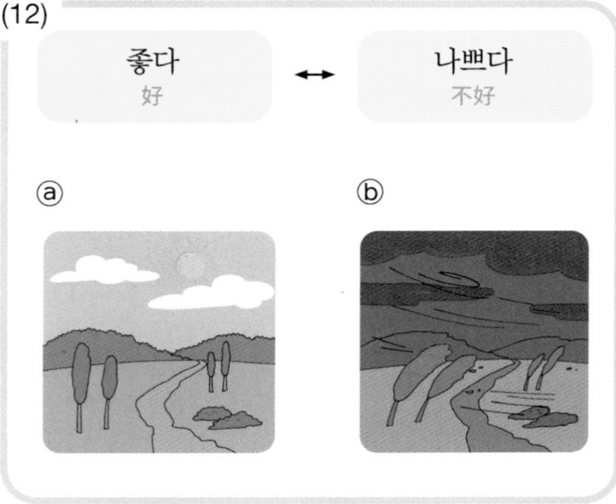

自我挑战!

1 请写出反义词，并完成下列对话。

(1)

A 그 산이 높아요?

B 아니요, 별로 안 높아요. ________.

(2)

A 버스에 사람들이 적어요?

B 아니요, 사람들이 너무 ________.

(3)

A 교통이 편리해요?

B 아니요, 교통이 정말 ________.

(4)

A 자전거가 느리죠?

B 아니요, 출근 시간이라서 자전거가 ________.

2 在下列各项中，请选出一个不恰当的选项。

(1)

ⓐ 밀가루 □ ⓑ 피부 □ ⓒ 물 □ ⓓ 목소리 □

이/가 부드러워요.

(2)

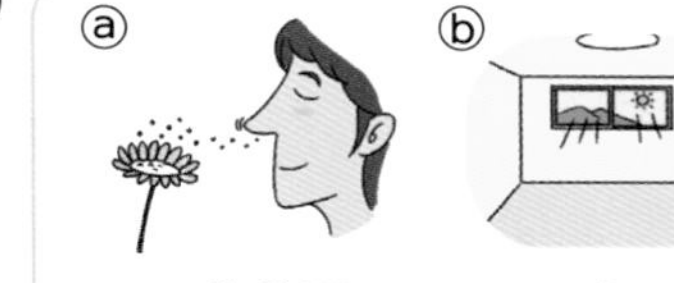

ⓐ 냄새 □ ⓑ 방 □ ⓒ 얼굴 □ ⓓ 불 □

이/가 밝아요.

(3)

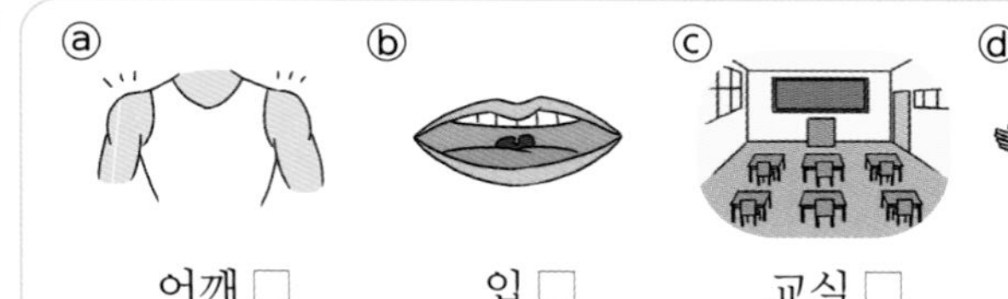

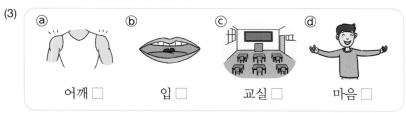

ⓐ 어깨 □ ⓑ 입 □ ⓒ 교실 □ ⓓ 마음 □

이/가 넓어요.

(4)

ⓐ 벽 □ ⓑ 산 □ ⓒ 건물 □ ⓓ 키 □

이/가 높아요.

3 请选择正确的答案。

(1) (ⓐ 깊은 / ⓑ 얕은) 물에서 수영하면 위험해요.

(2) 이 길은 (ⓐ 넓어서 / ⓑ 좁아서) 아침마다 길이 막혀요.

(3) 지하철역이 집에서 가까워서 (ⓐ 편리해요 / ⓑ 불편해요).

(4) 불을 켜야 해요. 지금 방이 너무 (ⓐ 밝아요 / ⓑ 어두워요).

(5) 쌍둥이는 얼굴이 (ⓐ 같아 / ⓑ 달라) 보이지만 성격은 달라요.

(6) 저 사람은 목소리가 (ⓐ 거칠어서 / ⓑ 부드러워서) 듣기 편해요.

(7) 회사가 집에서 (ⓐ 가까우니까 / ⓑ 머니까) 조금 늦게 출발해도 돼요.

(8) 나이 많은 사람은 이가 안 좋으니까 (ⓐ 딱딱한 / ⓑ 부드러운) 음식을 안 좋아해요.

4 请连接相应的部分，并完成下列句子。

(1) 청소기가 자주 고장 나서 •	• ⓐ 무서워요.
(2) 진수 성격이 밝아서 •	• ⓑ 빨리 승진할 거예요.
(3) 친구하고 성격이 달라서 •	• ⓒ 자주 싸워요.
(4) 회사에서 일을 잘하면 •	• ⓓ 이사하려고 해요.
(5) 수영장이 너무 깊어서 •	• ⓔ 아이들이 놀기 위험해요.
(6) 밤에 혼자 있으면 •	• ⓕ 사용하기 불편해요.
(7) 날씨가 나쁘면 •	• ⓗ 사람들한테 인기가 많아요.
(8) 집에서 회사까지 너무 멀어서 •	• ⓖ 여행을 취소할 거예요.

5 请正确修改划线的部分。

(1) 이름은 비슷하지만 전화번호가 다라요.

(2) 버스가 너무 느러서 회사에 지각했어요.

(3) 길이 너무 조워서 지나갈 때 불편해요.

(4) 집 근처에 버스 정류장이 있어서 불편 안 해요.

(5) 백화점에 쇼핑하는 사람들이 작아서 오래 기다리지 않았어요.

第75课 相反动词1

开始学习!

(1)

주다 给 ↔ 받다 接受；得到

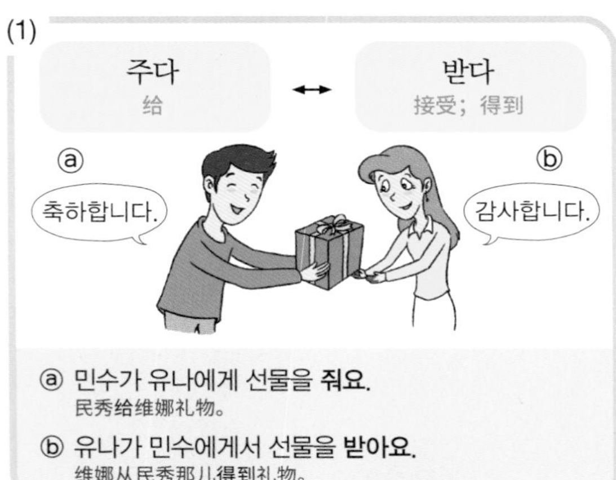

ⓐ 민수가 유나에게 선물을 **줘요.**
民秀给维娜礼物。

ⓑ 유나가 민수에게서 선물을 **받아요.**
维娜从民秀那儿得到礼物。

(2)

전화를 하다 打电话 ↔ 전화를 받다 接电话

ⓐ 유나가 민수한테 **전화를 해요.**
维娜打电话给民秀。

ⓑ 민수가 유나한테서 **전화를 받아요.**
民秀接到维娜打来的电话。

(3)

가르치다 教 ↔ 배우다 学习

ⓐ 선생님이 학생에게 한국어를 **가르쳐요.**
老师教学生韩语。

ⓑ 학생이 선생님한테서 한국어를 **배워요.**
学生从老师那儿学习韩语。

(4)

도와주다 帮助 ↔ 도움을 받다 接受帮助；受到帮助

ⓐ 민수가 할머니를 **도와줘요.**
民秀帮助奶奶。

ⓑ 할머니가 민수에게 **도움을 받아요.**
奶奶受到民秀的帮助。

도움을 주다 帮助
도움을 받다 接受帮助
도움이 되다 成为帮助

(5)

때리다 打 ↔ 맞다 挨打

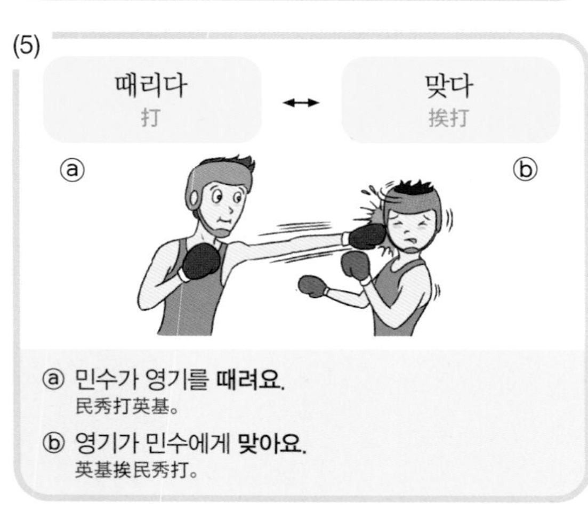

ⓐ 민수가 영기를 **때려요.**
民秀打英基。

ⓑ 영기가 민수에게 **맞아요.**
英基挨民秀打。

(6)

혼내다 教训 ↔ 혼나다 被教训

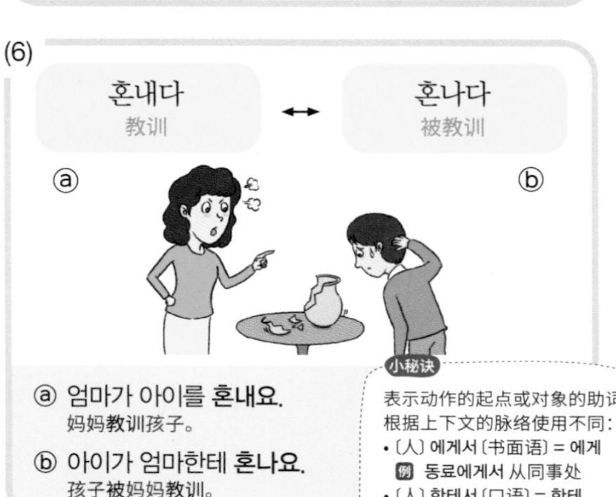

ⓐ 엄마가 아이를 **혼내요.**
妈妈教训孩子。

ⓑ 아이가 엄마한테 **혼나요.**
孩子被妈妈教训。

小秘诀

表示动作的起点或对象的助词根据上下文的脉络使用不同：
- 〔人〕에게서〔书面语〕= 에게
  例 동료에게서 从同事处
- 〔人〕한테서〔口语〕= 한테
  例 친구한테서 从朋友处
- 〔事物〕에서
  例 인터넷에서 从网络里

自我挑战!

1 请选择并填写符合句子的三个单词。

피아노　등　스트레스　얼굴　월급　외국어　선물　태권도　다리

(1) ________ ________ ________ 을/를 맞아요.

(2) ________ ________ ________ 을/를 배워요.

(3) ________ ________ ________ 을/를 받아요.

2 请选择正确的答案。

(1) 제가 (ⓐ 동생을 / ⓑ 동생에게) 때려서 엄마한테 혼났어요.

(2) 친구한테서 이메일을 받고 (ⓐ 친구한테 / ⓑ 친구한테서) 전화했어요.

(3) 제가 수업을 준비할 때 인터넷에서 (ⓐ 도움이 / ⓑ 도움을) 받아요.

3 请写下符合句子的图片的选项，并选择恰当的单词完成下列句子。

(1) □ 오랜만에 친구한테서 문자를 (ⓐ 해서 / ⓑ 받아서) 기분이 좋아요.

(2) □ 지각해서 상사에게 (ⓐ 혼났으니까 / ⓑ 혼냈으니까) 기분이 안 좋아요.

(3) □ 머리에 공을 (ⓐ 때려서 / ⓑ 맞아서) 머리가 아파요.

(4) □ 한국어를 (ⓐ 가르칠 / ⓑ 배울) 때 매일 숙제를 해야 했어요.

(5) □ 가족이니까 동생이 어려울 때 동생을 (ⓐ 도와줘요. / ⓑ 도움을 받아요.)

(6) □ 친구가 고민이 있을 때 친구의 얘기를 (ⓐ 말해야 / ⓑ 들어야) 해요.

第76课 相反动词2

开始学习!

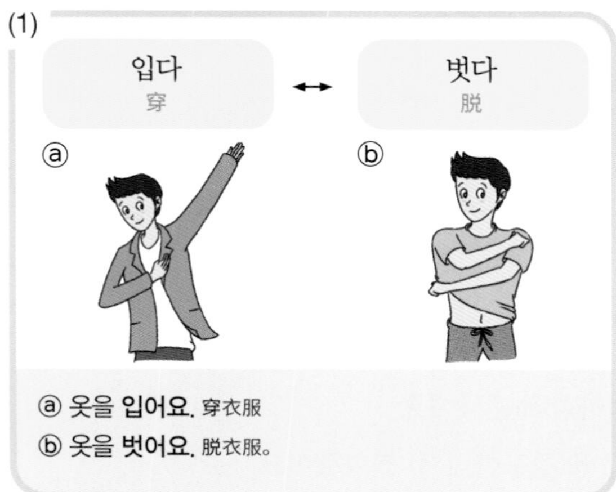

(1)

입다 穿	↔	벗다 脱

ⓐ 옷을 **입어요.** 穿衣服

ⓑ 옷을 **벗어요.** 脱衣服。

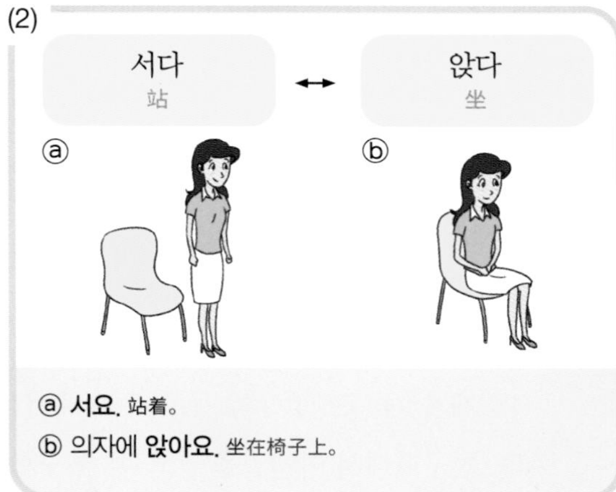

(2)

서다 站	↔	앉다 坐

ⓐ **서요.** 站着。

ⓑ 의자에 **앉아요.** 坐在椅子上。

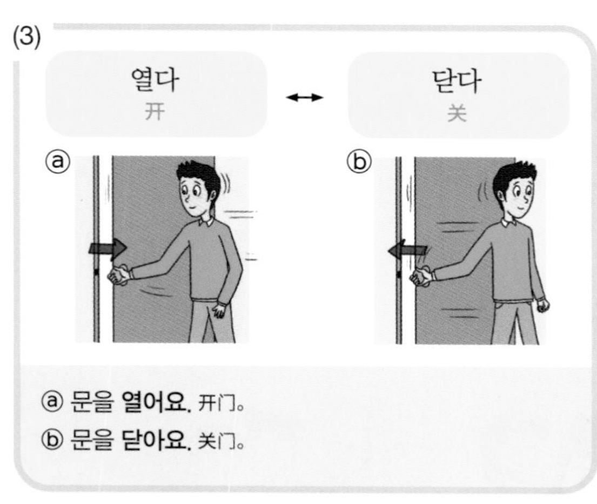

(3)

열다 开	↔	닫다 关

ⓐ 문을 **열어요.** 开门。

ⓑ 문을 **닫아요.** 关门。

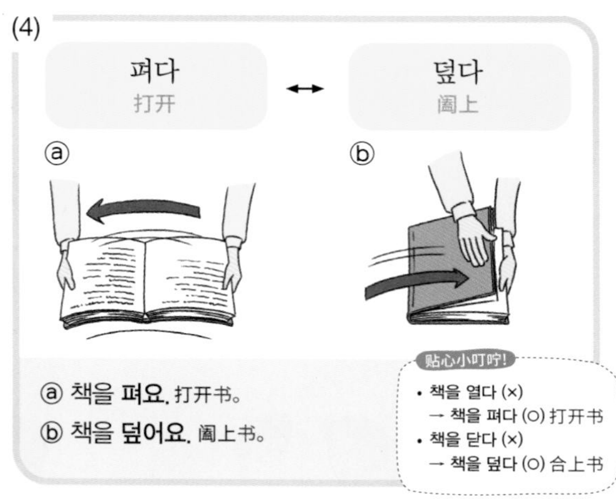

(4)

펴다 打开	↔	덮다 阖上

ⓐ 책을 **펴요.** 打开书。

ⓑ 책을 **덮어요.** 阖上书。

贴心小叮咛!

- 책을 열다 (×)
  → 책을 펴다 (○) 打开书
- 책을 닫다 (×)
  → 책을 덮다 (○) 合上书

(5)

밀다 推	↔	당기다 拉

ⓐ 자동차를 **밀어요.** 推汽车。

ⓑ 줄을 **당겨요.** 拉绳子。

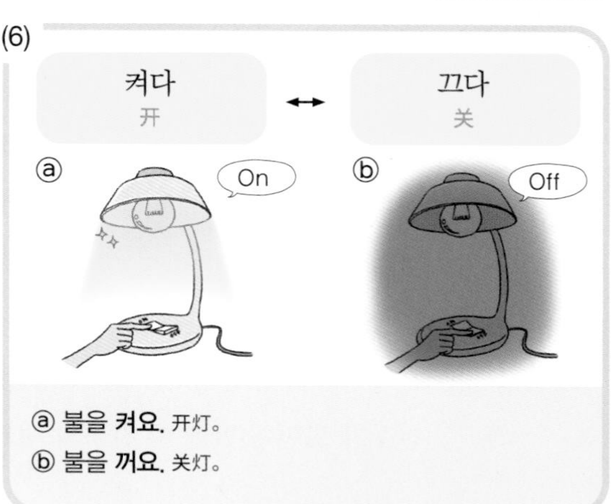

(6)

켜다 开	↔	끄다 关

ⓐ 불을 **켜요.** 开灯。

ⓑ 불을 **꺼요.** 关灯。

贴心小叮咛!

넣다的相反词有以下不同:
- 꺼내다(↔넣다): 用手或工具将在某个空间之内的东西拿到外面时使用。
  例 가방에서 책을 꺼내요. 从书包里把书拿出来。
- 빼다(↔넣다): 在整体中，去除或扣下一部分时使用。
  例 이번 모임에서 그 사람을 뺐어요. 这次聚会中，我们把他给除外了。

(7)

넣다 放进 ↔ 꺼내다 拿出

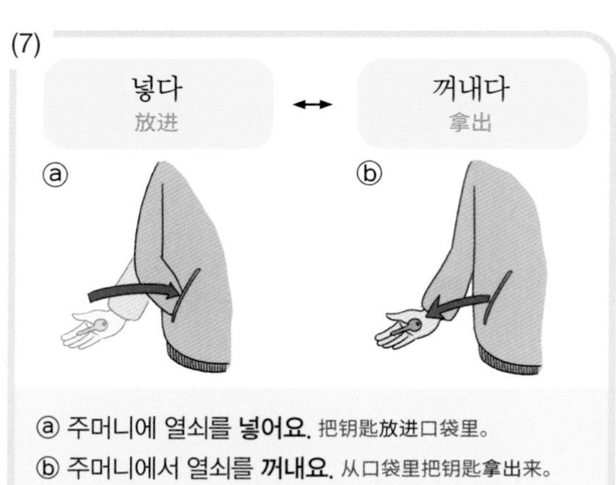

ⓐ 주머니에 열쇠를 **넣어요.** 把钥匙放进口袋里。
ⓑ 주머니에서 열쇠를 **꺼내요.** 从口袋里把钥匙拿出来。

(8)

넣다 放进 ↔ 빼다 抽出

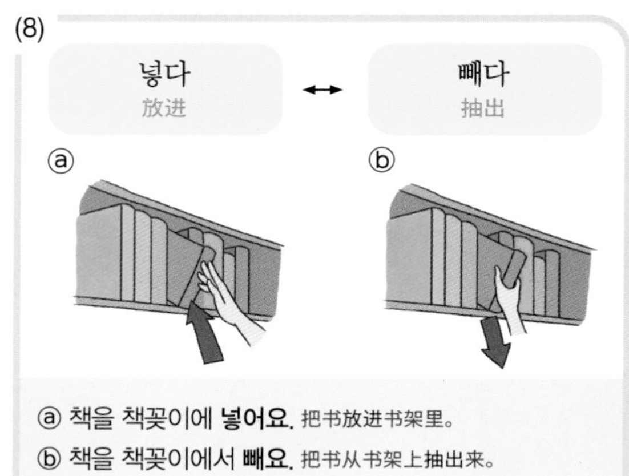

ⓐ 책을 책꽂이에 **넣어요.** 把书放进书架里。
ⓑ 책을 책꽂이에서 **빼요.** 把书从书架上抽出来。

(9)

들다 拿起 ↔ 놓다 放下

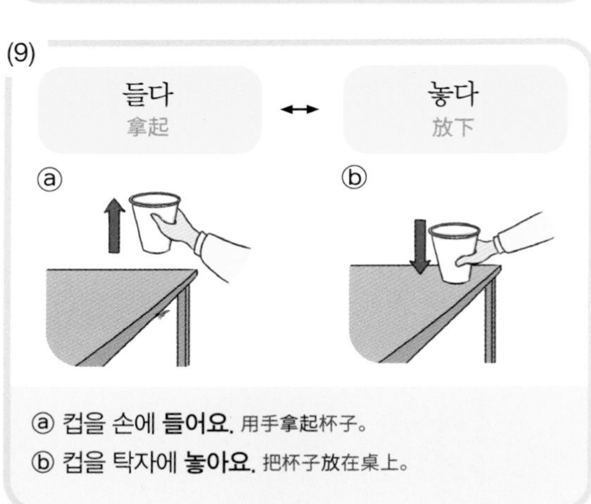

ⓐ 컵을 손에 **들어요.** 用手拿起杯子。
ⓑ 컵을 탁자에 **놓아요.** 把杯子放在桌上。

(10)

줍다 捡 ↔ 버리다 扔

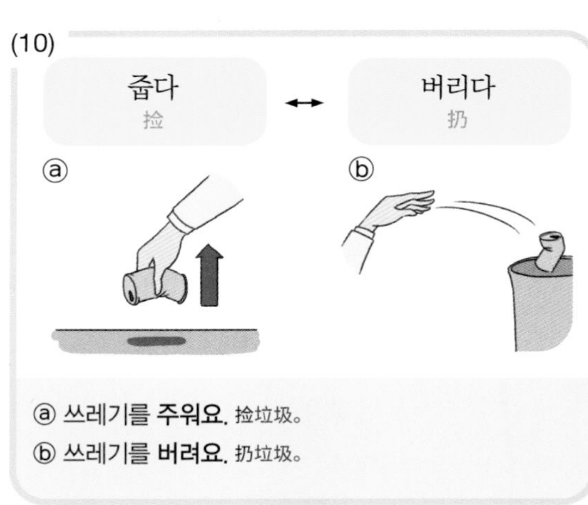

ⓐ 쓰레기를 **주워요.** 捡垃圾。
ⓑ 쓰레기를 **버려요.** 扔垃圾。

(11)

타다 上；乘 ↔ 내리다 下

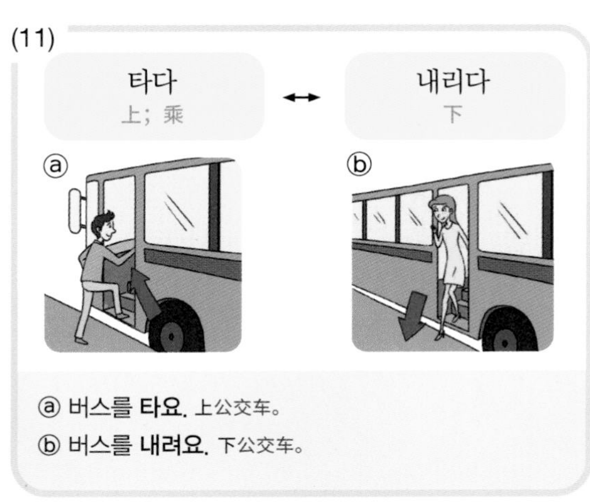

ⓐ 버스를 **타요.** 上公交车。
ⓑ 버스를 **내려요.** 下公交车。

(12)

싸다 包起来 ↔ 풀다 打开

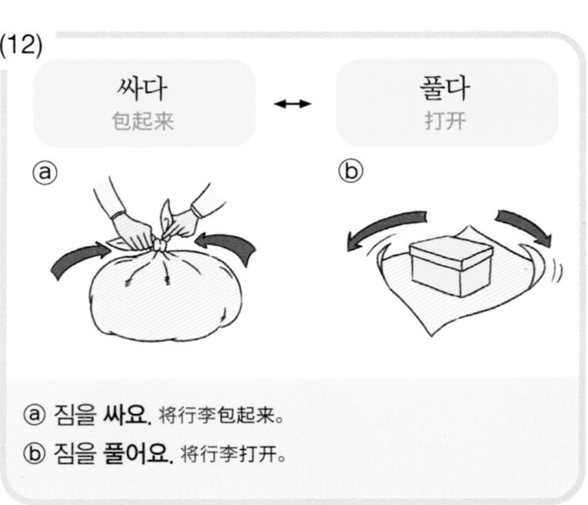

ⓐ 짐을 **싸요.** 将行李包起来。
ⓑ 짐을 **풀어요.** 将行李打开。

自我挑战!

1 请看图片，并选择正确的答案。

(1)
ⓐ 문을 밀어요.
ⓑ 문을 당겨요.

(2)
ⓐ 쓰레기를 주워요.
ⓑ 쓰레기를 버려요.

(3)
ⓐ 엘리베이터를 타요.
ⓑ 엘리베이터를 내려요.

(4)
ⓐ 옷을 입어요.
ⓑ 옷을 벗어요.

(5)
OFF
ⓐ 텔레비전을 켜요.
ⓑ 텔레비전을 꺼요.

(6)
ⓐ 냉장고에 물을 넣어요.
ⓑ 냉장고에서 물을 꺼내요.

2 在下列各项中，请选出一个不恰当的选项。

(1)
ⓐ 지하철 □
ⓑ 비행기 □
ⓒ 세탁기 □
ⓓ 자전거 □
을/를 타요.

(2)
ⓐ 상자 □
ⓑ 뚜껑 □
ⓒ 서랍 □
ⓓ 주머니 □
에서 꺼내요.

(3)
ⓐ 사전 □
ⓑ 창문 □
ⓒ 상자 □
ⓓ 가방 □
을/를 열어요.

(4)
ⓐ 짐 □
ⓑ 컵 □
ⓒ 공 □
ⓓ 방 □
을/를 들어요.

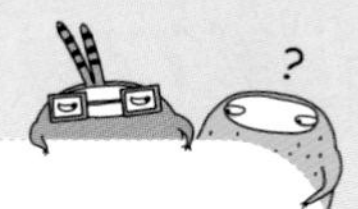

3 请选择适当的答案。

(1) 공연을 보러 갔는데 자리가 없어서 (ⓐ 서서 / ⓑ 앉아서) 봤어요.

(2) 방이 너무 더우니까 창문을 (ⓐ 열면 / ⓑ 닫으면) 좋겠어요.

(3) 내일 아침 일찍 여행을 떠날 거예요. 빨리 짐을 (ⓐ 싸세요. / ⓑ 푸세요.)

(4) 손에 가방을 (ⓐ 놓고 / ⓑ 들고) 있어요. 미안하지만, 문 좀 열어 주세요.

(5) 이번 주말에 시간이 없어요. 이번 주말 모임에서 저를 (ⓐ 넣어 / ⓑ 빼) 주세요.

(6) 이제 수업을 시작하겠습니다. 책 33쪽을 (ⓐ 펴세요. / ⓑ 덮으세요.)

(7) 친구가 지갑에서 가족사진을 (ⓐ 넣어서 / ⓑ 꺼내서) 보여 줬어요.

(8) 아까 불을 (ⓐ 켰는데 / ⓑ 껐는데) 왜 불이 켜져 있는지 모르겠어요.

4 请在空格中填写正确的答案。

이/가	을/를	에	에서

(1) 일할 때 의자(　　) 앉아서 해요.

(2) 인사할 때 주머니(　　) 손을 빼요.

(3) 회사에 출근할 때 지하철(　　) 타고 가요.

(4) 수업을 들을 때 노트북을 책상 위(　　) 놓아요.

(5) 영화를 볼 때에는 핸드폰(　　) 꺼 주세요.

(6) 쓰레기는 쓰레기통(　　) 버립시다.

(7) 겨울 옷이 필요하니까 창고(　　) 옷을 꺼냈어요.

(8) 친구(　　) 오래 줄을 서 있어서 다리가 아플 거예요.

5 请正确修改划线的部分。

(1) 열쇠를 책상 위에 <u>넣으세요</u>.

(2) 어제 길에서 돈을 <u>추웠어요</u>.

(3) 시험을 시작하기 전에 책을 <u>닫으세요</u>.

第77课 相反动词3

开始学习！

(1)

알다 认识 ↔ 모르다 不认识

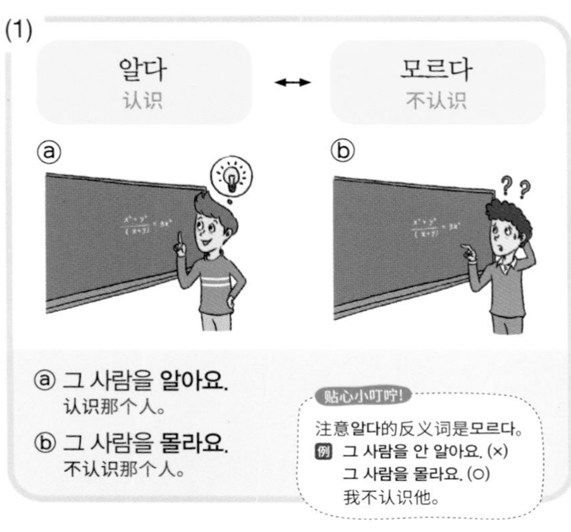

ⓐ 그 사람을 **알아요.** 认识那个人。

ⓑ 그 사람을 **몰라요.** 不认识那个人。

> 贴心小叮咛!
> 注意알다的反义词是모르다。
> 例 그 사람을 안 알아요. (×)
> 그 사람을 몰라요. (○)
> 我不认识他。

(2)

이기다 赢 ↔ 지다 输

ⓐ 경기에서 **이겼어요.** 在比赛中赢了。

ⓑ 경기에서 **졌어요.** 在比赛中输了。

> 小秘诀
> 5:5 비기다
> 平手

(3)

얼다 结冰 ↔ 녹다 融化

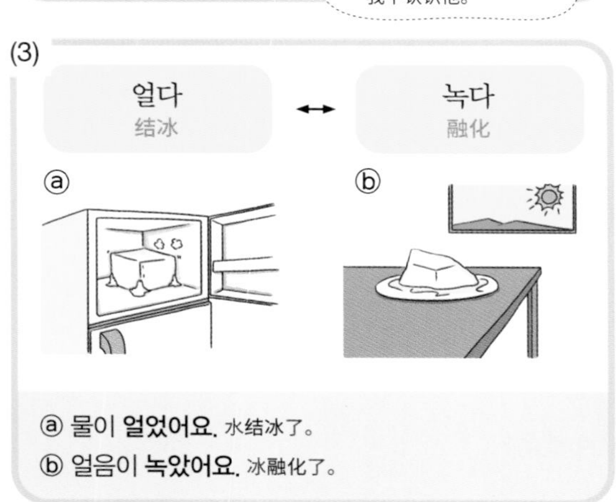

ⓐ 물이 **얼었어요.** 水结冰了。

ⓑ 얼음이 **녹았어요.** 冰融化了。

(4)

오르다 涨 ↔ 내리다 降

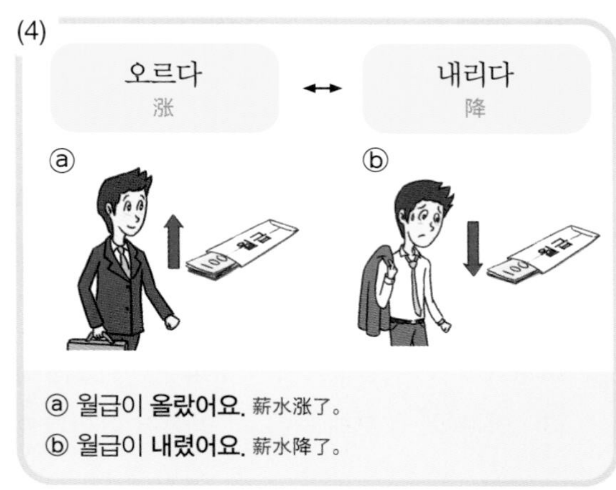

ⓐ 월급이 **올랐어요.** 薪水涨了。

ⓑ 월급이 **내렸어요.** 薪水降了。

(5)

늘다 增加 ↔ 줄다 减少

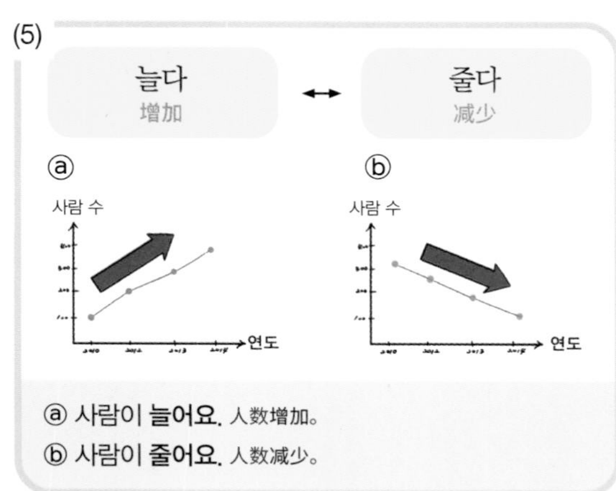

ⓐ 사람이 **늘어요.** 人数增加。

ⓑ 사람이 **줄어요.** 人数减少。

(6)

소리를 키우다 调大声 ↔ 소리를 줄이다 调小声

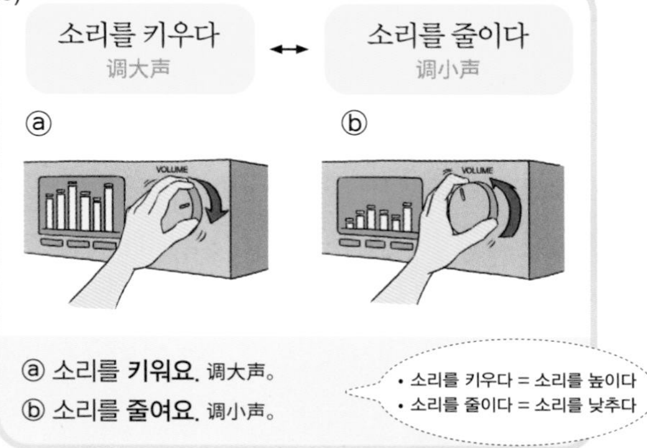

ⓐ 소리를 **키워요.** 调大声。

ⓑ 소리를 **줄여요.** 调小声。

> • 소리를 키우다 = 소리를 높이다
> • 소리를 줄이다 = 소리를 낮추다

自我挑战!

1 请看图片，并选择正确的答案。

(1)
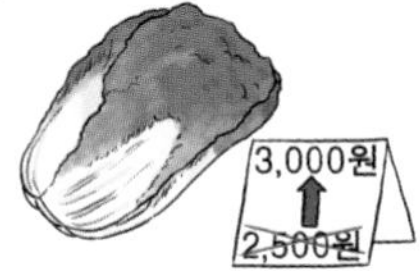

ⓐ 값이 올랐어요. □
ⓑ 값이 내렸어요. □

(2)
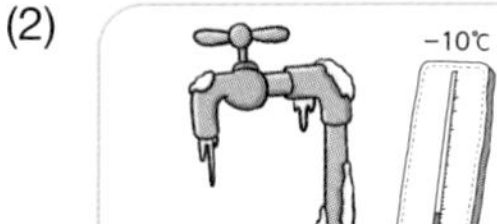

ⓐ 수도가 녹았어요. □
ⓑ 수도가 얼었어요. □

(3)

ⓐ 한국어 실력이 늘었어요. □
ⓑ 한국어 실력이 줄었어요. □

(4)

ⓐ 경기에서 이겼어요. □
ⓑ 경기에서 졌어요. □

2 请连接符合问题的答案。

(1) 이 단어를 알아요? •
(2) 이번 경기에서 이겼어요? •
(3) 얼음이 다 얼었어요? •
(4) 지난달보다 이번 달에 학생이 줄었어요? •

• ⓐ 아니요, 졌어요.
• ⓑ 아니요, 몰라요.
• ⓒ 아니요, 20명 더 늘었어요.
• ⓓ 아니요, 다 녹았어요.

3 请正确修改划线的部分。

(1) 시험을 잘 봐서 점수가 <u>늘었어요</u>.
(2) 저는 선생님의 연락처를 <u>안 알아요</u>.
(3) 너무 시끄러우니까 소리를 <u>내려요</u>.

第78课 动作动词

开始学习!

(1)
ⓐ 걷다 走
ⓑ 뛰다 跳

(2)
ⓐ 달리다 跑
ⓑ 멈추다 停

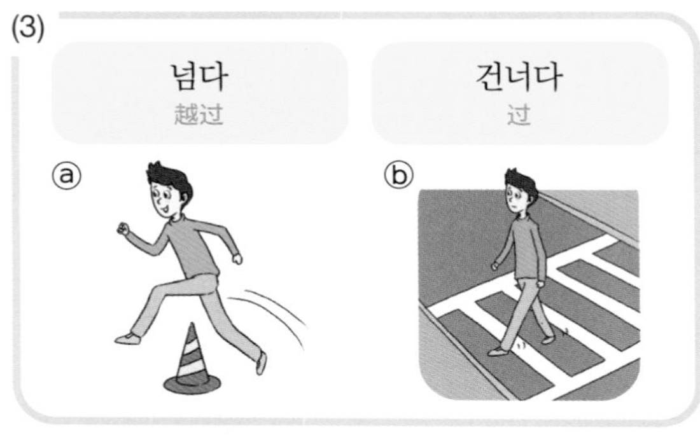

(3)
ⓐ 넘다 越过
ⓑ 건너다 过

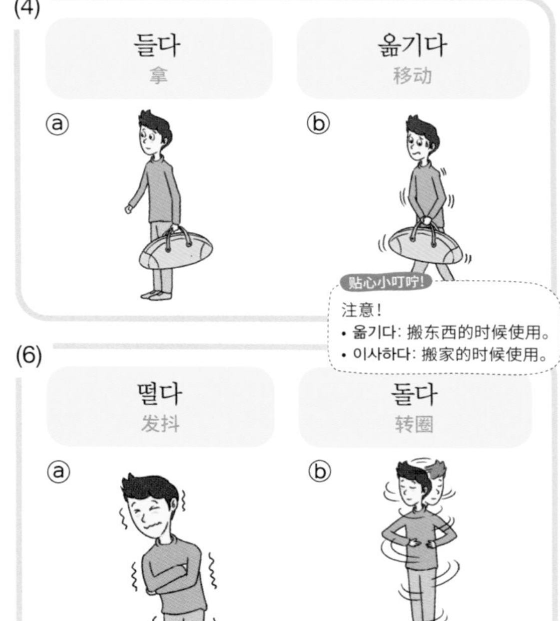

(4)
ⓐ 들다 拿
ⓑ 옮기다 移动

贴心小叮咛!
注意!
• 옮기다: 搬东西的时候使用。
• 이사하다: 搬家的时候使用。

(6)
ⓐ 떨다 发抖
ⓑ 돌다 转圈

(5)
ⓐ 지나다 经过
ⓑ 구르다 滚

(7)
ⓐ 부딪치다 碰撞
ⓑ 넘어지다 摔倒

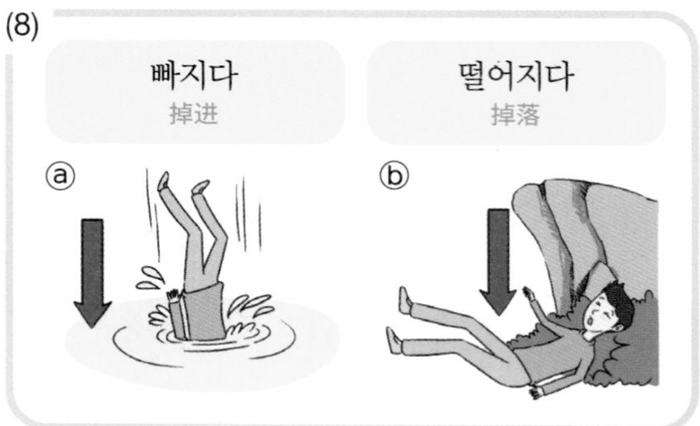

(8)
ⓐ 빠지다 掉进
ⓑ 떨어지다 掉落

自我挑战!

1 请看图片，并选择正确的答案。

(1) 
다리를 (ⓐ 건넌 / ⓑ 옮긴) 다음에 오른쪽으로 가세요.

(2) 
남자가 우산을 (ⓐ 돌고 / ⓑ 들고) 있어요.

(3) 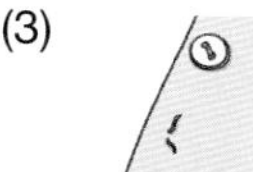
단추가 (ⓐ 넘어져서 / ⓑ 떨어져서) 입을 수 없어요.

(4) 
봄이 (ⓐ 지나고 / ⓑ 달리고) 여름이 되었어요.

(5) 
수업 시간에 늦어서 (ⓐ 걸어서 / ⓑ 뛰어서) 갔어요.

(6) 
그 남자는 그 여자를 보고 사랑에 (ⓐ 빠졌어요. / ⓑ 부딪쳤어요.)

2 在下列各项中，请选出一个不恰当的选项。

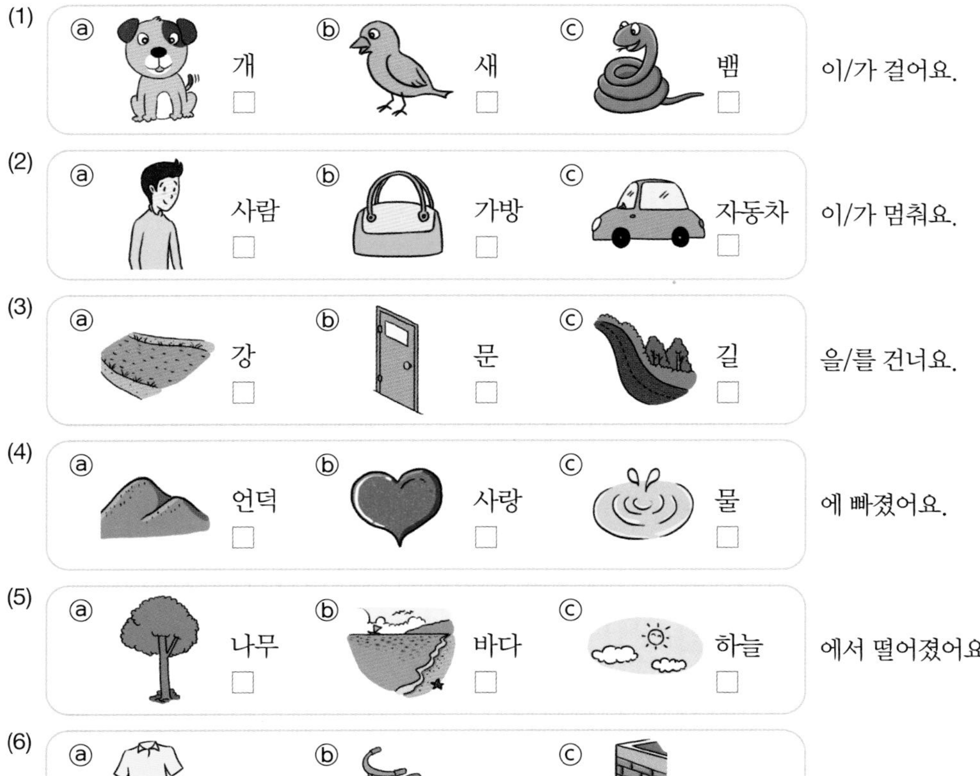
(1) ⓐ 개 ☐ ⓑ 새 ☐ ⓒ 뱀 ☐ 이/가 걸어요.
(2) ⓐ 사람 ☐ ⓑ 가방 ☐ ⓒ 자동차 ☐ 이/가 멈춰요.
(3) ⓐ 강 ☐ ⓑ 문 ☐ ⓒ 길 ☐ 을/를 건너요.
(4) ⓐ 언덕 ☐ ⓑ 사랑 ☐ ⓒ 물 ☐ 에 빠졌어요.
(5) ⓐ 나무 ☐ ⓑ 바다 ☐ ⓒ 하늘 ☐ 에서 떨어졌어요.
(6) ⓐ 옷 ☐ ⓑ 자전거 ☐ ⓒ 벽 ☐ 에 부딪쳤어요.

身体相关动词

开始学习!

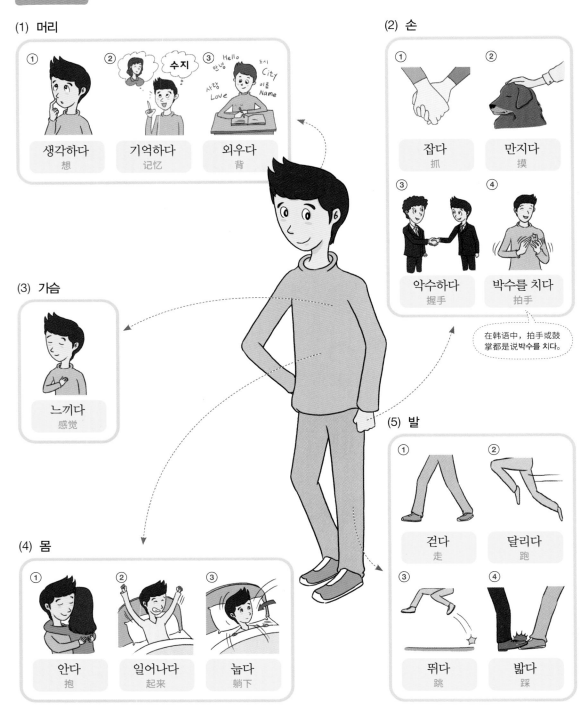

(1) 머리

①  생각하다 想

②  기억하다 记忆

③  외우다 背

(2) 손

①  잡다 抓

② 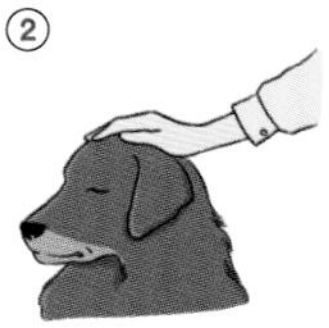 만지다 摸

③  악수하다 握手

④  박수를 치다 拍手

在韩语中，拍手或鼓掌都是说박수를 치다。

(3) 가슴

느끼다 感觉

(4) 몸

①  안다 抱

②  일어나다 起来

③ 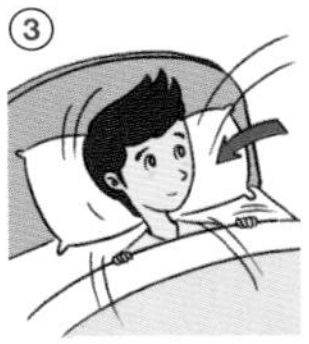 눕다 躺下

(5) 발

①  걷다 走

② 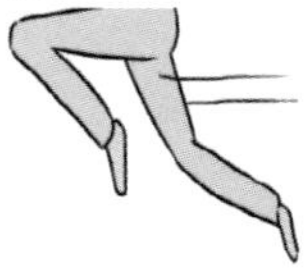 달리다 跑

③  뛰다 跳

④ 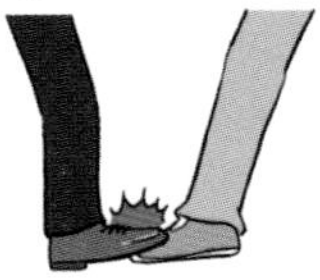 밟다 踩

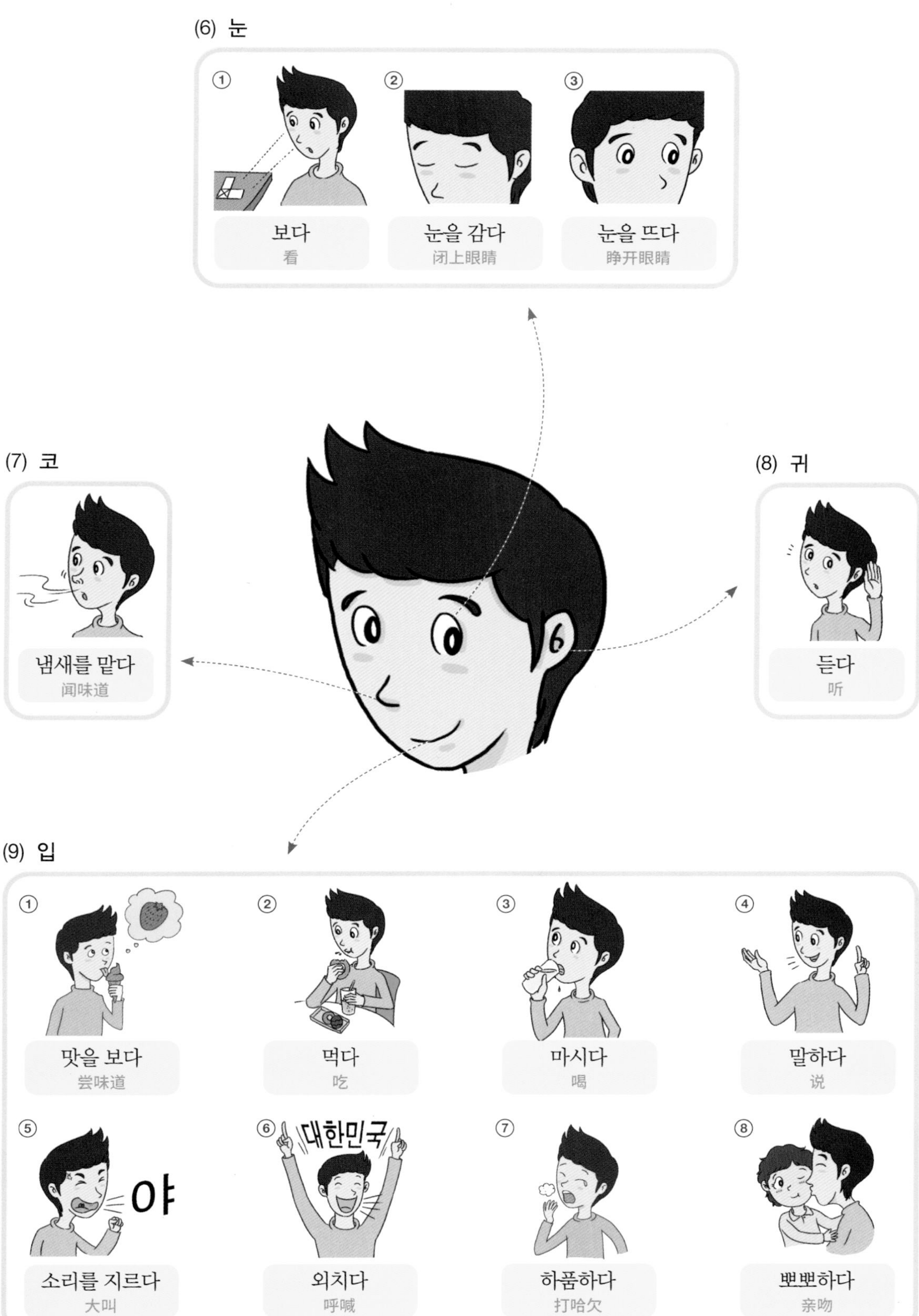
(6) 눈
①
보다
看
②
눈을 감다
闭上眼睛
③
눈을 뜨다
睁开眼睛
(7) 코
냄새를 맡다
闻味道
(8) 귀
듣다
听
(9) 입
①
맛을 보다
尝味道
②
먹다
吃
③
마시다
喝
④
말하다
说
⑤
야
소리를 지르다
大叫
⑥
대한민국
외치다
呼喊
⑦
하품하다
打哈欠
⑧
뽀뽀하다
亲吻

自我挑战!

1 请在下列各项中，选择一个身体部位不同的单词。

(1)
ⓐ 먹다 □
ⓑ 잡다 □
ⓒ 하품하다 □
ⓓ 맛을 보다 □

(2)
ⓐ 밟다 □
ⓑ 만지다 □
ⓒ 악수하다 □
ⓓ 박수를 치다 □

(3)
ⓐ 보다 □
ⓑ 뜨다 □
ⓒ 감다 □
ⓓ 맡다 □

(4)
ⓐ 안다 □
ⓑ 눕다 □
ⓒ 느끼다 □
ⓓ 일어나다 □

(5)
ⓐ 말하다 □
ⓑ 외치다 □
ⓒ 소리를 듣다 □
ⓓ 소리를 지르다 □

(6)
ⓐ 외우다 □
ⓑ 뽀뽀하다 □
ⓒ 생각하다 □
ⓓ 기억하다 □

2 请选择正确的答案。

(1) 자려고 침대에 (ⓐ 일어나요. / ⓑ 누워요.)

(2) 동생이 내 옷을 (ⓐ 잡아서 / ⓑ 만져서) 옷이 찢어졌어요.

(3) 사업하는 사람들은 인사할 때 보통 (ⓐ 하품해요. / ⓑ 악수해요.)

(4) 비밀번호를 잊어버리지 않게 머리 속으로 (ⓐ 외워요. / ⓑ 외쳐요.)

(5) 우리가 3년 전에 학교에서 처음 만났어요. 그때를 (ⓐ 뽀뽀해요? / ⓑ 기억해요?)

(6) 공연이 끝나고 모든 사람들이 일어나서 (ⓐ 냄새를 맡아요. / ⓑ 박수를 쳐요.)

(7) 눈을 (ⓐ 떴지만 / ⓑ 감았지만) 아직 잠이 들지 않았어요.

(8) 어머니가 만들어 준 음식에서 어머니의 사랑을 (ⓐ 느껴요. / ⓑ 안아요.)

3 请看图片，并选择正确的答案。

(1) (ⓐ 민수 / ⓑ 현우)가 박수를 치고 있어요.

(2) (ⓐ 수민 / ⓑ 지선)은 아이를 안고 있어요.

(3) (ⓐ 준석 / ⓑ 정훈)이 소리를 지르고 있어요.

(4) 준기는 (ⓐ 일어나 / ⓑ 누워) 있어요.

(5) 준석과 소연은 (ⓐ 악수하고 / ⓑ 손을 잡고) 걷고 있어요.

(6) 수하는 헤드폰을 끼고 눈을 (ⓐ 뜨고 / ⓑ 감고) 있어요.

4 请看上图，并选择正确的答案。

(1) A 수하가 뭐 하고 있어요?
B 음악을 (ⓐ 듣고 / ⓑ 하고) 있어요.

(2) A 정훈이 누구에게 소리를 지르고 있어요?
B (ⓐ 현우 / ⓑ 수하)에게 소리를 지르고 있어요.

(3) A 준기가 어디에 누워 있어요?
B 나무 (ⓐ 위 / ⓑ 밑)에 누워 있어요.

(4) A 민수가 어디에서 공연하고 있어요?
B 사람들 (ⓐ 앞 / ⓑ 뒤)에서 공연하고 있어요.

成双的动词

开始学习!

A 动词하다, 받다

받다具有被动的意义。

⑦ 추천하다
推荐

⑧ 추천(을) 받다
被推荐

⑨ 방해하다
妨碍

⑩ 방해(를) 받다
被妨碍；受到妨碍

⑪ 칭찬하다
称赞

⑫ 칭찬(을) 받다
被称赞

제주도에 한번 가 보세요.

책 27쪽 펴세요.

이름이 뭐예요?

한국어를 정말 잘해요!

이것 좀 빌려주세요.

질문하다
= 물어보다

① 질문하다
问问题

② 질문(을) 받다
接受提问；被问

③ 지시하다
指示

④ 지시(를) 받다
被指示

⑤ 부탁하다
拜托

⑥ 부탁(을) 받다
受托；被拜托

① 남자가 여자에게 이름을 **질문했어요.** 男人问女人的名字。

② 여자가 남자에게서 이름을 **질문 받았어요.** 女人被男人问到了名字。

③ 선생님이 학생에게 책을 펴라고 **지시했어요.** 老师指示学生翻开书。

④ 학생이 선생님한테서 책을 펴라고 **지시 받았어요.** 学生接到了老师书翻开的指示。

⑤ 여자가 남자에게 사전을 빌려 달라고 **부탁했어요.** 女人请求男人借她词典。

⑥ 남자가 여자에게 사전을 빌려 달라고 **부탁 받았어요.** 男人接到了女人借词典的请求。

⑦ 여자가 남자에게 제주도에 가 보라고 **추천했어요.** 女人向男人推荐去济州岛看看。

⑧ 남자가 여자에게서 제주도에 가 보라고 **추천 받았어요.** 男人得到了女人去济州岛看看的建议。

⑨ 남자가 여자가 공부하는 것을 **방해했어요.** 男人妨碍了女人学习。

⑩ 여자가 남자 때문에 공부를 **방해 받았어요.** 女人因为男人的缘故，学习受到妨碍。

⑪ 여자가 남자가 한국어를 잘한다고 **칭찬했어요.** 女人称赞男人韩语说得好。

⑫ 남자가 여자한테서 한국어를 잘한다고 **칭찬 받았어요.** 男人得到了女人韩语说得好的称赞。

B 一起使用的动词

(1)

걱정하다 격려하다
担心 鼓励
걱정하다 위로하다
担心 安慰
ⓐ ⓑ ⓒ ⓓ
내일 시험이 있어요. 걱정돼요.
걱정하지 마세요. 잘할 거예요.
시험을 너무 못 봤어요.
다음 시험을 잘 보면 돼요.

ⓐ 남자가 시험 보기 전에 시험 때문에 **걱정했어요.**
男人在考试前，因为考试的缘故而**担心**。

ⓑ 여자가 잘할 거라고 남자를 **격려했어요.**
女人**鼓励**男人说一定能考好。

ⓒ 남자가 시험이 끝난 다음에 시험 결과를 **걱정했어요.**
男人在考试结束后**担心起**了考试的结果。

ⓓ 여자가 괜찮다고 남자를 **위로했어요.**
女人**安慰**男人说没关系。

(2)

설명하다 이해하다
说明 理解

이해 못 하다
无法理解

ⓐ ⓑ ⓒ

이 문법은…….

알겠어요.

모르겠어요.

ⓐ 선생님이 학생들에게 문법을 **설명했어요.**
老师对女学生**说明**了语法。

ⓑ 여학생이 문법 설명을 **이해했어요.**
女学生**听懂**了语法说明。

ⓒ 남학생이 문법 설명을 **이해 못 했어요.**
男学生**没听懂**语法说明。

(3)

불평하다 사과하다
抱怨 道歉
불평하다 변명하다
埋怨 辩解
ⓐ ⓑ ⓒ ⓓ
왜 음식이 안 나와요?
죄송합니다.

ⓐ 음식이 늦게 나와서 손님이 직원에게 **불평했어요.**
因为上菜太晚，客人向服务员**抱怨**。

ⓑ 직원이 손님에게 미안하다고 **사과했어요.**
服务员向客人**道歉**说对不起。

ⓒ 남자가 늦게 와서 여자가 **불평했어요.**
因为男人来晚了，女人**埋怨**他。

ⓓ 남자가 길이 많이 막힌다고 **변명했어요.**
男人**辩解**说因为路上堵车。

(4)

제안하다 받아들이다
提议 接受
제안하다 거절하다
提议 拒绝
ⓐ ⓑ ⓒ ⓓ
같이 식사할까요?
좋아요.
같이 식사할까요?
미안해요. 시간이 없어요.

ⓐ 남자가 여자에게 식사를 **제안했어요.**
男人向女人**提议**去吃饭。

ⓑ 여자가 남자의 제안을 **받아들였어요.**
女人**接受**了男人的建议。

ⓒ 남자가 여자에게 식사를 **제안했어요.**
男人向女人**提议**去吃饭。

ⓓ 여자가 남자의 제안을 **거절했어요.**
女人**拒绝**了男人的建议。

自我挑战!

1 请选择正确的答案。

(1) 변명하다
ⓐ 왜 매일 약속에 늦게 와요? □
ⓑ 미안해요. 시계가 고장 나서 늦었어요. □

(2) 거절하다
ⓐ 같이 영화 보러 갈까요? □
ⓑ 미안해요. 시간이 없어요. □

(3) 부탁하다
ⓐ 천천히 말해 주세요. □
ⓑ 네, 알겠어요. □

(4) 칭찬하다
ⓐ 옷이 선생님한테 잘 어울려요. □
ⓑ 고마워요. □

(5) 추천하다
ⓐ 여기에서 어떤 음식이 맛있어요? □
ⓑ 불고기가 유명하니까 그거 드세요. □

(6) 불평하다
ⓐ 또 고장 났어요. □
ⓑ 고쳐 드릴게요. □

2 请连接符合句子的单词。

(1) 한국어 발음이 정말 좋네요. • • ⓐ 추천하다

(2) 화장실을 같이 쓰니까 너무 불편해요. • • ⓑ 지시하다

(3) 오늘 수업 후에 뭐 할 거예요? • • ⓒ 불평하다

(4) 오늘 저 좀 도와주세요. • • ⓓ 질문하다

(5) 회의가 끝나고 제 사무실로 오세요. • • ⓔ 칭찬하다

(6) 가족하고 여행하려면 제주도가 좋을 거예요. • • ⓕ 부탁하다

3 请选择正确的答案。

(1)

민수 잘 모르겠어요. 숙제를 좀 도와주시겠어요?
수지 네, 도와드릴게요.

▶ 민수가 수지한테 숙제를 도와 달라고 (ⓐ 지시했어요. / ⓑ 부탁했어요.)

(2)

소영 오늘 같이 점심 먹을까요?
민규 네, 그래요.

▶ 소영이 민규에게 점심을 제안하니까 민규가 소영의 제안을 (ⓐ 받아들였어요. / ⓑ 거절했어요.)

(3)

수지 비빔밥이 유명하니까 꼭 먹어 보세요.
민수 그래요? 꼭 먹어 볼게요.

▶ 민수가 수지한테서 (ⓐ 추천한 / ⓑ 추천 받은) 음식은 비빔밥이에요.

(4)

유빈 어디에 살아요?
진호 강남에 살아요.

▶ 진호는 유빈에게서 어디에 사는지 (ⓐ 질문했어요. / ⓑ 질문 받았어요.)

(5)

미희 도서관이니까 좀 조용히 해 주시겠어요?
현기 네, 죄송합니다.

▶ 현기가 시끄럽게 해서 미희한테 (ⓐ 사과했어요. / ⓑ 추천했어요.)

(6)

문수 저 때문에 지나 씨가 너무 화가 났어요. 어떡하죠?
미진 시간이 지나면 괜찮아질 거예요.

▶ 문수가 많이 (ⓐ 거절하니까 / ⓑ 걱정하니까) 미진이 문수를 위로했어요.

4 请连接相应的部分，并完成下列句子。

(1) 새로 산 물건이 고장 나면 • • ⓐ 미안하다고 사과할 거예요.
(2) 친구의 말을 이해 못 하면 • • ⓑ 잘할 거라고 격려할 거예요.
(3) 친구가 시험 때문에 걱정하면 • • ⓒ 왜 할 수 없는지 이유를 말할 거예요.
(4) 약속에 늦어서 친구가 화가 나면 • • ⓓ 친구에게 다시 질문할 거예요.
(5) 친구가 미용실에 갔다 오면 • • ⓔ 가게에 가서 불평할 거예요.
(6) 친구의 제안을 거절하려면 • • ⓕ 머리 모양이 예쁘다고 칭찬할 거예요.

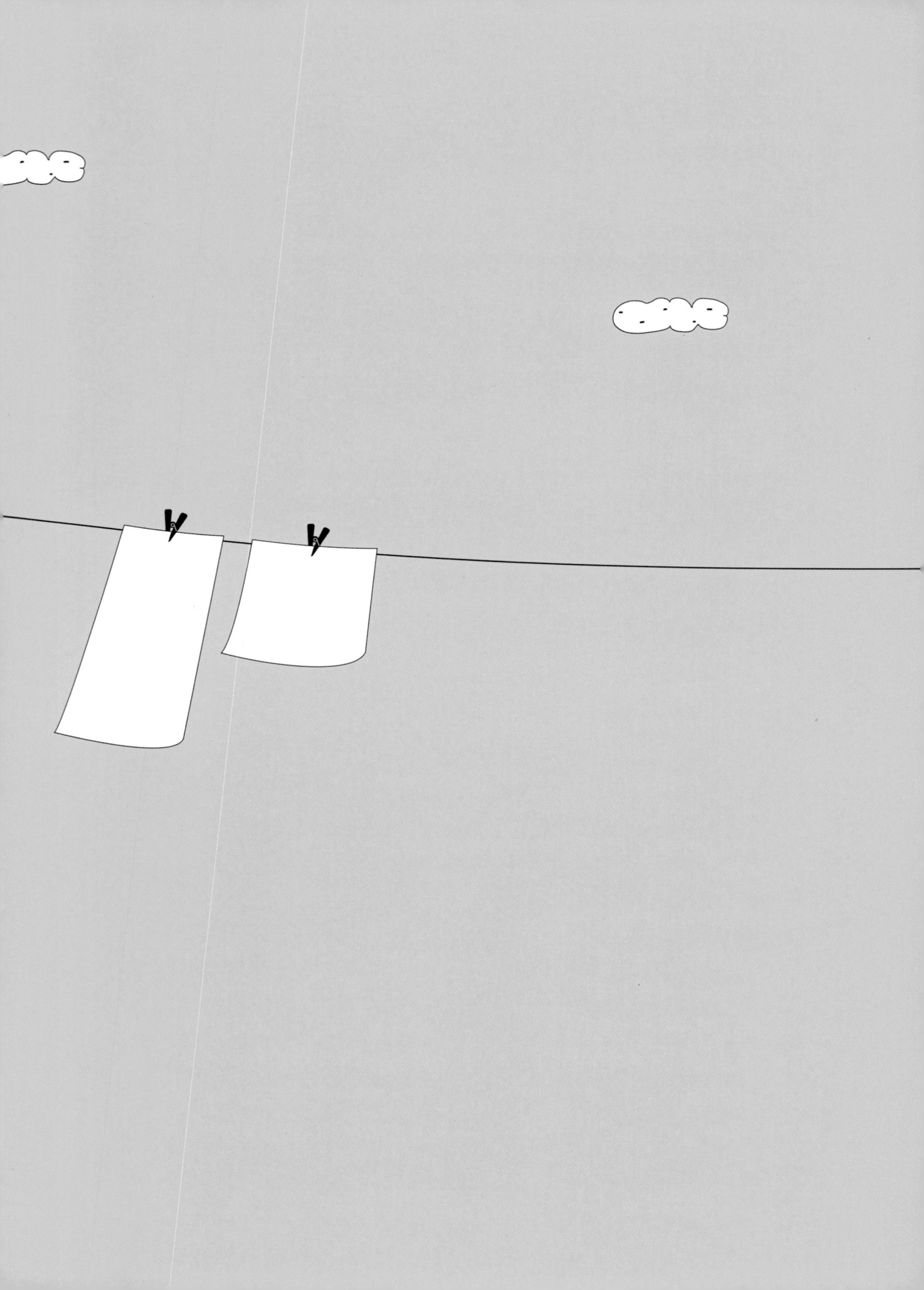

Part 3

动词

表现

语言

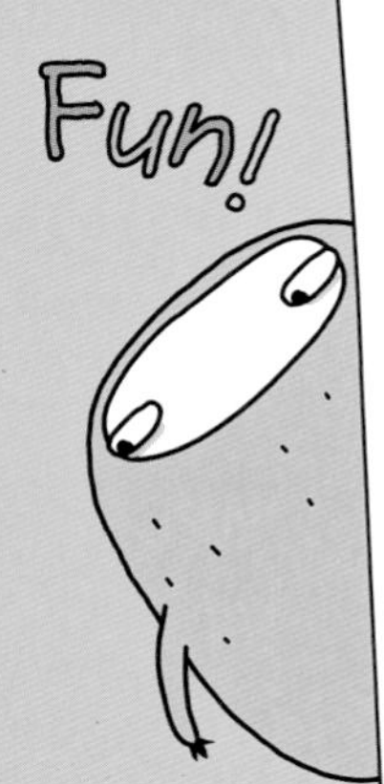

第81课 动词가다/오다

韩语小单词

A

(1)

들어가다	나오다
进去	出来

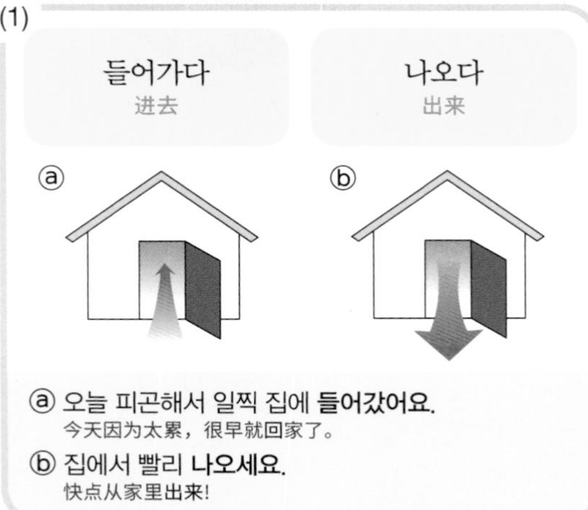

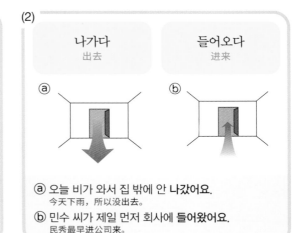

ⓐ 오늘 피곤해서 일찍 집에 **들어갔어요.**
今天因为太累，很早就回家了。

ⓑ 집에서 빨리 **나오세요.**
快点从家里出来!

(2)

나가다	들어오다
出去	进来

ⓐ 오늘 비가 와서 집 밖에 안 **나갔어요.**
今天下雨，所以没出去。

ⓑ 민수 씨가 제일 먼저 회사에 **들어왔어요.**
民秀最早进公司来。

(3)

올라가다	내려오다
上去	下来

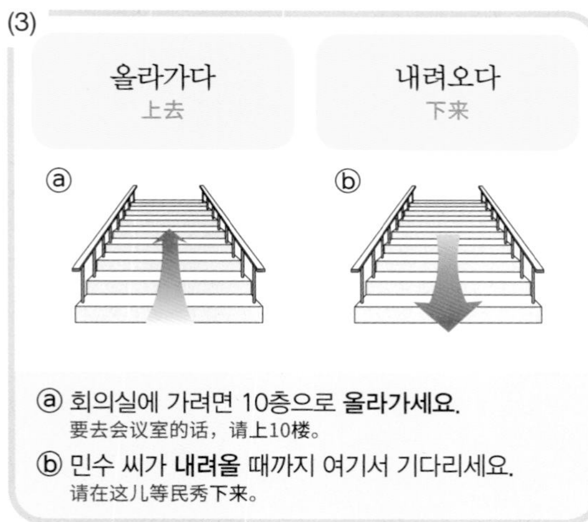

ⓐ 회의실에 가려면 10층으로 **올라가세요.**
要去会议室的话，请上10楼。

ⓑ 민수 씨가 **내려올** 때까지 여기서 기다리세요.
请在这儿等民秀下来。

(4)

내려가다	올라오다
下去	上来

ⓐ 화장실은 2층으로 **내려가면** 오른쪽에 있어요.
你下到二楼，右边就有洗手间。

ⓑ 3층에 있으면 한 층 더 **올라오세요.**
如果你在三楼，请再上一层。

考考自己! 请看图片，并选择正确的答案。

(1) (　　　　)이/가 계단을 올라오고 있어요.
(2) (　　　　)이/가 계단을 내려오고 있어요.
(3) (　　　　)이/가 계단을 내려가고 있어요.
(4) (　　　　)이/가 계단을 올라가고 있어요.
(5) (　　　　)이/가 건물에 들어가고 있어요.
(6) (　　　　)이/가 건물에서 나오고 있어요.

B

(1)

돌아가다
回去

돌아오다
回来

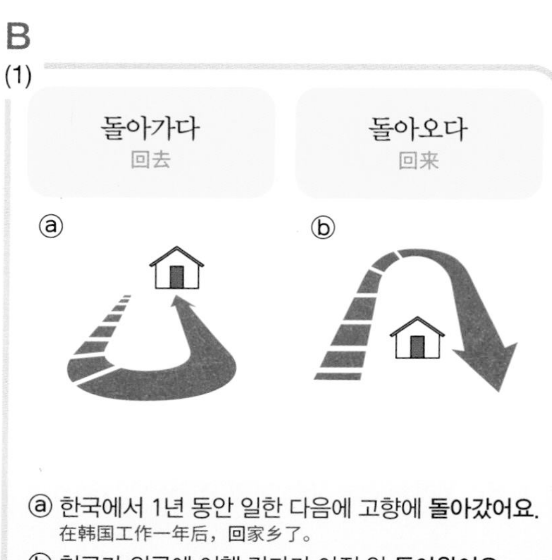

ⓐ 한국에서 1년 동안 일한 다음에 고향에 **돌아갔어요.**
在韩国工作一年后，回家乡了。

ⓑ 친구가 외국에 여행 갔다가 아직 안 **돌아왔어요**
朋友去外国旅行，还没回来。

(2)

왔다 갔다 하다
走来走去

왜 문 앞에서 **왔다 갔다** 해요?
为什么在门外走来走去?

(3)

갔다 오다
去去就回来

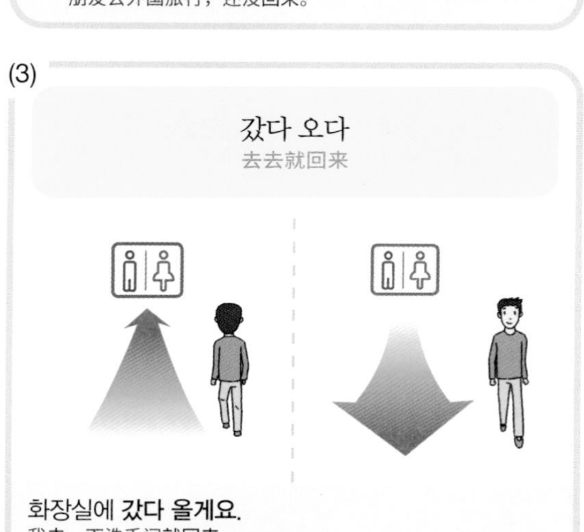

화장실에 **갔다 올게요.**
我去一下洗手间就回来。

(4)

왔다 가다
来了然后走了

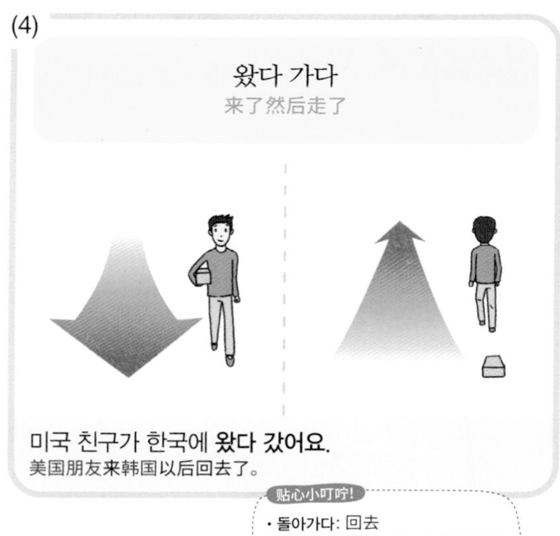

미국 친구가 한국에 **왔다 갔어요.**
美国朋友来韩国以后回去了。

贴心小叮咛!
• 돌아가다: 回去
• 왔다 가다: 某人来了之后又走了

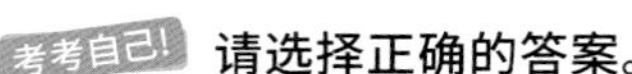

考考自己! **请选择正确的答案。**

(1) A 민기가 집에 있어요?
B 아니요, 여행에서 아직 안 ⓐ 돌아갔어요.
ⓑ 돌아왔어요.

(2) A 손님이 지금도 있어요?
B 조금 전에 ⓐ 왔다 갔어요.
ⓑ 갔다 왔어요.

(3) A 지갑을 집에 놓고 왔어요.
B 여기에서 기다릴게요.
집에 빨리 ⓐ 왔다 가세요. ⓑ 갔다 오세요.

(4) A 아침에 아파 보였는데 약을 먹었어요?
B 너무 아파서 아까 병원에 ⓐ 왔다 갔어요.
ⓑ 갔다 왔어요.

(5) A 외국에서 온 친구가 아직 한국에 있어요?
B 아니요, 어제 자기 나라로 ⓐ 돌아갔어요.
ⓑ 돌아왔어요.

(6) A 왜 경찰이 저 건물 앞에서 ⓐ 갔다 왔다 해요?
ⓑ 왔다 갔다 해요?
B 저기가 대사관이라서 경찰이 있어요.

C

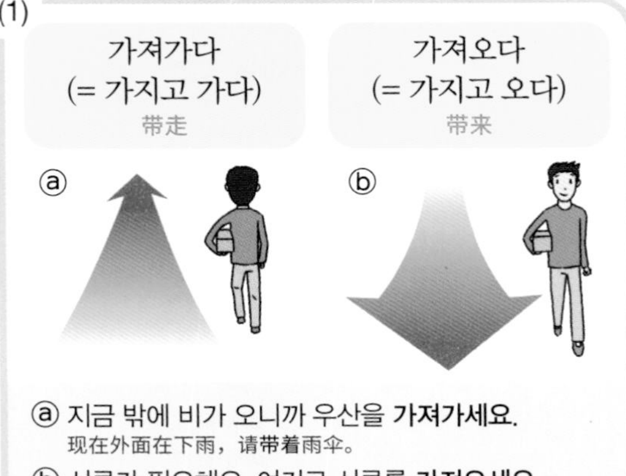

(1)

가져가다
(= 가지고 가다)
带走

가져오다
(= 가지고 오다)
带来

ⓐ 지금 밖에 비가 오니까 우산을 **가져가세요.**
现在外面在下雨，请**带着**雨伞。

ⓑ 서류가 필요해요. 여기로 서류를 **가져오세요.**
我需要文件，请把文件拿到这里。

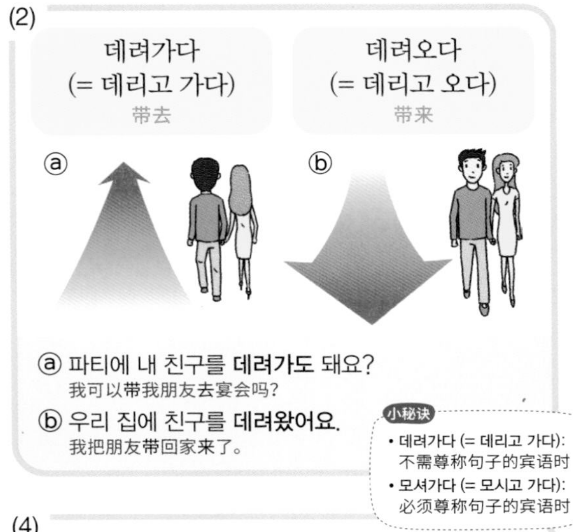

(2)

데려가다
(= 데리고 가다)
带去

데려오다
(= 데리고 오다)
带来

ⓐ 파티에 내 친구를 **데려가도** 돼요?
我可以**带**我朋友**去**宴会吗?

ⓑ 우리 집에 친구를 **데려왔어요.**
我把朋友**带**回家**来**了。

小秘诀
• 데려가다 (= 데리고 가다): 不需尊称句子的宾语时
• 모셔가다 (= 모시고 가다): 必须尊称句子的宾语时

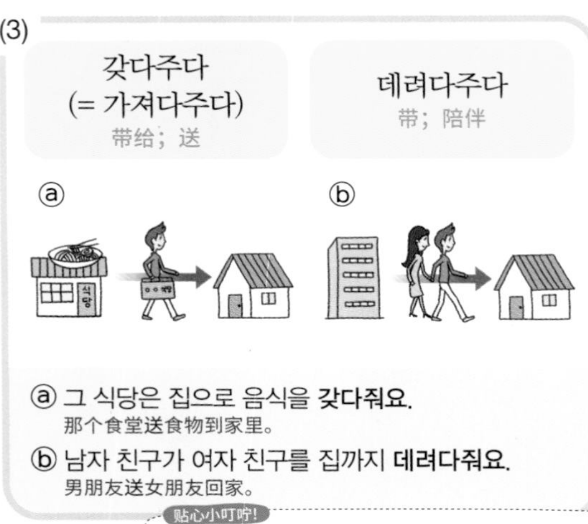

(3)

갖다주다
(= 가져다주다)
带给；送

데려다주다
带；陪伴

ⓐ 그 식당은 집으로 음식을 **갖다줘요.**
那个食堂送食物到家里。

ⓑ 남자 친구가 여자 친구를 집까지 **데려다줘요.**
男朋友送女朋友回家。

(4)

빌려주다
借给

돌려주다
还

ⓐ 친구한테 제 책을 **빌려줬어요.**
我把我的书**借给**朋友了。

ⓑ 친구한테서 빌린 책을 **돌려줬어요.**
我把从朋友那儿借来的书**还给**她了。

贴心小叮咛!

갖다주다是指东西、데려다주다则是指将人从某个场所送到某个特定的场所。亦即运送东西或送人的感觉。对于尊重的对象，使用“모셔다 드리다”而不是“데려다주다”。

考考自己! **请选出一个不恰当的单词。**

(1) 학교에 갈 때 가방에 (ⓐ 공책 / ⓑ 연필 / ⓒ 선생님 / ⓓ 사전)을/를 가져가요.

(2) 집들이 때 (ⓐ 휴지 / ⓑ 친구 / ⓒ 비누 / ⓓ 선물)을/를 집에 가져가요.

(3) 내일 요리할 테니까 (ⓐ 그릇 / ⓑ 앞치마 / ⓒ 수건 / ⓓ 요리사)을/를 집에 가져오세요.

(4) 생일 파티에 (ⓐ 동료 / ⓑ동생 / ⓒ 후배 / ⓓ 아버지)을/를 집에 데려가요.

(5) 식당에서 “(ⓐ 물 / ⓑ 물티슈 / ⓒ 주인 / ⓓ 계산서)을/를 갖다주세요.”라고 말해요.

(6) 자동차로 (ⓐ 여자 친구 / ⓑ 아이 / ⓒ 아들 / ⓓ 할머니)을/를 집에 데려다줬어요.

(7) 친구에게 (ⓐ 동생 / ⓑ 돈 / ⓒ 집 / ⓓ 자동차)을/를 빌려줬어요.

(8) (ⓐ 책 / ⓑ 약속 / ⓒ 옷 / ⓓ 서류)을/를 내일 돌려줄 테니까 오늘 빌려주세요.

D

(1)

지나가다	지나오다
过去	路过

ⓐ 친구하고 얘기하고 있을 때 버스가 우리 앞을 **지나갔어요.**
我和朋友说话的时候，公交车从我们前面过去了。

ⓑ 우리가 내려야 할 정류장을 **지나온** 것 같아요.
我们好像错过了应该下车的车站。

(2)

건너가다	건너오다
越过去	越过来

ⓐ 기찻길을 **건너갈** 때 위험하니까 조심하세요.
穿过铁路的时候很危险，所以要小心。

ⓑ 저기 다리를 **건너오는** 사람이 제 친구예요.
从桥上过来的那个人是我朋友。

(3)

따라가다	따라오다
跟着去	跟着来

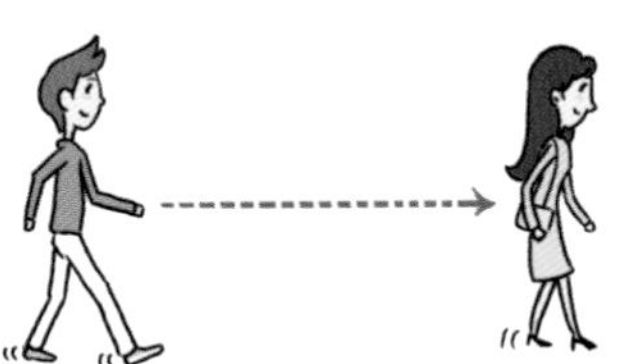

ⓐ 제가 길을 몰라서 친구 뒤를 **따라갔어요.**
我因为不知道路，所以跟着朋友去了。

ⓑ 어젯밤에 누가 저를 계속 **따라와서** 무서웠어요.
昨天晚上有人一直跟着我，害怕极了。

(4)

쫓아가다	쫓아오다
追去	追来

ⓐ 경찰이 도둑을 **쫓아가서** 결국 잡았어요.
警察去追小偷，最后抓到了。

ⓑ 식당 주인이 **쫓아와서** 저한테 우산을 줬어요.
食堂老板追出来，把雨伞拿给我了。

请选择正确的答案。

(1)

다리를 (ⓐ 건너가는 / ⓑ 건너오는) 자동차가 우리 차예요.

(2)

(ⓐ 지나간 / ⓑ 지나온) 일은 다 잊어버리세요.

(3)

횡단보도를 (ⓐ 지나가면 / ⓑ 건너가면) 약국이 보여요.

(4)

지금 강아지가 저를 (ⓐ 따라오고 / ⓑ 쫓아오고) 있어요.

E

(1)

다니다 上　　　돌아다니다 转来转去

ⓐ 지금은 한국 회사에 **다니고** 있어요.
我现在在韩国公司上班。

ⓑ 마음에 드는 선물을 찾기 위해서 시내 여기저기를 **돌아다녔어요.**
为了寻找喜欢的礼物，市内各处都转了。

(2)

가지고 다니다 带着去　　　데리고 다니다 陪着去

ⓐ 매일 회사에 가방을 **가지고 다녀요.**
每天带公事包去公司。

ⓑ 아이를 **데리고 다녀요.**
因为妹妹(弟弟)不认识路，我陪着她到公司附近。

(3)

찾아다니다 找来找去　　　따라다니다 跟着

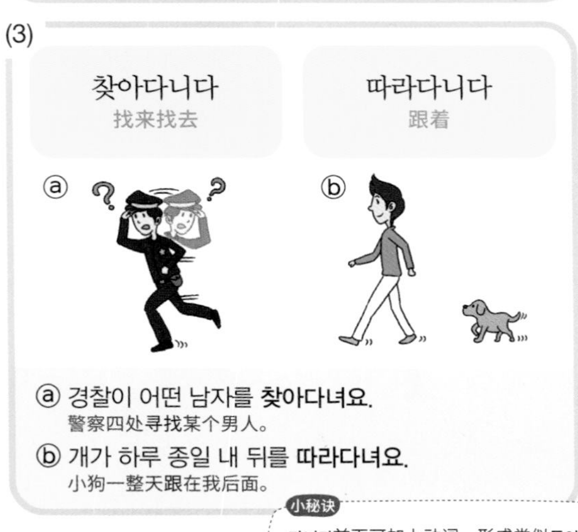

ⓐ 경찰이 어떤 남자를 **찾아다녀요.**
警察四处寻找某个男人。

ⓑ 개가 하루 종일 내 뒤를 **따라다녀요.**
小狗一整天跟在我后面。

(4)

들르다 停留、造访

집에 가는 길에 은행에 **들러서** 돈을 찾았어요.
在回家的路上，去银行取了趟钱。

小秘诀
다니다前面可加上动词，形成类似돌아다니다(转来转去)，뛰어다니다(跑来跑去)，날아다니다(飞来飞去)等合成语。

考考自己! **请选择恰当的答案，并完成下列对话。**

다니다　　　돌아다니다　　　가지고 다니다　　　데리고 다니다

(1) A 외국어를 공부할 때 어떻게 했어요?
B 저는 매일 가방에 책을 ________________ 면서 읽었어요.

(2) A 무슨 일 하세요?
B 무역 회사에 ________________ 고 있어요.

(3) A 피곤해 보여요. 무슨 일 있어요?
B 부모님 선물을 사려고 하루 종일 가게를 ________________.

(4) A 동생에게 옷을 사 줬어요?
B 아침부터 저녁까지 동생을 ________________ 지만 동생이 아무것도 사지 않았어요.

F

(1)

다녀가다 来了又走了	다녀오다 去去就回来

ⓐ

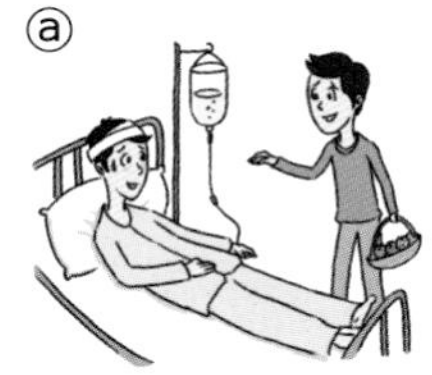

ⓑ

ⓐ 병원에 입원해 있을 때 친구들이 병원에 **다녀갔어요.**
我住院的时候，朋友来医院看过我。

ⓑ 한국 사람들은 매일 집에 들어올 때 어른께 "**다녀왔습니다**"라고 인사해요.
韩国人每天回到家的时候，都会跟长辈说"我回来了。"

(2)

마중 나가다 接(人)	배웅하다 送(人)

ⓐ

ⓑ

ⓐ 외국에 살고 있는 친구가 한국에 놀러 와서 제가 공항에 **마중 나갔어요.**
住在外国的朋友来韩国玩，所以我去机场接他了。

ⓑ 친구가 한국을 떠나서 공항에 가서 **배웅했어요.**
朋友离开韩国，所以我去机场送他了。

考考自己! **请修改下方划线的部分。**

(1) 요즘 학원에 돌아다니고 있어요.

→

(2) 요즘 장마라서 매일 우산을 데리고 다녀요.

→

(3) 좋은 가방을 사려고 하루 종일 명동에 있는 가게를 가지고 다녔어요.

→

(4) 소중한 지갑을 잃어버려서 주말 내내 지갑을 돌아다녔어요.

→

(5) 친구가 오전에 우리 집에 다녀왔어요. 지금은 친구가 우리 집에 없어요.

→

(6) 콘서트마다 좋아하는 가수를 데리고 다녔지만 가수를 멀리서 보기만 했어요.

→

(7) 친구 부모님이 한국에 오셔서 친구가 기차역으로 부모님을 배웅했지만, 기차역에서 만나지 못했어요.

→

(8) 한국에서는 퇴근하고 집에 들어올 때 "다녀갔습니다."라고 인사해요.

→

第82课 动词나다

韩语小单词

动词나다意味着某种事物(现象)的出现。

A 光、声音、气味传出

빛이 나다 发光	소리가 나다 传出声音	냄새가 나다 散发气味	맛이 나다 有……味道

① 반지가 반짝반짝 **빛이 나요.**
戒指闪闪发亮。

② 옆방에서 시끄러운 **소리가 나요.**
隔壁传出嘈杂的声音。

③ 음식에서 이상한 **냄새가 나요.**
饭菜中散发出奇怪的气味。

④ 이 주스는 사과 **맛이 나요.**
这果汁有苹果味儿。

小秘诀
나다前方使用助词이/가，但在口语中，助词이/가经常省略。
例 빛이 나다 = 빛나다
냄새가 나다 = 냄새나다

B 出现在身体表面的状况

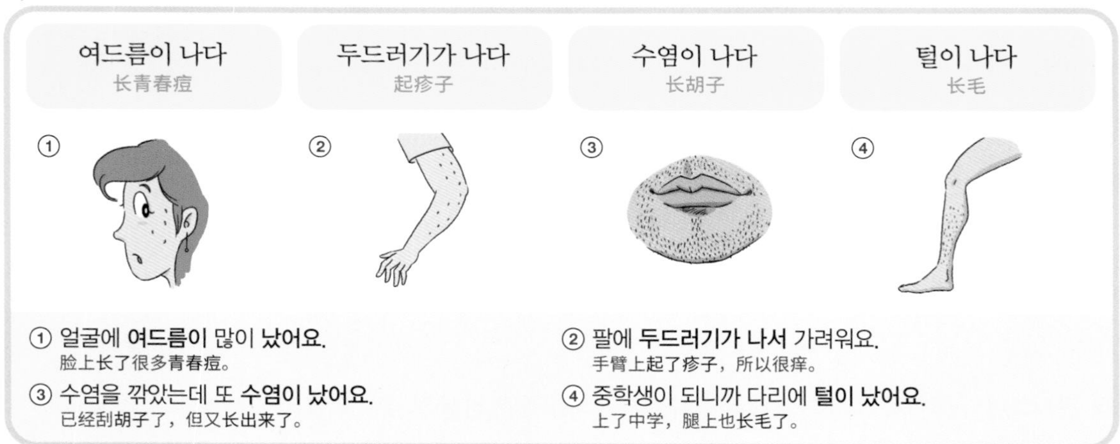

여드름이 나다 长青春痘	두드러기가 나다 起疹子	수염이 나다 长胡子	털이 나다 长毛

① 얼굴에 **여드름이** 많이 **났어요.**
脸上长了很多青春痘。

② 팔에 **두드러기가 나서** 가려워요.
手臂上起了疹子，所以很痒。

③ 수염을 깎았는데 또 **수염이 났어요.**
已经刮胡子了，但又长出来了。

④ 중학생이 되니까 다리에 **털이 났어요.**
上了中学，腿上也长毛了。

考考自己! 请选择正确的答案。

(1) 빵에서 이상한 (ⓐ 냄새 / ⓑ 소리)가 나서 먹을 수 없어요.
(2) 이 알람 시계는 정말 큰 (ⓐ 냄새 / ⓑ 소리)가 나요.
(3) 아버지 다리에 (ⓐ 털 / ⓑ 수염)이 났어요.
(4) 음식을 잘못 먹으면 등에 (ⓐ 냄새 / ⓑ 두드러기)가 나요.

C 出现于情绪上的状况

> **小秘诀**
> 나다和내다的比较
> • 화가 나다在表现情绪的状态。
> • 화를 내다在表现因为生气而可能出现的行动。例如大叫的行动就是生气的行动

화가 나다 生气	짜증이 나다 烦闷	싫증이 나다 厌恶	겁이 나다 害怕

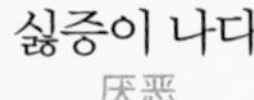

① 

② 

③ 

④ 

① 오늘도 지각해서 부장님이 **화가 났어요.**
今天也迟到，所以部长生气了。

② 늦게 나오는 친구 때문에 **짜증이 났어요.**
因为晚来的朋友的缘故，心里很烦闷。

③ 매일 샌드위치를 먹으니까 **싫증이 났어요.**
每天都吃三明治，所以吃腻了。

④ 뱀이 바로 눈 앞에 있어서 **겁이 났어요.**
蛇就在眼前，所以害怕了。

D 某种事物形体发生变化或发生异常问题时

고장이 나다 故障	구멍이 나다 破洞	상처가 나다 受伤	자국이 나다 出现痕迹

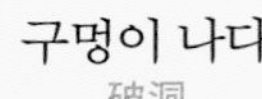

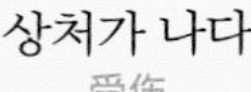

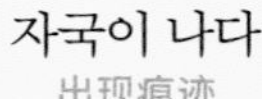

① 

② 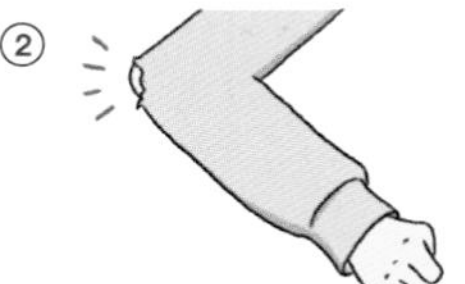

③ 

④ 

① 컴퓨터가 **고장 났어요.**
电脑出故障了。

② 옷에 **구멍이 났어요.**
衣服破了洞。

③ 팔에 **상처가 났어요.**
手臂受伤了。

④ 길에 타이어 **자국이 났어요.**
马路上出现了轮胎的痕迹。

考考自己! 请连接相应的部分，并完成下列句子。

(1) 옷에 구멍이 나면　　(2) 모든 일에 싫증이 나면　　(3) 손에 상처가 나면　　(4) 물건이 고장 나면

ⓐ 반창고로 치료하세요.　　ⓑ 여행을 떠나세요.　　ⓒ 서비스 센터에 맡기세요.　　ⓓ 실과 바늘로 바느질하세요.

E 发生事件

사고가 나다 发生事故	불이 나다 发生火灾	전쟁이 나다 发生战争

① 사거리에서 교통**사고가 났어요.**
十字路口发生了交通事故。

② 1시간 전에 건물에 **불이 났어요.**
一个小时前建筑物发生了火灾。

③ 중동에서 **전쟁이 났어요.**
中东发生了战争。

小秘诀
发生紧急的事情时，可说“큰일 났어요!”。

F 发生自然灾害时

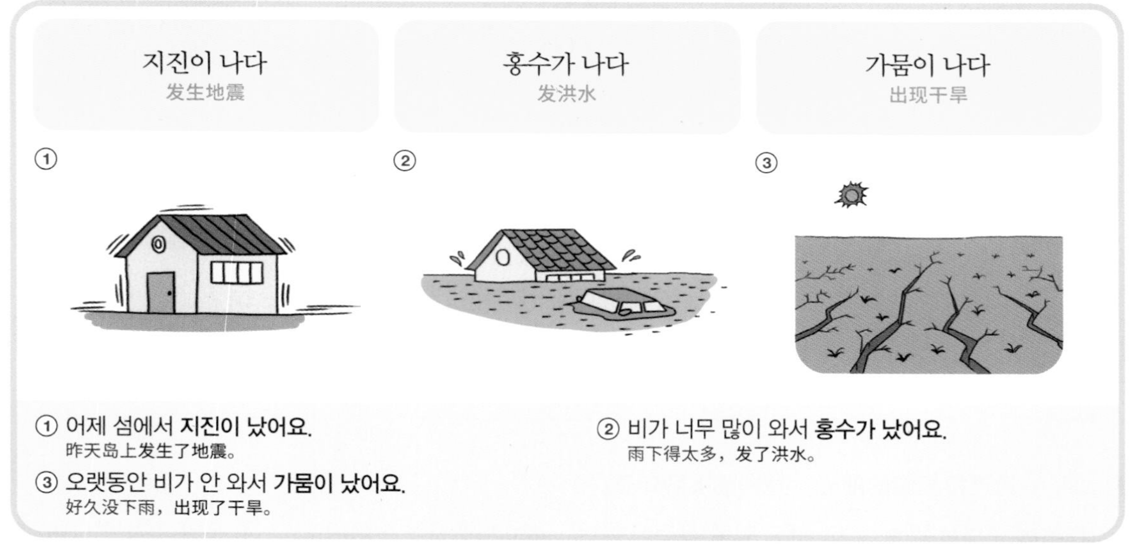

지진이 나다 发生地震	홍수가 나다 发洪水	가뭄이 나다 出现干旱

① 어제 섬에서 **지진이 났어요.**
昨天岛上发生了地震。

② 비가 너무 많이 와서 **홍수가 났어요.**
雨下得太多，发了洪水。

③ 오랫동안 비가 안 와서 **가뭄이 났어요.**
好久没下雨，出现了干旱。

考考自己! 请选择正确的答案。

(1) 담배를 끄지 않고 버려서 (ⓐ 불 / ⓑ 전쟁)이 났어요.

(2) 운전할 때 전화를 하면 (ⓐ 전쟁이 / ⓑ 사고가) 날 수 있어요.

(3) 지진이 나면 건물이 (ⓐ 세워질/ ⓑ 무너질) 수 있어요.

(4) (ⓐ 가뭄이 / ⓑ 홍수가) 나서 물이 많이 부족해요.

(5) (ⓐ 가뭄이 / ⓑ 홍수가) 나면 물이 허리까지 올라올 수 있어요.

(6) 1950년에 한국에서 (ⓐ 지진 / ⓑ 전쟁)이 나서 많은 사람들이 죽었어요.

G 生病时

병이 나다	멀미가 나다	배탈이 나다	현기증이 나다
生病	晕(车、机)	闹肚子	头晕

① 쉬지 않고 일하다가 **병이 났어요.**
不休息，一直工作，导致生病了。

② 자동차를 탔을 때 **멀미가 났어요.**
我坐汽车来的时候晕车了。

③ **배탈이 났으니까** 약을 먹어야겠어요.
闹肚子，该吃药了。

④ 더운 날씨에 오래 서 있어서 **현기증이 났어요.**
大热天站得太久，头晕了。

H 记忆或想法突然出现时

기억이 나다	생각이 나다
记起来	想起来

① 갑자기 그 사람 이름이 **기억났어요.**
突然**记起**他的名字了。

② 저 사람을 어디에서 만났는지 **생각났어요.**
我**想起来**在那儿见过他的了。

小秘诀
意义不同
• 이/가 생각나다 想起……
• 을/를 생각하다 想……

考考自己! 请连接相应的部分，并完成下列句子。

(1) 어릴 때 친구를 만나면 •   • ⓐ 자기 이름도 기억 나지 않을 수 있어요.
(2) 배를 타고 바다에 가면 •   • ⓑ 현기증이 날 수도 있어요.
(3) 갑자기 당황하면 •   • ⓒ 친구 이름이 생각날 거예요.
(4) 아이스크림을 많이 먹으면 •   • ⓓ 배탈이 날 수도 있어요.
(5) 더울 때 오랫동안 밖에 서 있으면 •   • ⓔ 병이 날 거예요.
(6) 쉬지 않고 무리해서 계속 일하면 •   • ⓕ 멀미가 날 수도 있어요.

第83课 动词하다

韩语小单词

动词하다是做的意思。

A 〔课题〕+ 하다

공부하다	운동하다	연습하다	청소하다
学习	运动	练习	打扫

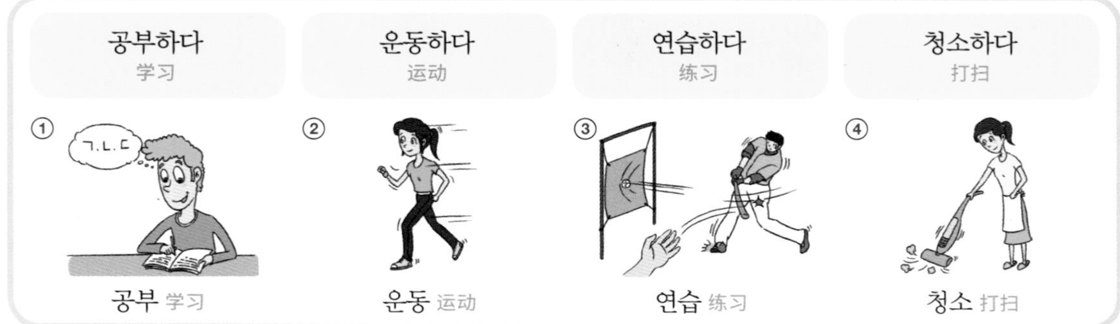

① 공부 学习　② 운동 运动　③ 연습 练习　④ 청소 打扫

考考自己! 请选择并填写正确的答案。

연습하다	공부하다	청소하다	운동하다

(1) 내일 시험이 있어서 ________.

(2) 살이 많이 쪄서 ________.

(3) 야구 선수가 되고 싶어서 야구를 ________.

(4) 방이 너무 더러워서 ________.

B 하다当作代动词使用

(1) 动词하다指前方使用的动词或形容词，与는、만等助词一起使用，详如下述：

① 동생이 제 말을 안 듣지만 귀엽기는 **해요.**
弟弟虽然不听我的话，但还是很可爱。

② 친구가 아무 말도 하지 않고 울기만 **했어요.**
朋友什么话都不说，只是一直哭。

③ 너무 긴장돼서 문 앞에서 왔다 갔다 **해요.**
因为太紧张了，一直在门口徘徊。

④ 주말에 집에서 책을 읽거나 텔레비전을 보거나 **해요.**
周末在家里读书或看电视。

(2) 动词하다在赋予的脉络中，代替特定动词或形容词使用。

① 이제부터 매일 운동하기로 **했어요.** (= 결심했어요)
从现在开始，决定每天运动。

② 한국어를 잘했으면 **해요.** (= 좋겠어요)
如果能把韩国话说好就好了。

C 从事某种职业、领域或经营事业时

(1) 指称从事特定职业时

① 정치 政治	➡	정치하다 从政
② 문학 文学	➡	문학(을) 하다 从事文学工作
③ 영화 电影	➡	영화(를) 하다 拍电影

(2) 指称经营商店时

① 가게 店铺	➡	가게(를) 하다 开店
② 세탁소 洗衣店	➡	세탁소(를) 하다 经营洗衣店
③ 식당 食堂	➡	식당(을) 하다 经营食堂

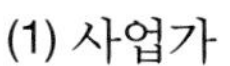

请连接相应的部分。

(1) 사업가　　(2) 영화감독　　(3) 정치가　　(4) 식당 주인

ⓐ 식당(을) 하다　　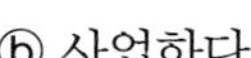 ⓑ 사업하다　　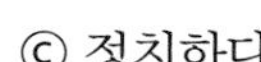 ⓒ 정치하다　　ⓓ 영화(를) 하다

D 表现佩戴饰物时

> **小秘诀**
> 使用하다，描述佩戴饰物时，以完成式表现。
> 例 귀걸이를 했어요. (○)
> = 귀걸이를 하고 있어요. 我戴耳环。
> 귀걸이를 해요. (×)

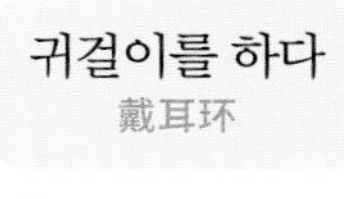

귀걸이를 하다	목걸이를 하다	넥타이를 하다	목도리를 하다
戴耳环	戴项链	打领带	围围巾

①  귀걸이 耳环

②  목걸이 项链

③  넥타이 领带

④ 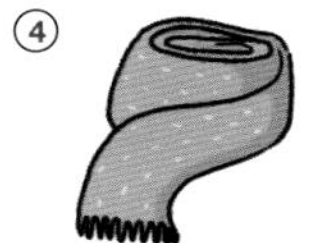 목도리 围巾

+ 을/를 했다
佩戴

考考自己! 请修改下方划线的部分。

(1)  벨트를 <u>입었어요</u>.

(2)  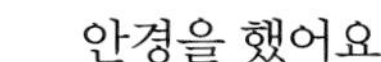 안경을 <u>했어요</u>.

(3)  우산을 <u>했어요</u>.

(4)  목도리를 <u>꼈어요</u>.

(5)  팔찌를 <u>썼어요</u>.

(6)  넥타이를 <u>신었어요</u>.

E 表现价格时

〔价格〕+ 하다

(1) 询问价格时

A 이 가방이 얼마나 **해요?** (= 이 가방이 얼마예요?) 这个包多少钱?

B 30만 원쯤 해요. (≒ 30만 원이에요.) 30万韩元左右。

(2) 询问费用时

A 이번 여행에 돈이 얼마나 들었어요? 这次旅行花了多少钱?

B 30만 원쯤 들었어요. 大概花了30万韩元。

考考自己! **请选择正确的答案。**

(1) 생일 파티에 돈이 얼마나 (ⓐ 했어요? / ⓑ 들었어요?)

(2) 이 자동차가 얼마나 (ⓐ 해요? / ⓑ 들어요?)

(3) 비자를 만들 때 돈이 얼마나 (ⓐ 해요? / ⓑ 들어요?)

(4) 커피 한 잔이 얼마나 (ⓐ 해요? / ⓑ 들어요?)

F 잘하다 vs. 못하다

(1)

잘하다
做得好

내 친구는 외국어를 **잘해요.**
我朋友外国语说得好。

(2)

못하다
不行

저는 술을 **못해요.**
我喝酒不行。

> **小秘诀**
> 잘하다与못하다使用助词을/를。
> 例 외국어를 잘하다 (○)
> 외국어가 잘하다 (×)

考考自己! **下列句子正确的话请划○，错误的话划×。**

새라: 어렸을 때부터 요리했어요. 요리가 재미있고 저한테 별로 어렵지 않아요. 그런데 집에 물건이 고장 나면 어떻게 해야 할지 잘 모르겠어요. 노래도 잘 못 부르니까 노래방에 가기 싫어요.

진수: 저는 요리에 관심이 있지만 제가 만든 음식은 별로 맛이 없어요. 하지만 저는 컴퓨터나 가구 어떤 것도 쉽게 고쳐요. 가끔 노래방에 가지만 노래는 잘 못 불러요.

(1) 진수와 새라는 둘 다 요리를 잘해요. ☐

(2) 진수는 요리를 잘하지만 수리를 잘 못해요. ☐

(3) 새라는 요리를 잘하지만 수리를 잘 못해요. ☐

(4) 진수와 새라는 둘 다 노래를 잘 못해요. ☐

G 表现间接话法时

-고 하다
转述

다시 전화 할게요.

선생님이 다시 전화한다고 했어요.

A 선생님이 뭐라고 **했어요?**
老师说什么?

B 다시 전화한다고 **했어요.** (= 말했어요.)
她说她会再打电话的。

> **小秘诀**
> 间接话法-고 하다根据引用的句子类型，形态有所不同。
> 平叙句: -다고 하다
> 命令句: -(으)라고 하다
> 劝诱句: -자고 하다
> 疑问句: -냐고 하다

考考自己! **请看图片使用间接话法，完成下列句子。**

리에: 오늘 시간이 없어요?

제인: 지난주에 친구를 만났어요.

새라: 오늘 같이 점심 먹읍시다.

진수: 보통 저녁에 운동해요.

(1) 리에는 오늘 시간이 ______________.

(2) 제인은 지난주에 친구를 ______________.

(3) 새라는 오늘 같이 ______________.

(4) 진수는 보통 저녁에 ______________.

H -게 하다: 表现使役动词的意义时

(1)

〔某人〕을/를 〔动词〕게 하다
让〔某人〕做〔动词〕

아이가 엄마를 화나**게 했어요.**
孩子让妈妈生气。

(2)

〔某人〕에게 〔动词〕게 하다
让〔某人〕〔动词〕

선생님이 학생들에게 책을 읽**게 했어요.**
老师让学生们读书。

考考自己! **请连接相应的部分，并完成下列句子。**

(1) 친구가 계속 수업에 늦게 와서 •
(2) 직원이 오늘 너무 피곤해 보여서 •
(3) 아들 방이 너무 더러워서 •
(4) 딸이 매일 게임만 해서 •

• ⓐ 엄마가 딸에게 게임을 못 하게 했어요.
• ⓑ 엄마가 아들에게 방을 정리하게 했어요.
• ⓒ 사장님이 직원을 하루 쉬게 했어요.
• ⓓ 선생님을 화나게 했어요.

I -아/어하다: 表现从行动中，可感受的情绪

形容词词干添加-아/어하다时，成为动词。

무섭다 害怕 → 무서워하다 害怕

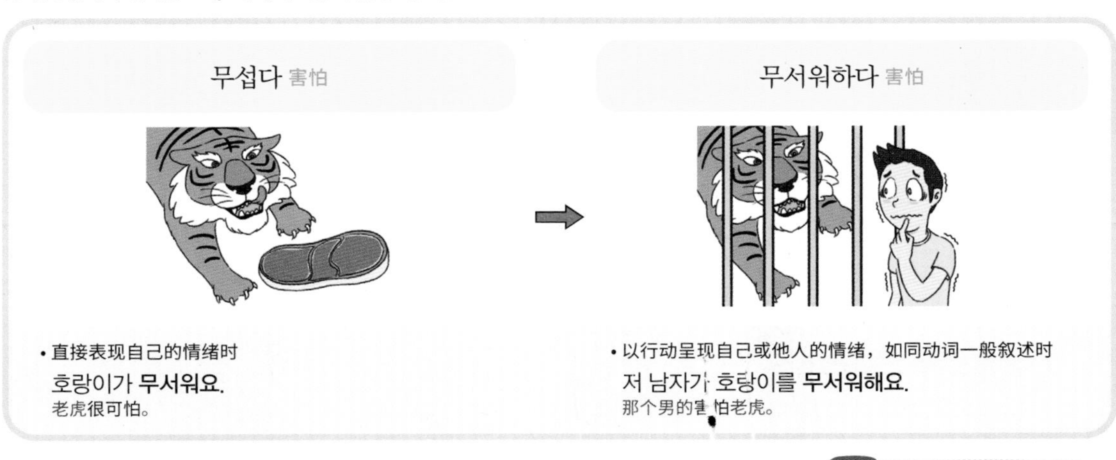

• 直接表现自己的情绪时
호랑이가 **무서워요.**
老虎很可怕。

• 以行动呈现自己或他人的情绪，如同动词一般叙述时
저 남자가 호랑이를 **무서워해요.**
那个男的害怕老虎。

考考自己! **请选择正确的答案。**

(1) 회사 생활이 너무 (ⓐ 괴로워요. / ⓑ 괴로워해요.)
(2) 그 사람은 자기 실수를 너무 (ⓐ 부끄러워요. / ⓑ 부끄러워해요.)
(3) 가족을 (ⓐ 그리워도 / ⓑ 그리워해도) 만날 수 없어요.
(4) 저를 도와준 사람들에게 항상 (ⓐ 고맙고 / ⓑ 고마워하고) 있어요.

> **小秘诀**
> -아/어하다是以行动客观地表现可流露出的情绪时使用。
> • 슬프다 悲伤：
> 例 영화가 슬퍼요. 电影很伤感。
> • 슬퍼하다 悲伤：
> 例 사람들이 그분의 죽음을 슬퍼했어요.
> 人们对于他的死亡都感到悲伤。

动词되다

韩语小单词

动词되다具有成为的意义。

A 〔名词〕+ 이/가 되다: 成为某种职业或状态时

A 나중에 어떤 사람이 **되고** 싶어요?
你以后想成为怎样的人?

B 가수가 **되고** 싶어요.
我想成为歌手。

贴心小叮咛!
되다前面使用助词이/가。
例 선생님이 됐어요. (O)
我成为老师了。
선생님에 됐어요. (×)

考考自己! 请选择并填写正确的答案。

배우	작가	의사	경찰

(1) 저는 나중에 자기 책을 쓰고 싶어요. ________ 이/가 되고 싶어요.
(2) 저는 도둑 같은 나쁜 사람을 잡고 싶어요. ________ 이/가 되고 싶어요.
(3) 저는 아픈 사람을 고쳐 주고 싶어요. ________ 이/가 되고 싶어요.
(4) 저는 영화나 드라마에서 연기하고 싶어요. ________ 이/가 되고 싶어요.

B 表现变化的时

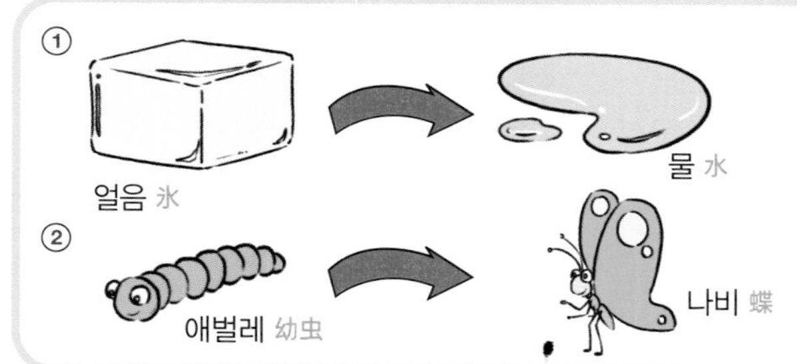

① 얼음이 물이 **되었어요**.
冰变成水了。
= 얼음이 물로 되었어요.

② 애벌레가 나비가 **되었어요**.
幼虫变成蝴蝶了。

贴心小叮咛!
以되다表现某物已经改变为不同的状态时，在改变的状态加以助词(으)로。

考考自己! 请连接相应的部分，并完成下列句子。

(1) 병아리가 • • ⓐ 개가 돼요.
(2) 강아지가 • • ⓑ 닭이 돼요.
(3) 남자 아이가 • • ⓒ 소녀가 돼요.
(4) 여자 아이가 • • ⓓ 소년이 돼요.

C 表现成为某种时机或状态时

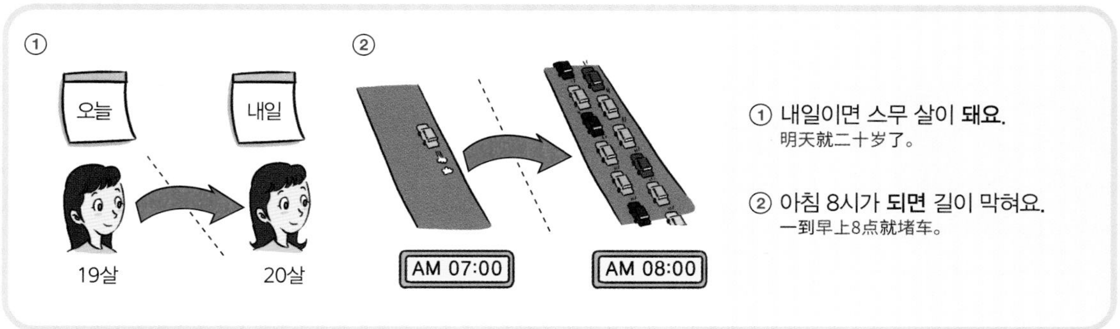

① 내일이면 스무 살이 **돼요.**
明天就二十岁了。

② 아침 8시가 **되면** 길이 막혀요.
一到早上8点就堵车。

考考自己! **请修改下方划线的部分。**

(1) 매년 12월이 되면 환영회를 해요.
(2) 한국에서 60살이 되면 환송회를 해요.
(3) 이사하게 되면 송년회를 해요.
(4) 친구가 떠나게 되면 집들이를 해요.
(5) 한국에서 1살이 되면 환갑잔치를 해요.
(6) 새로운 사람이 오게 되면 돌잔치를 해요.

D 表现某种事物或现象被完成时

① 빵이 다 **됐습니다.** 面包已经好了。
② 밥이 **준비됐어요.** 饭已经准备好了。

添加副词다，传达已经完成的感觉。

考考自己! **请选择正确的答案，并完成下列对话。**

다	하나도	거의	반

(1) A 숙제 끝났어요?
B 네, ________ 다 됐어요. 5분만 더 하면 돼요.

(2) A 파티 준비가 끝났어요?
B 그럼요, 벌써 ________ 됐어요.

(3) A 음식이 다 됐어요?
B 아니요, 지금 ________ 쯤 됐어요. 50% 더 돼야 돼요.

(4) A 지금 밥을 먹을 수 있어요?
B 아니요, 밥이 ________ 안 됐어요. 지금 시작해야 해요.

E 表现制作材料或成分时

(1)

나무로 **된** 집은 겨울에 추워요.
用木头盖成的房子冬天很冷。

(2)

유리로 **된** 물건은 깨지기 쉬워요.
用玻璃制作的玩具很容易打碎。

考考自己! **请选择正确的答案。**

小秘诀
表示材料时，使用助词(으)로。

(1) 면으로 된 양말은 (ⓐ 입기 / ⓑ 신기) 좋아요.
(2) 실크로 된 블라우스는 (ⓐ 화장하기 / ⓑ 세탁하기) 불편해요.
(3) 종이로 된 신분증은 (ⓐ 찢어지기 / ⓑ 깨지기) 쉬워요.
(4) 유리로 된 장난감은 (ⓐ 찢어지기 / ⓑ 깨지기) 쉬워요.

F 表现机械动作的时候

(1)

어제 세탁기를 수리해서 이제 잘 **돼요**.
昨天把洗衣机修好了，所以现在很好使。

(2)

컴퓨터가 안 **돼요**. 또 고장 났어요.
电脑坏了，又出故障了。

考考自己! **请选择并填写正确的答案。**

자판기	전화기	면도기	세탁기

(1) ________ 이/가 안 돼요. 빨래를 세탁소에 맡겨야 돼요.
(2) ________ 이/가 안 돼요. 상대방 소리가 안 들려요.
(3) ________ 이/가 안 돼요. 오늘은 수염을 깎을 수 없어요.
(4) ________ 이/가 안 돼요. 돈을 넣어도 음료수가 안 나와요.

G 잘되다 vs. 안되다

(1)

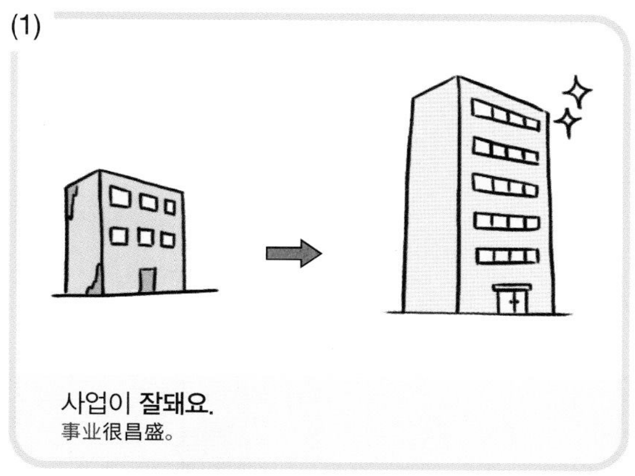

사업이 **잘돼요.**
事业很昌盛。

(2)

공부가 잘 **안돼요.**
学习不太行。

考考自己! **请选择正确的答案。**

(1) 공사가 잘되면 ⓐ 문제가 생길 거예요.
ⓑ 문제가 없을 거예요.

(2) 수술이 잘되면 ⓐ 빨리 나을 거예요.
ⓑ 다시 아플 거예요.

(3) 공부가 잘 안되면 ⓐ 잠깐 쉬는 게 좋아요.
ⓑ 계속 공부하는 게 좋아요.

(4) 일이 잘 안되면 ⓐ 큰돈을 벌 수 있어요.
ⓑ 큰돈을 잃을 수 있어요.

H 表现情绪的时候:〔걱정, 긴장, 후회, 안심〕+ 되다

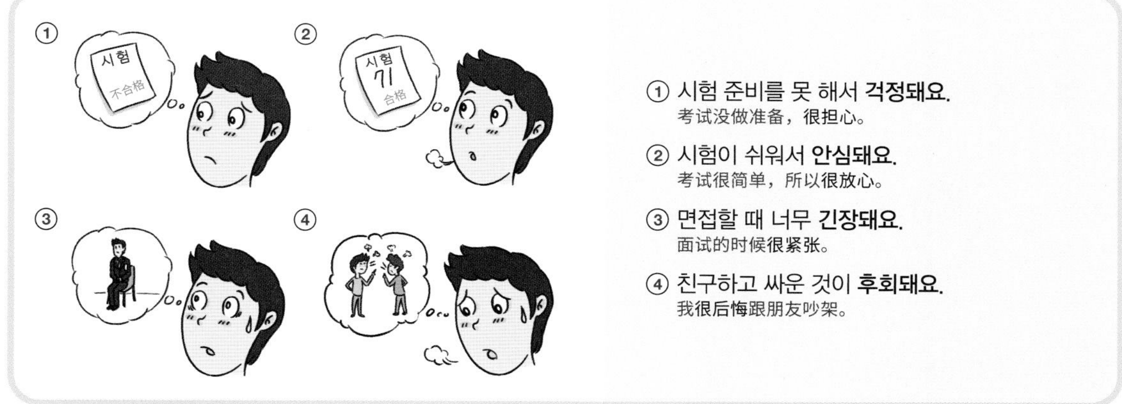

① 시험 준비를 못 해서 **걱정돼요.**
考试没做准备，很担心。

② 시험이 쉬워서 **안심돼요.**
考试很简单，所以很放心。

③ 면접할 때 너무 **긴장돼요.**
面试的时候很紧张。

④ 친구하고 싸운 것이 **후회돼요.**
我很后悔跟朋友吵架。

考考自己! **请连接相应的部分，并完成下列句子。**

(1) 아이가 늦게까지 집에 안 들어올 때	•	• ⓐ 긴장돼요.
(2) 사람들 앞에서 외국어로 말할 때	•	• ⓑ 안심돼요.
(3) 해야 할 일을 안 해서 문제가 될 때	•	• ⓒ 걱정돼요.
(4) 어두운 곳이라도 친구와 함께 있을 때	•	• ⓓ 후회돼요.

动词생기다, 풀다, 걸리다

韩语小单词

动词생기다

생기다具有出现或发生的意思。

> 小秘诀
> 생기다是在说明已经发生的事件，应使用完成式。
> 例 남자 친구가 생겼어요. (○)
> 我有男朋友了。
> 남자 친구가 생겨요. (×)

A 原本不存在的东西全新出现时

① 집 앞에 슈퍼가 **생겼어요.**
家门前新开了一家超市。

② 돈이 **생기면** 밥 사 줄게요.
有钱了，一定请你客。。

③ 동생에게 여자 친구가 **생겼어요.**
我弟弟有女朋友了。

④ 박수 소리를 듣고 자신감이 **생겼어요.**
听到掌声，产生了自信感。

B 某件事情突然发生时

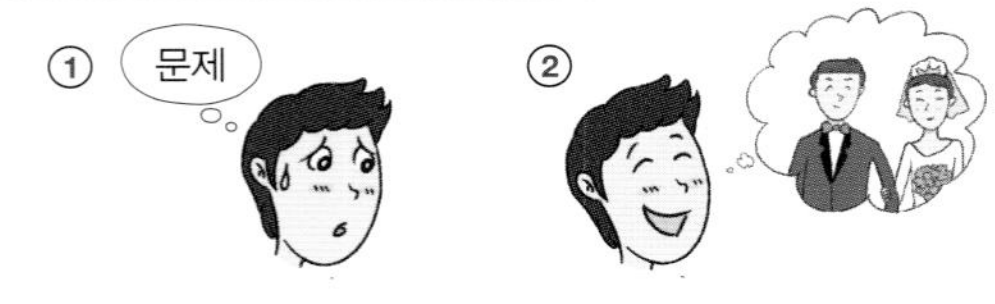

① 문제가 **생겨서** 걱정돼요.
出现问题了，所以很担心。

② 형에게 좋은 일이 **생겼어요.**
哥哥有好事了。

考考自己! 请连接相应的部分。

(1) 선물로 돈이 생겼어요. •
(2) 다른 친구하고 약속이 생겼어요. •
(3) 집에 문제가 생겼어요. •
(4) 집 근처에 식당이 생겼어요. •

• ⓐ 그래서 내일 만날 수 없어요.
• ⓑ 그래서 사고 싶은 운동화를 샀어요.
• ⓒ 그래서 거기에 밥 먹으러 자주 가요.
• ⓓ 그래서 가족하고 해결 방법을 찾고 있어요.

C 表现人或事物的模样时

(1)

① 

② 

① 여학생이 **예쁘게 생겼어요.** 女学生长得很漂亮。

② 여자가 **귀엽게 생겼어요.** 这女人长得很可爱。

(2)

① 

②

① 영화배우가 **멋있게 생겼어요.** 电影演员长得很帅。

② 남자가 **착하게 생겼어요.** 这男人看起来很善良。

(3)

① 

② 

① 진호는 미국 사람처럼 **생겼어요.**
镇浩长得像美国人。

② 여자가 배우처럼 **생겼어요.**
这女人长得像演员。

(4)

① 

② 

① 저 사람은 운동선수처럼 **생겼어요.**
那个人长得像运动选手。

② 여자가 모델처럼 **생겼어요.**
这女人长得像模特儿。

考考自己! 1 请连接相应的部分。

(1) 공주처럼 •　　• ⓐ 귀엽게 생겼어요.

(2) 왕자처럼 •　　• ⓑ 예쁘게 생겼어요.

(3) 아이처럼 •　　• ⓒ 무섭게 생겼어요.

(4) 호랑이처럼 •　　• ⓓ 멋있게 생겼어요.

> **贴心小叮咛!**
> • 처럼: 用于动词或形容词之前。
> 例 여자가 모델처럼 키가 커요.
> 女人的个子像模特儿一样高。
> • 같은: 使用在名词之前。
> 例 모델 같은 여자가 키가 커요.
> 像模特一样的女人个子很高。

考考自己! 2 请看图片，并选择正确的答案。

(1)

내 친구는 (ⓐ 사업가 / ⓑ 예술가)처럼 생겼어요.

(2)

우리 개는 (ⓐ 고양이 / ⓑ 거북이)처럼 생겼어요.

(3)

저 아이들은 형제처럼 (ⓐ 똑같이 / ⓑ 다르게) 생겼어요.

(4)

같은 회사 제품이지만 (ⓐ 똑같이 / ⓑ 다르게) 생겼어요.

动词풀다

动词풀다具有将成团儿的或缠绕在一起的东西解开的意思。

A 不是绑起来或缠绕时

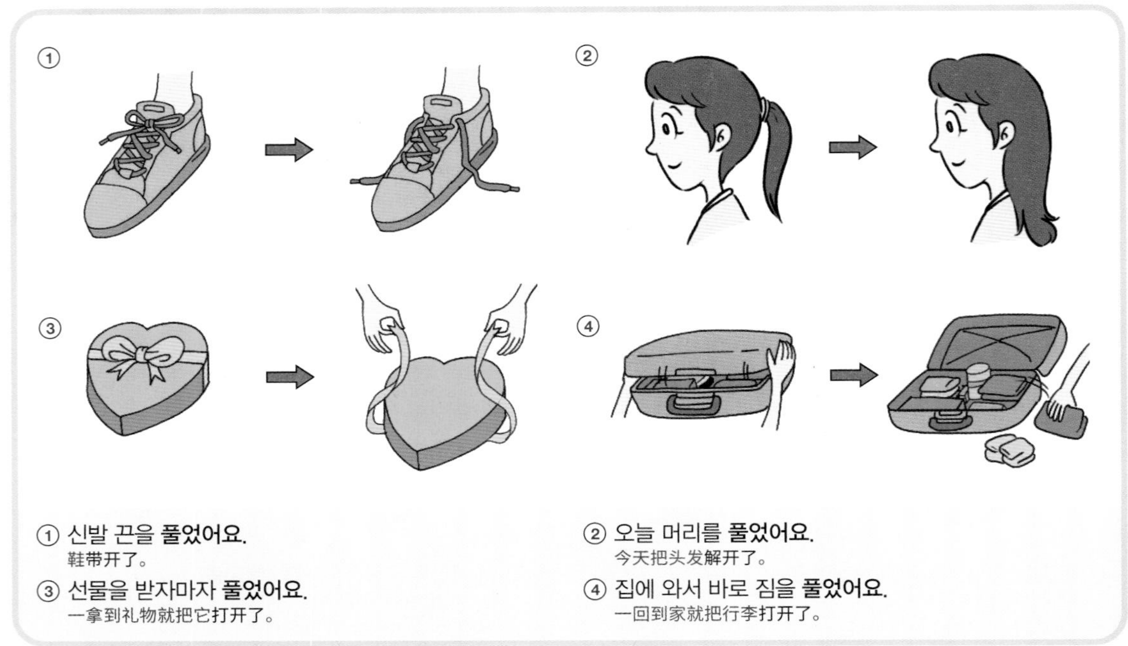

① 신발 끈을 **풀었어요.**
鞋带开了。

② 오늘 머리를 **풀었어요.**
今天把头发解开了。

③ 선물을 받자마자 **풀었어요.**
一拿到礼物就把它打开了。

④ 집에 와서 바로 짐을 **풀었어요.**
一回到家就把行李打开了。

考考自己! 1 请连接相应的部分，并完成下列句子。

(1) 짐을 풀다 •
(2) 머리를 풀다 •
(3) 선물을 풀다 •
(4) 벨트를 풀다 •
(5) 끈을 풀다 •
(6) 시계를 풀다 •

• ⓐ 싸다
• ⓑ 묶다
• ⓒ 차다

小秘诀
• 싸다: 包起来
• 묶다: 绑起来
• 차다: 戴

考考自己! 2 请看图片，并选择正确的答案。

(1) 어제 가방을 (ⓐ 쌀 / ⓑ 묶을) 때 모자를 넣었는데, 가방을 풀 때 모자가 없어요.
(2) 끈으로 머리를 (ⓐ 싸면 / ⓑ 묶으면) 아이 같은데, 머리를 풀면 어른 같아요.
(3) 발이 아파요. 신발 끈을 풀고 다시 (ⓐ 싸야 / ⓑ 묶어야) 할 것 같아요.
(4) 선물을 (ⓐ 쌀 / ⓑ 묶을) 때 30분 걸렸는데, 선물을 풀 때에는 1분도 안 걸렸어요.
(5) 소포를 (ⓐ 싼 / ⓑ 묶은) 다음에 소포를 받는 이름과 주소, 연락처를 써야 해요.
(6) 배가 너무 불러서 벨트를 풀었어요. 이따가 회의 시작 전에 다시 벨트를 (ⓐ 싸야 / ⓑ 차야) 해요.

B 用于表示解决、缓解、消除等意思时

(1) 解决困难问题的意义

① 시험 문제를 **풀고** 있어요.
我在解答考试题。

② 인터넷을 통해 궁금증을 **풀었어요**.
我通过因特网解开了疑惑。

(2) 消除疲劳等不好的感觉的意义

① 음식으로 스트레스를 **풀어요**.
用吃来解除压力。

② 운동으로 피로를 **풀었어요**.
用运动来消除疲劳。

(3) 抑制情绪等的意义

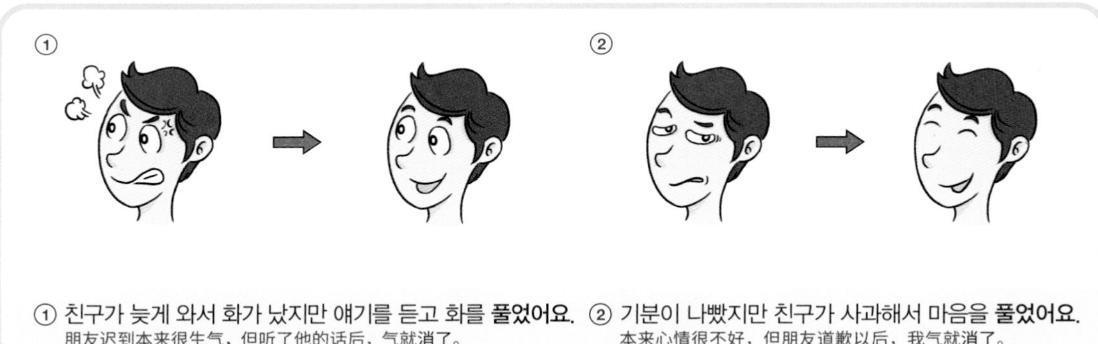

① 친구가 늦게 와서 화가 났지만 얘기를 듣고 화를 **풀었어요**.
朋友迟到本来很生气，但听了他的话后，气就消了。

② 기분이 나빴지만 친구가 사과해서 마음을 **풀었어요**.
本来心情很不好，但朋友道歉以后，我气就消了。

考考自己!1 **请连接相应的部分，并完成下列句子。**

(1) 기분을 풀기 위해 •
(2) 오해를 풀기 위해 •
(3) 피로를 풀기 위해 •
(4) 문제를 풀기 위해 •

• ⓐ 문제에 대해 많이 생각했어요.
• ⓑ 신나게 춤을 췄어요.
• ⓒ 그 사람과 오랫동안 대화했어요.
• ⓓ 하루 종일 푹 쉬었어요.

动词걸리다

걸리다是걸다的被动词。

> **小秘诀**
> 请注意!
> • (시간)이/가 걸리다
> 花时间
> • (돈)이/가 들다
> 花钱

A 表现所需时间的时候

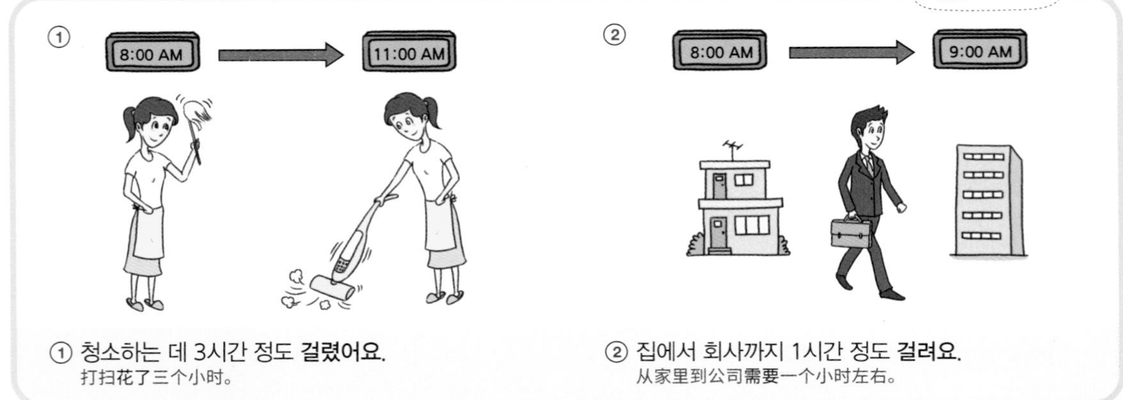

① 청소하는 데 3시간 정도 **걸렸어요.**
打扫花了三个小时。

② 집에서 회사까지 1시간 정도 **걸려요.**
从家里到公司需要一个小时左右。

考考自己! 请看表格，下列句子正确的话划○，错误的话划×。

(1) 자동차가 시간이 제일 조금 걸려요. ☐
(2) 자전거가 시간이 제일 많이 걸려요. ☐
(3) 버스가 지하철보다 10분 빨라요. ☐
(4) 자전거가 지하철보다 20분 느려요. ☐
(5) 자동차와 오토바이는 10분 차이가 나요. ☐

자동차	15분
오토바이	20분
자전거	45분
지하철	25분
버스	35분
도보	1시간 20분

B 表现得某种病的时候

① 지난주에 감기에 **걸려서** 회사에 못 갔어요.
上星期感冒了，所以没去公司。

② 담배를 많이 피우면 암에 **걸릴** 수 있어요.
烟抽得太多，会得癌的。

考考自己! 请连接相应的部分，并完成下列句子。

(1) 겨울에 옷을 얇게 입으면 •   • ⓐ 변비에 걸려요.
(2) 스트레스를 많이 받으면 •   • ⓑ 감기에 걸려요.
(3) 담배를 많이 피우면 •   • ⓒ 폐암에 걸려요.
(4) 소화에 문제가 생기면 •   • ⓓ 우울증에 걸려요.

C 挂在类似钩子上的时候

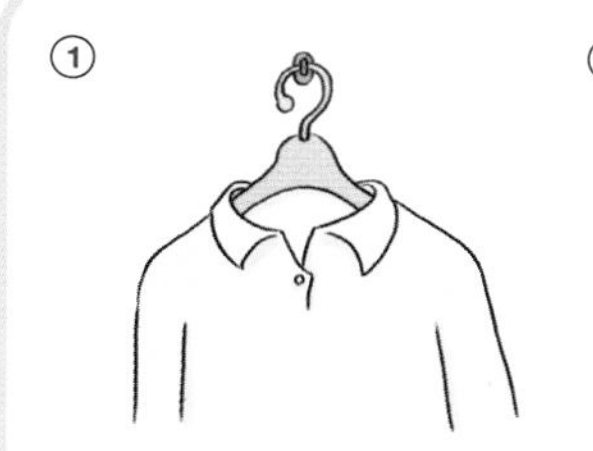

① 옷이 옷걸이에 **걸려** 있어요.
衣服挂在衣架上。

② 벽에 그림이 **걸려** 있어요.
墙上挂着一幅画。

D 做坏事途中被发现时

① 시험을 볼 때 책을 보다가 선생님한테 **걸렸어요.**
考试的时候看书，被老师逮住了。

② 너무 빨리 운전하다가 경찰에게 **걸렸어요.**
开车开得太快，被警察抓到了。

E 被类似钩子等的东西妨碍时

① 못에 **걸려서** 옷이 찢어졌어요.
衣服被钉子钩破了。

② 돌에 **걸려서** 길에서 넘어졌어요.
路上被石头绊倒了。

考考自己! 请看图片，连接相应的部分，并完成下列句子。

(1)

(2)

(3)

(4)

벽에 시계가 걸려 있어서	거짓말이 친구에게 걸려서	간판에 걸려서	경찰에게 걸려서
•	•	•	•
•	•	•	•
ⓐ 친구가 화를 냈어요.	ⓑ 경찰서에 갔어요.	ⓒ 길에서 넘어졌어요.	ⓓ 쉽게 시간을 확인할 수 있어요.

第86课 及物动词和不及物动词

韩语小单词

A 主语表现某一个行动时—表现行动的结果时

(1)

속이다	속다
骗人	被骗

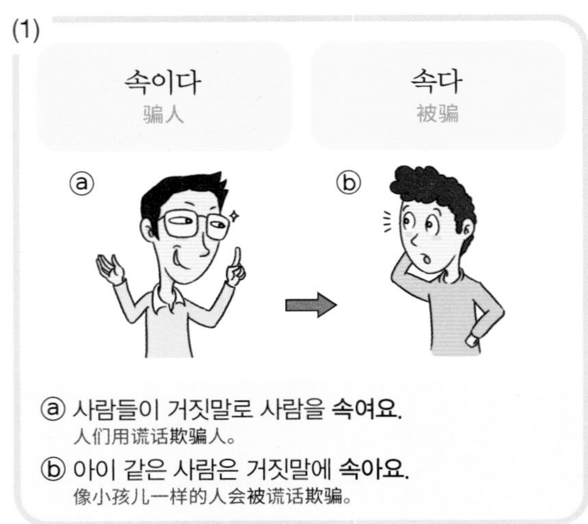

ⓐ 사람들이 거짓말로 사람을 **속여요.**
人们用谎话欺骗人。

ⓑ 아이 같은 사람은 거짓말에 **속아요.**
像小孩儿一样的人会**被**谎话**欺骗**。

(2)

알리다	알다
告诉	知道

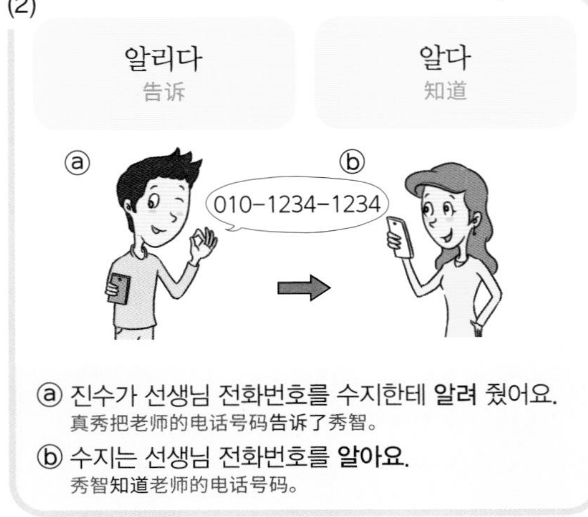

ⓐ 진수가 선생님 전화번호를 수지한테 **알려** 줬어요.
真秀把老师的电话号码**告诉**了秀智。

ⓑ 수지는 선생님 전화번호를 **알아요.**
秀智**知道**老师的电话号码。

(3)

남기다	남다
剩下	剩下

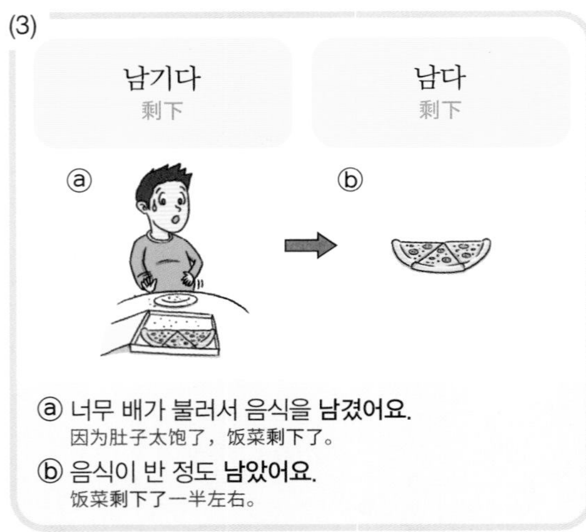

ⓐ 너무 배가 불러서 음식을 **남겼어요.**
因为肚子太饱了，饭菜**剩下**了。

ⓑ 음식이 반 정도 **남았어요.**
饭菜**剩下**了一半左右。

(4)

맡기다	맡다
托管	保管

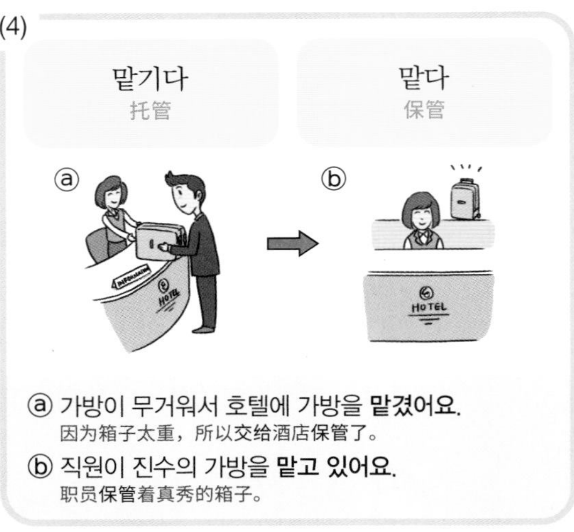

ⓐ 가방이 무거워서 호텔에 가방을 **맡겼어요.**
因为箱子太重，所以**交给**酒店**保管**了。

ⓑ 직원이 진수의 가방을 **맡고 있어요.**
职员**保管**着真秀的箱子。

考考自己!1 请看图片，连接相应的部分，并完成下列句子。

(1) 사람을 잘 믿어서 •	• ⓐ 택시를 세웠어요.
(2) 배불러서 •	• ⓑ 약속을 바꿨어요.
(3) 빨리 가려고 •	• ⓒ 음식을 남겼어요.
(4) 잃어버리지 않으려고 •	• ⓓ 친구가 잘 속아요.
(5) 나중에 여행 가려고 •	• ⓔ 돈을 모으고 있어요.
(6) 갑자기 일이 생겨서 •	• ⓕ 열쇠를 책상 서랍 안에 넣었어요.

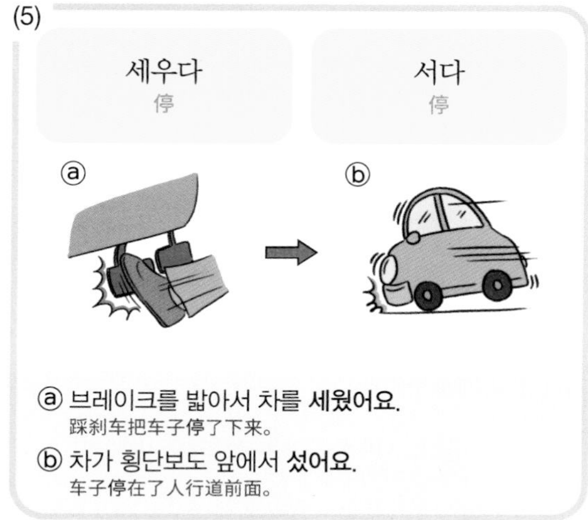

(5)
세우다
停
서다
停
ⓐ
ⓑ
ⓐ 브레이크를 밟아서 차를 **세웠어요.**
踩刹车把车子停了下来。
ⓑ 차가 횡단보도 앞에서 **섰어요.**
车子停在了人行道前面。

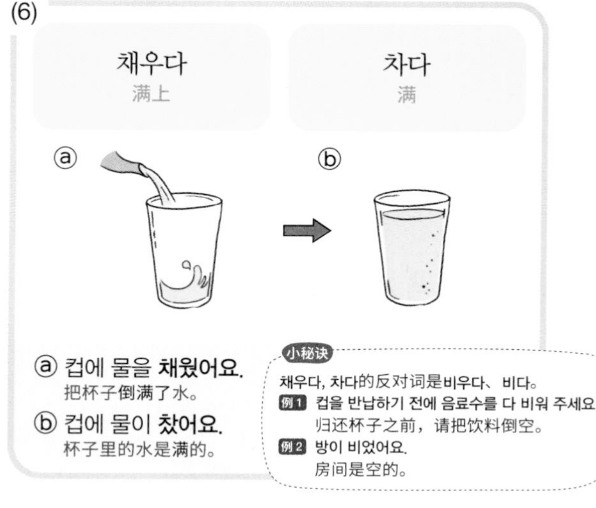

(6)
채우다
满上
차다
满
ⓐ
ⓑ
ⓐ 컵에 물을 **채웠어요.**
把杯子倒满了水。
ⓑ 컵에 물이 **찼어요.**
杯子里的水是满的。
小秘诀
채우다, 차다的反对词是비우다、비다。
例1 컵을 반납하기 전에 음료수를 다 비워 주세요.
归还杯子之前，请把饮料倒空。
例2 방이 비었어요.
房间是空的。

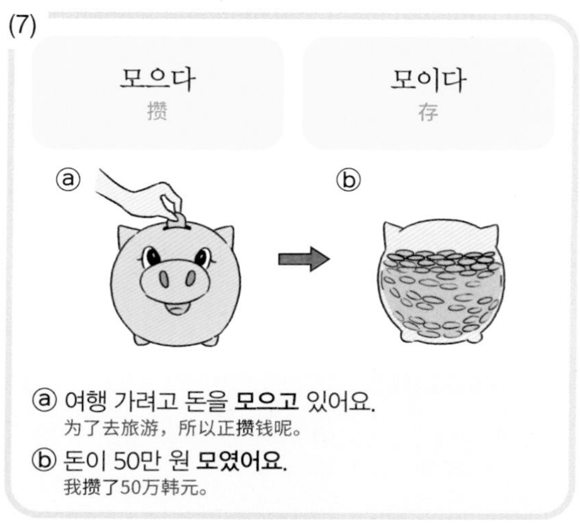

(7)
모으다
攒
모이다
存
ⓐ
ⓑ
ⓐ 여행 가려고 돈을 **모으고** 있어요.
为了去旅游，所以正攒钱呢。
ⓑ 돈이 50만 원 **모였어요.**
我攒了50万韩元。

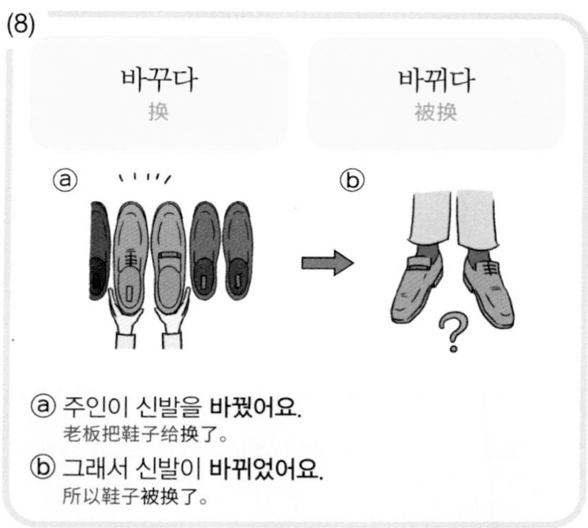

(8)
바꾸다
换
바뀌다
被换
ⓐ
ⓑ
ⓐ 주인이 신발을 **바꿨어요.**
老板把鞋子给换了。
ⓑ 그래서 신발이 **바뀌었어요.**
所以鞋子被换了。

考考自己!2 **请选择正确的答案。**

(1) 배가 불러서 음식을 (ⓐ 남을 / ⓑ 남길) 줄 알았는데 음식이 하나도 안 (ⓐ 남았어요. / ⓑ 남겼어요.)

(2) 친구한테 일을 (ⓐ 맡았으니까 / ⓑ 맡겼으니까) 앞으로 친구가 제 일을 (ⓐ 맡을 / ⓑ 맡길) 거예요.

(3) 사람들이 거짓말로 나를 (ⓐ 속아도 / ⓑ 속여도) 나는 절대로 (ⓐ 속지 / ⓑ 속이지) 않을 거예요.

(4) 부모님이 내 결정을 (ⓐ 바뀌려고 / ⓑ 바꾸려고) 해도 내 결정은 (ⓐ 바뀌지 / ⓑ 바꾸지) 않았어요.

(5) 길에서 차를 (ⓐ 서려고 / ⓑ 세우려고) 했지만 차가 (ⓐ 서지 / ⓑ 세우지) 않았어요.

(6) 200ml 이상 물이 (ⓐ 차지 / ⓑ 채우지) 않게 그릇에 천천히 물을 (ⓐ 차세요. / ⓑ 채우세요.)

(7) 같이 여행 가려고 사람을 (ⓐ 모았지만 / ⓑ 모였지만) 사람이 2명만 (ⓐ 모았어요. / ⓑ 모였어요.)

(8) 저 사람한테 제 이름을 (ⓐ 알아 / ⓑ 알려) 줬으니까 이제 저 사람도 제 이름을 (ⓐ 알 / ⓑ 알릴) 거예요.

小秘诀
在描述由行为人引起的动作时，助词을/를与及物动词一起使用，而在描述动作的结果时，助词이/가使用在不及物动词的前面。

B 뜨리다 – 지다形式

(1)

깨뜨리다
打破(及物动词)

깨지다
被打破(不及物动词)

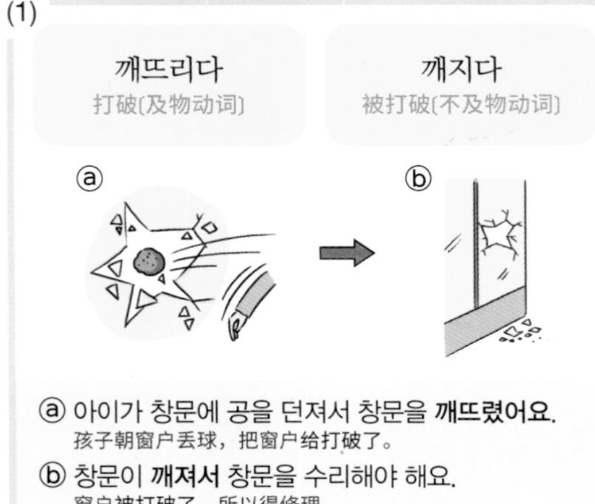

ⓐ 아이가 창문에 공을 던져서 창문을 **깨뜨렸어요.**
孩子朝窗户丢球，把窗户给打破了。

ⓑ 창문이 **깨져서** 창문을 수리해야 해요.
窗户被打破了，所以得修理。

(2)

부러뜨리다
折断(及物动词)

부러지다
断裂(不及物动词)

ⓐ 불을 피울 때 나무를 작게 **부러뜨려서** 사용해요.
烧火的时候，要把树枝短了使用。

ⓑ 여기에 나무가 **부러져** 있어요.
这里的树枝断裂了。

(3)

떨어뜨리다
弄掉(及物动词)

떨어지다
掉(不及物动词)

ⓐ 오늘 지갑을 길에서 **떨어뜨려서** 잃어버렸어요.
今天把钱包掉在路上丢了。

ⓑ 바닥에 **떨어진** 지갑을 못 봤어요.
没看到掉在地上的钱包。

(4)

빠뜨리다
把……推进 (及物动词)

빠지다
掉进 (不及物动词)

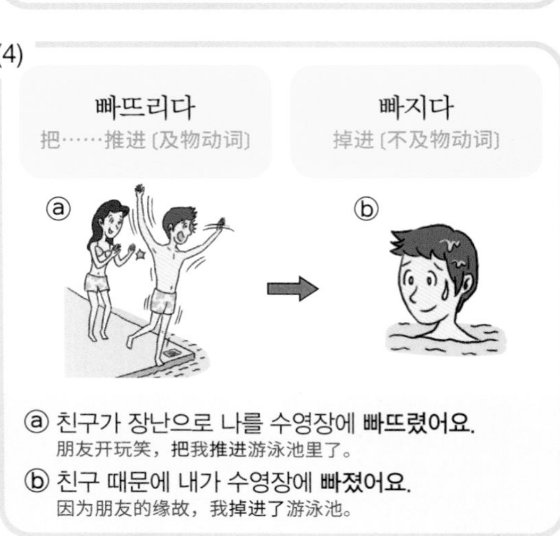

ⓐ 친구가 장난으로 나를 수영장에 **빠뜨렸어요.**
朋友开玩笑，把我推进游泳池里了。

ⓑ 친구 때문에 내가 수영장에 **빠졌어요.**
因为朋友的缘故，我掉进了游泳池。

考考自己! 请看图片填写正确的答案，完成下列句子。

(1)

카메라 렌즈가 ______서 안 보여요.

(2)

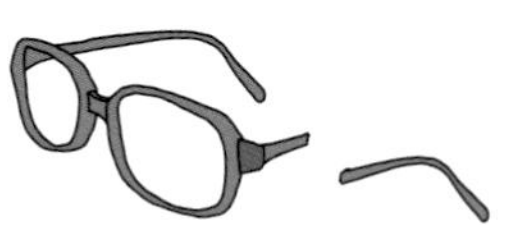

실수로 안경다리를 ______서 쓸 수 없어요.

(3)

아이가 물에 ______. 도와주세요.

(4)

핸드폰을 ______서 핸드폰이 고장 났어요.

C 내다 – 나다形式

主语带着意图，呈现出做何种行动所出现的结果时

(1)

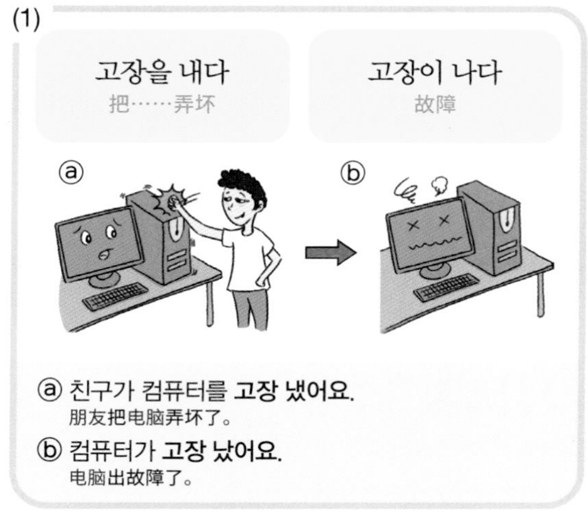

고장을 내다
把……弄坏

고장이 나다
故障

ⓐ 친구가 컴퓨터를 **고장 냈어요.**
朋友把电脑弄坏了。

ⓑ 컴퓨터가 **고장 났어요.**
电脑出故障了。

(2)

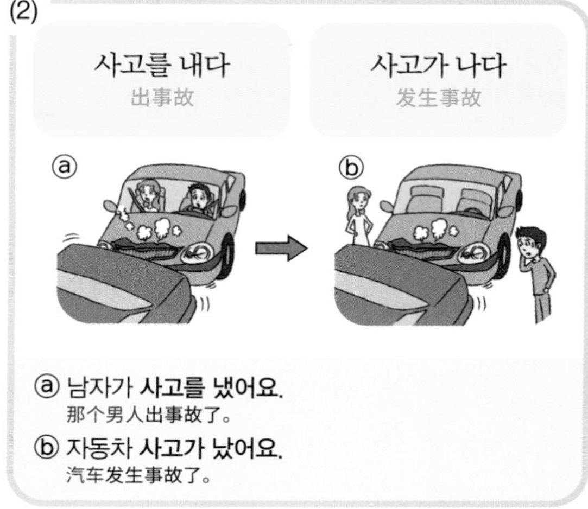

사고를 내다
出事故

사고가 나다
发生事故

ⓐ 남자가 **사고를 냈어요.**
那个男人出事故了。

ⓑ 자동차 **사고가 났어요.**
汽车发生事故了。

(3)

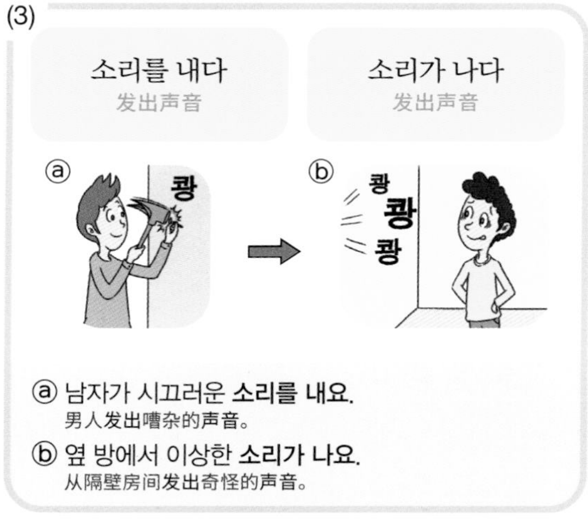

소리를 내다
发出声音

소리가 나다
发出声音

ⓐ 남자가 시끄러운 **소리를 내요.**
男人发出嘈杂的声音。

ⓑ 옆 방에서 이상한 **소리가 나요.**
从隔壁房间发出奇怪的声音。

(4)

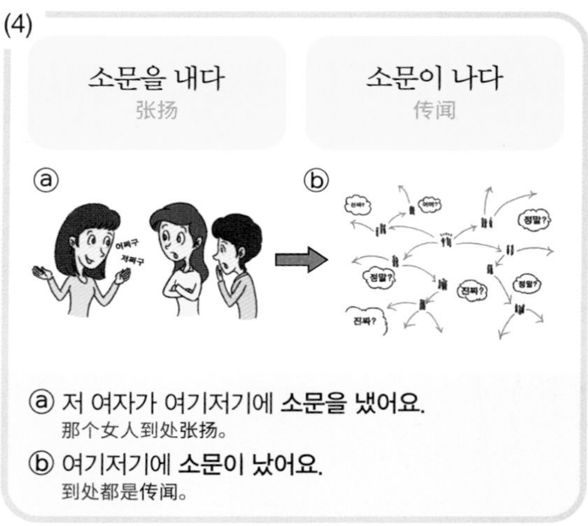

소문을 내다
张扬

소문이 나다
传闻

ⓐ 저 여자가 여기저기에 **소문을 냈어요.**
那个女人到处张扬。

ⓑ 여기저기에 **소문이 났어요.**
到处都是传闻。

考考自己! **请选择正确的答案。**

(1) 아무도 없는 집에서 이상한 소리가 (ⓐ 나서 / ⓑ 내서) 무서워요.

(2) 제 동생이 스피커를 고장 (ⓐ 나서 / ⓑ 내서) 수리해야 해요.

(3) 이 가게의 빵이 맛있다고 소문이 (ⓐ 나서 / ⓑ 내서) 그 가게에 가 봤어요.

(4) 택시가 자동차하고 부딪쳤어요. 누가 사고를 (ⓐ 났어요? / ⓑ 냈어요?)

(5) 핸드폰이 고장 (ⓐ 나면 / ⓑ 내면) 서비스 센터에 가져오세요.

(6) 교통사고가 (ⓐ 난 / ⓑ 낸) 곳이 어디예요? 지금 가 볼게요.

(7) 밤늦게 시끄럽게 소리를 (ⓐ 나면 / ⓑ 내면) 안 돼요.

(8) 이 얘기는 비밀이니까 소문을 (ⓐ 나지 / ⓑ 내지) 마세요.

D 其他

(1)

많이 먹다
吃得很多

살이 찌다
长肉、发胖

많이 먹어서 살이 3kg **쪘어요.**
吃得很多，胖了3公斤。

(2)

살을 빼다
减肥

살이 빠지다
瘦了

운동해서 **살을 빼니까 살이** 2kg **빠졌어요.**
我用运动来减肥，结果瘦了2公斤。

(3)

스트레스를 받다
受到压力

피곤하다
疲倦

일 때문에 요즘 **스트레스를 받아서 피곤해요.**
因为工作的关系，最近受到不少压力，所以很疲倦。

(4)

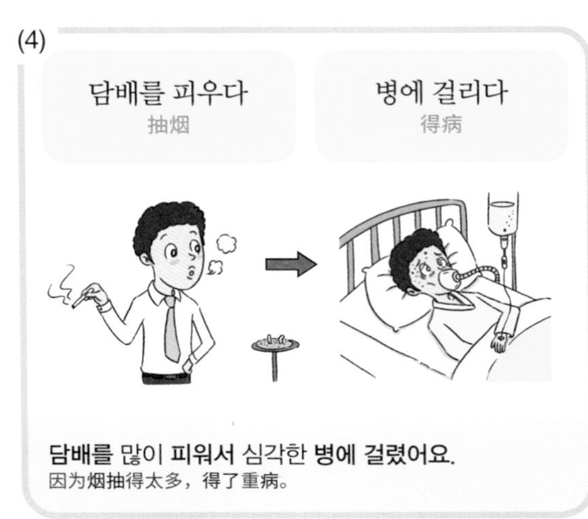

담배를 피우다
抽烟

병에 걸리다
得病

담배를 많이 **피워서** 심각한 **병에 걸렸어요.**
因为烟抽得太多，得了重病。

(5)

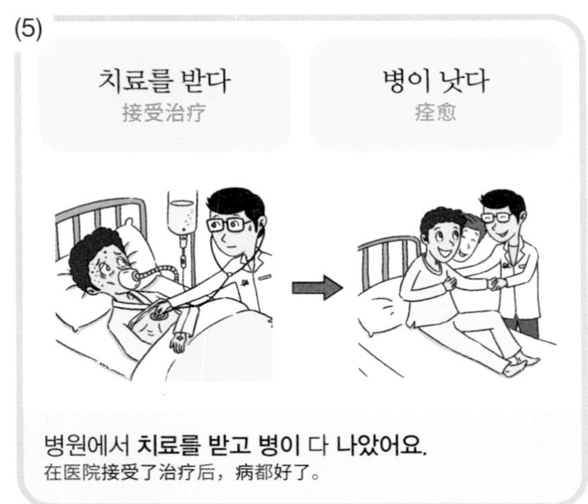

치료를 받다
接受治疗

병이 낫다
痊愈

병원에서 **치료를 받고 병이** 다 **나았어요.**
在医院接受了治疗后，病都好了。

(6)

비를 맞다
淋雨

옷이 젖다
衣服湿了

비를 맞아서 옷이 다 **젖었어요.**
淋了雨，结果衣服都湿了。

(7)

낮에 **커피를** 5잔 **마셔서** 밤에 **잠이 안 와요.**
白天喝了五杯咖啡，所以晚上睡不着觉。

(8)

술을 많이 **마셔서 술에 취했어요.**
酒喝得太多，所以醉了。

(9)

밥을 **급하게 먹어서 체했어요.**
饭吃得太急，所以积食了。

(10)

눈에 **공을 맞아서 멍이 들었어요.**
眼睛被球打到，所以淤血了。

考考自己! **请选择正确的答案。**

(1) 열심히 다이어트 했는데 (ⓐ 살을 안 뺐어요. / ⓑ 살이 안 빠져요.)

(2) 체하지 않게 (ⓐ 천천히 밥을 드세요. / ⓑ 빨리 밥을 드세요.)

(3) 비가 많이 와서 우산을 썼지만 (ⓐ 비를 맞았어요. / ⓑ 비를 안 맞았어요.)

(4) 밤에 (ⓐ 잠을 안 자서 / ⓑ 잠이 안 와서) 3시까지 책을 읽었어요.

(5) (ⓐ 치료를 받으면 / ⓑ 스트레스를 받으면) 병이 나을 거예요.

(6) 살이 (ⓐ 쪄서 / ⓑ 빠져서) 작년에 산 옷이 전부 작아요.

第87课 与钱相关的动词

韩语小单词

贴心小叮咛!
区别짜리和어치!
例 1,000원짜리 빵을 5,000원어치 샀어요.
我花了5,000韩元买了每个价格为1,000韩元的面包。

A 买卖东西

(1)

팔다 卖 | 사다 买

ⓐ 빵집에서 아침 7시부터 빵을 **팔아요.**
面包店从早上七点开始卖面包。

ⓑ 빵을 5,000원어치 **샀어요.**
我买了5,000韩元的面包。

(2)

팔리다 被卖 | 매진되다 卖完了

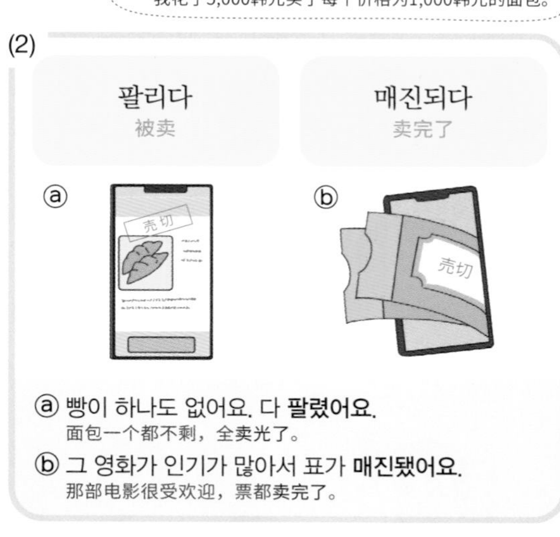

ⓐ 빵이 하나도 없어요. 다 **팔렸어요.**
面包一个都不剩，全卖光了。

ⓑ 그 영화가 인기가 많아서 표가 **매진됐어요.**
那部电影很受欢迎，票都卖完了。

(3)

할인하다 打折 | 값을 깎다 讲价

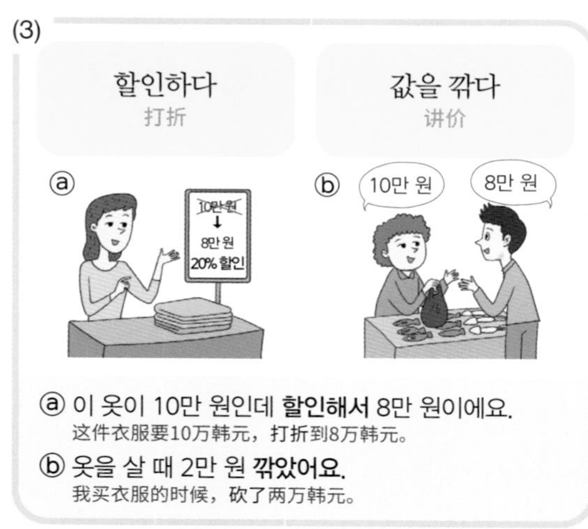

ⓐ 이 옷이 10만 원인데 **할인해서** 8만 원이에요.
这件衣服要10万韩元，打折到8万韩元。

ⓑ 옷을 살 때 2만 원 **깎았어요.**
我买衣服的时候，砍了两万韩元。

(4)

무료 免费 | 공짜 不出力、不出钱

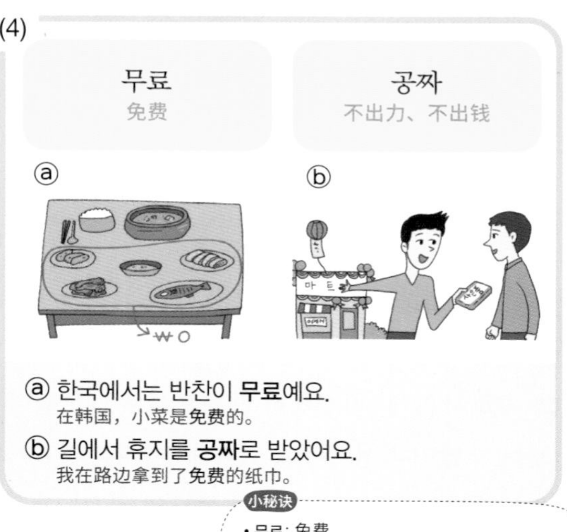

ⓐ 한국에서는 반찬이 **무료**예요.
在韩国，小菜是免费的。

ⓑ 길에서 휴지를 **공짜**로 받았어요.
我在路边拿到了免费的纸巾。

小秘诀
• 무료: 免费
• 공짜: 不出力、不出钱，凭空获得的东西。
거스름돈 = 잔돈 零钱

考考自己! 请选择正确的答案。

(1) 가게 주인이 물건을 (ⓐ 사고 / ⓑ 팔고), 손님이 물건을 (ⓐ 사요. / ⓑ 팔아요.)

(2) 시장에서 과일을 만 원(ⓐ 어치 / ⓑ 짜리) 샀어요.

(3) 두부를 못 샀어요. 왜냐하면 두부가 다 (ⓐ 팔았어요. / ⓑ 팔렸어요.)

(4) 콘서트 표를 못 샀어요. 왜냐하면 표가 다 (ⓐ 팔았어요. / ⓑ 매진됐어요.)

(5) 지금 가게에서 에어컨을 10% (ⓐ 팔아서 / ⓑ 할인해서) 백만 원이에요.

(6) 삼겹살을 먹을 때 채소는 돈을 안 내도 돼요. 채소가 (ⓐ 무료예요. / ⓑ 안 팔려요.)

B 月薪

贴心小叮咛!
- 월급: 每个月收到的工资
- 연봉: 一年从雇主那里收到的工资总额

(1)

돈을 벌다
挣钱

저는 20살 때부터 **돈을 벌기** 시작했어요.
我从二十岁开始**挣钱**了。

(2)

월급을 받다
领薪水

회사에서 매달 25일에 **월급을 받아요.**
我每个月25号从公司**领薪水**。

(3)

월급이 오르다
薪水上涨

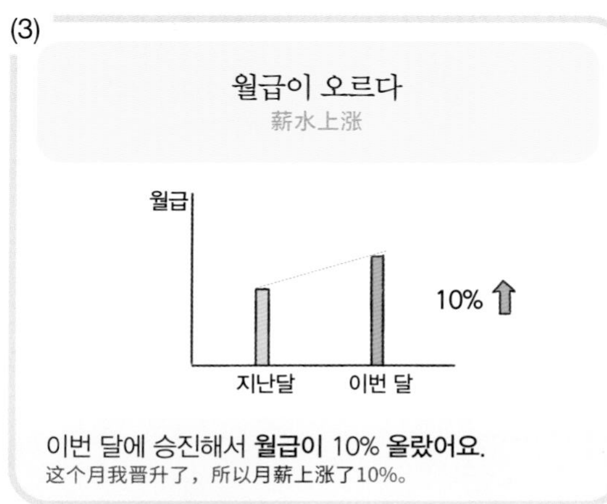

이번 달에 승진해서 **월급이** 10% **올랐어요.**
这个月我晋升了，所以**月薪上涨**了10%。

(4)

월급이 내리다
薪水下降

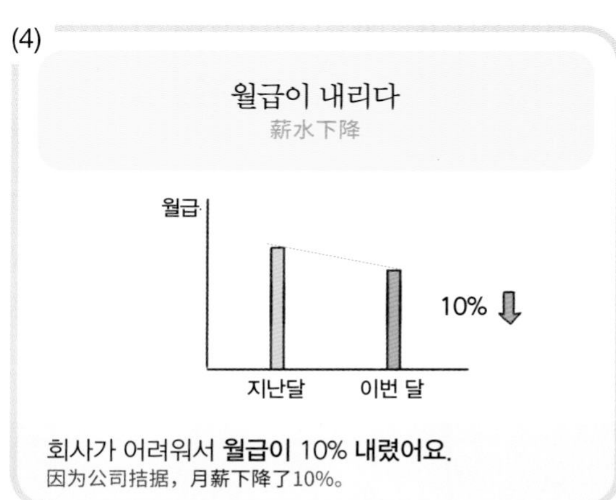

회사가 어려워서 **월급이** 10% **내렸어요.**
因为公司拮据，**月薪下降**了10%。

① A 한 달에 얼마나 벌어요?
一个月挣多少钱?
B 500만 원 벌어요.
挣500万韩元。

② A 한 달에 월급을 얼마나 받아요?
一个月拿多少薪水?
B 500만 원 받아요.
拿500万韩元。

③ A 월급이 얼마나 올랐어요?
你的月薪上涨了多少?
B 10% 올랐어요.
上涨了10%。

④ A 보너스를 얼마나 받아요?
红利拿多少?
B 100% 받아요.
拿100%。

考考自己! **请连接相应的部分，并完成下列句子。**

(1) 아르바이트를 해서 한 달에 •	• ⓐ 받았어요.
(2) 이번에 일을 잘해서 보너스를 •	• ⓑ 조금 올랐어요.
(3) 승진해서 이번 달부터 월급이 •	• ⓒ 줘요.
(4) 우리 회사는 월말에 월급을 •	• ⓓ 100만 원 벌어요.

C 买

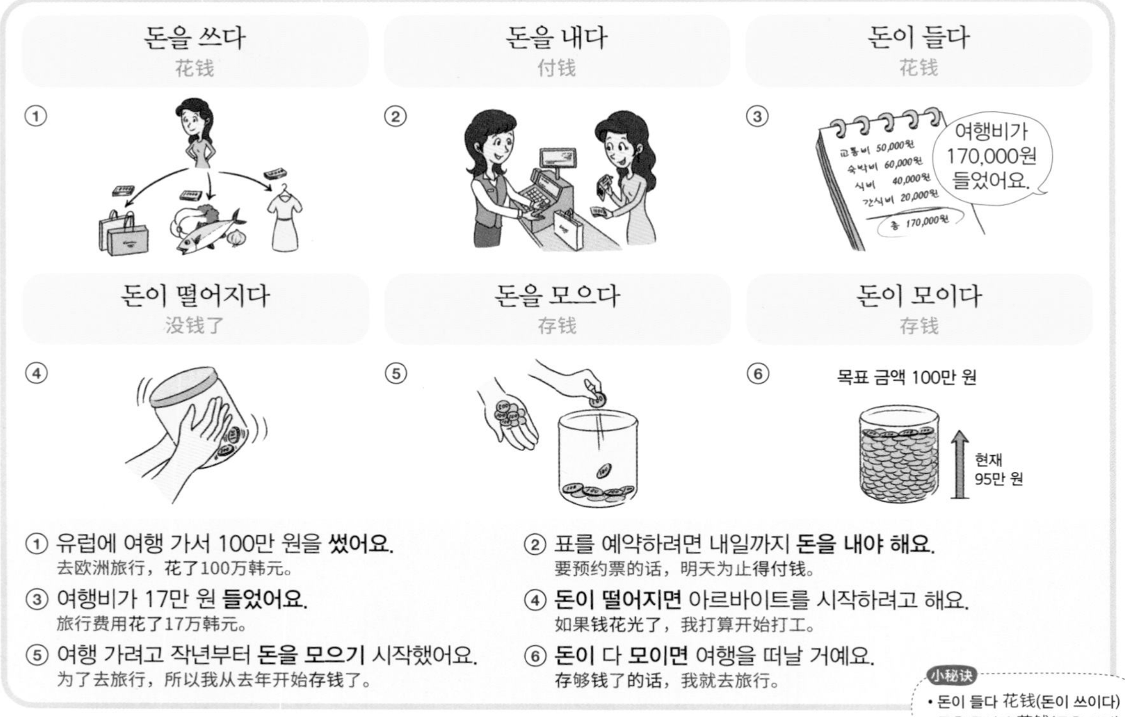

돈을 쓰다 花钱	돈을 내다 付钱	돈이 들다 花钱
①	②	③
돈이 떨어지다 没钱了	**돈을 모으다** 存钱	**돈이 모이다** 存钱
④	⑤	⑥

① 유럽에 여행 가서 100만 원을 **썼어요.**
去欧洲旅行，花了100万韩元。

② 표를 예약하려면 내일까지 **돈을 내야** 해요.
要预约票的话，明天为止得付钱。

③ 여행비가 17만 원 **들었어요.**
旅行费用花了17万韩元。

④ **돈이 떨어지면** 아르바이트를 시작하려고 해요.
如果钱花光了，我打算开始打工。

⑤ 여행 가려고 작년부터 **돈을 모으기** 시작했어요.
为了去旅行，所以我从去年开始存钱了。

⑥ **돈이** 다 **모이면** 여행을 떠날 거예요.
存够钱了的话，我就去旅行。

小秘诀
- 돈이 들다 花钱(돈이 쓰이다)
- 돈을 들이다 花钱(돈을 쓰다)

D 与钱相关的名词

____비 费		____료 费		____세 税	
교통비	交通费	입장료	入场费	소득세	所得税
택시비	打车费	사용료	使用费	재산세	财产税
식사비	饭费	수업료	上课费	주민세	住民税
숙박비	住宿费	대여료	租借费	소비세	消费税

考考自己! **请选择正确的答案，完成下列句子。**

내다	쓰다	들다	떨어지다	모으다	모이다

(1) 100만 원이 있었어요. 그런데 이번 달에 60만 원을 ____________. 그래서 40만 원이 남았어요.

(2) 지난번에 친구가 밥을 사 줬어요. 그래서 이번에는 같이 제가 식사비를 ____________ 려고 해요.

(3) 50만 원이 ____________ 면 그 돈으로 노트북을 사려고 해요.

(4) 지난주에 제주도에 여행 가서 돈을 다 썼어요. 그래서 지금 돈이 다 ____________.

(5) 제가 다음 주에 이사하려고 해요. 보통 한국에서 이사할 때 돈이 얼마나 ____________?

(6) 세계 여행을 가고 싶어서 돈을 ____________ 고 있어요. 이제 100만 원 돈이 모였어요.

E 借钱、还钱

① 남자가 여자에게 노트북을 **빌려줬어요.**
男生把笔记本电脑借给女生了。

② 여자가 남자에게 노트북을 **빌렸어요.**
女生向男生借了笔记本电脑。

③ 일주일 후에 여자가 남자에게 노트북을 **돌려줬어요.**
一个星期后，女生把笔记本电脑还给男生。

④ 일주일 후에 여자가 남자에게 돈을 **갚았어요.**
一个星期后，女生把向男生借的钱都还清了。

⑤ 남자하고 여자가 책을 **교환했어요.**
男生跟女生交换了自己的书。

⑥ 남자가 미국 돈을 한국 돈으로 **환전했어요.**
男生把美元换成韩币了。

> **小秘诀**
> 在表现如同(A→B)改变时，
> 改变的对象B后面使用助词(으)로。
> **例1** 미국 돈을 한국 돈으로 환전했어요.
> 我把美元换成韩币了。
> **例2** 지하철 2호선에서 3호선으로 갈아 탔어요.
> 我从地铁2号线换乘3号线。
> **例3** 서울에서 부산으로 이사했어요.
> 我从首尔搬家到釜山。

考考自己! 请选择正确的答案。

(1) 오늘 지갑을 집에 놓고 와서 친구한테 만 원을 (ⓐ 빌렸어요. / ⓑ 빌려줬어요.)

(2) 동생한테서 빌린 카메라를 오늘 동생한테 (ⓐ 갚았어요. / ⓑ 돌려줬어요.)

(3) 친구가 노트북이 필요하다고 해서 제 노트북을 (ⓐ 빌렸어요. / ⓑ 빌려줬어요.)

(4) 열심히 돈을 벌어서 은행에서 빌린 돈을 빨리 (ⓐ 갚으려고 / ⓑ 돌려주려고) 해요.

(5) 빨간색 신발이 마음에 안 들어요. 그래서 빨간색 신발을 파란색 신발로 (ⓐ 교환했어요. / ⓑ 환전했어요.)

(6) 오늘 은행에서 한국 돈을 일본 돈으로 (ⓐ 돌려줬어요. / ⓑ 환전했어요.)

F 结帐

계산하다
结账

(1) 接受结帐方法的问题时
A 어떻게 **계산하**시겠어요? 您要怎么结帐?
B 현금으로 **계산할게요.** 我用现金结帐。
카드로 **계산할게요.** 我用卡结账。

(2) 使用信用卡的时候
A 어떻게 해 드릴까요? 您要怎么结帐?
B 일시불로 해 주세요. 请一次结清吧。
할부로 해 주세요. 我要分期付款。

考考自己! 请连接符合问题的答案。

(1) 어떻게 계산하시겠어요?	•	•	ⓐ 네, 전부 25,000원입니다.
(2) 계산할게요.	•	•	ⓑ 일시불로 해 주세요.
(3) 카드로 어떻게 해 드릴까요?	•	•	ⓒ 현금으로 할게요.
(4) 여기 카드 돼요?	•	•	ⓓ 죄송합니다. 카드가 안 됩니다.

第88课 主题动词

韩语小单词

> 小秘诀
> 与前方动词结合时请注意!
> • -기로 결정하다 决定……
> • -기로 결심하다 决心……

A 树立计划

바라다 希望	고민하다 苦闷	믿다 相信	결정하다 (= 정하다) 决定

① 케빈은 한국 사람처럼 한국어를 잘하기를 **바랐어요.**
凯文**希望**自己的韩国话说得跟韩国人一样好。

② 케빈은 공부하고 일 중에서 무엇을 할지 **고민했어요.**
凯文对于学习和工作中，应该选择哪一个觉得很**苦恼**。

③ 케빈은 한국인 친구의 말을 **믿었어요.**
凯文**相信**了韩国朋友的话。

④ 결국 케빈은 공부를 하기로 **결정했어요.** (= **정했어요.**)
结果凯文**决定**学习。

시작하다 开始	미루다 延迟	결심하다 决心	계획을 세우다 树立计划

⑤ 책으로 공부하기 **시작했어요.**
从书本**开始**了学习。

⑥ 하지만 케빈은 자꾸 공부를 **미뤘어요.**
但是凯文老是**推迟**学习。

⑦ 케빈은 내일부터 다시 공부하기로 **결심했어요.**
凯文**下定决心**，从明天开始重新学习。

⑧ 케빈은 어떻게 공부할지 **계획을 세웠어요.**
凯文**制定**了如何学习的**计划**。

> 小秘诀
> 注意与前方动词结合的时候!
> • -기(를) 바라다 希望……
> • -기 시작하다 开始……

考考自己! 请选择正确的答案，并完成下列句子。

믿다	바라다	세우다	미루다	정하다	고민하다

(1) 하기 싫어도 오늘 일을 내일로 ________ 지 마세요.
(2) 요즘 여러 가지 문제 때문에 ________ 고 있어요.
(3) 방학 때 어디로 여행 갈지 아직 못 ________.
(4) 일을 시작하기 전에 자세히 계획을 ________ 는 편이에요.
(5) 제 친구가 거짓말을 자주 해서 그 친구의 말을 ________ 수 없어요.
(6) 부모님께서 항상 건강하시길 ________ 고 있어요.

B 经验

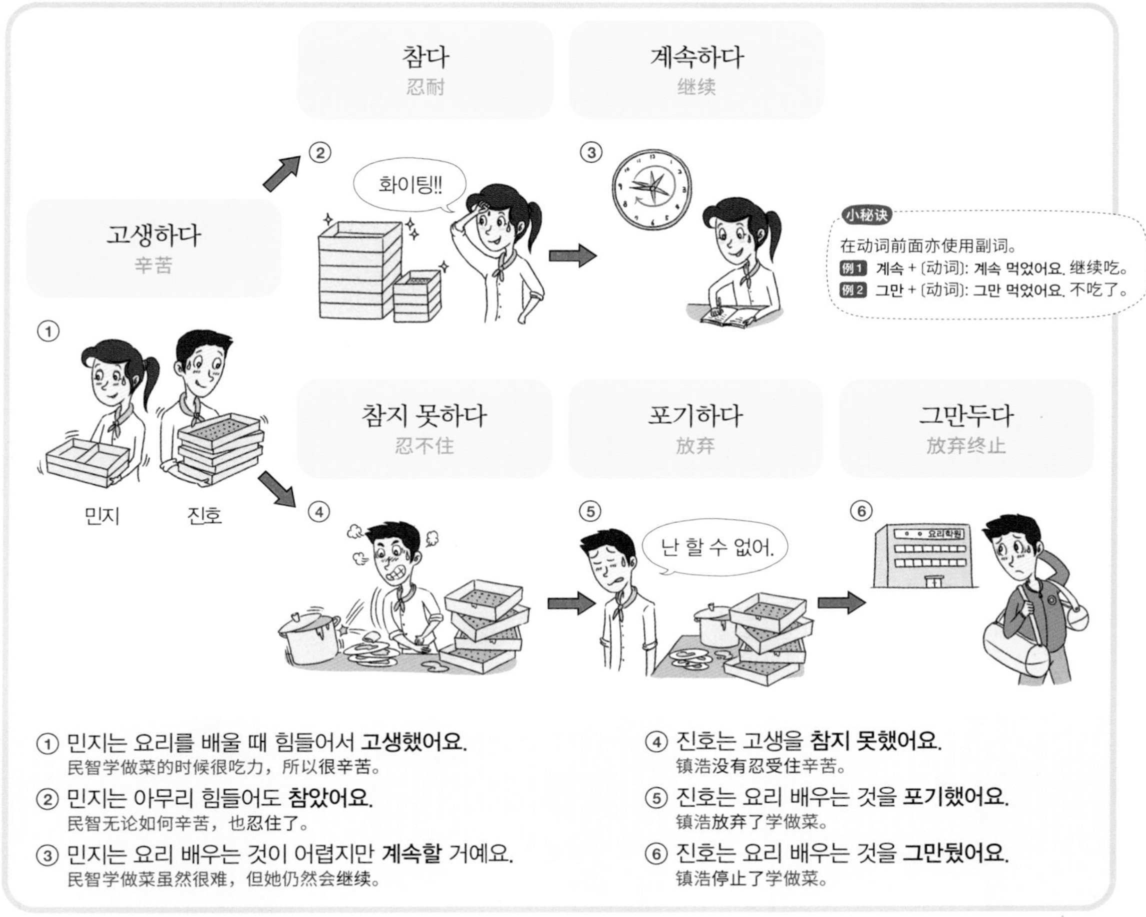

① 민지는 요리를 배울 때 힘들어서 **고생했어요.**
民智学做菜的时候很吃力，所以很辛苦。

② 민지는 아무리 힘들어도 **참았어요.**
民智无论如何辛苦，也忍住了。

③ 민지는 요리 배우는 것이 어렵지만 **계속할** 거예요.
民智学做菜虽然很难，但她仍然会继续。

④ 진호는 고생을 **참지 못했어요.**
镇浩没有忍受住辛苦。

⑤ 진호는 요리 배우는 것을 **포기했어요.**
镇浩放弃了学做菜。

⑥ 진호는 요리 배우는 것을 **그만뒀어요.**
镇浩停止了学做菜。

考考自己! **请选择正确的答案，并完成下列对话。**

고생하다	참다	포기하다	계속하다	그만두다

(1) A 김진수 씨가 왜 안 보여요?
B 김진수 씨가 어제 회사를 ________. 다른 사람이 새로 올 거예요.

(2) A 여행이 어땠어요?
B 배탈이 나서 ________. 진짜 힘들었어요.

(3) A 주사 맞기 싫어요.
B 아파도 조금만 ________세요. 주사를 맞아야 해요.

(4) A 태권도를 배우고 있는데 너무 어려워요.
B ________지 말고 끝까지 계속하세요. 제가 도와드릴게요.

(5) A 운동을 해도 효과가 없어요.
B 3개월 이상 ________면 효과가 있을 거예요.

C 约定1

약속하다 约定	약속을 지키다 遵守约定	약속을 어기다 背弃约定

①

②

③
약속

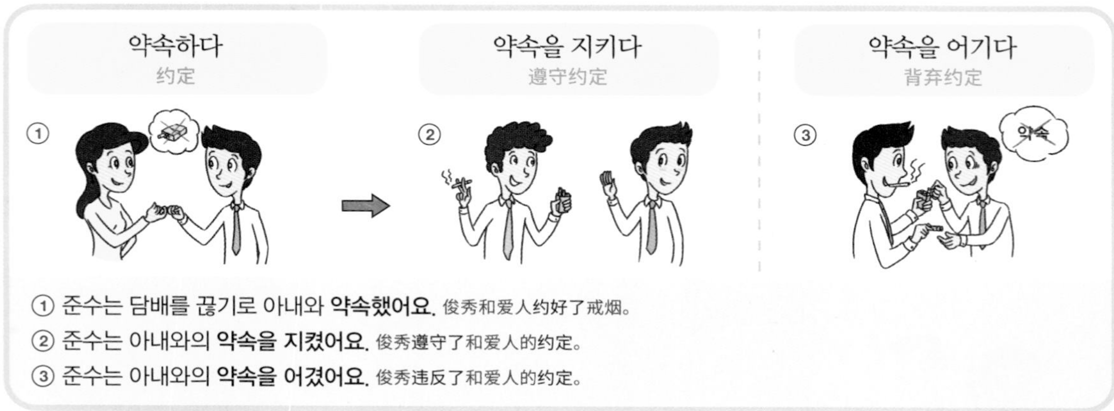

① 준수는 담배를 끊기로 아내와 **약속했어요.** 俊秀和爱人约好了戒烟。

② 준수는 아내와의 **약속을 지켰어요.** 俊秀遵守了和爱人的约定。

③ 준수는 아내와의 **약속을 어겼어요.** 俊秀违反了和爱人的约定。

D 约定2

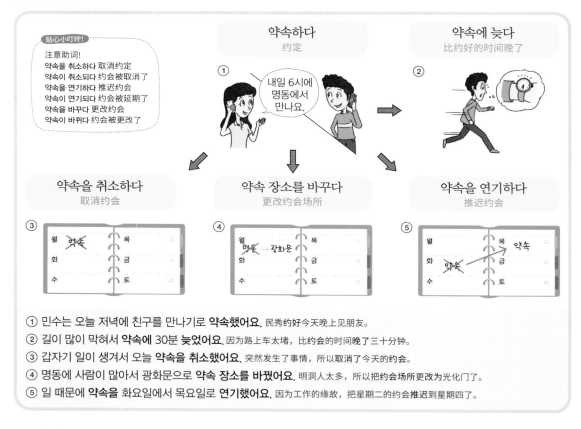

贴心小叮咛!

注意助词!
약속을 취소하다 取消约定
약속이 취소되다 约会被取消了
약속을 연기하다 推迟约会
약속이 연기되다 约会被延期了
약속을 바꾸다 更改约会
약속이 바뀌다 约会被更改了

약속하다 约定	약속에 늦다 比约好的时间晚了

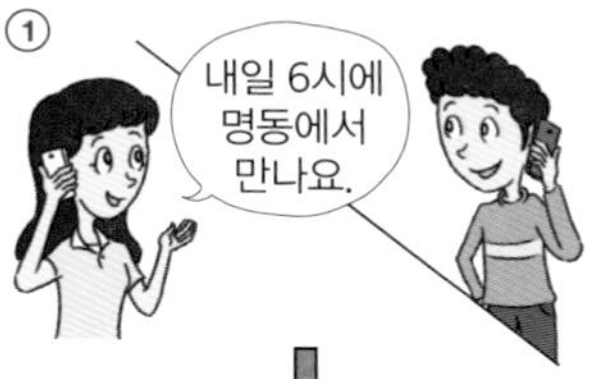

①
내일 6시에
명동에서
만나요.

②

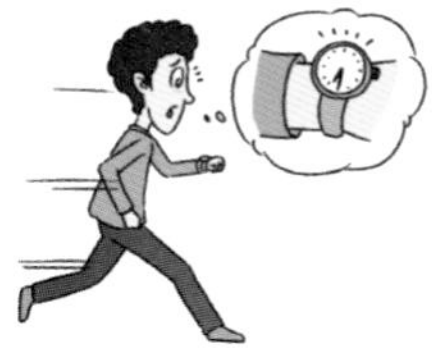

약속을 취소하다 取消约会	약속 장소를 바꾸다 更改约会场所	약속을 연기하다 推迟约会

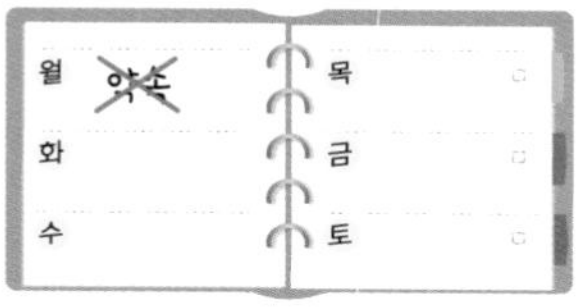

③
월
약속
화
수
목
금
토

④
월
명동 → 광화문
화
수
목
금
토

⑤
월
화
약속
수
목
약속
금
토

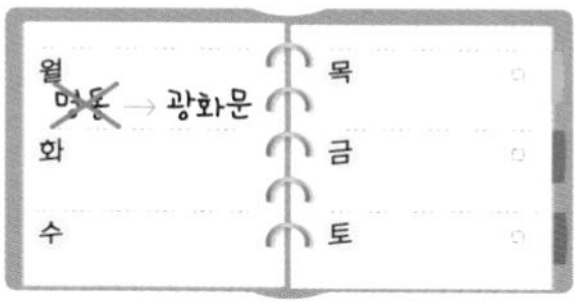

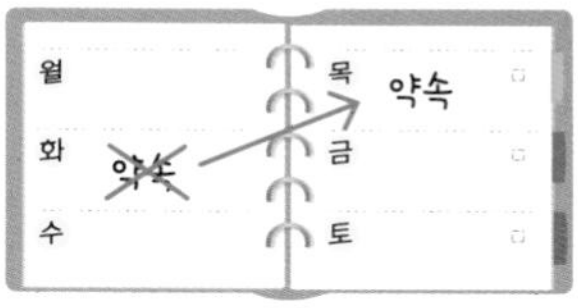

① 민수는 오늘 저녁에 친구를 만나기로 **약속했어요.** 民秀约好今天晚上见朋友。

② 길이 많이 막혀서 **약속에** 30분 **늦었어요.** 因为路上车太堵，比约会的时间晚了三十分钟。

③ 갑자기 일이 생겨서 오늘 **약속을 취소했어요.** 突然发生了事情，所以取消了今天的约会。

④ 명동에 사람이 많아서 광화문으로 **약속 장소를 바꿨어요.** 明洞人太多，所以把约会场所更改为光化门了。

⑤ 일 때문에 **약속을** 화요일에서 목요일로 **연기했어요.** 因为工作的缘故，把星期二的约会推迟到星期四了。

考考自己! **请选择适当的答案。**

(1) 진수는 약속하면 꼭 (ⓐ 지키니까 / ⓑ 어기니까) 친구들이 진수를 좋아해요.

(2) 민수가 갑자기 약속을 (ⓐ 바뀌어서 / ⓑ 바꿔서) 문제가 생겼어요.

(3) 2시 약속인데 2시 30분에 도착했어요. 약속 시간에 (ⓐ 늦었어요. / ⓑ 연기됐어요.)

(4) 비가 많이 와서 오늘 약속이 (ⓐ 취소했어요. / ⓑ 취소됐어요.)

E 睡觉

눕다 躺	잠이 안 오다 睡不着	잠이 오다 想睡

① 자려고 침대에 **누웠어요.**
想睡觉，所以躺在了床上。

② 하지만 저녁에 마신 커피 때문에 **잠이 안 왔어요.**
但是因为晚上喝的咖啡，所以**睡不着**。

③ 재미없는 책을 읽으니까 **잠이 왔어요.**
读了没有意思的书，所以**想睡**困了。

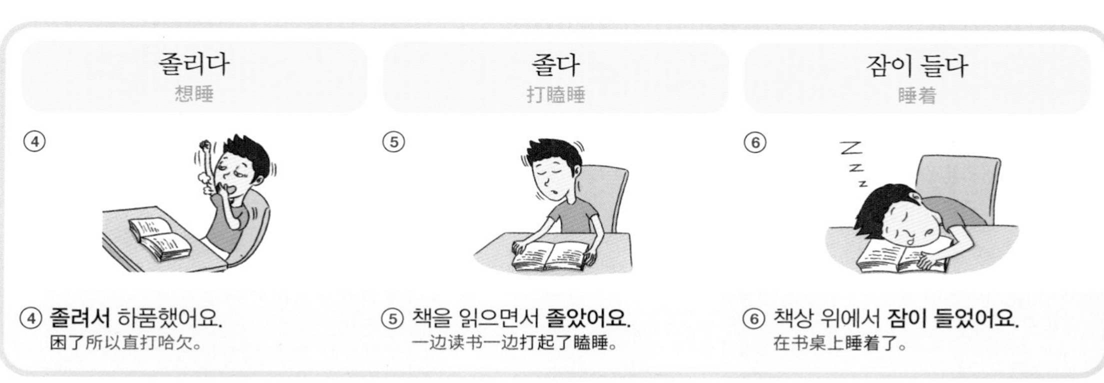

졸리다 想睡	졸다 打瞌睡	잠이 들다 睡着

④ **졸려서** 하품했어요.
困了所以直打哈欠。

⑤ 책을 읽으면서 **졸았어요.**
一边读书一边**打起了瞌睡**。

⑥ 책상 위에서 **잠이 들었어요.**
在书桌上**睡着了**。

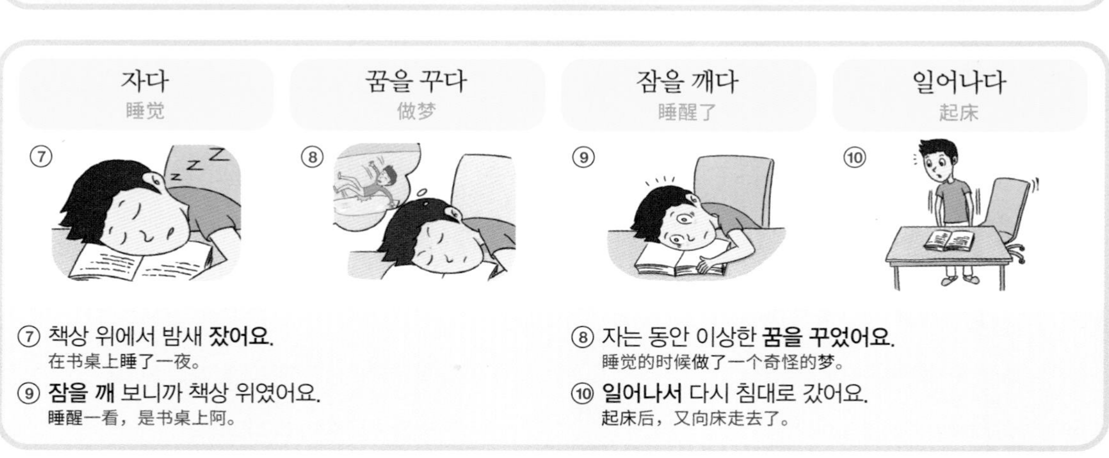

자다 睡觉	꿈을 꾸다 做梦	잠을 깨다 睡醒了	일어나다 起床

⑦ 책상 위에서 밤새 **잤어요.**
在书桌上**睡了**一夜。

⑧ 자는 동안 이상한 **꿈을 꾸었어요.**
睡觉的时候**做了**一个奇怪的**梦**。

⑨ **잠을 깨** 보니까 책상 위였어요.
睡醒一看，是书桌上阿。

⑩ **일어나서** 다시 침대로 갔어요.
起床后，又向床走去了。

考考自己! **请连接相应的部分，并完成下列句子。**

(1) 잠을 깼지만 • 　　• ⓐ 커피를 마시는 게 좋겠어요.

(2) 잠을 자는 동안에 • 　　• ⓑ 소파에서 잠이 들었어요.

(3) 잠이 안 올 때에는 • 　　• ⓒ 그냥 침대에 누워 있었어요.

(4) 수업에서 졸지 않으려면 • 　　• ⓓ 따뜻한 물로 목욕하면 좋아요.

(5) 텔레비전을 보다가 • 　　• ⓔ 꿈 속에서 돌아가신 할머니를 만났어요.

F 病

(1)

진찰하다	진찰을 받다
诊疗	接受诊疗

ⓐ 의사가 환자를 **진찰해요.**
医生诊疗病人。

ⓑ 환자가 의사의 **진찰을 받아요.**
病人接受医生的诊疗。

(2)

치료하다	치료를 받다
治疗	接受治疗

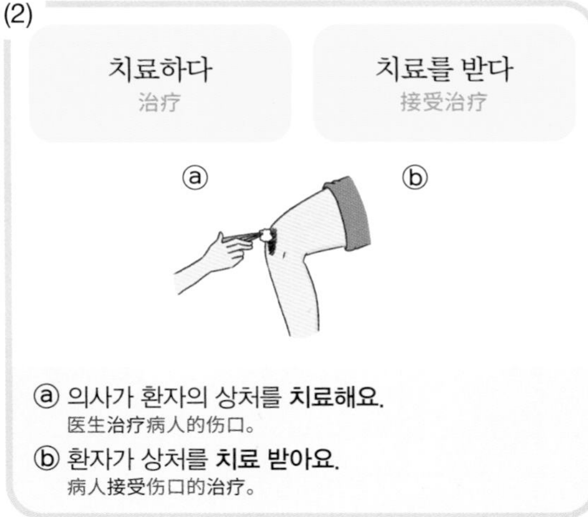

ⓐ 의사가 환자의 상처를 **치료해요.**
医生治疗病人的伤口。

ⓑ 환자가 상처를 **치료 받아요.**
病人接受伤口的治疗。

(3)

입원하다	수술하다
住院	手术

ⓐ 사고가 나서 한 달 동안 병원에 **입원했어요.**
因为出事故，住了一个月医院。

ⓑ 암 때문에 다음 달에 **수술해야** 해요.
因为癌症，下个月必须动手术。

(4)

주사를 놓다	주사를 맞다
打针	挨针

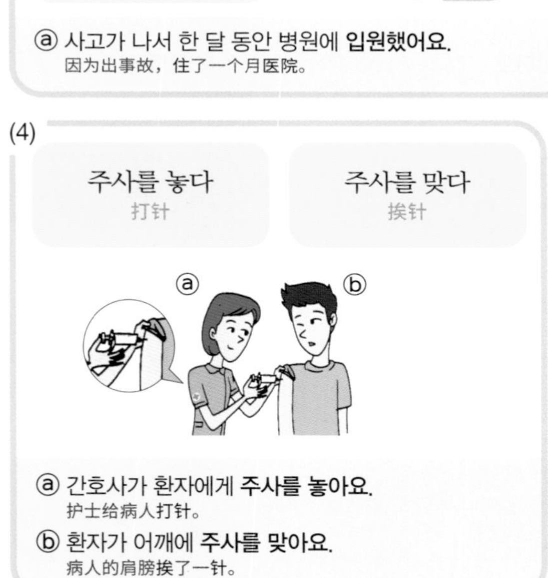

ⓐ 간호사가 환자에게 **주사를 놓아요.**
护士给病人打针。

ⓑ 환자가 어깨에 **주사를 맞아요.**
病人的肩膀挨了一针。

(5)

병에 걸리다	병이 낫다
得病	痊愈

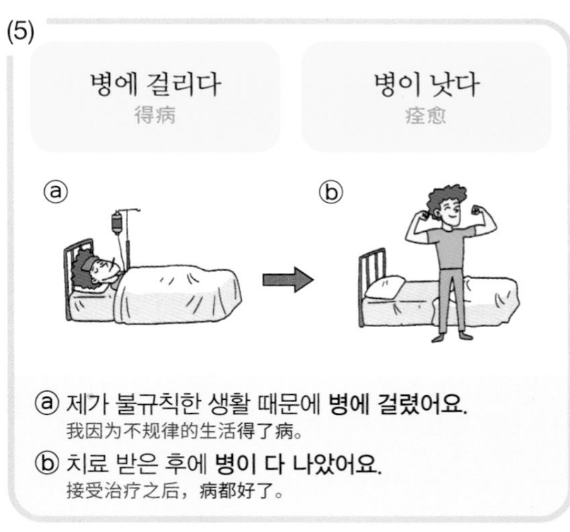

ⓐ 제가 불규칙한 생활 때문에 **병에 걸렸어요.**
我因为不规律的生活得了病。

ⓑ 치료 받은 후에 **병이 다 나았어요.**
接受治疗之后，病都好了。

考考自己! **请连接相应的部分，并完成下列句子。**

(1) 환자가 진찰을 •　　　　• ⓐ 했어요
(2) 환자가 주사를 •　　　　• ⓑ 맞았어요
(3) 환자가 입원을 •　　　　• ⓒ 나았어요
(4) 환자가 병에 •　　　　• ⓓ 받았어요
(5) 환자가 병이 •　　　　• ⓔ 걸렸어요

G 车

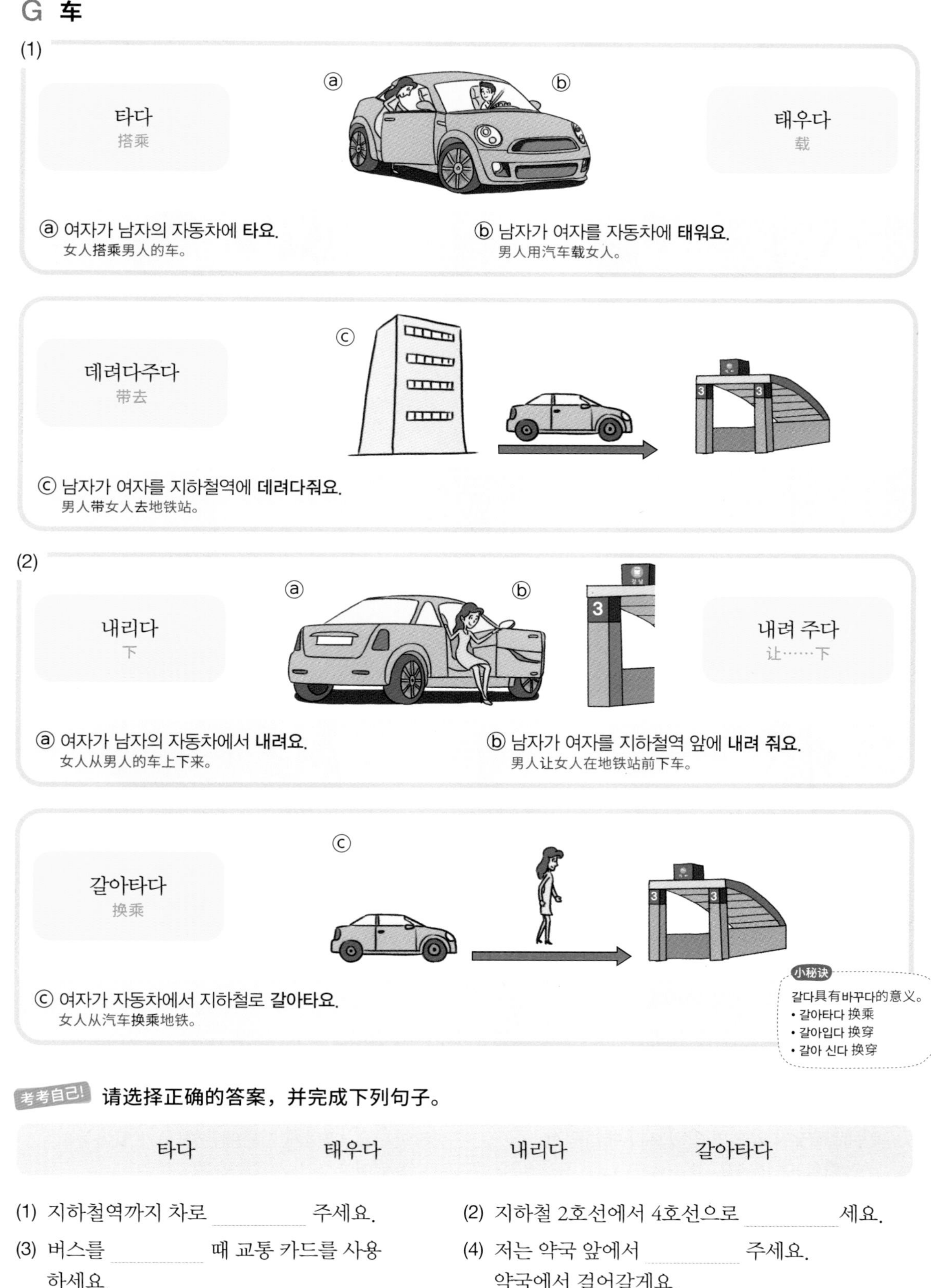

(1)

타다
搭乘

태우다
载

ⓐ 여자가 남자의 자동차에 **타요.**
女人**搭乘**男人的车。

ⓑ 남자가 여자를 자동차에 **태워요.**
男人用汽车**载**女人。

데려다주다
带去

ⓒ 남자가 여자를 지하철역에 **데려다줘요.**
男人**带**女人**去**地铁站。

(2)

내리다
下

내려 주다
让……下

ⓐ 여자가 남자의 자동차에서 **내려요.**
女人从男人的车上**下**来。

ⓑ 남자가 여자를 지하철역 앞에 **내려 줘요.**
男人**让**女人在地铁站前**下**车。

갈아타다
换乘

ⓒ 여자가 자동차에서 지하철로 **갈아타요.**
女人从汽车**换乘**地铁。

小秘诀
갈다具有바꾸다的意义。
• 갈아타다 换乘
• 갈아입다 换穿
• 갈아 신다 换穿

考考自己! **请选择正确的答案，并完成下列句子。**

타다　　태우다　　내리다　　갈아타다

(1) 지하철역까지 차로 ________ 주세요.

(2) 지하철 2호선에서 4호선으로 ________ 세요.

(3) 버스를 ________ 때 교통 카드를 사용하세요.

(4) 저는 약국 앞에서 ________ 주세요. 약국에서 걸어갈게요.

H 包含알다的合成动词

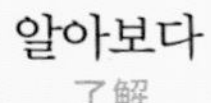

알아보다
了解

ⓐ 여행에 대한 정보는 인터넷으로 **알아보세요.**
你通过因特网**了解**一下关于旅行的资讯吧。

알아듣다
听懂

ⓑ 한국 드라마를 보면 50% 정도 **알아들어요.**
看韩国连续剧的话，能**听懂**50%左右。

알다

알아두다
记住

ⓒ 이 음식은 건강에 좋으니까 꼭 **알아두세요.**
一定要**记住**这个食物健康很好。

알아차리다
看出、察觉

ⓓ 영화의 마지막까지 범인이 누군지 **알아차리지 못했어요.**
直到电影的最后，也没**看出来**犯人究竟是谁。

考考自己! **请修改下方划线的部分。**

(1) A 지금도 영화표를 살 수 있을까요?
B 잠깐만요, 제가 <u>알아둘게요</u>.

(2) A 이 단어가 중요해요?
B 그럼요, 시험에 나올 테니까 꼭 <u>알아차리세요</u>.

(3) A 한국 영화를 볼 때 자막이 필요해요?
B 네, 자막이 없으면 <u>알아보기</u> 어려워서 이해할 수 없네요.

(4) A 거짓말한 것을 친구가 알고 있죠?
B 아니요, 그런데 이번에는 친구가 <u>알아듣지</u> 못했어요.

I 具有相似意义的单词

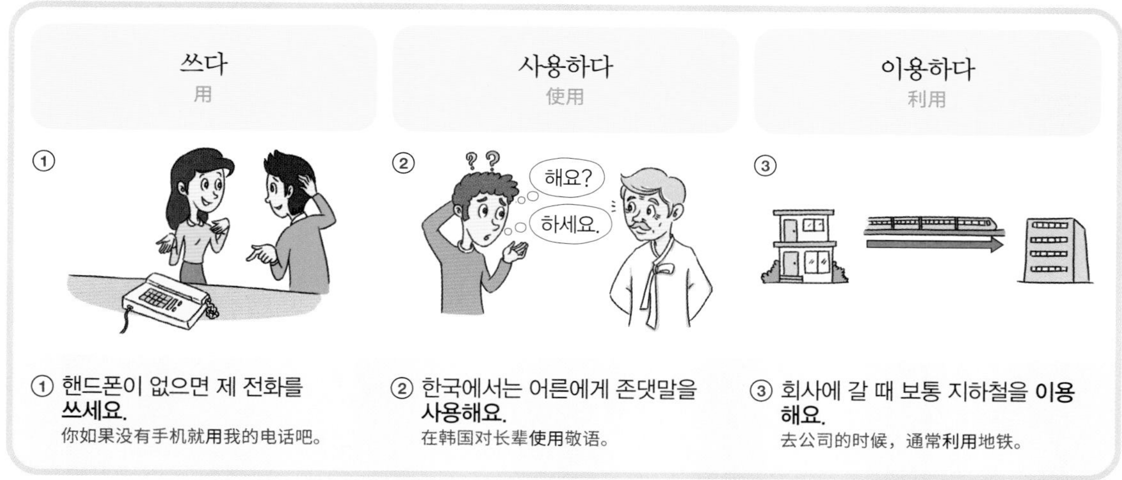

쓰다 用	사용하다 使用	이용하다 利用
① 핸드폰이 없으면 제 전화를 **쓰세요.** 你如果没有手机就**用**我的电话吧。	② 한국에서는 어른에게 존댓말을 **사용해요.** 在韩国对长辈**使用**敬语。	③ 회사에 갈 때 보통 지하철을 **이용해요.** 去公司的时候，通常**利用**地铁。

J 사다和하다结合的合成动词

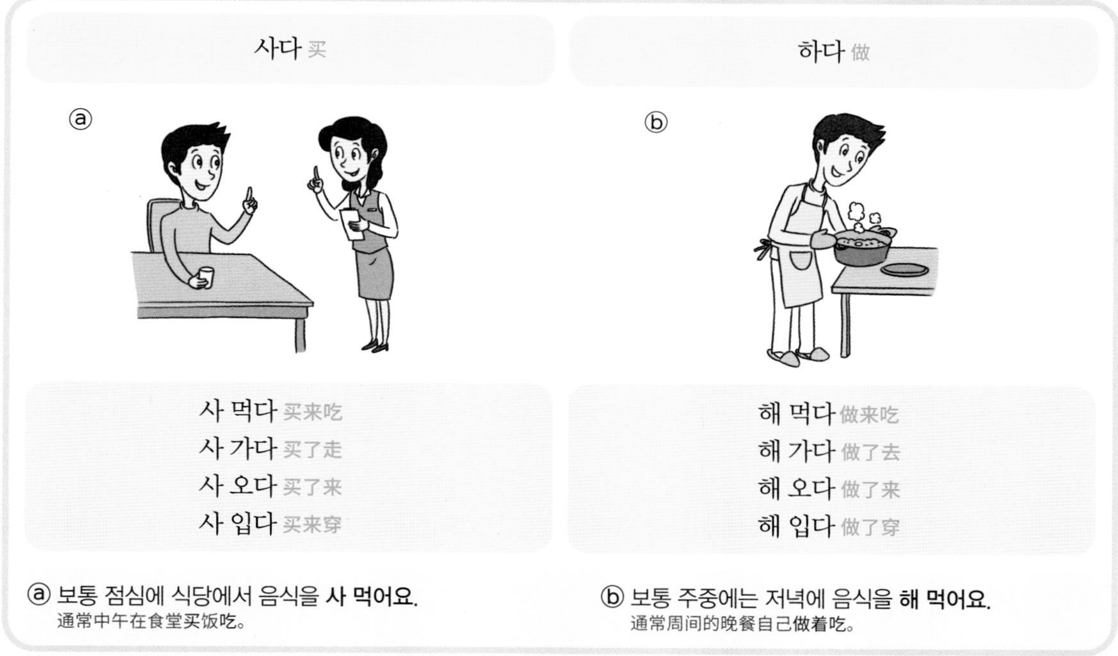

사다 买	하다 做
사 먹다 买来吃 사 가다 买了走 사 오다 买了来 사 입다 买来穿	해 먹다 做来吃 해 가다 做了去 해 오다 做了来 해 입다 做了穿
ⓐ 보통 점심에 식당에서 음식을 **사 먹어요.** 通常中午在食堂**买**饭**吃**。	ⓑ 보통 주중에는 저녁에 음식을 **해 먹어요.** 通常周间的晚餐自己**做着吃**。

考考自己! **请选择正确的答案。**

(1) 한국어를 (ⓐ 사용 / ⓑ 이용)해서 말할 때 많이 신경 써야 해요.

(2) 내 친구는 요리를 못해서 밖에서 음식을 (ⓐ 사 먹어요. / ⓑ 해 먹어요.)

(3) 요즘은 건강을 위해서 계단을 (ⓐ 쓰는 / ⓑ 이용하는) 사람이 많아요.

(4) 저는 옷을 잘 만드니까 제 옷을 직접 (ⓐ 사 입어요. / ⓑ 해 입어요.)

第89课 情绪表现

韩语小单词

A 和되다一起使用的情况

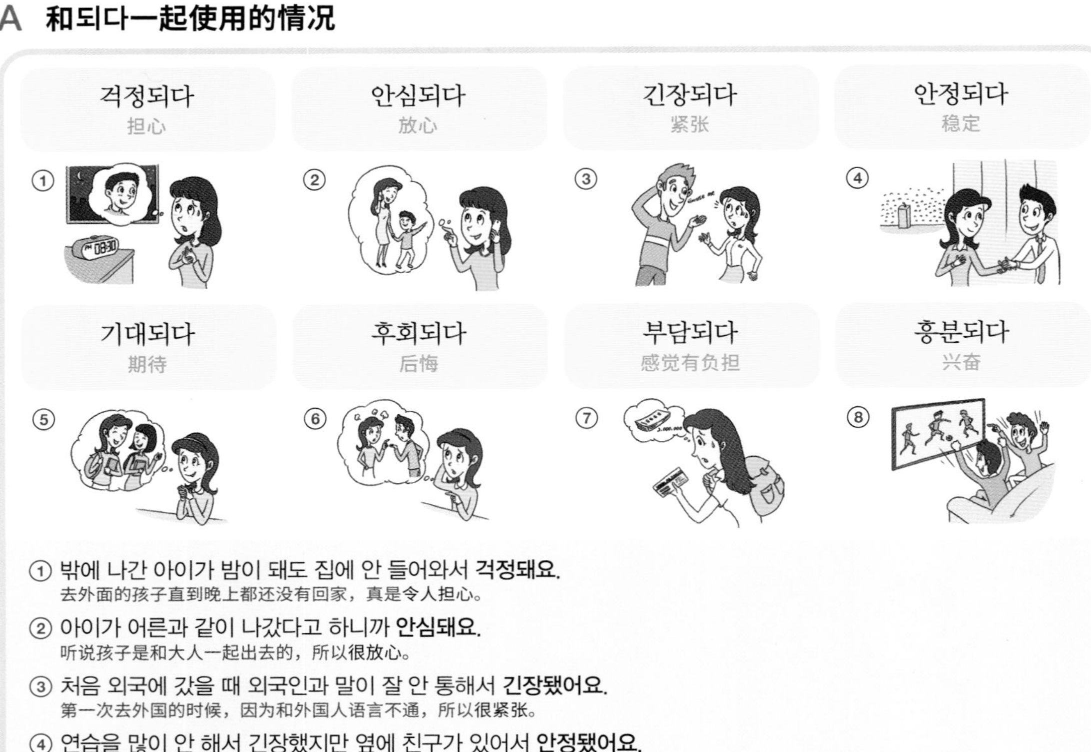

걱정되다 担心	안심되다 放心	긴장되다 紧张	안정되다 稳定
①	②	③	④
기대되다 期待	후회되다 后悔	부담되다 感觉有负担	흥분되다 兴奋
⑤	⑥	⑦	⑧

① 밖에 나간 아이가 밤이 돼도 집에 안 들어와서 **걱정돼요.**
去外面的孩子直到晚上都还没有回家，真是令人担心。

② 아이가 어른과 같이 나갔다고 하니까 **안심돼요.**
听说孩子是和大人一起出去的，所以很放心。

③ 처음 외국에 갔을 때 외국인과 말이 잘 안 통해서 **긴장됐어요.**
第一次去外国的时候，因为和外国人语言不通，所以很紧张。

④ 연습을 많이 안 해서 긴장했지만 옆에 친구가 있어서 **안정됐어요.**
虽然没有多做练习，所以很紧张，但是旁边有朋友在，所以就稳定下来了。

⑤ 다니고 싶었던 학교에 합격했어요. 대학 생활이 정말 **기대돼요.**
我被想去的学校录取了，大学生活真的很令人期待。

⑥ 어제 친한 친구하고 작은 일로 싸웠는데 지금 너무 **후회돼요.**
昨天和好朋友因为小事吵架了，现在真是后悔极了。

⑦ 저는 항상 돈이 부족한 학생이니까 비싼 해외 여행은 **부담돼요.**
因为我是经常缺钱的学生，所以昂贵的国外旅行负担很大。

⑧ 축구 경기를 할 때 **흥분돼서** 의자에 앉아서 볼 수 없어요.
看足球比赛的时候，因为太过兴奋，没有办法坐在椅子上看。

考考自己! 请连接相应的部分。

(1) 내일 시험이 있는데 준비를 못 했어요.	•	• ⓐ 긴장돼요.
(2) 내일 오랜만에 제주도 여행을 떠나요.	•	• ⓑ 걱정돼요.
(3) 저에 대한 부모님의 기대가 너무 커요.	•	• ⓒ 후회돼요.
(4) 시험공부를 했지만 시험 볼 때 가슴이 뛰어요.	•	• ⓓ 안심돼요.
(5) 어렸을 때 공부를 열심히 했어야 했어요.	•	• ⓔ 기대돼요.
(6) 감기가 다 나았어요. 이제 걱정 안 해도 돼요.	•	• ⓕ 부담돼요.

B 表现情绪的动词

사랑하다 爱	마음에 들다 喜欢	좋아하다 喜欢	싫어하다 不喜欢
①	②	③	④
실망하다 失望	만족하다 满意	당황하다 慌张	질투하다 嫉妒
⑤	⑥	⑦	⑧

① **사랑하는** 사람과 함께 지내고 싶어요. 我想和我**爱**的人一起生活。
② 이 옷이 제 **마음에 들어요.** 我**喜欢**这件衣服。
③ 저는 맵지 않은 음식을 **좋아해요.** 我**喜欢**不辣的饮食。
④ 저는 닭고기가 들어간 음식을 **싫어해요.** 我**不喜欢**有鸡肉的菜。
⑤ 승진 발표에서 제가 떨어져서 **실망했어요.** 晋升发表时，我落榜了，所以很**失望**。
⑥ 저는 이번 시험의 성적에 **만족해요.** 我对这次考试的成绩很**满意**。
⑦ 식당에서 음식을 먹은 후 계산할 때 지갑이 없어서 **당황했어요.**
在食堂吃完饭后，结账的时候，发现钱包不见了，让我很**慌张**。
⑧ 너무 사이가 좋은 남녀를 **질투하는** 사람이 있어요. 有人会**嫉妒**交情太好的男女。

小秘诀

- 느끼다, 생각하다: (如同及物动词)(以自己的感觉或体验为基础)感觉或者觉得
  例 외국어를 공부하면서 그 나라의 문화와 생각을 느낄 수 있어요.
  在学习外国语的同时，可以感受那个国家的文化和思想。
- 느낌이 들다, 생각이 들다: (如同不及物动词)(与自己的意图无关)出现某种感觉或想法
  例 그 일을 시작할때 왠지 이상한 느낌이 들었어요.
  开始做那件事情的时候，不知为什么，有一种奇怪的感觉。

贴心小叮咛!

당황하다是因为惊吓，不知道怎么办的状态，和놀라다的意义不同。
例 밖에서 갑자기 큰 소리가 나서 깜짝 놀랐어요.
外面突然发出很大的声音，吓了我一跳。

考考自己! 请选择正确的答案，并完成下列句子。

만족하다　　당황하다　　사랑하다　　실망하다　　마음에 들다　　질투하다

(1) 한국어 수업이 너무 재미있어요. 지금 수업에 ________ 고 있어요.
(2) 선생님이 항상 한 학생만 좋아해서 다른 학생들이 그 학생을 ________.
(3) 저 구두가 ________ 지만 돈이 부족해서 못 샀어요.
(4) ________ 는 사람과 결혼해서 영원히 함께 살고 싶어요.
(5) 한국 사람이 나이를 자꾸 물어봐서 처음에는 ________ 지만 지금은 익숙해졌어요.
(6) 맛있는 식당이라서 기대하고 갔는데 실제로 맛이 좋지 않아서 ________.

C 正面的情绪

행복하다
幸福
기쁘다
高兴
①
②
시험
합격
우와!!
즐겁다
愉快
반갑다
高兴
③
④
小秘诀
初次见到某人时
기쁘다 (×) → 반갑다 (○)
例 만나서 반갑습니다.
见到您很高兴。
① 좋아하는 사람과 함께 시간을 보내게 돼서 정말 **행복해요.**
能和喜欢的人一起共度时光，真的很**幸福**。
② 이번 시험에 합격해서 너무 **기뻐요.**
因为这次考试合格，我**太高兴**了。
③ 사람들과 얘기하면서 **즐거운** 시간을 보냈어요.
我和大家聊天，度过了**愉快**的时间。
④ 오랜만에 진수 씨를 만나서 정말 **반가웠어요.**
隔了好久才见到真秀，真的很高兴。

考考自己!1 **请选出一个不恰当的单词。**

(1) 우리 집은 (ⓐ 기쁜 / ⓑ 행복한 / ⓒ 즐거운) 집이에요.

(2) 오랜만에 만나서 (ⓐ 기쁘게 / ⓑ 반갑게 / ⓒ 행복하게) 악수했어요.

(3) (ⓐ 반가운 / ⓑ 행복한 / ⓒ 즐거운) 시간을 보냈어요.

(4) 좋은 동료와 (ⓐ 즐겁게 / ⓑ 행복하게 / ⓒ 반갑게) 일하고 있어요.

考考自己!2 **请选择正确的答案。**

(1) 승진 소식을 듣고 (ⓐ 기뻐서 / ⓑ 반가워서) 소리를 질렀어요.

(2) 어떤 일이든지 (ⓐ 반갑게 / ⓑ 즐겁게) 하면 덜 힘든 것 같아요.

(3) 친구와 놀이공원에 가서 (ⓐ 즐겁게 / ⓑ 기쁘게) 놀았어요.

(4) 오랫동안 가고 싶었던 여행을 하는 동안 (ⓐ 반가웠어요. / ⓑ 행복했어요.)

D 负面的情绪

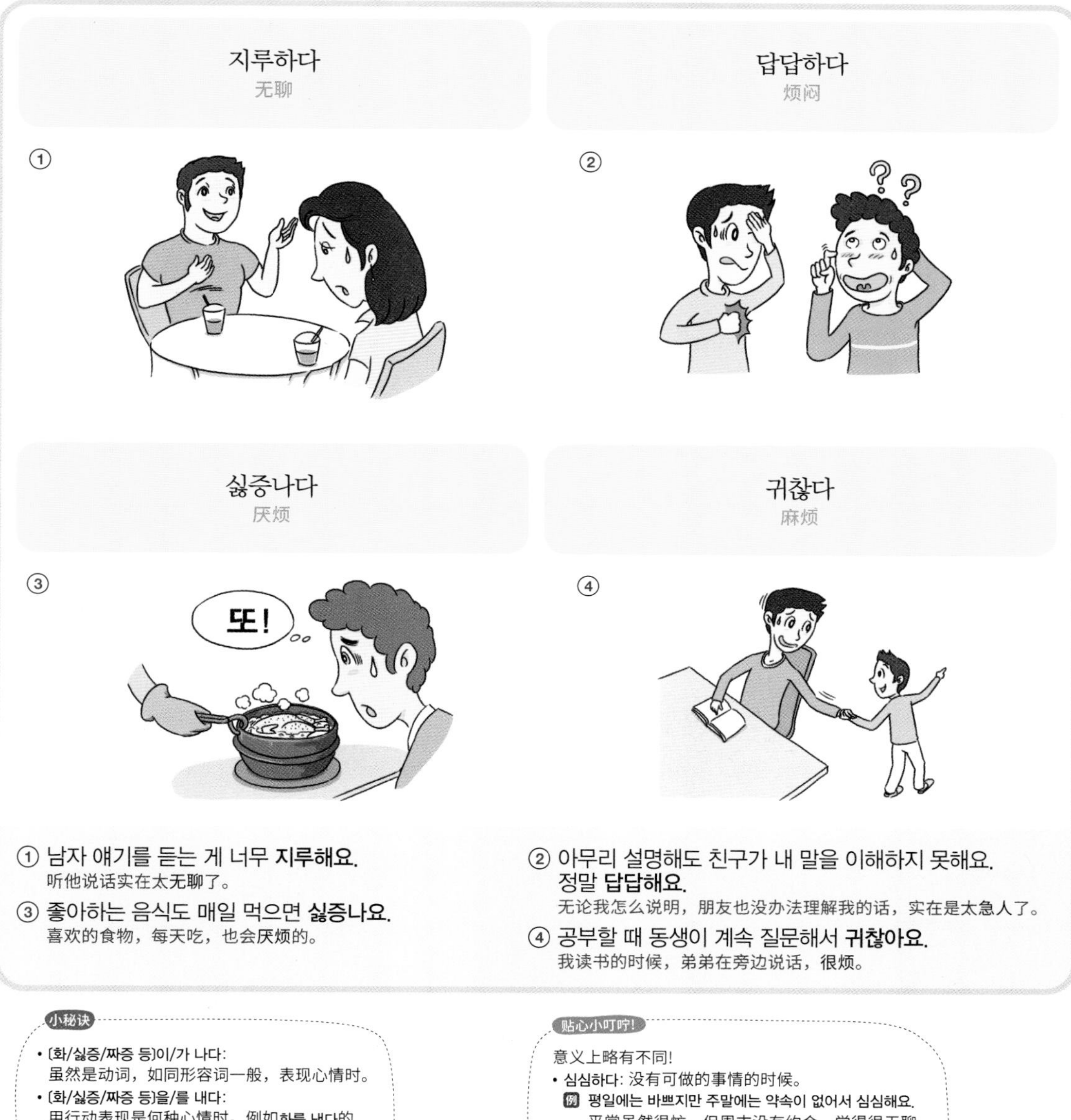

① 남자 얘기를 듣는 게 너무 **지루해요.**
听他说话实在太无聊了。

② 아무리 설명해도 친구가 내 말을 이해하지 못해요. 정말 **답답해요.**
无论我怎么说明，朋友也没办法理解我的话，实在是太急人了。

③ 좋아하는 음식도 매일 먹으면 **싫증나요.**
喜欢的食物，每天吃，也会厌烦的。

④ 공부할 때 동생이 계속 질문해서 **귀찮아요.**
我读书的时候，弟弟在旁边说话，很烦。

小秘诀

- 〔화/싫증/짜증 등〕이/가 나다:
  虽然是动词，如同形容词一般，表现心情时。
- 〔화/싫증/짜증 등〕을/를 내다:
  用行动表现是何种心情时。例如화를 낸다的反应应该是高喊、丢东西或面红的情况。
  例 화가 났지만 화를 내지 않았어요.
  虽然我生气，但没表现出来。

贴心小叮咛!

意义上略有不同!
- 심심하다: 没有可做的事情的时候。
  例 평일에는 바쁘지만 주말에는 약속이 없어서 심심해요.
  平常虽然很忙，但周末没有约会，觉得很无聊。
- 지루하다: 同一情况持续很长时间。
  例 그 영화가 너무 지루해서 계속 하품만 했어요.
  那部电影太无趣了，我一直打哈欠。

考考自己! 请选择正确的答案

(1) 선생님의 얘기가 너무 길어서 (ⓐ 지루해요. / ⓑ 귀찮아요.)

(2) 매일 똑같은 옷을 입어야 하니 (ⓐ 귀찮아요. / ⓑ 싫증나요.)

(3) 좁은 집에서 사는 것이 (ⓐ 지루해요. / ⓑ 답답해요.)

(4) 매일 청소하기 (ⓐ 귀찮아서 / ⓑ 지루해서) 일주일에 한 번 청소해요.

E 相似的情绪

(1)

창피하다
丢脸
(在别人的视线中，失去体面的时候)

부끄럽다
惭愧
(因为对不起良心，无法理直气壮的时候，非常害羞。)

①

②

내가 왜 거짓말을
했을까?

① 많은 사람들 앞에서 넘어졌을 때 정말 **창피했어요.**
在很多人面前摔倒的时候真的很丢脸。

② 거짓말을 한 내 자신이 **부끄러워요.**
对于说谎的自己，觉得很惭愧。

(2)

불쌍하다
可怜

안타깝다
惋惜

①

②

① 혼자 동생들을 돌보는 아이가 **불쌍해요.**
独自照顾弟妹的孩子真可怜。

② 불쌍한 아이 옆에서 도와줄 사람이 없는 상황이 **안타까웠어요.**
对于在可怜的孩子身边，竟然没有人照顾的情况，我觉得很惋惜。

(3)

아쉽다
可惜 (需要的时候没有或者不够，因此感到很惋惜和无法满足。)

아깝다
可惜 (有价值的对象无法真正地被使用，或者因为无法妥善使用而觉得惋惜。)

①

소문난 갈비
CLOSE

②

① 먹고 싶었던 음식이 다 떨어져서 먹을 수 없어요. **아쉬워요.**
想吃的食物都没了，所以不能吃了，真可惜。

② 어제 산 비싼 핸드폰을 오늘 잃어버렸어요. 돈이 **아까워요.**
昨天花很多钱买的手机今天就丢了，钱真是太可惜了。

考考自己! **请选择正确的答案。**

(1) 한국어로 말할 때 많이 실수해서 (ⓐ 창피해요. / ⓑ 아까워요.)

(2) (ⓐ 불쌍한 / ⓑ 아쉬운) 사람을 보면 누구나 도와주고 싶을 거예요.

(3) 전쟁에서 너무 많은 사람이 죽는 것을 보니 (ⓐ 아쉬웠어요. / ⓑ 안타까웠어요.)

(4) 친한 친구와 같이 여행을 못 가서 (ⓐ 아쉬워요. / ⓑ 부끄러워요.)

F 其他

신나다 兴奋	어색하다 尴尬
①	②
섭섭하다 心里不是滋味	짜증나다 烦躁
③	④
속상하다 痛心	괴롭다 难受
⑤	⑥

① 야구 경기에서 우리 팀이 5:3으로 이겨서 정말 **신나요.**
棒球比赛中，我们队以5:3的比分赢了，真令人**兴奋**。

② 처음 만난 사람과 앉아 있을 때 분위기가 **어색해서** 불편해요.
与初次见面的人坐在一起的时候，气氛真是**尴尬**很不舒服。

③ 오랫동안 같이 공부한 친구와 헤어질 때 **섭섭했어요.**
和长时间一起学习的朋友分离的时候，心里真**不是滋味**。

④ 도서관에서 어떤 사람이 계속 전화해서 **짜증났어요.**
在图书馆里，有个人一直打电话，真是**烦死了**。

⑤ 결승선 바로 앞에서 아이가 넘어져서 **속상했어요.**
孩子就在终点之前跌倒了，真是让人**痛心**。

⑥ 아침마다 사람들로 꽉 찬 버스 때문에 **괴로워요.**
每天早晨因为人满为患的公交车感到**难过**。

考考自己! **请连接相应的部分。**

(1) 친구가 내 생일을 잊어버렸을 때 •　　　　• ⓐ 신나요.
(2) 파티에서 빠른 음악과 춤이 나올 때 •　　　　• ⓑ 어색해요.
(3) 잘 모르는 사람과 얘기할 때 •　　　　• ⓒ 괴로워요.
(4) 싫어하는 상사 밑에서 일할 때 •　　　　• ⓓ 섭섭해요.

购物表现

韩语小单词

A 颜色

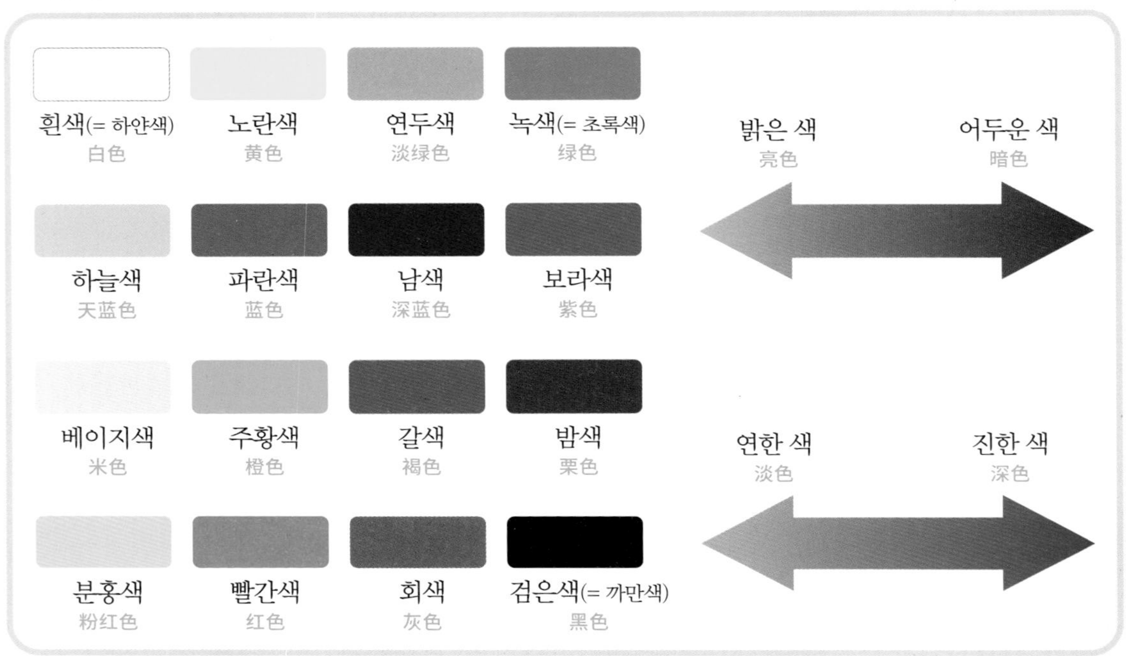

考考自己!1 请连接与图片相应的颜色。

(1) 
(2) 
(3) 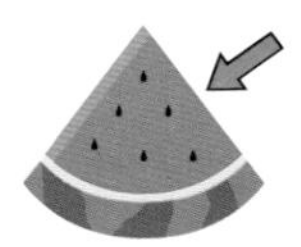
(4)
(5) 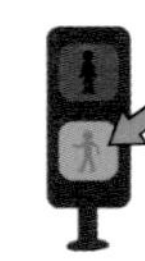

ⓐ 녹색　ⓑ 흰색　ⓒ 빨간색　ⓓ 보라색　ⓔ 노란색

考考自己!2 请看图片，并选择正确的答案。

(1) A 무슨 색 모자를 썼어요?
B (ⓐ 녹색 / ⓑ 회색) 모자를 썼어요.

(2) A 무슨 색 바지를 샀어요?
B (ⓐ 파란색 / ⓑ 노란색) 바지를 샀어요.

(3) A 무슨 색 구두를 신었어요?
B (ⓐ 빨간색 / ⓑ 까만색) 구두를 신었어요.

(4) A 무슨 색 가방을 사고 싶어요?
B (ⓐ 흰색 / ⓑ 갈색) 가방을 사고 싶어요.

B 东西描述: 거

(1) 颜色

(2) 大小和模样

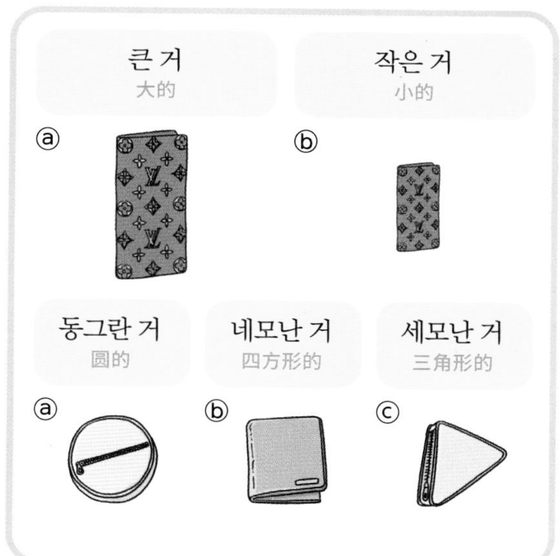

(3) 商品品牌名和商品产地

(4) 使用期间

考考自己! **请选择正确的答案。**

(1) 너무 작아요. 더 (ⓐ 큰 거 / ⓑ 작은 거) 보여 주세요.

(2) 이 가방은 10년 전에 샀지만 깨끗해서 (ⓐ 새 거 / ⓑ 오래된 거) 같아요.

(3) 이 디자인이 저한테 잘 안 어울려요. (ⓐ 같은 거 / ⓑ 다른 거) 없어요?

(4) 네모난 모양의 열쇠고리가 마음에 안 들어요. (ⓐ 네모난 거 / ⓑ 동그란 거) 없어요?

C 商品的优、缺点

(1)

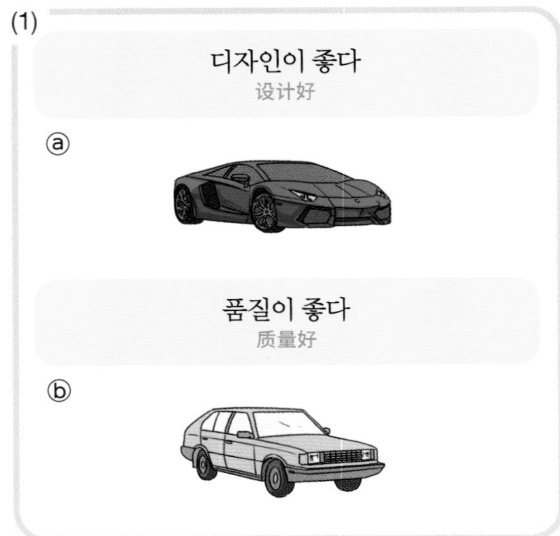

(2)

(3)

(4)

考考自己! 请看图片，并选择正确的答案。

(1)

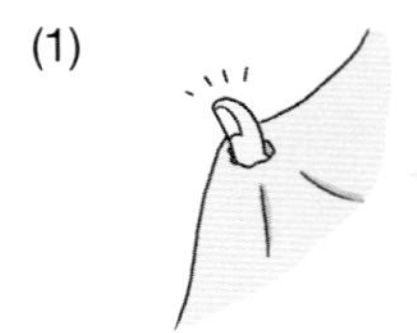

옷의 (ⓐ 품질 / ⓑ 디자인)이 안 좋아서 옷에 구멍이 났어요.

(2)

이 자동차는 옛날 (ⓐ 품질 / ⓑ 디자인)이라서 인기가 없어요.

(3)

옷이 너무 커요. 저한테 (ⓐ 맞는 / ⓑ 안 맞는) 옷으로 바꾸고 싶어요.

(4)

저 옷은 저한테 잘 (ⓐ 어울려서 / ⓑ 안 어울려서) 사지 않을 거예요.

D 问题

考考自己! **请选择正确的答案。**

(1) 세탁한 후에 옷이 (ⓐ 줄어들었어요. / ⓑ 늘어났어요.) 그래서 저한테 옷이 작아요.

(2) 단추가 (ⓐ 떨어졌어요. / ⓑ 찢어졌어요.) 그래서 새 단추를 달아야 해요.

(3) 신발에 얼룩이 묻어서 다른 신발로 (ⓐ 교환하고 / ⓑ 환불하고) 싶어요.

(4) 인터넷으로 주문한 운동화가 마음에 안 들어서 운동화를 (ⓐ 배송하고 / ⓑ 반품하고) 싶어요.

第91课 穿着的表现

韩语小单词

A 着用动词

(1) 着用动词按照身体部位和着用方法而不同

① 쓰다
使用于头部、脸上和相关部位的东西
(帽子、眼镜、口罩……)

② 입다
上身或下半身着用的东西。
(裤子、裙子、衬衫、罩衫、外套……)

③ 신다
脚或相关部位着用的东西。
(皮鞋、运动鞋、袜子、丝袜……)

④ 끼다
在小的空间中，着用合适的东西。
(戒指、手套、隐形眼镜……)

⑤ 하다
如小饰品一样的附加着用的东西。
(项链、耳环、领巾、围巾、领带……)

⑥ 차다
身体的一部分加以围绕着用的东西。
(手表、腰带、手链……)

(2) 表现不着用时

贴心小叮咛!
-고 있다的否定形式为-고 있지 않다。
例 바지를 입고 있지 않아요. (○) 没穿裤子。
바지를 입고 없어요. (×)

① 여자는 치마를 **입고 있어요.**
这女人穿着裙子。

② 여자는 바지를 **입고 있지 않아요.** (= 안 입고 있어요.)
她没穿裤子。

③ **아무도** 안경을 **쓰고 있지 않아요.**
没有人戴眼镜。

④ 남자는 **아무것도 신고 있지 않아요.**
这男人的脚上什么都没有穿。

考考自己!1 在下列各项中找出一个与其他三种不同类的动词。

(1) ⓐ 바지 / ⓑ 잠옷 / ⓒ 치마 / ⓓ 양말
(2) ⓐ 모자 / ⓑ 안경 / ⓒ 마스크 / ⓓ 콘택트렌즈
(3) ⓐ 목걸이 / ⓑ 목도리 / ⓒ 반지 / ⓓ 귀걸이
(4) ⓐ 시계 / ⓑ 장갑 / ⓒ 벨트 / ⓓ 팔찌

考考自己!2 请看上图，并选择正确的答案。

(1) 여자는 모자를 (ⓐ 쓰고 있어요. / ⓑ 쓰고 있지 않아요.)
(2) 여자는 장갑을 (ⓐ 끼고 있어요. / ⓑ 끼고 있지 않아요.)
(3) 여자는 가방을 (ⓐ 들고 있어요. / ⓑ 들고 있지 않아요.)
(4) 여자는 운동화를 (ⓐ 신고 있어요. / ⓑ 신고 있지 않아요.)

B 同样的东西使用不同的动词。

(1) 넥타이

(2) 안경

(3) 우산

(4) 가방

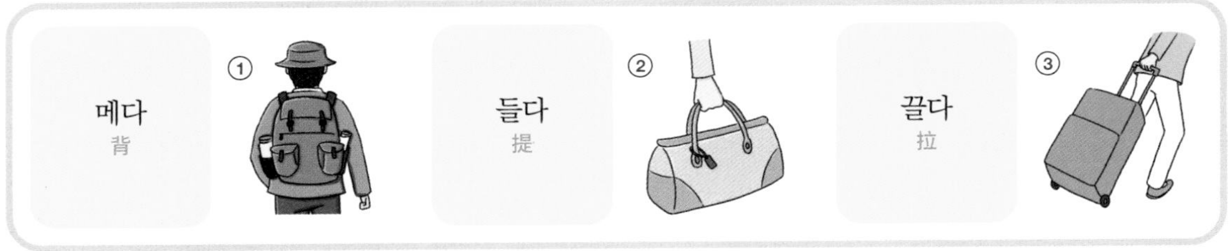

考考自己! 请看图片，并选择正确的答案。

(1) 남자가 왼손으로 여행 가방을 (ⓐ 들고 / ⓑ 끌고) 있어요.

(2) 남자가 어깨에 가방을 (ⓐ 메고 / ⓑ 끌고) 있어요.

(3) 남자가 우산을 (ⓐ 들고 / ⓑ 쓰고) 있어요.

(4) 남자가 넥타이를 (ⓐ 매고 있어요. / ⓑ 매고 있지 않아요.)

(5) 남자가 모자를 머리에 (ⓐ 쓰고 있어요. / ⓑ 쓰고 있지 않아요.)

(6) 남자가 선글라스를 손에 (ⓐ 들고 있어요. / ⓑ 들고 있지 않아요.)

C 衣服的种类

小秘诀
반바지与반팔中的반是"一半"的意思。

(1) 根据衣服的长度

(2) 衣服的名称

小秘诀
옷(固有词)和복(汉字词)都意味着衣服的意思。

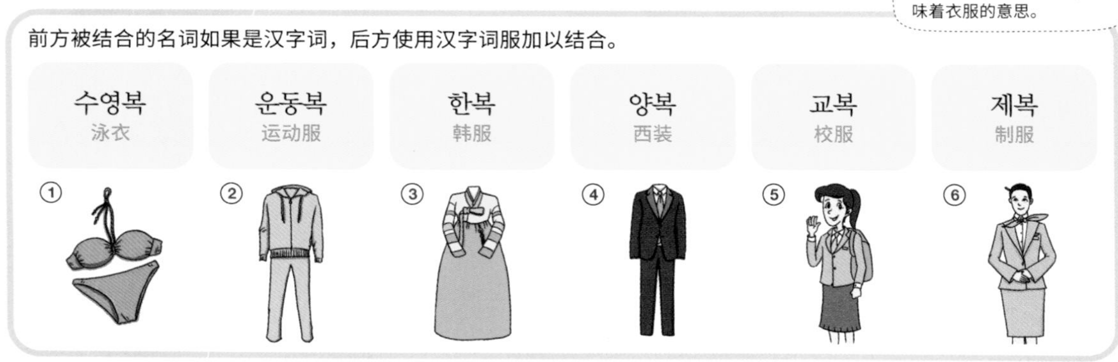

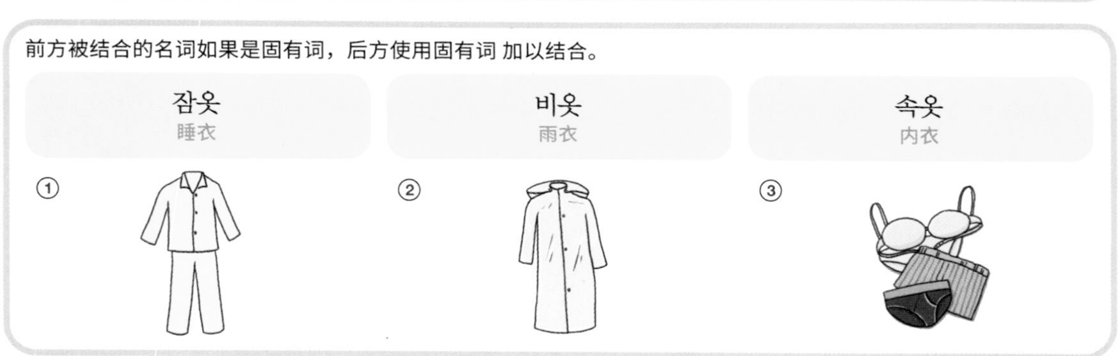

前方被结合的名词如果是固有词，后方使用固有词 加以结合。
잠옷
睡衣
①
비옷
雨衣
②
속옷
内衣
③

考考自己! **请选择并填写正确的答案。**

양복　잠옷　속옷　교복　비옷　운동복　반팔 옷　수영복

(1) 잘 때 ________ 을/를 입어요.　　(2) 수영할 때 ________ 을/를 입어요.

(3) 운동할 때 ________ 을/를 입어요.　　(4) 비가 올 때 ________ 을/를 입어요.

(5) 보통 더울 때 ________ 을/를 입어요.　　(6) 보통 옷 안에 ________ 을/를 입어요.

(7) 회사에서 남자가 ________ 을/를 입어요.　　(8) 학교에서 학생이 ________ 을/를 입어요.

D 脱穿动词

(1) 벗다

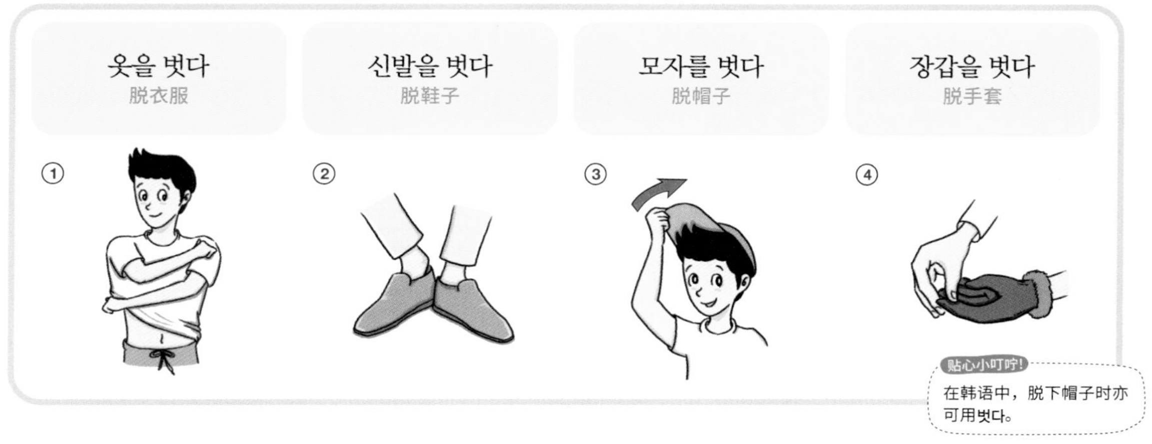

贴心小叮咛!
在韩语中，脱下帽子时亦可用벗다。

(2) 풀다

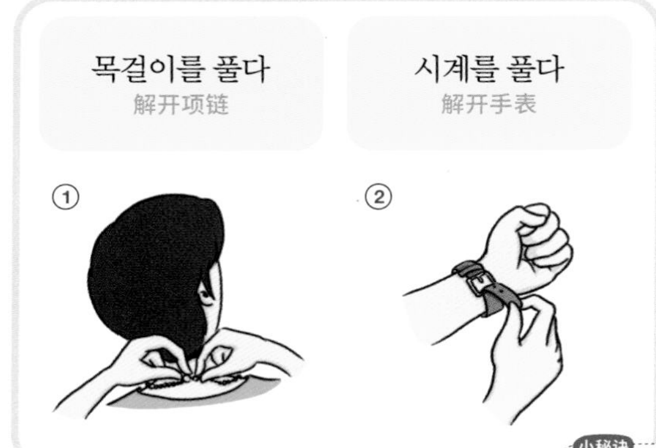

(3) 빼다

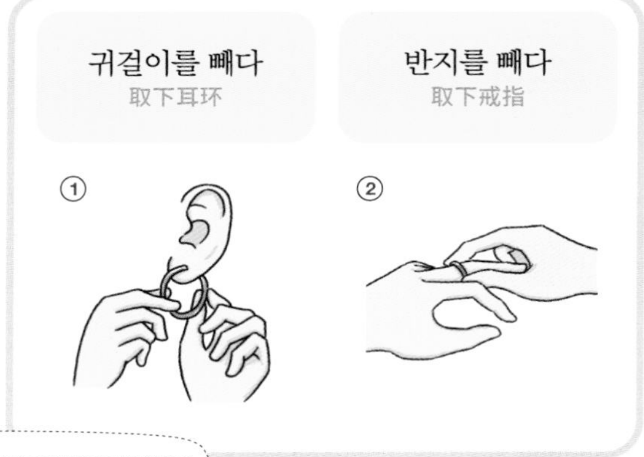

小秘诀
- 풀다: 解下围绕在手腕的手表或脖子周围的项链等东西。
- 빼다: 解下戴在耳洞的耳环，或戴在手指上的戒指等紧扣着的东西。

考考自己! 请写出可用于下列动词的两个反义词。

신다　차다　빼다　입다　풀다　하다　쓰다　벗다　끼다

(1) 치마 : ________ ↔ ________　(2) 시계 : ________ ↔ ________

(3) 구두 : ________ ↔ ________　(4) 장갑 : ________ ↔ ________

(5) 모자 : ________ ↔ ________　(6) 귀걸이 : ________ ↔ ________

(7) 목걸이 : ________ ↔ ________　(8) 목도리 : ________ ↔ ________

(9) 반지 : ________ ↔ ________　(10) 안경 : ________ ↔ ________

(11) 팔찌 : ________ ↔ ________　(12) 양말 : ________ ↔ ________

E 模样和纹路描述

(1) 模样

① 별 모양의 열쇠고리 星星模样的钥匙圈
② 하트 모양의 목걸이 心型模样的项链
③ 달 모양의 반지 月亮模样的戒指

(2) 纹路

① 줄무늬 옷 线条纹路的衣服
② 꽃무늬 손수건 花纹的手帕
③ 체크무늬 우산 方格图案的雨伞

考考自己! 请看图片，并选择正确的答案。

조카 선물을 샀어요. (1) (ⓐ 줄무늬 / ⓑ 체크무늬) 치마와
(2) (ⓐ 줄무늬 / ⓑ 체크무늬) 가방을 샀어요.
그리고 (3) (ⓐ 별 / ⓑ 달) 모양의 머리핀도 샀어요.

F 材质

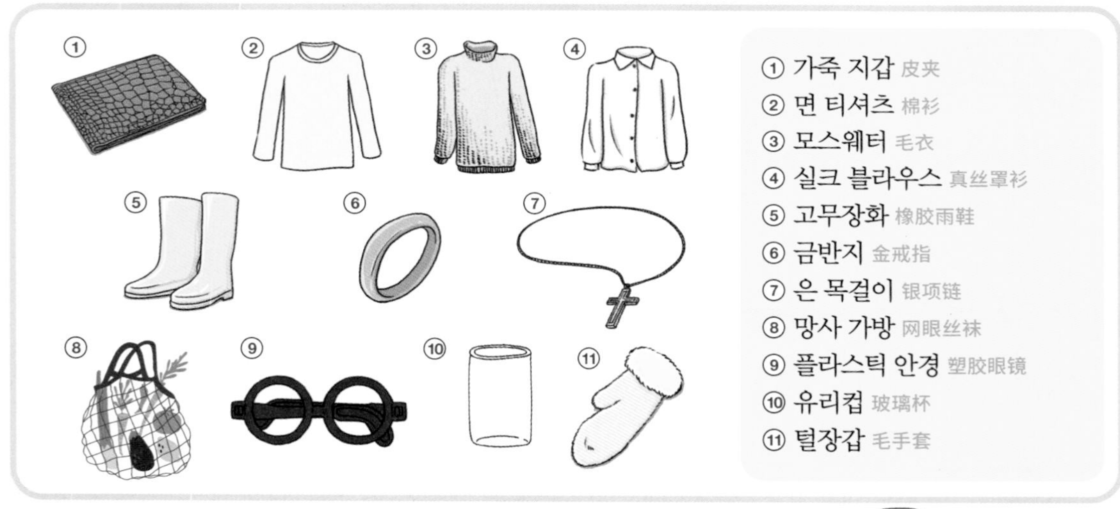

① 가죽 지갑 皮夹
② 면 티셔츠 棉衫
③ 모스웨터 毛衣
④ 실크 블라우스 真丝罩衫
⑤ 고무장화 橡胶雨鞋
⑥ 금반지 金戒指
⑦ 은 목걸이 银项链
⑧ 망사 가방 网眼丝袜
⑨ 플라스틱 안경 塑胶眼镜
⑩ 유리컵 玻璃杯
⑪ 털장갑 毛手套

考考自己! 请看图片，并在空格中写下正确答案。

> **小秘诀** 表现材料的时候使用助词(으)로。

(1) 지갑이 ________(으)로 만들어졌어요.
(2) 컵이 ________(으)로 만들어졌어요.
(3) 반지가 ________(으)로 만들어졌어요.
(4) 스웨터가 ________(으)로 만들어졌어요.
(5) 목걸이가 ________(으)로 만들어졌어요.
(6) 장화가 ________(으)로 만들어졌어요.
(7) 장갑이 ________(으)로 만들어졌어요.
(8) 티셔츠가 ________(으)로 만들어졌어요.

G 附带有什么的描述

> **小秘诀**
> 끈: 绑东西的时候使用。
> 줄: 抓的时候使用。

考考自己! 请看图片，并在空格中写下正确答案。

(1)

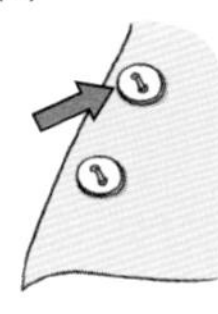

______ 이/가 달린 옷을 샀어요.

(2)

______ 이/가 달린 카메라가 들고 다니기 편해요.

(3)

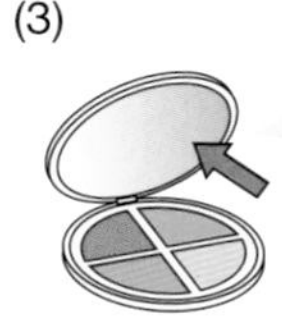

______ 이/가 달린 화장품을 사고 싶어요.

H 描述两种以上的穿着时

①

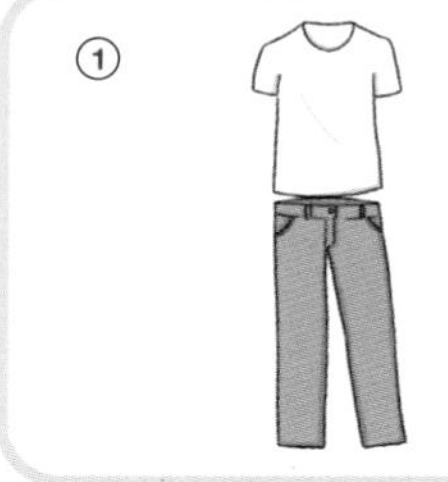

②

① 청바지에 셔츠를 입고 있어요.
穿着牛仔裤和衬衫。

② 선글라스에 수영복을 입고 있어요.
戴着太阳眼镜，并且穿着泳装。

考考自己! 请看图片，并选择正确的答案。

(1)

(ⓐ 털 / ⓑ 면) 티셔츠에 체크무늬 치마를 입고 있어요.

(2)

녹색 바지에 (ⓐ 유리 / ⓑ 가죽) 구두를 신고 있어요.

(3)

하트 모양의 (ⓐ 금 / ⓑ 은) 목걸이에 달 모양의 귀걸이를 하고 있어요.

时间的表现

韩语小单词

A 时间副词

(1) 전에 vs. 아까和이따가 vs. 나중에

ⓐ 그 사람을 **전에** 만난 적이 있어요.
我以前见过他。

ⓑ **아까** 어떤 사람이 찾아왔어요.
刚才有人来找你。

ⓒ **이따가** 다시 전화할게요.
我一会儿再打电话。

ⓓ **나중에** 사업을 해 보고 싶어요.
以后我想做生意。

(2) 지금 vs. 이제

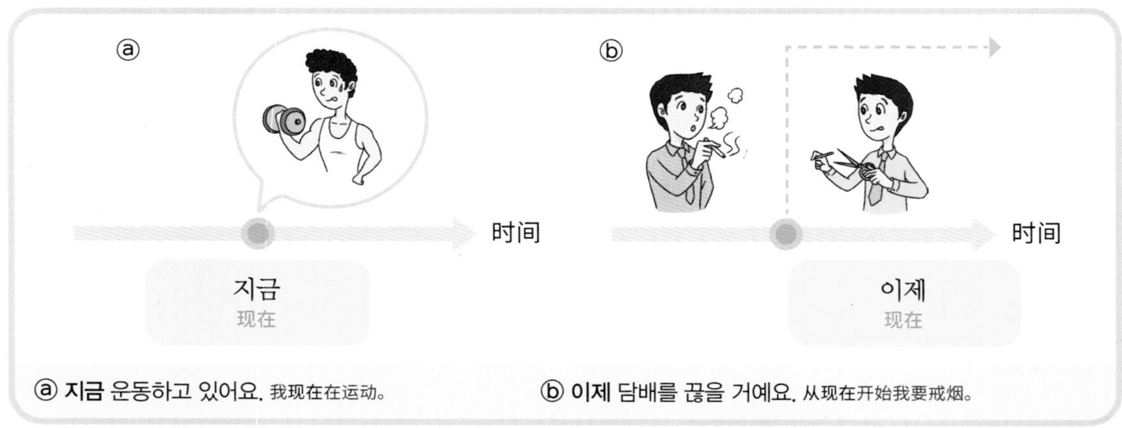

ⓐ **지금** 운동하고 있어요. 我现在在运动。

ⓑ **이제** 담배를 끊을 거예요. 从现在开始我要戒烟。

考考自己!1 **请选择正确的答案。**

(1) (ⓐ 지금 / ⓑ 이제) 샤워하고 있어서 전화를 받을 수 없어요.

(2) (ⓐ 아까 / ⓑ 전에) 부산에 가 본 적이 있지만 잘 기억 안 나요.

(3) 30분 후에 다시 올게요. (ⓐ 이따가 / ⓑ 나중에) 여기에서 만나요.

(4) 전에 돈을 너무 많이 썼어요. (ⓐ 지금 / ⓑ 이제) 돈을 아껴 써야 해요.

(5) (ⓐ 이따가 / ⓑ 나중에) 여행 가려고 지금 돈을 모으고 있어요.

(6) (ⓐ 아까 / ⓑ 전에) 어떤 사람이 찾아왔어요. 1시간 후에 다시 올 거예요.

(3) **방금 vs. 금방**

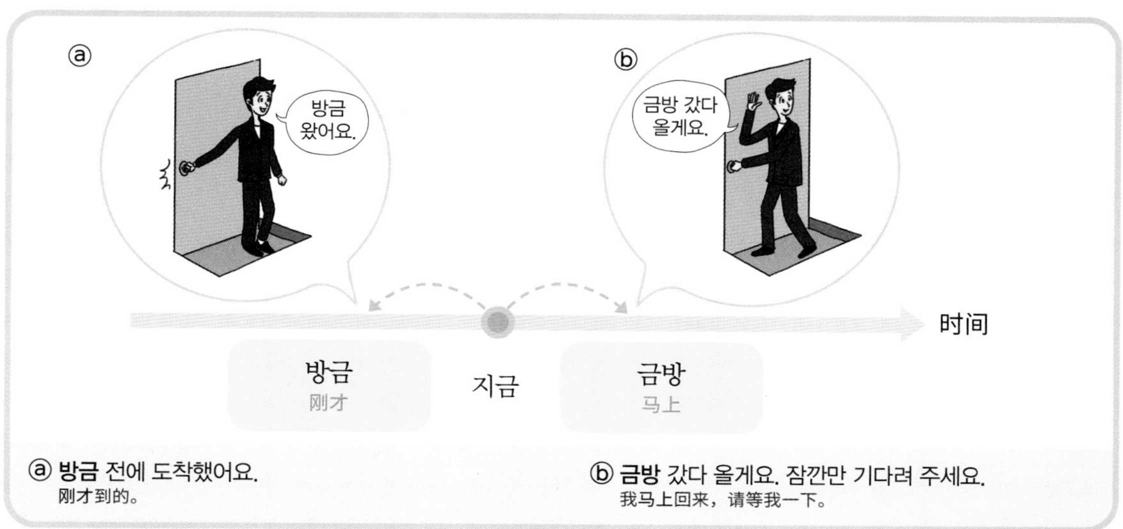

ⓐ **방금** 전에 도착했어요.
刚才到的。

ⓑ **금방** 갔다 올게요. 잠깐만 기다려 주세요.
我马上回来，请等我一下。

(4) **곧 vs. 잠깐**

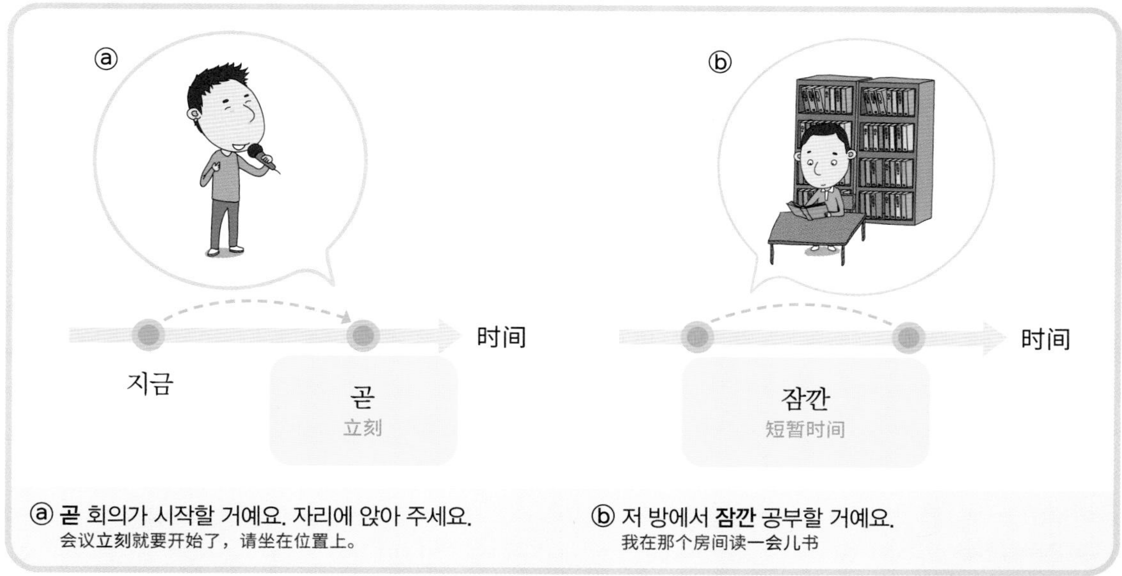

ⓐ **곧** 회의가 시작할 거예요. 자리에 앉아 주세요.
会议立刻就要开始了，请坐在位置上。

ⓑ 저 방에서 **잠깐** 공부할 거예요.
我在那个房间读一会儿书

考考自己!2 请选择正确的答案。

(1) 직원이 (ⓐ 방금 / ⓑ 금방) 올 거예요.

(2) 그 책을 (ⓐ 곧 / ⓑ 잠깐) 읽어서 무슨 내용인지 잘 모르겠어요.

(3) 저도 (ⓐ 방금 / ⓑ 금방) 전에 도착해서 오래 기다리지 않았어요.

(4) (ⓐ 곧 / ⓑ 잠깐) 겨울이 되니까 두꺼운 옷을 준비하세요.

(5) 보일러를 켜니까 방 안이 (ⓐ 방금 / ⓑ 금방) 따뜻해졌어요.

(6) (ⓐ 방금 / ⓑ 곧) 만든 음식이니까 식기 전에 드세요.

(5) **동안 vs. 만에**

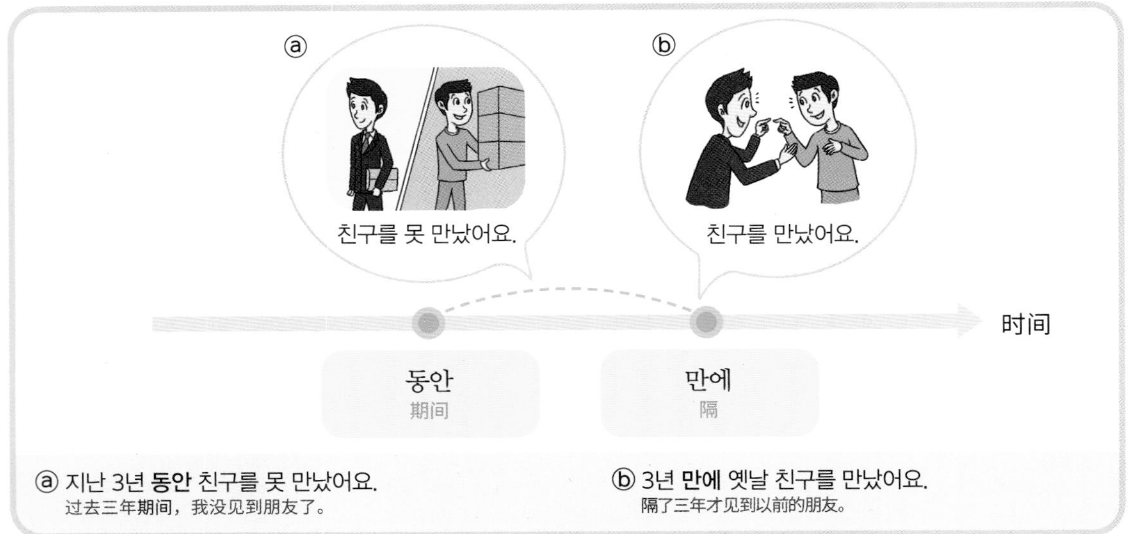

ⓐ 지난 3년 **동안** 친구를 못 만났어요.
过去三年期间，我没见到朋友了。

ⓑ 3년 **만에** 옛날 친구를 만났어요.
隔了三年才见到以前的朋友。

考考自己!3 请选择正确的答案。

(1) (ⓐ 오랫동안 / ⓑ 오랜만에) 못 만난 친구를 오늘 만나기로 했어요.

(2) 교통사고로 (ⓐ 한 달 동안 / ⓑ 한 달 만에) 병원에 입원했어요.

(3) (ⓐ 5년 동안 / ⓑ 5년 만에) 고향에 돌아가니까 기대돼요.

(4) (ⓐ 3시간 동안 / ⓑ 3시간 만에) 회의를 계속해서 좀 피곤해요.

(6) **동안 vs. 부터**

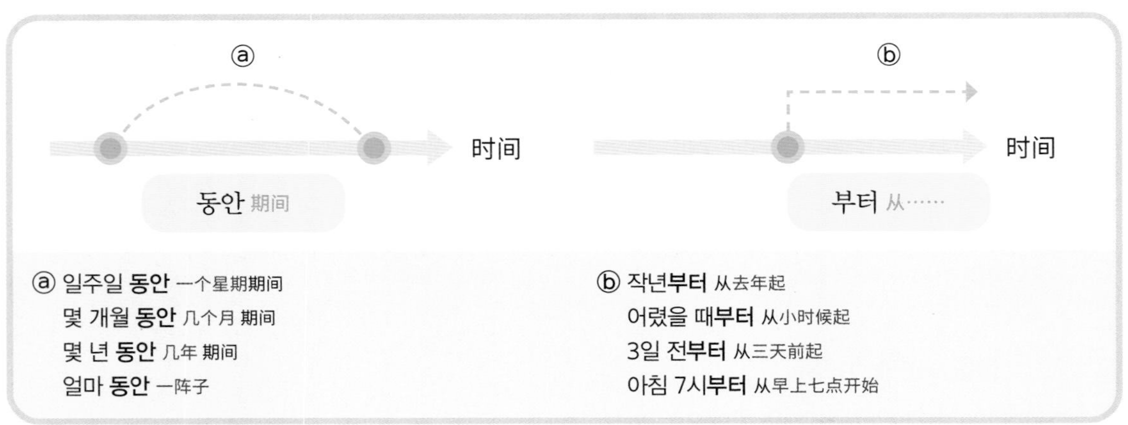

ⓐ 일주일 **동안** 一个星期期间
몇 개월 **동안** 几个月 期间
몇 년 **동안** 几年 期间
얼마 **동안** 一阵子

ⓑ 작년**부터** 从去年起
어렸을 때**부터** 从小时候起
3일 전**부터** 从三天前起
아침 7시**부터** 从早上七点开始

考考自己!4 请选择正确的答案。

(1) (ⓐ 3일 동안 / ⓑ 3일 후부터) 시험을 준비했어요.

(2) (ⓐ 일주일 동안 / ⓑ 일주일 전부터) 세일이 시작했어요.

(3) (ⓐ 며칠 동안 / ⓑ 며칠 전부터) 고향에 돌아갈 거예요.

(4) (ⓐ 어렸을 때 동안 / ⓑ 어렸을 때부터) 태권도를 배웠어요.

B 前后

(1) 전에 以前

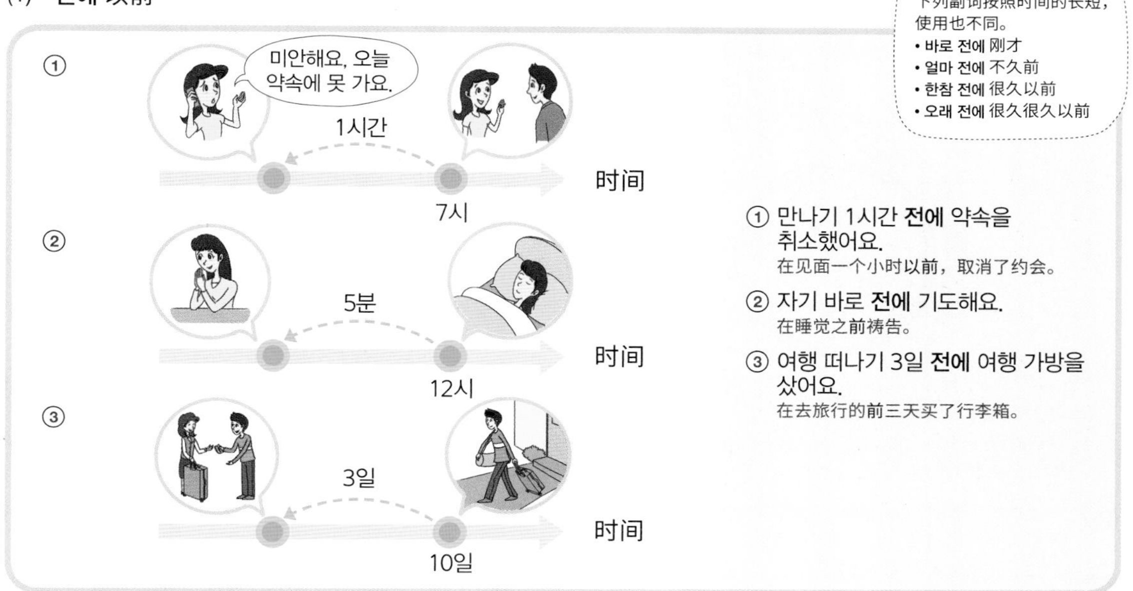

> 小秘诀
> 下列副词按照时间的长短，使用也不同。
> - **바로 전에** 刚才
> - **얼마 전에** 不久前
> - **한참 전에** 很久以前
> - **오래 전에** 很久很久以前

① 만나기 1시간 **전에** 약속을 취소했어요.
在见面一个小时以前，取消了约会。

② 자기 바로 **전에** 기도해요.
在睡觉之前祷告。

③ 여행 떠나기 3일 **전에** 여행 가방을 샀어요.
在去旅行的前三天买了行李箱。

(2) 후에 以后

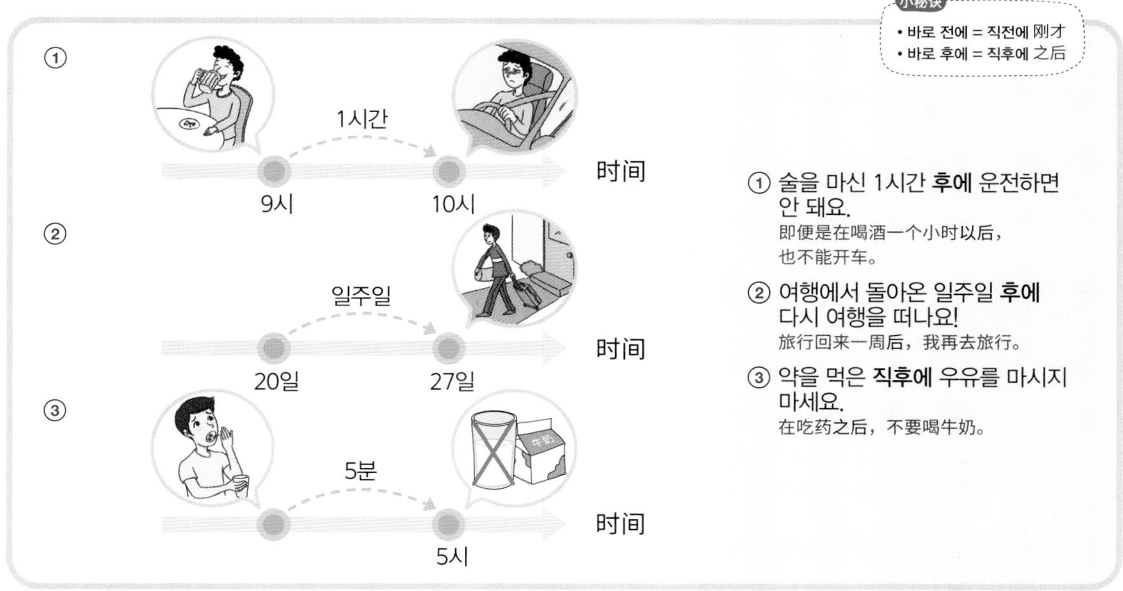

> 小秘诀
> - **바로 전에 = 직전에** 刚才
> - **바로 후에 = 직후에** 之后

① 술을 마신 1시간 **후에** 운전하면 안 돼요.
即便是在喝酒一个小时以后，也不能开车。

② 여행에서 돌아온 일주일 **후에** 다시 여행을 떠나요!
旅行回来一周后，我再去旅行。

③ 약을 먹은 **직후에** 우유를 마시지 마세요.
在吃药之后，不要喝牛奶。

考考自己! **请选择正确的答案。**

(1) 오늘 길이 많이 막혀서 (ⓐ 늦게 30분 / ⓑ 30분 늦게) 도착했어요.

(2) 회사에서 승진한 (ⓐ 직후에 / ⓑ 직전에) 제가 한턱냈어요.

(3) 서울에 오기 (ⓐ 5시 전에 / ⓑ 바로 전에) 비행기표를 샀어요.

(4) 영화가 시작하고 (ⓐ 30분 전에 / ⓑ 30분 후에) 영화관에 도착했어요.

> 贴心小叮咛!
> 注意顺序!
> - **아침 일찍** 一大早
> - **밤늦게** 深夜
> - **1시간 일찍** 提早一个小时
> - **30분 늦게** 晚三十分钟

C 时间

(1)

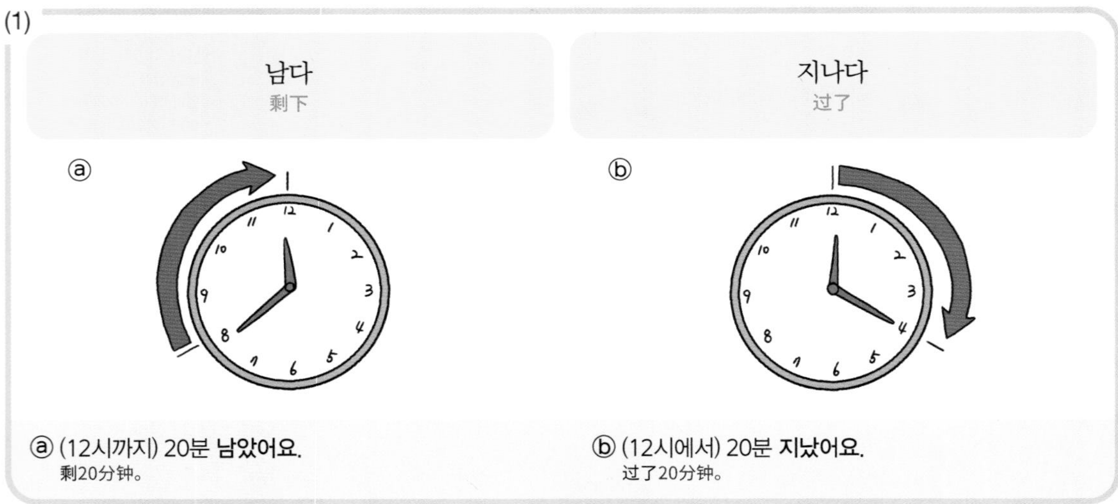

남다
剩下

지나다
过了

ⓐ (12시까지) 20분 **남았어요.**
剩20分钟。

ⓑ (12시에서) 20분 **지났어요.**
过了20分钟。

(2)

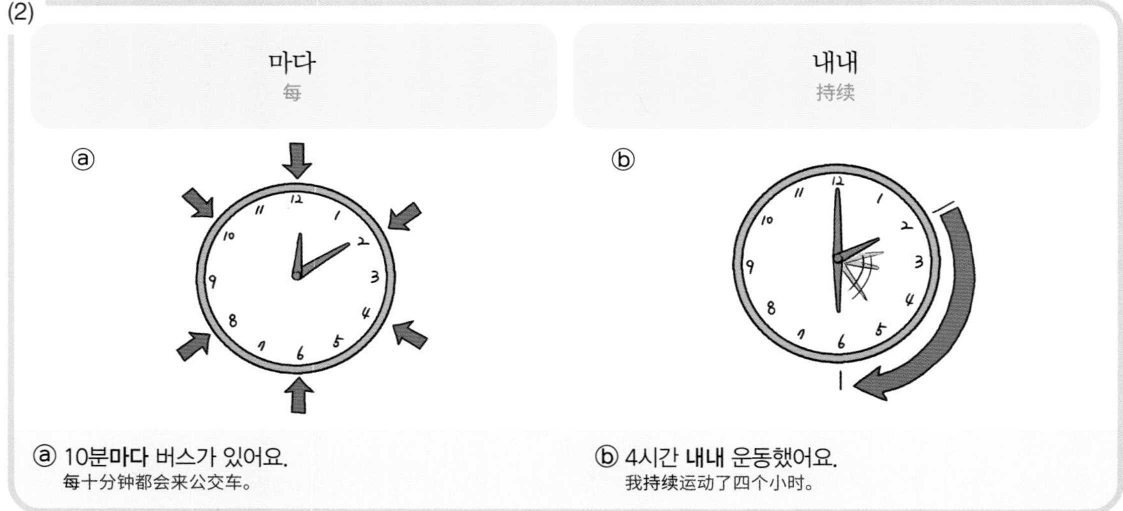

마다
每

내내
持续

ⓐ 10분**마다** 버스가 있어요.
每十分钟都会来公交车。

ⓑ 4시간 **내내** 운동했어요.
我持续运动了四个小时。

考考自己! **请选择正确的答案。**

(1) 회의가 1시간 ⓐ 지났는데 음식이 아직도 준비 안 됐어요.
ⓑ 지냈는데

(2) 친구를 ⓐ 2시간 내내 기다렸지만 아직도 안 와요.
ⓑ 2시간마다

(3) 수업이 끝나려면 1시간이나 ⓐ 남았는데 너무 졸려요.
ⓑ 지났는데

(4) 친구가 평일에 시간이 없어서 ⓐ 주말 내내 저녁에 잠깐 친구를 만나요.
ⓑ 주말마다

D 过

보내다 过	지내다 过 (在某个地方生活，过了一段时间，和생활하다意义类似)

ⓐ 주말 잘 보내세요.

ⓑ 그동안 잘 지냈어요?

ⓐ 주말 잘 **보내세요.**
祝你周末愉快。

ⓑ 작년에는 한국에서 잘 **지냈는데** 올해는 좀 힘들어요.
去年在韩国过得很好，今年有点吃力。

小秘诀
지내다也有관계를 유지하다(维持关系)的意思。
例1 나는 우리 반 친구들과 잘 지내고 있어요.
我和我们班的朋友交情很好。
例2 사장님은 우리하고 가족처럼 지내고 있어요.
社长待我们就像家人一样。

考考自己!1 **请选择正确的答案。**

(1) 한국 생활이 좋아요. 요즘 잘 (ⓐ 보내고 / ⓑ 지내고) 있어요.
(2) 우리 어머니는 저하고 친구처럼 (ⓐ 보내요. / ⓑ 지내요.)
(3) 휴가를 가서 조용한 시간을 (ⓐ 보냈어요. / ⓑ 지냈어요.)
(4) 전에는 직장 생활을 잘 못 (ⓐ 보냈지만 / ⓑ 지냈지만) 지금은 잘 지내요.
(5) 이번 추석은 가족과 함께 (ⓐ 보내려고 / ⓑ 지내려고) 해요.
(6) 회사 동료와 문제 없이 잘 (ⓐ 보내고 / ⓑ 지내고) 있어요.

考考自己!2 **请填写正确的答案，并完成下列对话。**

(1) A 주말 잘 ________?
B 네, 친구하고 재미있게 보냈어요.

(2) A 동생하고 어떻게 ________?
B 사이좋게 지내요.

(3) A 그동안 잘 ________?
B 네, 덕분에 잘 지냈어요.

(4) A 휴가 때 보통 어떻게 시간을 ________?
B 여행 가거나 집에서 쉬어요.

考考自己!3 **请连接相应的部分。**

(1) 금요일 저녁에 헤어지는 친구에게 •
(2) 친구와 사이가 안 좋은 친구에게 •
(3) 휴가 때 헤어지는 친구에게 •
(4) 한국에 유학 온 친구에게 •

• ⓐ 휴가 잘 보내세요.
• ⓑ 주말 잘 보내세요.
• ⓒ 한국에서 잘 지내세요.
• ⓓ 친구와 잘 지내세요.

第93课 数量表现

韩语小单词

A 分数表现

(1) 分数

0점 零分 (영점或빵점)	100점 100分 (读为백 점或만 점)
①	②

① 이번 시험을 못 봤어요. 0점 받았어요.
这次考试我考得不好，得了零分。

② 이번 시험을 잘 봤어요. 100점 받았어요.
这次考试我考得很好，得了一百分。

(2) 小数点

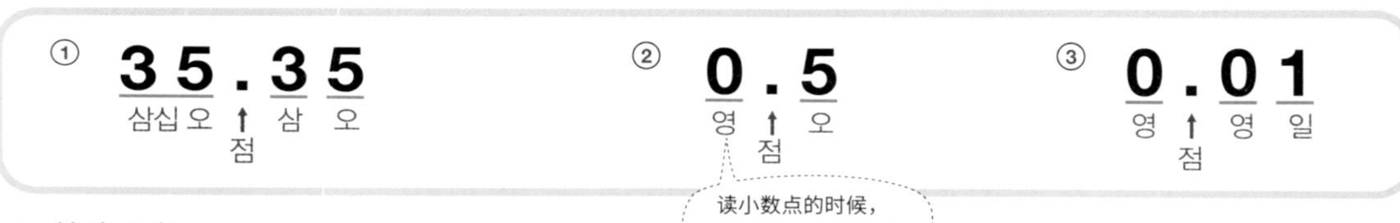

读小数点的时候，0不读공，而是读영。

(3) 比赛分数

3:1 (삼 대 일)	1:1 (일 대 일)	0:2 (영 대 이)

① 축구 경기에서 우리 팀이 3:1로 이겼어요.
在足球比赛中，我们队以3比1的比分赢了。

② 한국하고 일본이 축구 경기에서 1:1로 비겼어요.
韩国和日本的足球比赛以1比1踢平了。

③ 테니스 경기에서 제가 0:2로 졌어요.
在网球比赛中，我以0比2输了。

小秘诀 比赛分数后面使用助词(으)로。

考考自己! 请修改下方划线的部分。

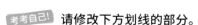

(1) 3 : 0
어제 야구 경기에서 삼 대 공으로 이겼어요.

(2) 0.5점 합격
시험에서 공 점 오 점 부족해서 떨어졌어요.

(3) 210점
스케이트 경기에서 이백일십 점 받았어요.

(4) 2 : 2
축구 경기에서 두 대 두로 비겼어요.

B 比率

(1) 分数

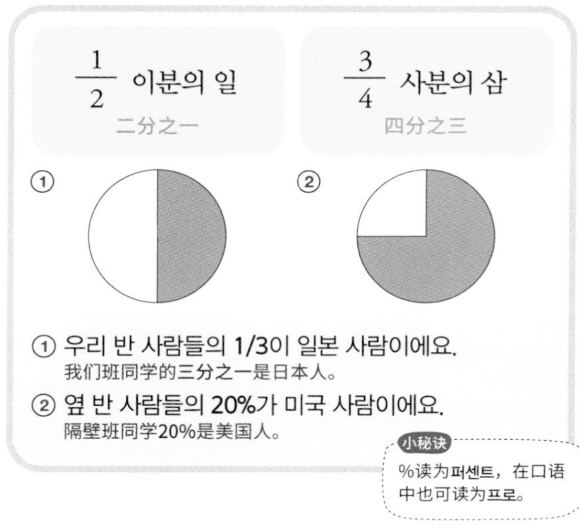

① 우리 반 사람들의 **1/3**이 일본 사람이에요.
我们班同学的三分之一是日本人。

② 옆 반 사람들의 **20%**가 미국 사람이에요.
隔壁班同学20%是美国人。

小秘诀 %读为퍼센트，在口语中也可读为프로。

(2) 全体和部分

① 학생 10명 **전체**가 동양인이에요.
学生十个人全部都是东方人。

② 한국인이 2명, 일본인이 1명, **나머지**는 중국인이에요.
韩国人2名，日本人1名，其余都是中国人。

(3) 전부 vs. 대부분 vs. 절반 vs. 일부

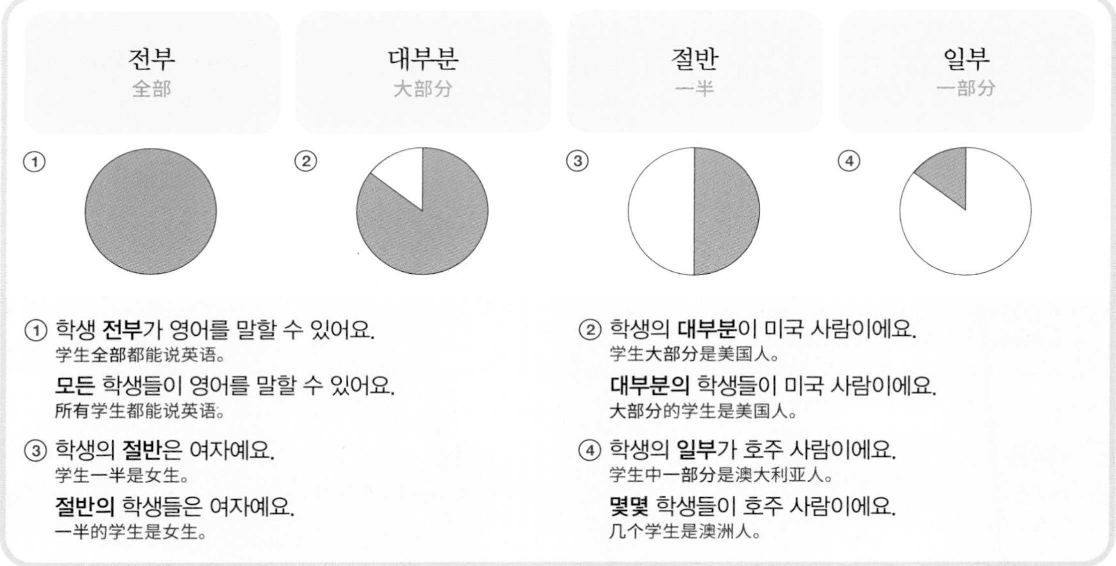

① 학생 **전부**가 영어를 말할 수 있어요.
学生全部都能说英语。
모든 학생들이 영어를 말할 수 있어요.
所有学生都能说英语。

② 학생의 **대부분**이 미국 사람이에요.
学生大部分是美国人。
대부분의 학생들이 미국 사람이에요.
大部分的学生是美国人。

③ 학생의 **절반**은 여자예요.
学生一半是女生。
절반의 학생들은 여자예요.
一半的学生是女生。

④ 학생의 **일부**가 호주 사람이에요.
学生中一部分是澳大利亚人。
몇몇 학생들이 호주 사람이에요.
几个学生是澳洲人。

考考自己! **请看百分比，并选择正确的答案。**

(1) 100% → 회사 사람들 (ⓐ 전체 / ⓑ 부분)이/가 한국인이에요.

(2) 80% → (ⓐ 모든 / ⓑ 대부분)의 학생들이 한자를 알아요.

(3) 10% → 학생들의 (ⓐ 일부 / ⓑ 절반)만 아르바이트를 해요.

(4) 25% → 네 사람이 피자 하나를 (ⓐ 일분의 사 / ⓑ 사분의 일)씩 먹었어요.

(5) 20% → 제 친구의 (ⓐ 일분의 오 / ⓑ 오분의 일)이/가 결혼 안 했어요.

贴心小叮咛!
- 모두 (= 전부): 在动词前使用
  例 사람들이 모두 왔어요.
  人们都来了。
- 모든: 使用于名词前
  例 모든 사람들이 왔어요.
  所有人都来了。

C 距离与长度

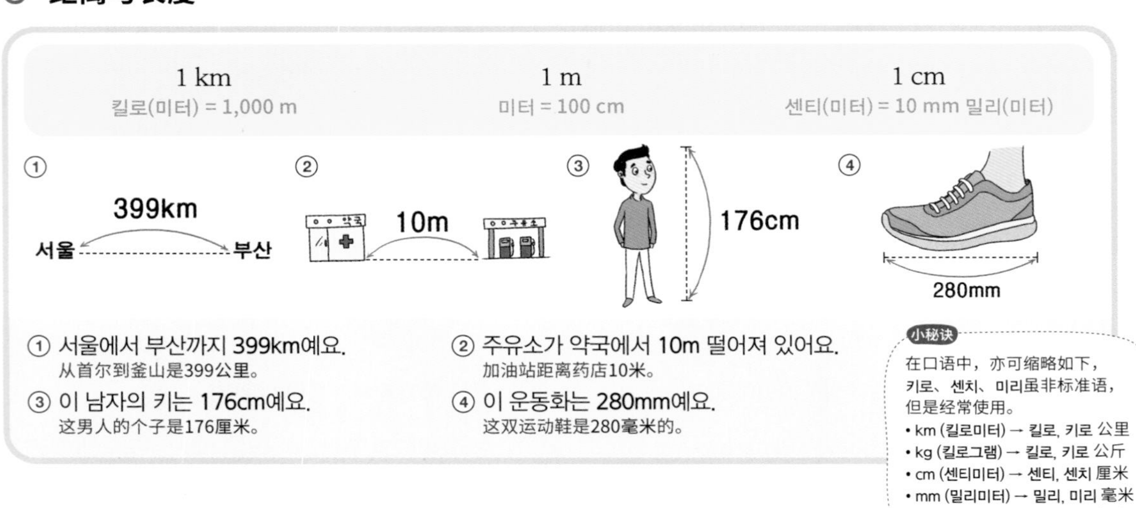

1 km	1 m	1 cm
킬로(미터) = 1,000 m	미터 = 100 cm	센티(미터) = 10 mm 밀리(미터)

① 서울에서 부산까지 399km예요.
从首尔到釜山是399公里。

② 주유소가 약국에서 10m 떨어져 있어요.
加油站距离药店10米。

③ 이 남자의 키는 176cm예요.
这男人的个子是176厘米。

④ 이 운동화는 280mm예요.
这双运动鞋是280毫米的。

小秘诀
在口语中，亦可缩略如下，
키로、센치、미리虽非标准语，
但是经常使用。
- km (킬로미터) → 킬로, 키로 公里
- kg (킬로그램) → 킬로, 키로 公斤
- cm (센티미터) → 센티, 센치 厘米
- mm (밀리미터) → 밀리, 미리 毫米
- ml (밀리리터) → 밀리, 미리 毫升

D 重量

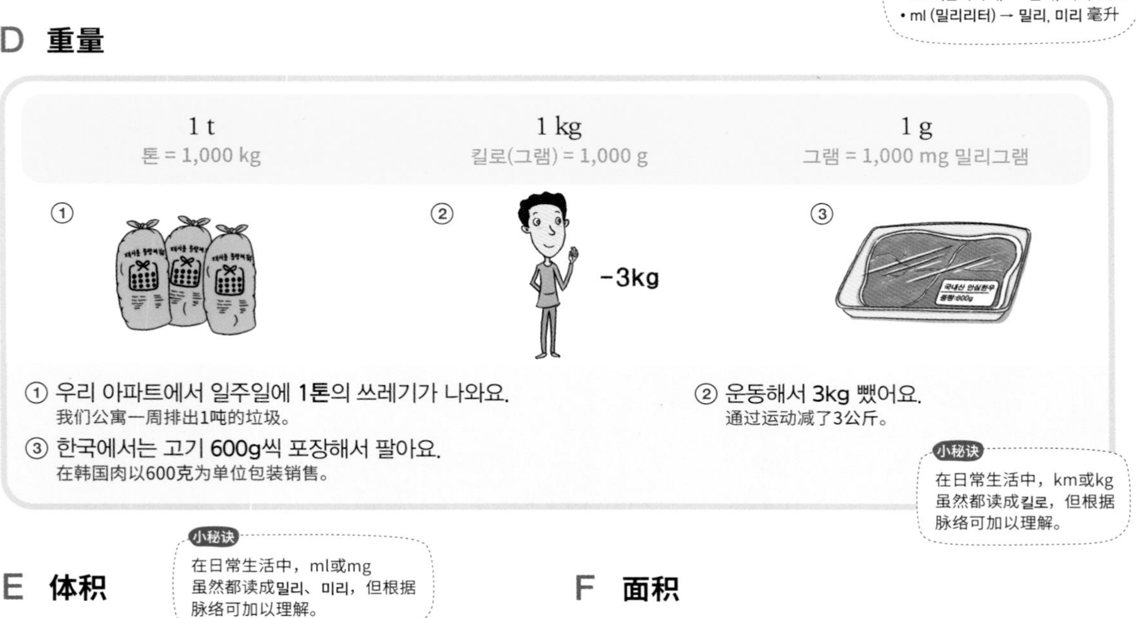

1 t	1 kg	1 g
톤 = 1,000 kg	킬로(그램) = 1,000 g	그램 = 1,000 mg 밀리그램

① 우리 아파트에서 일주일에 1톤의 쓰레기가 나와요.
我们公寓一周排出1吨的垃圾。

② 운동해서 3kg 뺐어요.
通过运动减了3公斤。

③ 한국에서는 고기 600g씩 포장해서 팔아요.
在韩国肉以600克为单位包装销售。

小秘诀
在日常生活中，km或kg
虽然都读成킬로，但根据
脉络可加以理解。

E 体积

小秘诀
在日常生活中，ml或mg
虽然都读成밀리、미리，但根据
脉络可加以理解。

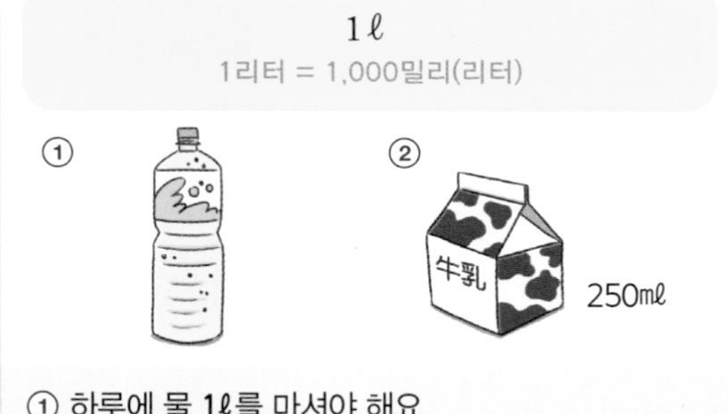

1 ℓ
1리터 = 1,000밀리(리터)

① 하루에 물 1ℓ를 마셔야 해요.
一天得喝1升的水。

② 저는 매일 우유 250㎖를 마셔요.
我每天喝250㎖的牛奶。

F 面积

1 km²
(제곱 킬로미터)

저는 1km² 정도의 땅을 갖고 있어요.
我拥有1km²左右的田地。

考考自己!1 请选出一个不恰当的单词。

(1) ⓐ 10km → 십 킬로
ⓑ 150ml → 백오십 리터
ⓒ 80kg → 팔십 킬로
ⓓ 90m² → 구십 제곱미터

(2) ⓐ 15mm → 십오 밀리
ⓑ 150ml → 백오십 밀리
ⓒ 300g → 삼백 밀리
ⓓ 30cm → 삼십 센티

考考自己!2 请看图片，并选择正确的答案。

(1)

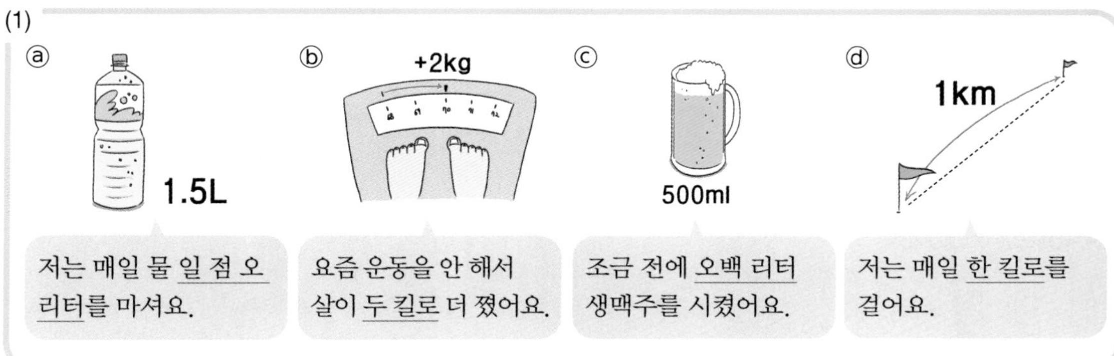

ⓐ
1.5L
저는 매일 물 일 점 오 리터를 마셔요.
ⓑ
+2kg
요즘 운동을 안 해서 살이 두 킬로 더 쪘어요.
ⓒ
500ml
조금 전에 오백 리터 생맥주를 시켰어요.
ⓓ
1km
저는 매일 한 킬로를 걸어요.

(2)

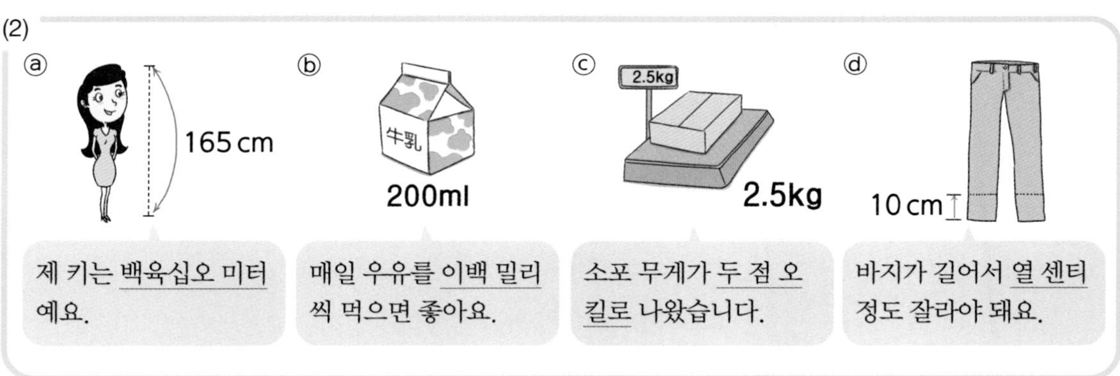

ⓐ
165 cm
제 키는 백육십오 미터예요.
ⓑ
牛乳
200ml
매일 우유를 이백 밀리씩 먹으면 좋아요.
ⓒ
2.5kg
2.5kg
소포 무게가 두 점 오 킬로 나왔습니다.
ⓓ
10 cm
바지가 길어서 열 센티 정도 잘라야 돼요.

考考自己!3 请连接符合问题的答案。

(1) 몸무게가 몇 킬로예요? •
(2) 키가 몇 센티예요? •
(3) 집에서 회사까지 몇 킬로예요? •
(4) 우유가 몇 리터예요? •
(5) 발이 몇 밀리예요? •

• ⓐ 183cm예요.
• ⓑ 1,000mℓ예요.
• ⓒ 78kg예요.
• ⓓ 10km쯤 돼요.
• ⓔ 255mm예요.

第94课 位置表现

韩语小单词

A 照片中的位置描述

(1) 排、列

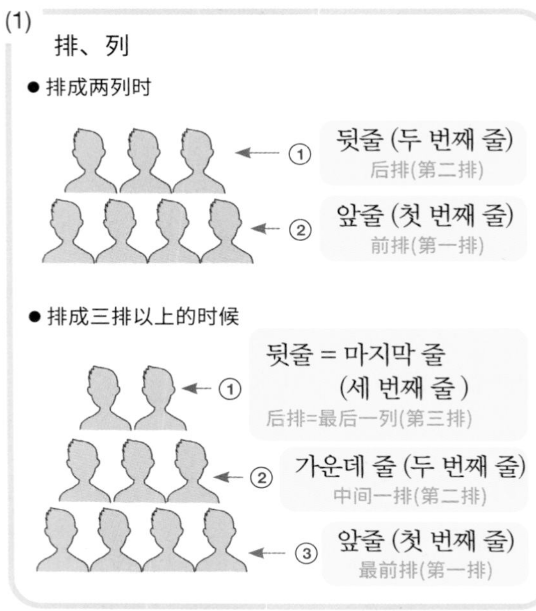

(2) 同一列的位置

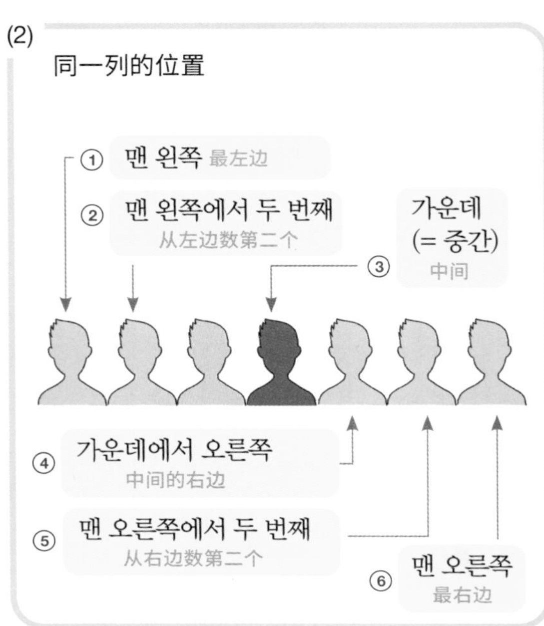

(3) 具体的位置表现

(4) 部位

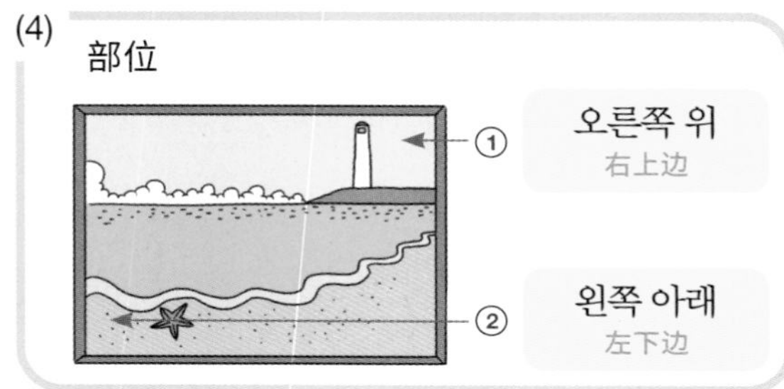

(5) 面

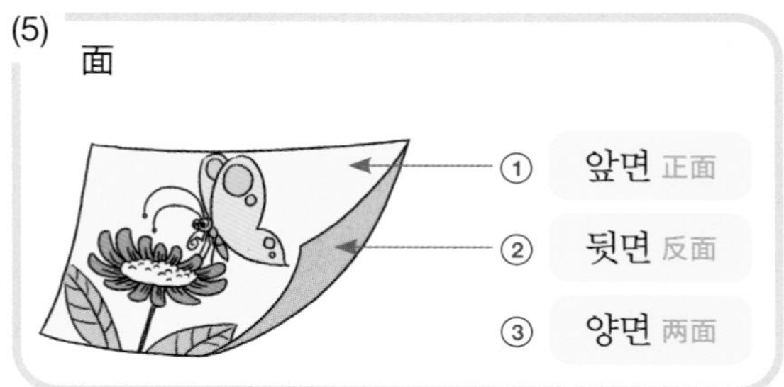

考考自己!1 **请阅读下文，写下符合图片的家族成员名称。**

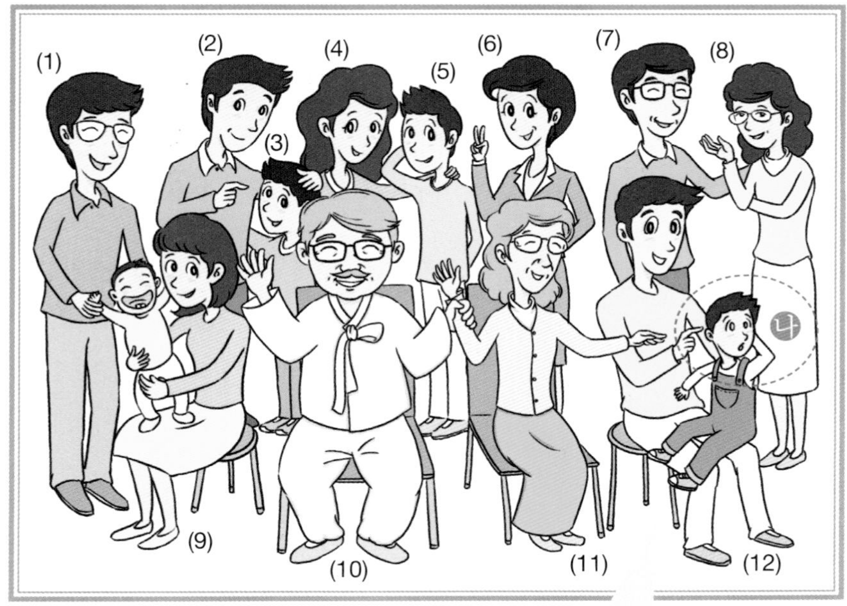

(1)
(2)
(3)
(4)
(5)
(6)
(7)
(8)
(9)
(10)
(11)
(12)

저는 사진의 맨 오른쪽에 앉아 있는 막내 삼촌의 무릎에 앉아 있어요. 막내 삼촌 바로 뒤에는 큰아버지가 서 있어요. 뒷줄의 오른쪽에서 두 번째 사람이에요. 뒷줄의 맨 오른쪽에 큰어머니가 서 있어요. 큰아버지 바로 옆에 있어요. 막내 삼촌 옆에는 할머니가 앉아 있어요. 그 옆에는 할아버지도 앉아 있어요.

할아버지와 할머니 사이에 큰형이 서 있어요. 큰형의 오른쪽에 있는 여자가 고모예요. 고모는 큰형과 큰아버지 사이에 서 있어요. 어머니는 할아버지 바로 뒤에 서 있어요. 어머니 옆에는 아버지가 있어요. 아버지와 어머니 사이에 작은형이 서 있어요.

뒷줄에서 맨 왼쪽에 있는 사람이 작은아버지예요. 아버지 옆에 서 있어요. 작은아버지와 아버지 사이에 작은어머니가 앉아 있어요. 사촌 동생을 안고 있어요.

考考自己!2 **请看图片，并在空格中写下正确答案。**

(1) A 어떤 분이 ______ 예요/이에요?
B 뒷줄의 맨 왼쪽에서 두 번째 서 있는 분이에요.

(2) A ______ 이/가 어디에 있어요?
B 뒷줄의 맨 오른쪽에서 세 번째 서 있어요.

(3) A 할머니와 할아버지 사이에 서 있는 사람이 누구예요?
B ______ 예요/이에요.

(4) A 앞줄의 맨 왼쪽에 아기를 안고 있는 사람이 누구예요?
B ______ 예요/이에요.

B 주위 vs. 주변 vs. 근처

(1)

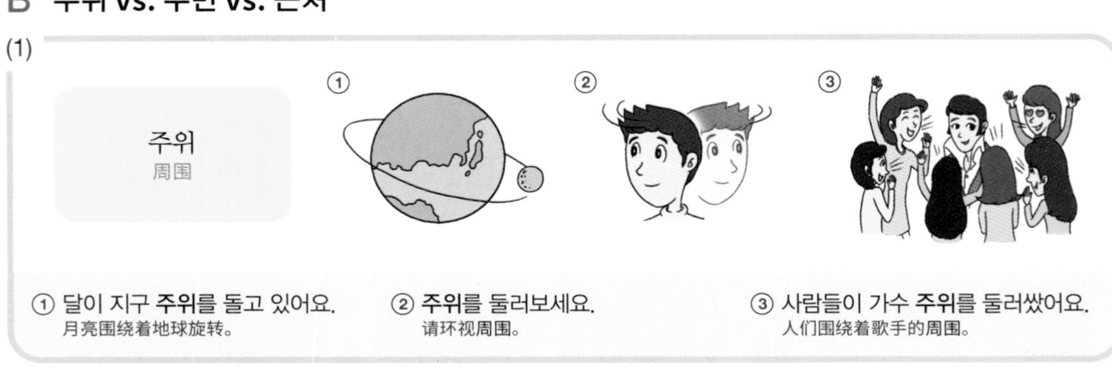

주위
周围

① 달이 지구 **주위**를 돌고 있어요.
月亮围绕着地球旋转。

② **주위**를 둘러보세요.
请环视周围。

③ 사람들이 가수 **주위**를 둘러쌌어요.
人们围绕着歌手的周围。

(2)

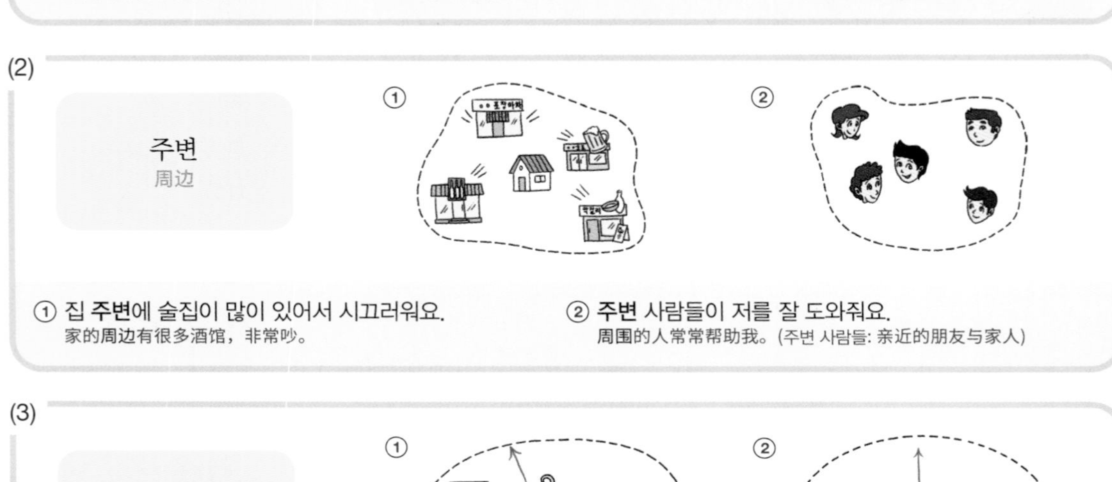

주변
周边

① 집 **주변**에 술집이 많이 있어서 시끄러워요.
家的周边有很多酒馆，非常吵。

② **주변** 사람들이 저를 잘 도와줘요.
周围的人常常帮助我。(주변 사람들: 亲近的朋友与家人)

(3)

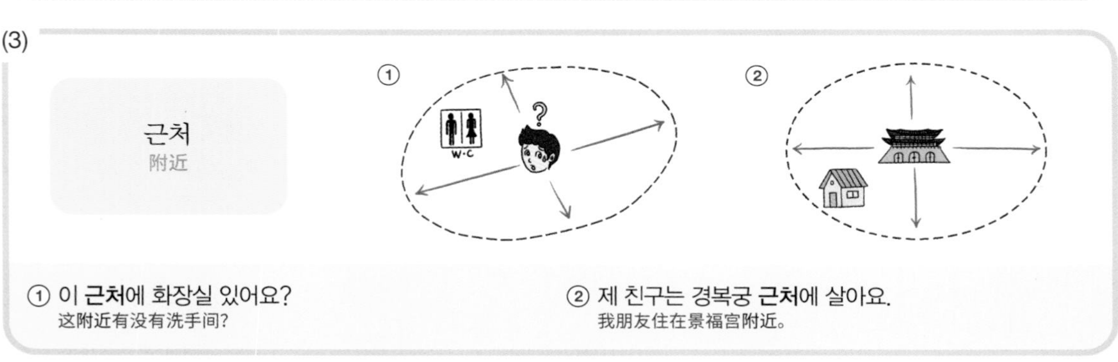

근처
附近

① 이 **근처**에 화장실 있어요?
这附近有没有洗手间?

② 제 친구는 경복궁 **근처**에 살아요.
我朋友住在景福宫附近。

考考自己! **请看图片，并选择正确的答案。**

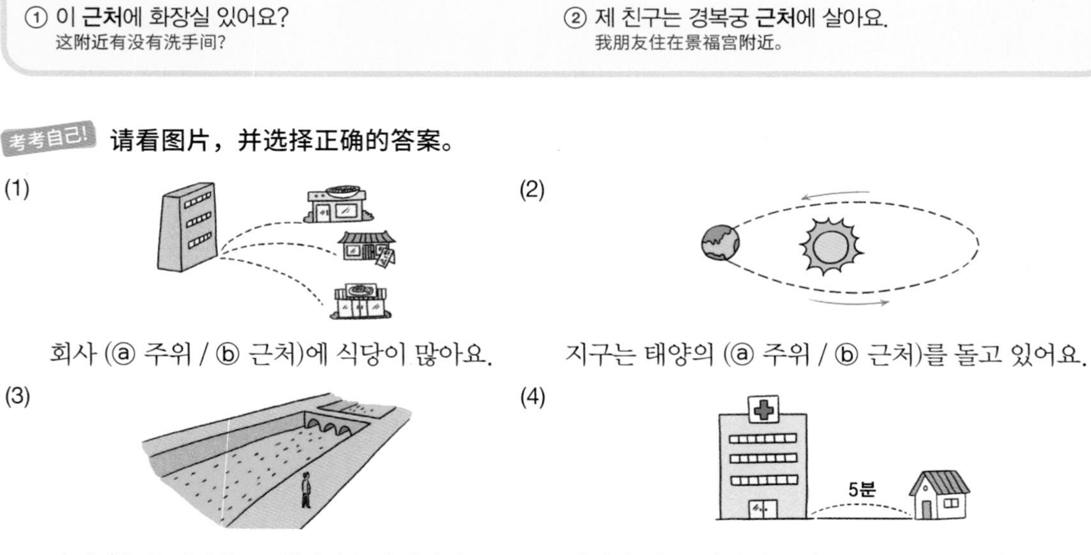

(1) 회사 (ⓐ 주위 / ⓑ 근처)에 식당이 많아요.

(2) 지구는 태양의 (ⓐ 주위 / ⓑ 근처)를 돌고 있어요.

(3) 한강 (ⓐ 주변 / ⓑ 주위)을/를 산책했어요.

(4) 병원이 너무 멀어서 그 (ⓐ 주위 / ⓑ 근처)로 이사 갔어요.

C 方向

考考自己!1 请看图片，并选择正确的答案。

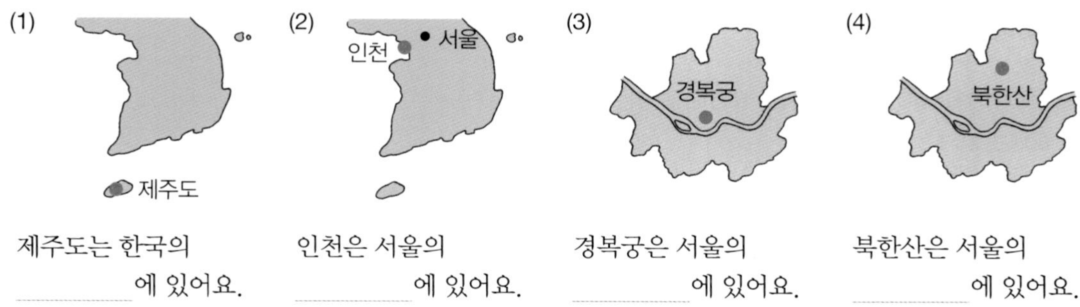

(1) 제주도는 한국의 ________에 있어요.

(2) 인천은 서울의 ________에 있어요.

(3) 경복궁은 서울의 ________에 있어요.

(4) 북한산은 서울의 ________에 있어요.

考考自己!2 请看地图并在空格中填写正确的答案。

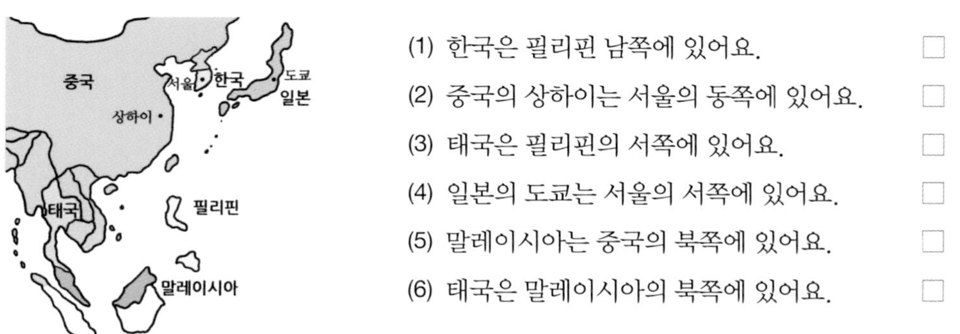

(1) 한국은 필리핀 남쪽에 있어요. ☐

(2) 중국의 상하이는 서울의 동쪽에 있어요. ☐

(3) 태국은 필리핀의 서쪽에 있어요. ☐

(4) 일본의 도쿄는 서울의 서쪽에 있어요. ☐

(5) 말레이시아는 중국의 북쪽에 있어요. ☐

(6) 태국은 말레이시아의 북쪽에 있어요. ☐

第95课 助词

韩语小单词

韩语的助词连接在名词之后，具有指称句子内主语、宾语、副词语的功能。韩语的助词前使用的名词的末尾，在没有收音时和有收音时，助词的形态有时不同。

A 主格助词 이/가

作为主语使用的名词的末尾，在没有收音时使用가，有收音时使用이。

① 폴 씨**가** 호주 사람이에요. 保罗是澳洲人。
② 선생님**이** 한국 사람이에요. 老师是韩国人。
③ 길에 사람들**이** 많아요. 路上人很多。
④ 집에 동생**이** 있어요. 弟弟在家里。
⑤ 친구가 1층에 있어요. 朋友在一楼。

B 目的格助词 을/를

作为宾语使用的名词的末尾，在没有收音时使用를，有收音时使用을。

① 커피를 좋아해요. 喜欢咖啡。
② 물을 마셔요. 喝水。

贴心小叮咛!
助词必须留意的!
• 喜欢(动词)
例 커피를 좋아해요. 我喜欢咖啡。
• 好(形容词)
例 커피가 좋아요. 咖啡很好。

C 补助助词 은/는

前方使用的名词的末尾，在没有收音时使用는，有收音时使用은。

(1) 表现主题时
① 저는 링링이에요. 我是玲玲。
② 선생님은 한국 사람이에요. 老师是韩国人。

(2) 表现对照的时
비빔밥하고 불고기를 좋아해요. 그런데 김치는 안 좋아해요.
我喜欢拌饭和烤肉，可是不喜欢泡菜。

(3) 两种以上比较时
사과는 2,000원이에요. 배는 3,000원이에요. 苹果2,000韩元，梨子3,000韩元。

(4) 表示强调时
A 머리가 아파요. 我头痛。
B 약은 먹었어요? 药吃了吗?

考考自己!1 请选择正确的答案。

(1) 친구(ⓐ 이 / ⓑ 가) 미국 사람이에요.
(2) 병원 전화번호(ⓐ 을 / ⓑ 를) 몰라요.
(3) 제 이름(ⓐ 은 / ⓑ 는) 김진수입니다.
(4) 선생님(ⓐ 이 / ⓑ 가) 사무실에 없어요.

考考自己!2 划线的部分正确的话请划○，错误的话划×。

(1) 이를 닦을 때 치약을 필요해요. □
(2) 오늘 날씨가 정말 좋아요. □
(3) 저는 진수 아버지 얼굴이 알아요. □
(4) 요즘 일을 많아서 힘들어요. □
(5) 저는 커피가 정말 좋아해요. □
(6) 저는 자동차가 없어요. □

D 表示时间的助词 에

(1) 前方使用的名词的末尾，无论有无收音，均使用에。
3시**에** 만나요. 三点见。

(2) 在一个句子里，表示时间的助词에只用一次。
다음 주 금요일 저녁 7시**에** 만나요. (○) 下周五晚上七点见。
다음 주에 금요일에 저녁 7시**에** 만나요. (×)

贴心小叮咛!
今天、昨天、明天后面不使用에。
例 내일에 만나요. (×)
내일 만나요. (○) 明天见。

E 助词 에/에서

(1) 表示场所的助词에(与状态动词一起):
表现在某个场所，某种事物存在与否时，或者表现在某个位置呈现某种状态时。
通常与动词있다/없다、形容词一起使用。
① 화장실**에** 아무도 없어요. 洗手间里没人。
② 길**에** 사람이 많아요. 路上人很多。

(2) 表示场所的助词에서(与动作动词一起):
表现行动成就的场所时
① 회사**에서** 일해요. 在公司工作。
② 이따가 공원**에서** 만나요! 等一会在公园见!

(3) 表示场所的助词(与移动动词一起):
表现进行方向的目的地时，通常和가다/오다、도착하다、다니다等移动动词一起使用。
① 지금 은행**에** 가요. 现在去银行。
② 8시에 부산**에** 도착해요. 八点到达釜山。

(4) 表示场所的助词에서:
表现出发、出处的场所
① 저는 미국**에서** 왔어요. 我从美国来。
② 우리 집은 회사**에서** 멀어요. 我们家离公司很远。

考考自己!1 请使用助词，完成下列句子。

(1) 보통 / 아침 / 8시 / 회사 / 가요.
(2) 밤 / 11시 / 길 / 사람 / 없어요.
(3) 올해 / 6월 / 박물관 / 일했어요.
(4) 다음 달 / 15일 / 고향 / 돌아갈 거예요.
(5) 오늘 / 오후 / 2시 / 친구 / 만나요.
(6) 토요일 / 저녁 / 6시 / 공원 / 입구 / 봐요.

考考自己!2 请修改下方划线的部分。

(1) <u>시장에서</u> 사람들이 많이 있어요.
(2) 일요일에 <u>사무실에서</u> 아무도 없어요.
(3) <u>다음 주에 금요일에</u> 집에서 쉬어요.
(4) 3시간 후에 <u>부산에서</u> 도착할 거예요.
(5) <u>내일에 오후 3시에</u> 여행 갈 거예요.
(6) 오늘 저녁 7시에 <u>일본에서</u> 여행 가요.

F 한테/에게/에 vs. 한테서/에게서/에서

在韩语中，放在人的后面使用或放在事物后面使用，助词是不同的。而且即便是同一个人，按照语体是否正式，助词的使用也有所不同。

(1) 人的后面한테/에게 vs. 事物的后面에

- 助词한테〔人、非正式〕
  링링이 친구**한테** 전화해요. 玲玲给朋友打电话。
- 助词에게〔人、正式〕
  제가 동료**에게** 이메일을 보냈습니다. 我给同事发电子邮件。
- 助词에〔类似团体的〕
  회사**에** 전화해서 30분 동안 얘기했어요. 我打电话到公司，讲了30分钟。

(2) 人的后面한테서/에게서 vs. 事物的后面에서

- 助词한테서〔人、非正式〕
  진수가 친구**한테서**(= 친구한테) 선물을 받았어요. 真秀从朋友那儿得到了礼物。
- 助词에게서〔人、正式〕
  저는 사장님**에게서**(= 사장님에게) 이메일을 받았습니다. 我收到社长的电子邮件。
- 助词에서〔类似团体的〕
  병원**에서** 전화가 와서 깜짝 놀랐어요. 医院打来电话，我吓了一跳。

小秘诀
한테서/에게서可缩略为한테/에게使用。

(3) 人的后面한테/에게 vs. 事物的后面에

- 助词에게/한테〔人〕
  ① 한자는 미국 사람**에게** 너무 어려워요. 汉字对美国人来说太难。
  ② 담배는 아이들**한테** 나쁜 영향을 줘요. 香烟给孩子们不好的影响。
- 助词에〔事物〕
  ① 스트레스는 건강**에** 안 좋아요. 压力对健康不好。
  ② 드라마는 듣기 공부**에** 도움이 돼요. 电视剧对学习听力有帮助。

贴心小叮咛!
根据对象是人或事物的不同，助词也相异。
例 한국 문화에 관심이 있어요.
我对韩国的文化有兴趣。
한국 배우에게 관심이 있어요.
我对韩国演员有兴趣

考考自己! 请选择正确的答案。

(1) 형이 동생(ⓐ 에게 / ⓑ 에) 선물을 줬어요.
(2) 담배와 술은 건강(ⓐ 에게 / ⓑ 에) 안 좋아요.
(3) 이 편지는 형(ⓐ 한테서 / ⓑ 에서) 받았어요.
(4) 회사(ⓐ 에게서 / ⓑ 에서) 서류가 왔어요.
(5) 질문이 있으면 친구(ⓐ 한테 / ⓑ 한테서) 물어보세요.
(6) 사람이 다치면 119(ⓐ 에게 / ⓑ 에) 전화하세요.
(7) 조금 전에 대학(ⓐ 에게서 / ⓑ 에서) 연락 왔어요.
(8) 이 옷은 저(ⓐ 에게 / ⓑ 에) 잘 안 어울려요.
(9) 저는 한국 역사(ⓐ 에게 / ⓑ 에) 관심이 많아요.
(10) 친구(ⓐ 에게서 / ⓑ 에서) 이메일을 받고 답장했어요.

G 에서/부터和까지

(1) ～에서 ～까지 从……到…… (地点)
집**에서** 회사**까지** 시간이 얼마나 걸려요? 从家到公司很近。

(2) ～부터 ～까지 从……到……(时间)
1시**부터** 2시**까지** 점심시간이에요. 从十二点到一点是午饭时间。

(3) ～까지 为止
5시**까지** 일을 끝낼게요. 五点前我会结束工作

(4) ～까지 为止
어제 새벽 2시**까지** 공부했어요. 昨天我学习到凌晨两点。

考考自己!1 **请看图片，并选择正确的答案。**

(1)

화요일______ 금요일______ 출장을 가요.

(2)
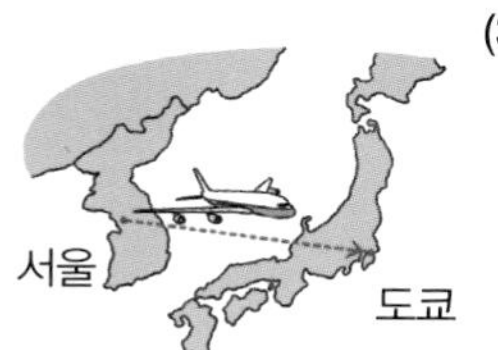

서울______ 도쿄______ 비행기로 2시간 걸려요.

(3)

한국에서는 6월______ 8월______ 여름이에요.

(4)

사무실은 이 빌딩 3층______ 6층______ 예요.

考考自己!2 **请选择并填写正确的答案。**

부터	에서	까지

(1) 축제는 10월______ 시작해요.
(2) 이 일은 금요일______ 끝내야 해요.
(3) 서울______ 제주도까지 여행하고 싶어요.
(4) 문제는 3번에서 5번______ 푸세요.
(5) 인천공항______ 서울 시내까지 1시간 걸려요.
(6) 한국에서는 8살______ 초등학교에 다녀요.
(7) 어제 시작한 이 영화는 다음 주______ 계속할 거예요.
(8) 이 일은 처음______ 문제가 있었어요.
(9) 걱정 마세요. 제가 끝______ 열심히 하겠습니다.
(10) 아침 9시______ 여기로 오세요.

H 하고 vs. 와/과 vs. (이)랑

(1) 前方使用的名词的末尾有收音时

- 하고〔非正式〕
  아까 과자**하고** 물을 샀어요. 刚才买了饼干和矿泉水。
  친구**하고** 점심을 먹어요. 和朋友吃午饭。
- 와〔正式〕
  서류**와** 노트북이 책상 위에 있습니다. 桌上有文件和笔记本电脑。
  동료**와** 회의를 했습니다. 和同事开了会。
- 랑〔非正式，特别用在亲近的人之间〕
  어제 모자**랑** 가방을 샀어요. 昨天买了帽子和包。
  친구랑 여행 가요. 和朋友去旅行。

(2) 前方使用的名词的末尾没有收音时

- 하고〔非正式〕
  어제 라면**하고** 밥을 먹었어요. 昨天吃了方便面和米饭。
  주말에 가족**하고** 여행 갔어요. 周末跟家人去旅行。
- 와/과〔正式〕
  사장님**과** 직원들은 이번 제품에 대해 회의를 했습니다. 社长和职员对于这次的产品开了会。
  내일 부장님**과** 같이 출장 갑니다. 明天要和部长出差。
- (이)랑〔非正式，特别用在亲近的人之间〕
  한국 음악**이랑** 영화를 진짜 좋아해요. 我很喜欢韩国音乐和电影。
  선생님**이랑** 한국 문화에 대해 얘기했어요. 跟老师谈了韩国文化。

I 所有格助词의

贴心小叮咛!
口语中助词经常省略，但是名词加修饰语时，所有格助词의不能省略。
例 선생님의 큰 가방 (O)
老师的大公事包。
선생님 큰 가방 (×)

의在口语中经常省略。
① 이것은 아버지**의** 가방이에요. 这是爸爸的公事包。
② 그 사람**의** 이름을 잊어버렸어요. 我忘了他的名字。

考考自己! 请选择正确的答案。

(1) 저녁에 저는 가족(ⓐ 이 / ⓑ 과) 식사합니다.
(2) 동료(ⓐ 가 / ⓑ 와) 제가 같이 발표했습니다.
(3) 저(ⓐ 랑 / ⓑ 는) 친구는 취미가 같아요.
(4) 동생은 아버지(ⓐ 에서 / ⓑ 하고) 닮았어요.
(5) 한국 음식(ⓐ 을 / ⓑ 이랑) 중국 음식을 만들 거예요.
(6) 동생(ⓐ 은 / ⓑ 과) 친구는 이름이 비슷합니다.
(7) 이것은 친구(ⓐ 가 / ⓑ 의) 책이에요.

J (으)로

前方使用的名词末尾没有收音时使用로，有收音时使用으로。

〔方向〕 사거리에서 왼쪽**으로** 가세요. 在十字路口向左拐。
〔变化的方向〕 미국 돈을 한국 돈**으로** 바꿔 주세요. 请将美元换成韩币。
〔材料〕 불고기는 소고기**로** 만들어요. 烤肉是用牛肉制成的。
〔方法〕 저는 사촌과 영어**로** 말해요. 我和堂哥用英语说话。
〔理由〕 저 여자는 교통사고**로** 다리를 다쳤어요. 那个女人因为交通事故伤了腿。

考考自己! **划线的部分正确的话请划○，错误的话划×。**

(1) 신촌으로 이사하려고 해요. □
(2) 이 음식은 돼지 고기로 만들었어요. □
(3) 회사에 갈 때 지하철로 타세요. □
(4) 이번 사고로 많은 사람이 다쳤어요. □
(5) 신호등에서 왼쪽으로 가세요. □
(6) 지하철 2호선에서 3호선에 갈아타세요. □
(7) 검은색을 흰색에 바꿔 주세요. □
(8) 사거리에서 오른쪽으로 가면 왼쪽으로 있어요. □

K 도 和 만

(1) 도: 主格助词이/가、宾格助词을/를与도一起使用时，加以省略。
① 동생이 음악을 좋아해요. 저**도** 음악을 좋아해요. 弟弟喜欢音乐，我也喜欢音乐。
② 저는 영화를 좋아해요. 저는 연극**도** 좋아해요. 我喜欢电影，也喜欢演剧。

도一起使用时不能省略，一定要使用。
③ 저는 동생에게 편지를 보냈어요. 저는 친구**에게도** 편지를 보냈어요.
给弟弟我寄信，也给朋友寄了信。
④ 동생은 회사에서 양복을 입어요. 동생은 집**에서도** 양복을 입어요.
弟弟在公司穿西装，他在家里也穿西装。

(2) 만: 主格助词이/가、宾格助词을/를与만一起使用时，加以省略。
① 동생**만** 시간이 없어요. 只有弟弟没时间。
② 저는 한국 음식 중에서 김치**만** 못 먹어요. 韩国菜中，我只有泡菜不能吃。

其余的助词与만一起使用时不能省略，一定要使用。
③ 그 사람이 저**에게만** 책을 빌려줬어요. 他只借书给我了。
④ 저는 집**에서만** 인터넷을 해요. 我只在家里上网。

考考自己! **请选择正确的答案。**

(1) 주말에 쉬지 못했어요. 일도 하고 (ⓐ 청소도 / ⓑ 청소만) 했어요.
(2) 친구가 다른 사람한테 화를 내지 않아요. (ⓐ 나한테도 / ⓑ 나한테만) 화를 내요.
(3) 저는 집에서 청바지를 입어요. 그리고 (ⓐ 회사에서도 / ⓑ 회사에서만) 청바지를 입어요.
(4) 너무 피곤해서 아무것도 못 하고 하루 종일 (ⓐ 잠도 / ⓑ 잠만) 잤어요.
(5) 반찬을 먹을 때에는 고기만 먹지 말고 (ⓐ 채소도 / ⓑ 채소만) 먹어야 돼요.

L 敬语中的助词

韩语中，使用敬语的时候，不只语尾，尊敬的对象后方的助词也可能改变。

	主格助词이/가	宾格助词을/를	补助词은/는
		宾格助词을/를在普通的时候和使用敬语的时候都相同。	
普通	동생**이** 신문을 읽어요. 弟弟读报纸。	제가 동생을 도와줘요. 我帮助弟弟。	동생**은** 회사원이에요. 弟弟是公司职员。
敬语	아버지**께서** 신문을 읽으세요. 爸爸读报纸。	제가 아버지를 도와 드려요. 我帮助爸爸。	아버지**께서는** 공무원이세요. 爸爸是公务员。
	한테/에게	한테서/에게서	한테는
普通	저는 친구**에게** 전화해요. 我给朋友打电话。	저는 친구**에게서** 선물을 받았어요. 我得到朋友的礼物。	친구**한테는** 선물을 못 줬어요. 我没给朋友礼物。
敬语	저는 부모님**께** 전화 드려요. 我给父母打电话。	저는 부모님**께** 선물을 받았어요. 我收到了父母的礼物。	선생님**께는** 선물을 못 드렸어요. 我没给老师礼物。

贴心小叮咛!
关于应使用敬语对象的所属部分不需使用敬语。
例 아버지 손께서 크세요. (×)
아버지 손이 크세요. (○)
爸爸的手很大。

考考自己!1 请选择更恰当的答案。

(1) 할아버지(ⓐ 가 / ⓑ 께서) 아직도 일하세요.
(2) 할머니 다리(ⓐ 가 / ⓑ 께서) 아프세요.
(3) 지금 친구(ⓐ 에게 / ⓑ 께) 전화를 할 거예요.
(4) 동생(ⓐ 은 / ⓑ 께서는) 대학교에 다녀요.
(5) 어제 할머니(ⓐ 에게 / ⓑ 께) 선물을 드렸어요.
(6) 저는 어머니(ⓐ 께 / ⓑ 께서) 전화를 받았어요.
(7) 아버지(ⓐ 는 / ⓑ 께서는) 변호사세요.
(8) 아이가 어른(ⓐ 께 / ⓑ 께서) 인사를 드려요.

考考自己!2 请将划线的部分改写成敬语。

(1) 우리 할아버지는 요리사세요. →
(2) 사람들이 할아버지가 만든 음식을 아주 좋아해요. →
(3) 요즘 할아버지에게 스마트폰 사용법을 가르쳐 드려요. →
(4) 그래도 할아버지가 건강하시니까 계속 일하실 거예요. →
(5) 어제는 할아버지에게 과자를 선물 받아서 정말 기분이 좋았어요. →

M 其他

(1) (이)나 或〔名词之间〕
① 커피**나** 차 드시겠어요? 要喝咖啡**或**茶吗?
② 토요일**이나** 일요일에 놀러 오세요. 欢迎你星期六**或**星期天来玩。

(2) 에 每
① 하루**에** 두 번 지하철을 타요. 我一天坐两次地铁。
② 사과가 한 개**에** 2,000원이에요. 苹果一个2,000韩元。

(3) 마다 每
① 일요일**마다** 친구를 만나요. 我**每**个星期天见朋友。
② 사람**마다** 생각이 달라요. **每**个人想法都不一样。

(4) 보다 比
① 내가 형**보다** 키가 더 커요. 我**比**哥哥个子高。
② 서울이 제주도**보다** 날씨가 더 추워요. 首尔的天气**比**济州岛更冷。

(5) 처럼 像
① 4월인데 여름**처럼** 날씨가 더워요. 才四月天气跟夏天**一样**热。
② 그 여자는 아이**처럼** 웃어요. 她笑得**像**孩子一样。

贴心小叮咛!
根据修饰主体的不同，形式亦如下述不同：
例1 이 음식은 초콜릿처럼 달아요.
〔修饰形容词或动词时〕这个食物像巧克力一样甜。
例2 저는 초콜릿같은 것을 좋아해요.
〔修饰名词时〕我喜欢巧克力之类的东西。

N 特定名词后使用的接续词

下列并非助词，而是接续词，用在特定名词之后。

(1) 续词씩: 使用于表现数量的名词之后。
① 매일 한 시간**씩** 운동해요. 我每天运动一个小时。
② 한 사람이 만 원**씩** 돈을 냈어요. 每一个人交了一万韩元。

(2) 续词짜리: 使用于表现数、量、价格的名词之后。
① 열 살**짜리** 아이가 혼자 밥을 해 먹어요. 十岁的孩子自己做饭吃。
② 제주도에서 십만 원**짜리** 방에서 묵었어요. 在济州岛住的是十万韩元的一套房间。

(3) 续词끼리: 使用于具有复数性名词之后。具有只有该类型一起的意义。
① 남자는 남자**끼리** 여자는 여자**끼리** 버스를 따로 탔어요. 男人和男人一起，女人和女人一起坐了车。
② 같은 반**끼리** 놀러 갔어요. 同班同学去玩了。

考考自己! **请选择并填写正确的答案。**

에	처럼	마다	보다	(이)나	씩

(1) 저는 어머니하고 친구______ 지내요.
(2) 일주일______ 한 번 친구를 만나요.
(3) 사람______ 취미가 달라요.
(4) 저한테 바지가 치마______ 더 잘 어울려요.
(5) 사과하고 귤을 3개______ 샀어요.
(6) 저는 시간이 있을 때 영화______ 드라마를 봐요.

第96课 疑问词

韩语小单词

A 人

(1) 누가 谁

누가是在谓语的主语时。

① **누가** 사무실에 있어요? 谁在办公室?　② **누가** 운동해요? 谁运动?

贴心小叮咛!
누구가 (×)

(2) 누구 誰

① 和이다一起使用时
이분이 **누구예요**? 这位是谁?

② 和其他助词一起使用时

• 和宾格助词을/를一起
누구를 좋아해요? 你喜欢谁?

• 和하고一起
누구하고 식사해요? 你跟谁一起吃饭?

• 和한테一起
누구한테 전화해요? 你给谁打电话?

• 和한테서一起
누구한테서 한국어를 배워요? 你跟谁学习韩语?

③ 询问所有者时
이 가방이 **누구** 거예요? 这个包是谁的?

考考自己! **请选择正确的答案，并完成下列对话。**

누가	누구	누구를	누구한테	누구하고	누구한테서

(1) A ________ 여행을 가요?
　B 가족하고 여행을 가요.

(2) A 이 책이 ________ 거예요?
　B 선생님 거예요.

(3) A 제가 ________ 전화할까요?
　B 선생님한테 전화해 주세요.

(4) A ________ 제일 먼저 집에 들어와요?
　B 동생이 제일 먼저 집에 들어와요.

(5) A 어제 ________ 만났어요?
　B 회사 동료를 만났어요.

(6) A ________ 그 얘기를 들었어요?
　B 반 친구한테서 들었어요.

B 事物

(1) 뭐 / 무엇 什么

• 和이다一起使用时
이름이 **뭐예요**? 你叫什么名字?
이번 회의 주제가 **무엇입니까**? 这次会议的主题是什么?

• 以句子的宾语使用时
오늘 오후에 **뭐** 해요? 今天下午你要做什么?
회의에서 보통 **무엇을** 합니까? 开会的时候通常做什么?

• 以句子的主语使用时，使用主格助词이/가
뭐가 제일 어려워요? 什么最难?
면접 때 **무엇이** 중요합니까? 面试的时候最重要是什么?

小秘诀
뭐 (非正式)
무엇 (正式)

(2) 무슨 什么

• 询问种类、类型时
무슨 영화를 좋아해요? 你喜欢什么电影?

(3) 어느 哪一

• 在指定的范围内选择时
어느 나라 사람이에요? 你是哪国人?

(4) 어떤 哪种；哪个

• 询问哪种人、事物的特征、状态时，可以어떻게进行联想
그 사람이 **어떤** 옷을 입었어요? 那个人穿的什么衣服?

• 在指定的范围内询问选择时
이 중에서 **어떤** 것이 제일 마음에 들어요? 这里面你最喜欢哪个?

考考自己! **请选择正确的答案。**

(1) A (ⓐ 무슨 / ⓑ 어느) 나라에 여행 가요?
B 아프리카에 가고 싶어요.

(2) A 이 중에서 (ⓐ 어떤 / ⓑ 무슨) 가방이 마음에 들어요?
B 왼쪽에 있는 가방이 마음에 들어요.

(3) A (ⓐ 어떤 / ⓑ 무슨) 집에 살고 싶어요?
B 정원이 있는 집에서 살고 싶어요.

(4) A (ⓐ 무슨 / ⓑ 어느) 선생님이 박 선생님이에요?
B 갈색 옷을 입은 분이에요.

(5) A (ⓐ 무슨 / ⓑ 어느) 일로 부산에 가요?
B 출장으로 부산에 가요.

(6) A (ⓐ 어떤 / ⓑ 무슨) 사람을 좋아해요?
B 솔직한 사람을 좋아해요.

C 时间

(1) 언제 什么时候

- 与이다一起使用时
  생일이 **언제예요**? 生日是什么时候?
- 与이다除外的其他动词一起使用时
  언제 사무실에 가요? 什么时候去办公室?
- 作为句子述语的主语使用时，与主格助词가一起使用
  언제가 제일 좋아요? 什么时候最好?

(2) 며칠 几号

- 与이다一起使用时
  오늘이 **며칠이에요**? 今天是几号?
- 与이다除外的其他动词一起使用时 (需要表示时间的助词에)
  며칠에 여행 가요? 你几号去旅行?

(3) 몇 시 几点

- 与이다一起使用时
  지금 **몇 시예요**? 现在几点?
- 与이다除外的其他动词一起使用时 (需要表示时间的助词에)
  몇 시에 운동해요? 几点运动?

(4) 무슨 요일 星期几

- 与이다一起使用时
  오늘이 **무슨 요일이에요**? 今天是星期几?
- 与이다除外的其他动词一起使用时 (需要表示时间的助词에)
  무슨 요일에 영화를 봐요? 星期几看电影?

D 场所

(1) 어디 哪儿

- 与이다一起使用时
  집이 **어디예요**? 你家在哪儿?
- 与动作动词一起使用时 (需要表示场所的助词에서)
  어디에서 친구를 만나요? 你和朋友在哪儿见?
- 与状态动词있다/없다、移动动词가다/오다、다니다一起使用时 (需要表示位置、目的地的助词에)
  어디에 가요? 去哪儿?

考考自己! **请选择正确的答案。**

(1) 학교가 (ⓐ 언제 / ⓑ 누가) 시작해요?
(2) 오늘이 (ⓐ 언제예요 / ⓑ 며칠이에요)?
(3) 축제가 토요일부터 (ⓐ 어디까지 / ⓑ 며칠까지) 해요?
(4) 밥 먹으러 (ⓐ 어디에 / ⓑ 어디에서) 가요?
(5) 금요일 (ⓐ 몇 시에 / ⓑ 무슨 요일에) 만나요?
(6) 1시에 배가 출발해요. (ⓐ 몇 시까지 / ⓑ 몇 시간까지) 가야 해요?

E 몇 +〔单位名词〕

(1) 数数的时候使用，回答的时候使用固有语数词。

- 数算事物的时候，使用单位名词개。
  가방이 **몇 개** 있어요? 有几个包?
- 数算人的时候，使用单位名词명。
  사람이 **몇 명** 있어요? 有几个人?
- 数算应使用敬语的人的时候，使用单位名词분。
  할머니가 **몇 분** 계세요? 有几位奶奶?
- 数算次数的时候，使用单位名词번。
  제주도에 **몇 번** 가 봤어요? 你去过几次济州岛?
- 数算像纸张一样的平而薄的东西的时候，使用单位名词장。
  표를 **몇 장** 샀어요? 买了几张票?
- 数算月的时候，使用单位名词달。
  몇 달 전에 여기 왔어요? 几个月前来这儿了?
- 数算年纪的时候，使用单位名词살。
  이 아이가 **몇 살**이에요? 这孩子几岁?

(2) 回答的时候使用汉字语数词。

- 读号码时
  전화번호가 **몇** 번이에요? 你的电话号码是多少?
- 读时间的时
  몇 시 **몇** 분이에요? 现在是几点几分?

考考自己!1 请连接符合问题的答案。

(1) 가족이 몇 명이에요? •
(2) 나이가 몇 살이에요? •
(3) 생일이 며칠이에요? •
(4) 가방이 몇 개예요? •
(5) 전화번호가 몇 번이에요? •

• ⓐ 3월 31일이에요.
• ⓑ 010-1234-5678이에요.
• ⓒ 두 개예요.
• ⓓ 서른 살이에요.
• ⓔ 다섯 명이에요.

考考自己!2 请看图片，并选择正确的答案。

(1) 
A 우산 ________ 가져왔어요?
B 우산 3개 가져왔어요.

(2) 
A 아이들이 ________ 있어요?
B 2명 있어요.

(3) 
A 커피 ________ 마셨어요?
B 커피 2잔 마셨어요.

(4) 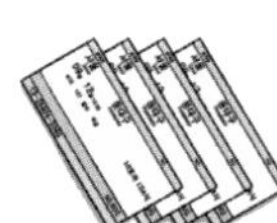
A 표 ________ 샀어요?
B 표 4장 샀어요.

(5) 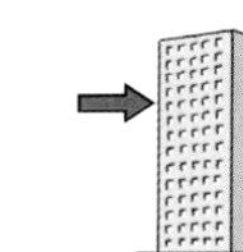
A ________ 에 살아요?
B 10층에 살아요.

(6) 

A ________ 에 있어요?
B 304호에 있어요.

F 其他

(1) 얼마与예요一起使用时

이게 **얼마예요**? 这个多少钱?

(2) 얼마나 多少

① 시간이 **얼마나** 걸려요? 需要多少时间?
② 돈이 **얼마나** 들어요? 要花多少钱?
③ 키가 **얼마나** 돼요? 个子多高?

얼마나后面加副词，表示更仔细地询问
④ **얼마나** 자주 운동해요? 多久运动一次? 。
⑤ **얼마나** 많이 단어를 알아요? 知道多少单词?
⑥ **얼마나** 오래 회의를 해요? 开多久的会?
⑦ **얼마나** 일찍 가야 해요? 得多早去?

(3) 얼마 동안 问需要时间时

① **얼마 동안** 한국에 살았어요? 在韩国住了多久?
② **얼마 동안** 기다렸어요? 等了多久?

(4) 어떻게 怎么

① **어떻게** 집에 가요? 怎么回家?
② **어떻게** 알았어요? 怎么知道的?

(5) 왜 为什么

① **왜** 한국어를 공부해요? 为什么学习韩语?
② **왜** 표를 안 샀어요? 为什么没买票?

考考自己! **请选择正确的答案。**

(1) A 컴퓨터가 (ⓐ 왜 / ⓑ 얼마나) 고장 났어요?
B 제가 바닥에 떨어뜨렸어요.

(2) A 회사까지 시간이 (ⓐ 어떻게 / ⓑ 얼마나) 걸려요?
B 30분쯤 걸려요.

(3) A 그 얘기를 (ⓐ 왜 / ⓑ 어떻게) 알았어요?
B 친구한테서 들었어요.

(4) A 한국 사람에 대해 (ⓐ 어떻게 / ⓑ 얼마나) 생각해요?
B 마음이 따뜻해요.

G 整理

(1) 疑问词뭐、누구、언제、어디、얼마、며칠与예요一起使用时。

① 취미가 **뭐예요**? 爱好是什么?
② 저분이 **누구예요**? 那位是谁?
③ 직장이 **어디예요**? 单位在哪儿?
④ 휴가가 **언제예요**? 什么时候休假?
⑤ 입장료가 **얼마예요**? 入场费多少钱?

(2) 疑问词뭐、누구、언제、어디以句子的主语使用时，此时누구成为누가。

① 가방에 **뭐가** 있어요? 包里有什么?
② **누가** 노래해요? 谁唱歌?
③ **언제가** 편해요? 什么时候方便?
④ **어디가** 제일 마음에 들어요? 你最喜欢哪里?

(3) 몇虽然用在数数时，但不太多，或者大概数算的时候也使用，因此问题和回答都可使用。

① A 사람들이 **몇 명** 왔어요? 来了几个人?
B **몇 명** 왔어요. 来了几个。
② A 제주도에 **몇 번** 가 봤어요? 你去过几次济州岛?
B **몇 번** 가 봤어요. 去过几次。

考考自己!1 请选出一个不恰当的单词。

(1) ⓐ 이름이 뭐예요?
ⓑ 취미가
ⓒ 나이가

(2) ⓐ 집이 어디예요?
ⓑ 직업이
ⓒ 학교가

(3) ⓐ 내일이 언제예요?
ⓑ 휴가가
ⓒ 회의가

考考自己!2 请选择正确的答案，并完成下列对话。

어디예요　　언제예요　　누구예요　　얼마예요

(1) A 직장이 ____________?
B 은행이에요.

(2) A 부장님이 ____________?
B 저분이에요.

(3) A 모임이 ____________?
B 3시예요.

(4) A 이게 ____________?
B 3만 원이에요.

第97课 副词

韩语小单词

A 形成副词的方法

有一些副词是在形容词词干后加-게形成。
① 예쁘 + -게: 옷을 **예쁘게** 입었어요. 她穿得很漂亮。
② 깨끗하 + -게: 손을 **깨끗하게** 씻었어요. 把手洗得很干净。
③ 쉽 + -게: 문제를 **쉽게** 생각하세요. 简单地思考问题。

B 此外的副词

(1)
아직
还

아직 일이 안 끝났어요.
事情还没结束。

(2)
벌써
已经

지금 11시인데 **벌써** 점심을 먹었어요?
现在才十一点，已经吃完午饭了吗？

(3)
점점
渐渐

11월에 날씨가 **점점** 추워져요.
十一月天气渐渐变冷了。

(4)
서로
互相

두 사람은 **서로** 사랑했어요.
两个人相爱。

(5)
갑자기
突然

갑자기 비가 와서 옷이 젖었어요.
突然下雨，衣服都湿了。

(6)
직접
直接

직접 만든 음식이 더 맛있어요.
亲手做的菜更好吃。

(7)

계속
一直

5일 동안 **계속** 눈이 왔어요.
整整五天**一直**下了雪。

(8)

그만
别

밤이니까 **그만** 먹는 게 좋아요.
因为是晚上了，还是**别**再吃了。

(9)

몰래
偷偷地

아들이 부모님 **몰래** 밖으로 나가요.
儿子瞒着父母，**偷偷地**出去。

(10)

우연히
偶然

옛날 친구를 길에서 **우연히** 만났어요.
在路上**偶然**遇见了以前的朋友。

(11)

실수로
不小心

다른 사람의 발을 **실수로** 밟았어요.
不小心踩了别人的脚。

(12)

일부러
故意

동생이 미워서 **일부러** 동생 컵을 깨뜨렸어요.
因为讨厌妹妹，所以**故意**打破了她的杯子。

(13)

억지로
勉强

배가 불렀지만 밥을 **억지로** 다 먹었어요.
虽然已经饱了，但是**勉强地**把饭都吃完了。

(14)

급히
急忙

갑자기 친구들이 오니까 **급히** 청소했어요.
突然朋友来，**急忙**打扫了家里。

(15)

겨우
才

뛰어가서 회의 시작 전에 **겨우** 사무실에 도착했어요.
跑着去，**才好不容易**在会议开始之前到达了办公室。

C 根据脉络熟悉副词

① 중요한 시험이라서 **열심히** 시험 준비를 했어요.
因为是重要的考试，所以我努力准备了。

② 이번 시험에 떨어졌지만, 내년에 **다시** 시험을 볼 거예요.
虽然这次考试落榜，但我明年还会再考。

③ 시험이 한 달 후에 있지만 **미리** 준비하는 것이 마음이 편해요.
考试虽然在一个月后，事先准备的话，我会比较放心。

④ 한국 음식을 좋아하는데, **특히** 불고기를 좋아해요.
我喜欢韩国菜，特别喜欢烤肉。

⑤ 학교에 수업은 없지만 심심해서 **그냥** 왔어요.
虽然没有课，但因为无聊，还是来学校了。

⑥ 이번 휴가 때 **원래** 여행 가려고 했는데 계획이 취소됐어요.
这次休假原本想去旅行，但计划取消了。

⑦ 한국 음식이 맵다고 생각했는데 먹어 보니까 **역시** 매워요.
我想到了韩国菜很辣，一吃果不其然。

⑧ 이 구두는 **새로** 샀으니까 이걸 신고 산에 갈 수 없어요.
这双皮鞋是新买的，不能穿着去爬山。

⑨ 제주도가 따뜻하다고 생각했지만 **실제로** 가 보니까 추웠어요.
我原想济州岛应该很暖和，但实际去了以后，觉得很冷。

⑩ 잘못한 사람이 **당연히** 그 문제를 책임져야 해요.
做错事的人当然要对那个问题负责任。

⑪ 소고기가 없어서 소고기 **대신에** 돼지고기를 넣었어요.
因为没有牛肉，所以用猪肉取代放进去了。

⑫ 30분 후에 제가 치울게요. 제 물건은 **그대로** 두세요.
三十分钟后我会收拾的，我的东西就先摆着吧。

⑬ 다른 사람에게 부탁하지 말고 **스스로** 문제를 해결하세요.
不请求他人的帮助，自己解决了问题吧。

⑭ 힘든 운동은 **오히려** 건강에 안 좋아요.
吃力的运动反而对身体不好。

D 一个副词具有两种意义者

(1) 쭉

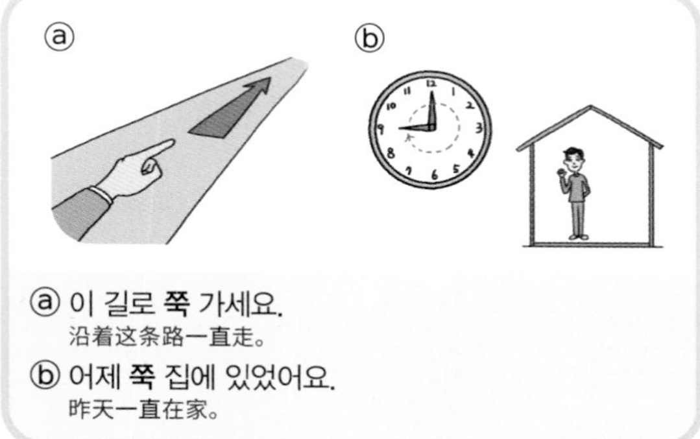

ⓐ 이 길로 **쭉** 가세요.
沿着这条路一直走。

ⓑ 어제 **쭉** 집에 있었어요.
昨天一直在家。

(2) 바로

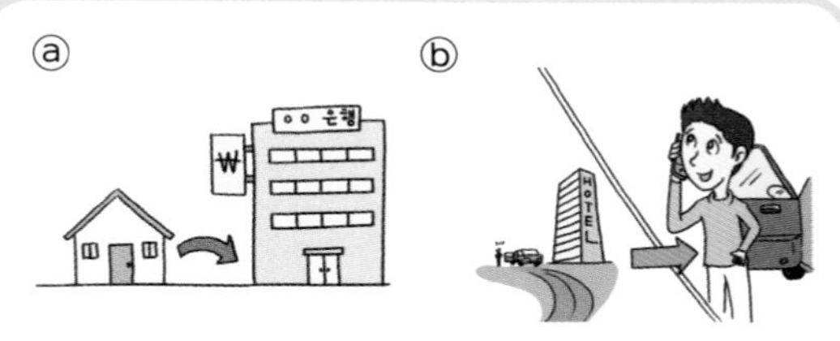

ⓐ 우리 집 **바로** 옆에 은행이 있어요.
银行就在我们家旁边。

ⓑ 호텔에 가면 **바로** 전화해 주세요.
到了酒店立刻打电话给我。

(3) 중간에

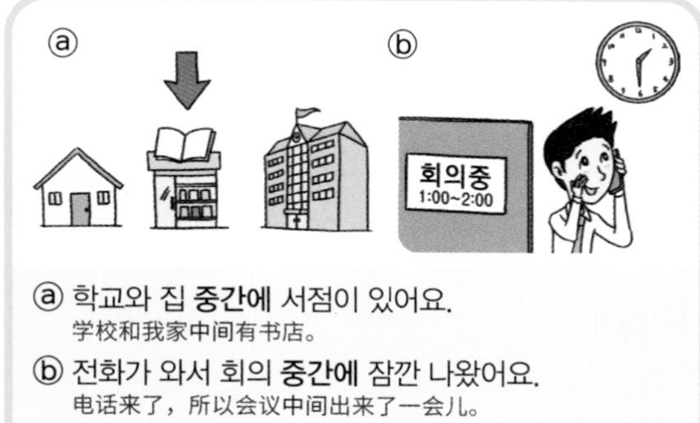

ⓐ 학교와 집 **중간에** 서점이 있어요.
学校和我家中间有书店。

ⓑ 전화가 와서 회의 **중간에** 잠깐 나왔어요.
电话来了，所以会议中间出来了一会儿。

(4) 마지막에

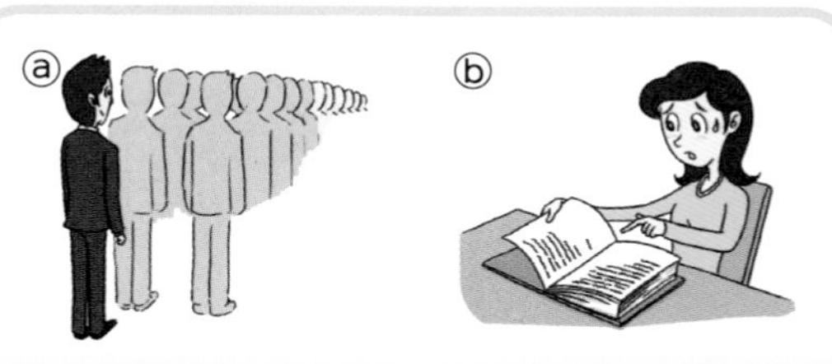

ⓐ 왼쪽 줄의 **마지막에** 서 있어요.
请你站在左边那一列的最后一个。

ⓑ 책이 처음에는 재미있었는데 **마지막에는** 재미없었어요.
书开始部分很有意思，但结尾却没意思。

考考自己!1 请选择正确的答案。

(1) 포기하지 마세요. (ⓐ 아직 / ⓑ 벌써) 늦지 않았어요.

(2) 일이 끝나는 대로 (ⓐ 바로 / ⓑ 직접) 퇴근할 거예요.

(3) 얘기를 못 들었는데 (ⓐ 역시 / ⓑ 다시) 말씀해 주시겠어요?

(4) 참을 수 없어서 수업 (ⓐ 중간에 / ⓑ 쭉) 화장실에 갔다 왔어요.

(5) 그 사람은 (ⓐ 실수로 / ⓑ 열심히) 일해서 3년 후에 집을 샀어요.

(6) 정말 친한 친구끼리는 문제가 생기면 (ⓐ 서로 / ⓑ 새로) 도와줘요.

考考自己!2 请选择正确的答案，并完成下列对话。

편하다	두껍다	시끄럽다	사이좋다

(1) A 오늘 날씨가 추워요.
B 네, 옷을 ________ 입어야겠어요.

(2) A 방 친구하고 어떻게 지내요?
B 마음이 잘 맞아서 ________ 지내요.

(3) A 친구 집에서 어떻게 지냈어요?
B 방이 넓어서 ________ 지냈어요.

(4) A 왜 음악을 안 들어요?
B 아기가 자니까 ________ 하면 안 돼요.

考考自己!3 请写下符合句子的图片的选项，并选择恰当的单词完成下列句子

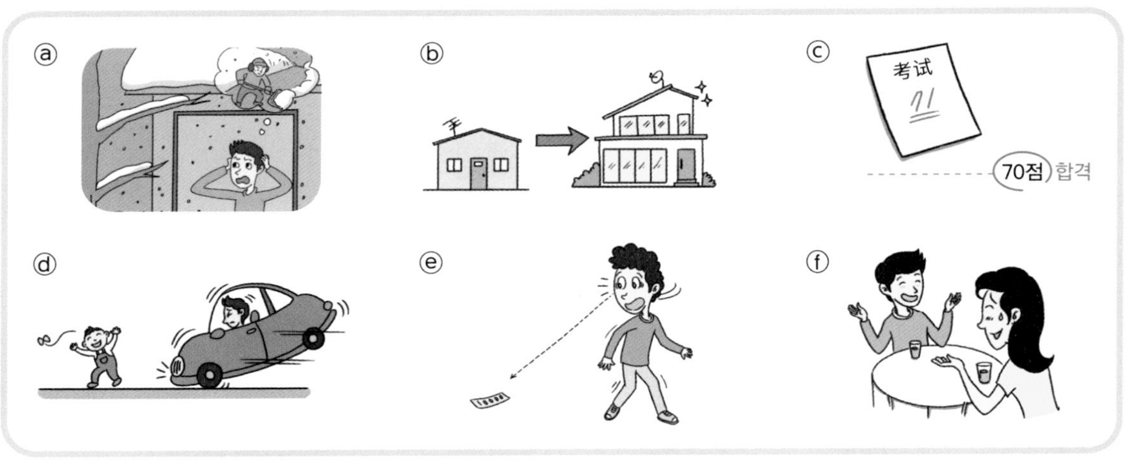

새로	그만	겨우	갑자기	억지로	우연히

(1) ☐ 길에서 ________ 돈을 주웠어요.

(2) ☐ 집이 너무 오래돼서 ________ 집을 지었어요.

(3) ☐ 71점을 맞아서 시험에 ________ 합격했어요.

(4) ☐ 남자의 농담이 재미없었지만 ________ 웃었어요.

(5) ☐ 운전할 때 아이가 ________ 뛰어들어서 깜짝 놀랐어요.

(6) ☐ 눈이 너무 많이 와서 힘들어요. 이제 눈이 ________ 왔으면 좋겠어요.

E 表现程度的时候

(1)

아주 (= 매우) 非常	① 그 여자가 **아주** 예뻐요. 她非常漂亮。
꽤 非常	② 그 여자가 **꽤** 예뻐요. 她非常漂亮。
조금 (= 좀) 一点儿	③ 그 여자가 **조금** 예뻐요. 她有点儿漂亮。

(2)

가장 (= 제일) 最	① 월요일이 **가장** 바빠요. 星期一最忙。
더 更	② 어제보다 오늘이 **더** 추워요. 今天比昨天更冷。
훨씬 更加	③ 이게 **훨씬** 더 맛있어요. 这个好吃多了。
덜 不太	④ 이 과일은 **덜** 익었어요. 这个水果不太熟。

贴心小叮咛!

下列句子在韩语中有意义上的差异，请注意!

- 세계에서: 具体地指地球上的所有国家。
- 세상에서: 抽象地描述人类居住的所有社会。

例 이 여자는 세계에서 제일 아름다운 여자다.
这个女人是世界上最美丽的女人。
→ 世界选美比赛中得到冠军的女人。

例 이 여자는 세상에서 제일 아름다운 여자다.
这个女人是世上最美丽的女人。
→ 我想的世界或我认识的女人中的意义。

(3)

아주 〔正面的意义〕比普通程度更……	① 시험 문제가 **아주** 쉬웠어요. 考试题目非常容易。 ② **아주** 많이 먹었어요. 吃很多了。
너무 〔负面的意义〕超越一定的程度或界限。	③ 시험 문제가 **너무** 쉬웠어요. 考试题目太简单了。 ④ **너무** 많이 먹었어요. 吃得太多了。

考考自己! 请选择正确的答案。

(1) 러시아에 여행 갔는데 생각보다 (ⓐ 가장 / ⓑ 훨씬) 추워서 많이 고생했어요.

(2) 약을 먹으니까 (ⓐ 더 / ⓑ 덜) 아팠어요. 이제 감기가 다 나았어요.

(3) 이 음식은 (ⓐ 너무 / ⓑ 조금) 매워서 매운 음식을 잘 먹는 저도 먹을 수 없었어요.

(4) 저 아이가 우리 반에서 가수처럼 (ⓐ 조금 / ⓑ 제일) 노래를 잘해요.

F 表现频度的时候

100% 항상 (= 언제나) 总
90% 보통 普通
70%~ 자주 常常
40% 가끔/때때로 偶尔
~20% 별로 + 〔否定形〕 不常+〔否定型〕
0% 전혀 + 〔否定形〕 完全不+〔否定型〕

① 나는 아침마다 **항상** 커피 한 잔을 마셔요.
我每天早晨**都**喝一杯咖啡。

② 금요일 저녁에는 **보통** 친구들을 만나요.
我星期五晚上**通常**见朋友。

③ 저는 무역 회사에 다녀서 **자주** 출장 가요.
我在贸易公司上班，所以**经常**出差。

④ 영화를 좋아하지만 시간이 없어서 **가끔** 극장에 가요.
我虽然喜欢电影，但因为没有时间，**偶尔**才去一次电影院。

⑤ 고기를 좋아하지 않아서 **별로** 먹지 **않아요**.
我因为不太喜欢吃肉，所以**不怎么**吃。

⑥ 너무 바빠서 **전혀** 운동하지 **않아요**.
因为太忙了，**根本不**运动。

考考自己! **请选择并填写正确的答案。**

항상 보통 자주 가끔 별로 전혀

(1) 여행을 자주 못 가지만 ________ 가요. 일 년에 세 번쯤 가요.
(2) 자동차가 ________ 고장 나서 서비스 센터에 일주일에 한 번 가야 해요.
(3) ________ 저녁을 사 먹지만 주말에는 집에서 저녁을 해 먹어요.
(4) 진수는 부지런해서 ________ 일찍 나와요. 전혀 늦지 않아요.

G 表示事情的进展程度

0% 하나도 (= 전혀) 一点也不
~20% 조금 一点儿
50% 반 一半
80%~ 거의 几乎
90% 거의 다 几乎都
100% 다 都

A 밥이 얼마나 됐어? 饭怎么样了?

B ① **하나도 안** 됐어. 我还没准备呢。
② **조금밖에 안** 됐어. 只做了一点儿。
③ **반쯤** 됐어. 做了有一半了。
④ **거의** 됐어. 快好了。
⑤ **거의 다** 됐어. 几乎全好了。
⑥ **다** 됐어. 都好了。

考考自己! **请选择正确的答案。**

(1) 집에 (ⓐ 거의 / ⓑ 전혀) 왔어요. 조금만 더 가면 돼요.
(2) 책을 (ⓐ 다 / ⓑ 반) 읽었어요. 50% 더 읽어야 해요.
(3) 숙제가 (ⓐ 다 / ⓑ 조금) 끝났어요. 이제 숙제가 없어요.
(4) 저녁 준비가 (ⓐ 조금 / ⓑ 하나도) 안 됐어요. 오늘 외식해요.

H 든지 vs. 아무 －나

(1)

누구든지 无论是谁
뭐든지 = 무엇이든지 无论什么
언제든지 无论何时
어디든지 无论何处

① 하고 싶은 사람은 **누구든지** 말씀하세요. 如果有想做的，无论是谁都请说。
② 질문이 있으면 **뭐든지** 물어보세요. 如果有问题的话，无论什么，都请发问。
③ 시간이 있을 때 **언제든지** 오세요. 有空的时候，不管是什么时间，你尽管来。
④ 당신이 가는 곳이라면 **어디든지** 갈게요. 只要是你去的地方，无论是哪里我都去。

(2)

아무나 任何人
아무거나 无论是什么
아무 때나 任何时间
아무 데나 任何地方

① 여기에 **아무나** 들어가지 못해요. 这里不是所有人都能进去的。
② 저는 **아무거나** 먹을 수 있어요. 我什么都能吃。
③ **아무 때나** 전화하면 안 돼요. 不分时间打电话是不行的。
④ 밤에 혼자 **아무 데나** 가지 마세요. 晚上不要一个人随便去哪儿。

考考自己! **请选择正确的答案。**

(1) 저는 항상 사무실에 있으니까 (ⓐ 어디든지 / ⓑ 언제든지) 오세요.
(2) 다리가 너무 아픈데 (ⓐ 아무 때나 / ⓑ 아무 데나) 앉으면 안 돼요? 저기 어때요?
(3) 저는 (ⓐ 뭐든지 / ⓑ 누구든지) 괜찮으니까 먹고 싶은 음식을 말해 보세요.

I 表现不确定性的对象时

(1) 形态虽相同，但意义不同。

뭐 (= 뭔가) 什么	누가 (= 누군가) 谁	어디 (= 어딘가) 那儿	언제 (= 언젠가) 找一天

① A **뭐** 먹었어요? 你吃了什么?
B 아까 **뭐** 먹었어요.
我刚才吃了点儿东西。

② A **누가** 전화했어? 谁打电话来了?
B **누가** 전화했는데 이름이 생각 안 나요.
是有人来电话，不过名字不想起来了。

③ A **어디** 가요? 去哪儿?
B **어디** 가니까 내일 얘기해요.
要去一个地方，明天再告诉你。

④ A **언제** 우리 집에 올 수 있어요?
什么时候可以来我家?
B **언제** 갈게요. 我会找一天去的。

(2) 个数不太清楚的情况，使用몇。

① A 중국에 **몇 번** 여행 갔어요?
我去中国旅游过几次。
B 중국에 **몇 번** 여행 못 갔어요.
中国旅游我没去过几次。

② A 교실에 사람이 **몇 명** 있어요?
教室里有几个人。
B 교실에 사람이 **몇 명** 없어요.
教室里没有几个人。

考考自己! **请连接相应的部分，并完成下列句子。**

(1) 요즘 일이 많아서 •
(2) 지금 배고프면 •
(3) 누가 찾아왔는데 •
(4) 언제 시간이 있으면 •

• ⓐ 얼굴이 생각 안 나요.
• ⓑ 인도에 가 보고 싶어요.
• ⓒ 뭐 먹고 오세요.
• ⓓ 며칠 못 잤어요.

J 指称几种物体时

(1) 指称两种或以上时

① **하나**는 부모님 선물이고 **다른 하나**는 동생 선물이에요.
一个是父母的礼物，另一个是弟弟的礼物。

② **왼쪽 것**은 언니 것이고 **가운데 것**은 동생 것이고 **오른쪽 것**은 제 것이에요.
左边的是姐姐的，中间的是弟弟的，右边的是我的。

(2) 说明优先顺序时

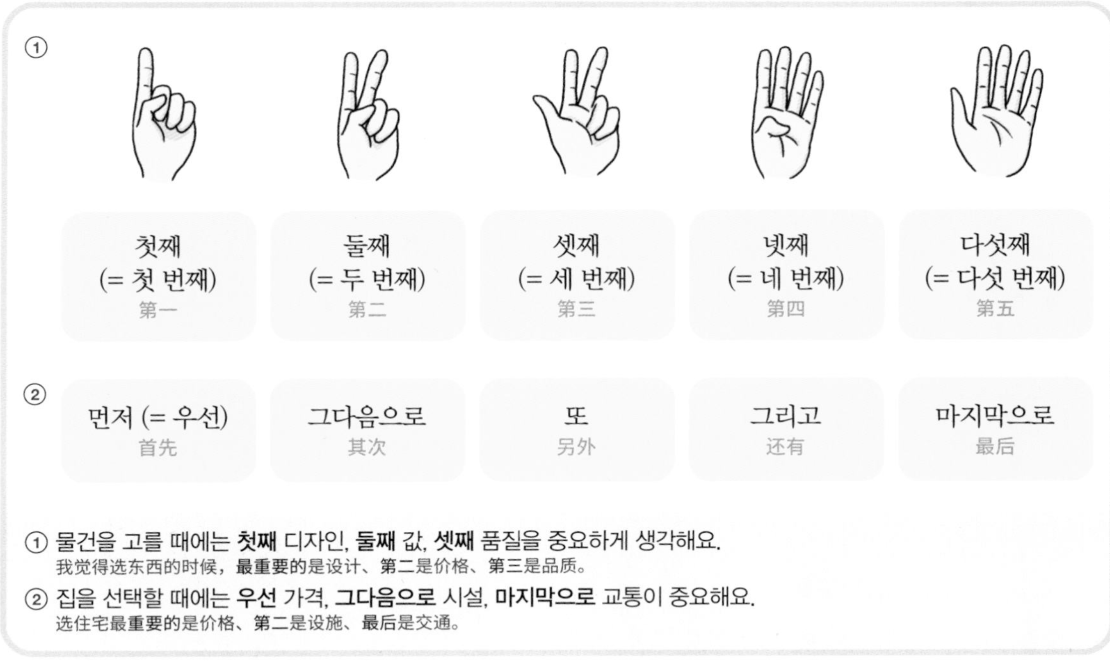

①
첫째
(= 첫 번째)
第一
둘째
(= 두 번째)
第二
셋째
(= 세 번째)
第三
넷째
(= 네 번째)
第四
다섯째
(= 다섯 번째)
第五
②
먼저 (= 우선)
首先
그다음으로
其次
또
另外
그리고
还有
마지막으로
最后

① 물건을 고를 때에는 **첫째** 디자인, **둘째** 값, **셋째** 품질을 중요하게 생각해요.
我觉得选东西的时候，最重要的是设计、第二是价格、第三是品质。

② 집을 선택할 때에는 **우선** 가격, **그다음으로** 시설, **마지막으로** 교통이 중요해요.
选住宅最重要的是价格、第二是设施、最后是交通。

考考自己! **请写下正确答案。**

(1) 먼저 청소를 하고 또 설거지를 한 다음에 ________ 빨래해요.

(2) 왼쪽 것은 한국 차이고, ________ 것은 일본 차이고, 오른쪽 것은 독일 차예요.

(3) 결혼하고 싶은 사람을 찾을 때 ________ 성격, 둘째 외모, 셋째 경제력이 중요해요.

(4) 한국어를 공부할 때 두 가지가 중요한데, 하나는 책이고 ________ 한국인 친구예요.

K 容易混淆的副词

(1)

容易混淆的副词	在规定的时间内，反复出现时
주말 **내내** 整个周末	**매일** 每天
일주일 **내내** 一整个星期	**매주** 每周
한달 **내내** 整整一个月	**매달** 每月
일년 **내내** 整整一年	**매년** 每年
밤새 熬夜	밤**마다** 每晚
하루 종일 一整天	주말**마다** 每个周末

ⓐ 지난주 일주일 **내내** 비가 왔어요. 上个星期天天都在下雨。

ⓑ 지난달에는 **매주** 토요일에 비가 왔어요. 上个月的每个星期六都下雨。

(2) ⓐ **아마** 선생님은 사무실에 있을 거예요. 老师大概在办公室。

ⓑ **혹시** 선생님을 못 봤어요? 你有没有看到老师?

(3) ⓐ 3년 전에 한국에 **처음** 왔어요. 我三年前第一次来韩国。

ⓑ 영화가 **처음에** 너무 지루했어요. 电影一开始时太无聊了。

(4) ⓐ **마지막으로** 여러분께 감사의 말씀을 드립니다. 最后我要向各位表示感谢之意。

ⓑ 영화 **마지막에** 그 노래가 나왔어요. 电影的末尾出现了那首歌。

(5) ⓐ 제 친구는 **항상** 약속에 늦게 나와요. 我的朋友约会总迟到。

ⓑ 이 메일을 보면 **꼭 (= 반드시)** 연락해 주세요. 看到这封邮件后一定要联系我。

(6) ⓐ **전혀** 늦지 않아요. 一点儿都不晚。

ⓑ **절대로** 거짓말을 하지 마세요. 绝对不要说谎。

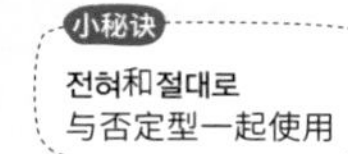

考考自己! 1 **请选择正确的答案。**

(1) 오늘 (ⓐ 처음 / ⓑ 처음에) 호랑이를 직접 봤어요.

(2) 밤에 단 음식을 (ⓐ 전혀 / ⓑ 절대로) 먹지 마세요.

(3) 어제 (ⓐ 밤새 / ⓑ 밤마다) 책을 읽어서 지금 졸려요.

(4) (ⓐ 아마 / ⓑ 혹시) 선생님 전화번호를 알면 가르쳐 주세요.

(5) 이 책은 (ⓐ 처음 / ⓑ 처음에) 재미있었는데 중간부터 재미없어요.

(6) 질문은 나중에 회의 (ⓐ 마지막에 / ⓑ 마지막으로) 받겠습니다.

(7) ⓐ 영화를 좋아하니까 **자주** 극장에 가요. 因为我喜欢电影，所以常去电影院。
ⓑ 오래된 자동차라서 **자꾸** 고장 나요. 因为是老车，所以经常出故障。

(8) ⓐ 친구가 없어서 오늘 **혼자** 밥을 먹었어요. 因为朋友不在，所以今天我一个人吃的饭。
ⓑ 이민 가려고 **스스로** 회사를 그만두었어요. 我因为要移民，所以自己辞掉了工作。

(9) ⓐ 잘 못 들었는데 **다시** 말씀해 주시겠어요? 我没听清楚，能再说一遍吗?
ⓑ 이 세탁기가 **또** 고장 났어요. 这台洗衣机又出故障了。

(10) ⓐ 사고 **때문에** 회사에 지각했어요. 因为发生事故，所以到公司晚了。
ⓑ 선생님 **덕분에** 한국어를 재미있게 공부했어요. 托老师的福，我学习韩语很有意思。

(11) ⓐ 직원이 9명이니까 사장님을 **포함해서** 모두 10명이에요. 包括社长职员总共有十个人。
ⓑ 직원이 9명이니까 사장님을 **빼고** 9명이에요. 除去社长职员是九个人。

(12) ⓐ 한국 요리가 쉬울 줄 알았는데 **실제로** 해 보니까 어려워요. 我以为做韩国菜很容易，但实际做起来很难。
ⓑ 제가 그만둔다고 해서 놀랐어요? **사실은** 농담이에요. 我说要辞职，吓了一跳吧? 其实我是开玩笑的。

(13) ⓐ **아무리** 밥을 먹어도 배고파요. 不管我吃多少饭，总饿。
ⓑ **얼마나** 밥을 많이 먹었는지 잘 수 없어요. 吃得太多了，睡不着。

(14) ⓐ 일이 **아직** 안 끝났어요. 工作还没做完。
ⓑ 지금 11시인데 **아직도** 안 일어났어요. 现在11点还没起床。

考考自己!2 **请选择正确的答案。**

(1) 시험 (ⓐ 때문에 / ⓑ 덕분에) 어젯밤에 자지 못했어요.
(2) 친구가 밤늦게 (ⓐ 자주 / ⓑ 자꾸) 전화해서 귀찮아요.
(3) 아까 많이 먹었는데 (ⓐ 다시 / ⓑ 또) 먹어요?
(4) 저는 고기를 안 먹으니까 고기 (ⓐ 포함해서 / ⓑ 빼고) 주세요.
(5) 아이가 자기 잘못을 (ⓐ 혼자 / ⓑ 스스로) 말할 때까지 기다리려고 해요.
(6) 김치가 매워 보였는데 (ⓐ 실제로 / ⓑ 사실은) 먹어 보니까 안 매워요.
(7) (ⓐ 아무리 / ⓑ 얼마나) 돈이 많아도 행복을 살 수 없어요.
(8) 10분 후에 회의가 시작하는데 (ⓐ 아직 / ⓑ 아직도) 회의 자료를 만들고 있어요.

接续副词

韩语小单词

A 经常使用的接续副词

下列接续副词在连接两个句子时使用。

다음 달에 유럽에 여행 갈 거예요.
下个月我要去欧洲旅行。

① **그리고** 홍콩에 갈 거예요.
然后要去香港。

② **그러면** 유럽에 있는 친구를 만날 수 있을 거예요.
那样的话，就可以见到在欧洲的朋友了。

③ **그런데** 지금 표가 없어서 아직 표를 못 샀어요.
但是现在没有飞机票，所以还没买到票。

④ **그래서** 이번 달에 호텔을 예약하려고 해요.
所以这个月打算预约酒店。

⑤ **그래도** 다음 달 10일까지 일은 제가 끝낼 거예요.
即便如此，在下个月十号之前，我会完成工作的。

⑥ **왜냐하면** 다음 달 중순에 2주 동안 휴가예요.
因为下个月中旬我有两周的假期。

⑦ **예를 들면** 프랑스, 독일, 스페인에 갈 거예요.
例如我要去法国、德国和西班牙。

⑧ **그렇지 않으면** 올해 여행 갈 수 없을 거예요.
如果不这样的话，今年就不能去旅行了。

考考自己!1 请选择并填写正确的答案。

그리고　　그러면　　그래도　　그래서　　왜냐하면　　그렇지 않으면

(1) 오늘 시간이 없어요. ________ 오늘 만날 수 없어요.
(2) 담배를 끊으세요. ________ 건강이 좋아질 거예요.
(3) 지금 배가 너무 고파요. ________ 오늘 아침을 못 먹었어요.
(4) 저는 낮에는 회사에 다녀요. ________ 밤에는 학원에 다녀요.
(5) 운동을 시작하세요. ________ 나중에 후회할 거예요.
(6) 이 음식은 조금 매워요. ________ 맛있어요.

考考自己!2 请连接相应的部分，并完成下列句子。

(1) 한국어를 열심히 공부해요. •　　• ⓐ 그런데 돈이 없어서 살 수 없어요.
(2) 마음에 드는 옷이 있어요. •　　• ⓑ 그래서 보통 주말에 혼자 집에 있어요.
(3) 이 식당은 분위기가 좋아요. •　　• ⓒ 그렇지 않으면 친구가 많이 기다릴 거예요.
(4) 친구들이 요즘 많이 바빠요. •　　• ⓓ 그리고 음식도 정말 맛있어요.
(5) 내일 비가 많이 올 거예요. •　　• ⓔ 왜냐하면 한국 회사에서 일하고 싶어요.
(6) 약속에 늦으면 미리 전화하세요. •　　• ⓕ 그래도 꼭 여행을 떠날 거예요.

B 具有类似意义的接续副词

(1) **그리고**
在口语中，也可发音为그리구。

① (而且) 저는 한국 음식을 좋아해요. **그리고** 한국 영화도 좋아해요.
我喜欢韩国菜，而且也喜欢韩国电影。

② (然后) 저녁에 운동했어요. **그리고** 샤워했어요.
我晚上运动了，然后洗澡了。

(2) **그런데**
在口语中，也可发音为근데。

① (但是) 제 동생은 일찍 자고 일찍 일어나요. **그런데** 저는 늦게 자고 늦게 일어나요.
我弟弟早睡早起，但是我晚睡晚起。

② (阿) 우리 같이 밥 먹어요. **그런데** 그 얘기 들었어요?
我们一起吃饭吧! 啊，你听说过那件事吗?

C 意思虽然类似，形态却不同的接续副词

(1) **하지만 / 그렇지만 / 그러나**
但是

① (可是) 이 식당은 음식이 맛있어요. **하지만** 너무 비싸요.
这个饭馆的菜很好吃，可是太贵了。(常使用在口语中)

② (但是) 날씨가 너무 덥습니다. **그렇지만** 참아야 합니다.
天气太热了，但是得忍耐。(口语、书面语都使用)

③ (但是) 생활이 힘듭니다. **그러나** 포기할 수 없습니다.
生活太苦了，但是不能放弃。(常使用在书面语中)

(2) **그래서 / 그러니까 / 따라서 / 그러므로**
所以

① (所以) 어제 감기에 걸렸어요. **그래서** 아무것도 못 했어요.
昨天感冒了，所以什么都做不了。

② (所以) 이 일은 혼자 하기 어려워요. **그러니까** 다른 사람하고 같이 하세요.
这件事情你自己做太困难了，所以和其他人一起做吧!

③ (所以) 이번 달에 집 수리를 했습니다. **따라서** 이번 달에 쓸 돈이 부족할 것입니다.
这个月我修理房子了，所以这个月的钱可能不够了。

④ (所以) 누구나 화를 내는 사람을 싫어합니다. **그러므로** 화가 나도 참아야 합니다.
谁都讨厌发脾气的人，所以就算生气也要忍耐。

(3) **그러면 / 그럼**
那么

① (那么) 공포 영화를 안 좋아해요? **그러면** 코미디 영화는 어때요?
不喜欢看恐怖片吗? 那么看喜剧怎么样?

② (那么) 이 음악을 들어 봐. **그럼** 기분이 좋아질 거야.
请听这首音乐吧，那么心情会变好的。(口语、书面语都使用)

(4) **아니면 / 또는**
要不然/或者

① (要不然) 같이 사무실에 갈래요? **아니면** 여기에서 기다릴래요?
要不要一起去办公室? 要不然的话在这儿等?

② (或者) 주말에 집안일을 해요. **또는** 책을 읽어요.
周末做家务，或者读书。

考考自己! 请选择正确的答案。

(1) 친구하고 만났어요. (ⓐ 그리고 / ⓑ 하지만) 같이 식사했어요.
(2) 시간이 있을 때 책을 읽어요. (ⓐ 그렇지만 / ⓑ 또는) 운동해요.
(3) 오늘 같이 커피 마셔요. (ⓐ 그런데 / ⓑ 그러나) 진수는 어디 있어요?
(4) 같이 영화 보러 갈까요? (ⓐ 그래서 / ⓑ 아니면) 식사하러 갈까요?
(5) 옷을 두껍게 입으세요. (ⓐ 그러면 / ⓑ 아니면) 감기에 걸리지 않을 거예요.
(6) 일을 미리 끝내세요. (ⓐ 그러면 / ⓑ 그렇지 않으면) 5시까지 다 못 끝낼 거예요.

D 容易混淆的接续副词

(1) 그런데 vs. 그래도

그래도用于从前面的情况中自然地脱离期待的结果时。

ⓐ 저 식당 음식은 맛없어요. **그런데** 값이 너무 비싸요.
那个餐馆的菜不好吃，但是价格很贵。

ⓑ 저 식당 음식은 맛없어요. **그래도** 오늘 저기에 갈 거예요. (≠ 그런데)
那个餐馆的菜不好吃，即便如此，今天还是要去那儿。

(2) 그래서 vs. 그러니까

그러니까用于后句为劝诱型或命令型等强调时。

ⓐ 밖에 비가 와요. **그래서** 밖에 안 나가요.
外面在下雨，所以不去外面了。

ⓑ 밖에 비가 와요. **그러니까** 우산을 가져가세요. (≠ 그래서)
外面在下雨，所以要带着伞。

(3) 그래서 vs. 왜냐하면

그래서用于原因和结果中间，相反地，왜냐하면用于结果与原因中间

ⓐ 이번 시험을 잘 못 봤어요. **그래서** 부모님이 화가 났어요.
这次考试没考好，所以父母生气了。

ⓑ 이번 시험을 잘 못 봤어요. **왜냐하면** 시험공부를 많이 못 했어요.
这次考试没考好，因为考试没好好准备。

(4) 그래서 vs. 그러면

그래서用于前句成为后句的原因时使用，그러면用于前句成为后句的条件时。

ⓐ 머리가 아파요. **그래서** 병원에 가려고 해요.
我头痛，所以想去医院。

ⓑ 머리가 아파요? **그러면** 병원에 가세요.
你头痛吗？那你去医院吧。

考考自己!1 **请选择正确的答案。**

(1) 오늘 친구들과 약속이 있어요? (ⓐ 그래서 / ⓑ 그러면) 내일 만나요.

(2) 시간이 많이 있어요. (ⓐ 그래서 / ⓑ 그러니까) 천천히 갔다 오세요.

(3) 날씨가 추워요. (ⓐ 그래서 / ⓑ 왜냐하면) 두꺼운 옷을 입어요.

(4) 내년에도 바쁠 거예요. (ⓐ 그런데 / ⓑ 그래도) 한국어를 공부할 거예요.

考考自己!2 **请选出一个连接的对话不自然的句子。**

(1) 아버지가 건강이 안 좋아요.
ⓐ 그래서 병원에 다녀요.
ⓑ 그리고 운동을 좋아해요.
ⓒ 그래도 가끔 술을 마셔요.

(2) 지금 단 음식을 먹고 싶어요.
ⓐ 그래도 다이어트 때문에 참아야 해요.
ⓑ 그렇지만 단 음식을 사러 백화점에 왔어요.
ⓒ 예를 들면 초콜릿이나 케이크를 먹고 싶어요.

(3) 이번 주말에 같이 등산 갈까요?
ⓐ 아니면 시내를 구경하러 갈까요?
ⓑ 그러면 이번 주말에 날씨가 좋아요.
ⓒ 그렇지 않으면 다음에는 같이 못 갈 거예요.

(4) 이제부터 운동을 시작해야겠어요.
ⓐ 왜냐하면 살이 너무 쪘어요.
ⓑ 그러면 운동을 하러 헬스장에 갔어요.
ⓒ 하지만 어떤 운동이 좋을지 모르겠어요.

E 经常误用的副词

韩语中如下列所述，根据条件做不同使用。

	和	或者
使用于名词之间	하고 ① 아침에 빵**하고** 우유를 먹었어요. 早上吃了面包和牛奶	(이)나 ① 식사 후에 커피**나** 차를 마셔요. 饭后喝咖啡**或**茶。
用于动词或形容词之间	-고 ② 아침을 먹**고** 이를 닦아요. 吃完早饭后刷牙。	-거나 ② 주말에 책을 읽**거나** 영화를 봐요. 周末读书或看电影。
用于句子之间	그리고 ③ 아침을 먹어요. **그리고** 이를 닦아요. 吃早饭，然后刷牙。	또는 ③ 주말에 책을 읽어요. **또는** 영화를 봐요. 周末读书，**或者**看电影。

考考自己!1 请将两个句子改写成一个句子。

(1) 저는 커피를 마셔요. 그리고 저는 주스를 마셔요. → 저는 ________ 를 마셔요.

(2) 휴가 때 집에서 쉬어요. 또는 친구를 만나요. → 휴가 때 집에서 ________ 친구를 만나요.

(3) 친구하고 전화 통화해요. 그리고 잠이 들었어요. → 친구하고 전화 ________ 잠이 들었어요.

(4) 주말에 소설을 읽어요. 또는 잡지를 읽어요. → 주말에 ________ 를 읽어요.

考考自己!2 请选择正确的答案，并完成下列句子。

그래서　　하지만　　예를 들면　　왜냐하면

저는 한국 문화에 관심이 많이 있어요. (1) ________ 태권도, 탈춤, 도자기에 관심이 많아요. 이번 달부터 태권도를 배우기 시작했어요. 처음에는 태권도를 배울 때 많이 힘들었어요. (2) ________ 태권도 선생님이 너무 빨리 말해요. (3) ________ 선생님의 말을 알아듣기 어려웠어요. (4) ________ 지금은 익숙해져서 괜찮아요.

그리고　　그래도　　그래서　　그런데

저는 한국 음식을 좋아해요. (5) ________ 점심 식사로 비빔밥이나 김밥을 자주 먹어요. (6) ________ 저녁 식사는 친구하고 같이 불고기를 먹어요. 저는 일본 요리를 잘해요. (7) ________ 한국 요리는 못해요. 요리 방법이 조금 복잡해요. (8) ________ 한국 요리를 좋아하니까 배우고 싶어요.

第99课 形容词

韩语小单词

A 相反形容词

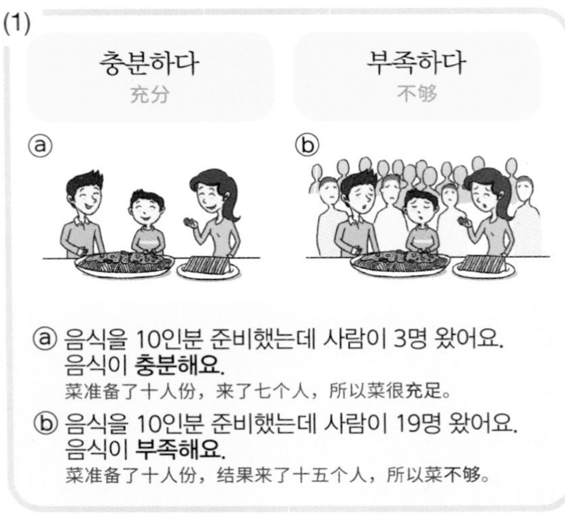

(1)

충분하다 充分 / 부족하다 不够

ⓐ 음식을 10인분 준비했는데 사람이 3명 왔어요.
음식이 **충분해요.**
菜准备了十人份，来了七个人，所以菜很充足。

ⓑ 음식을 10인분 준비했는데 사람이 19명 왔어요.
음식이 **부족해요.**
菜准备了十人份，结果来了十五个人，所以菜不够。

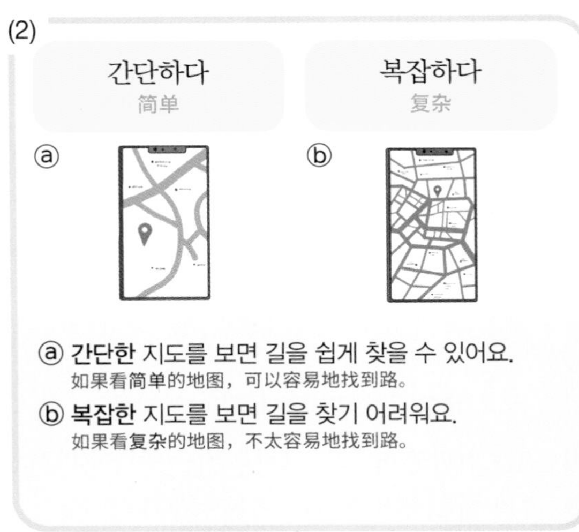

(2)

간단하다 简单 / 복잡하다 复杂

ⓐ **간단한** 지도를 보면 길을 쉽게 찾을 수 있어요.
如果看简单的地图，可以容易地找到路。

ⓑ **복잡한** 지도를 보면 길을 찾기 어려워요.
如果看复杂的地图，不太容易地找到路。

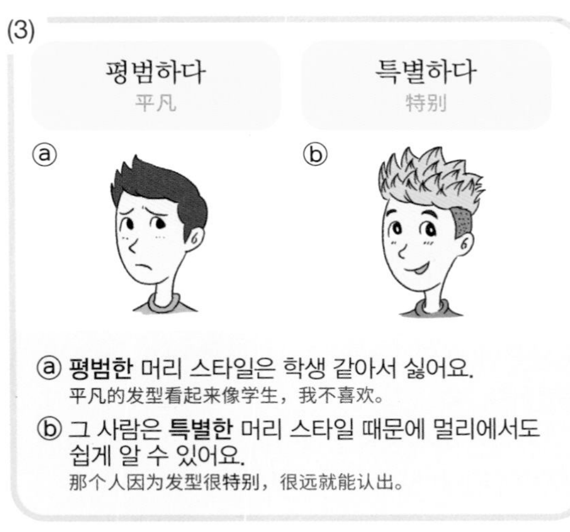

(3)

평범하다 平凡 / 특별하다 特别

ⓐ **평범한** 머리 스타일은 학생 같아서 싫어요.
平凡的发型看起来像学生，我不喜欢。

ⓑ 그 사람은 **특별한** 머리 스타일 때문에 멀리에서도 쉽게 알 수 있어요.
那个人因为发型很特别，很远就能认出。

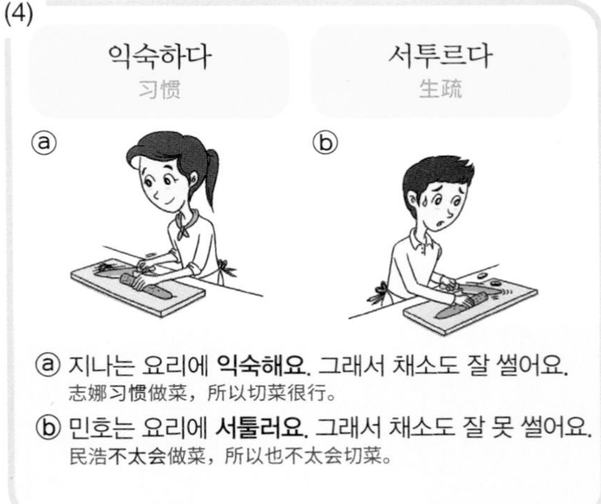

(4)

익숙하다 习惯 / 서투르다 生疏

ⓐ 지나는 요리에 **익숙해요.** 그래서 채소도 잘 썰어요.
志娜习惯做菜，所以切菜很行。

ⓑ 민호는 요리에 **서툴러요.** 그래서 채소도 잘 못 썰어요.
民浩不太会做菜，所以也不太会切菜。

考考自己! **请选择正确的答案。**

(1) 음식을 5인분만 준비했는데 사람이 10명이 와서 음식이 (ⓐ 충분했어요. / ⓑ 부족했어요.)

(2) 문법을 너무 짧고 (ⓐ 간단하게 / ⓑ 복잡하게) 설명해서 이해가 안 돼요. 설명이 더 필요해요.

(3) 제 친구는 성격이 (ⓐ 평범해서 / ⓑ 특별해서) 다른 사람들하고 쉽게 친해지기 어려워요.

(4) 제 친구는 고치는 것에 (ⓐ 익숙해서 / ⓑ 서툴러서) 어떤 것이 고장 나도 쉽게 고쳐요.

B 形成句子的形容词

在韩语中，有一些形成句子的形容词，这些形容词句子使用이/가。

(1)

인기가 있다 ↔ 인기가 없다
受欢迎 不受欢迎

관심이 있다 ↔ 관심이 없다
有兴趣 没有兴趣

도대체 이런 데는
왜 오는 건지?

ⓐ 이 가수는 **인기가 있어요.**
这个歌手很受欢迎。

ⓑ 이 가수는 **인기가 없어요.**
这个歌手不受欢迎。

ⓒ 저 사람은 도자기에 **관심이 있어요.**
他对陶瓷器有兴趣。

ⓓ 저 사람은 도자기에 **관심이 없어요.**
他对陶瓷器没有兴趣。

(2)

예의가 있다 ↔ 예의가 없다
有礼貌 没有礼貌

나이가 많다 ↔ 나이가 적다
年纪大 年纪小

ⓐ 진수는 **예의가 있어요.**
真秀有礼貌。

ⓑ 민규는 **예의가 없어요.**
民圭没有礼貌。

ⓒ 우리 할머니는 **나이가 많아요.**
我奶奶年纪很大。

ⓓ 우리 딸은 **나이가 적어요.**
我女儿年纪小。

(3)

힘이 세다 ↔ 힘이 없다
力气大 没力气

키가 크다 ↔ 키가 작다
个子高 个子矮

ⓐ 저 사람은 **힘이 세요.**
他力气很大。

ⓑ 저 사람은 **힘이 없어요.**
他没力气。

ⓒ 이 남자는 **키가 커요.**
这个男人很高。

ⓓ 이 남자는 **키가 작아요.**
这个男人很矮。

(4)

운이 좋다 ↔ 운이 나쁘다
运气好 运气不好

도움이 되다 ↔ 도움이 안 되다
有帮助 没有帮助

100번째
손님 이벤트에
당첨되셨습니다.
공부?
경부?

ⓐ 이 남자는 **운이 좋아요.**
这个男人运气很好。

ⓑ 이 남자는 **운이 나빠요.**
这个男人运气不好。

ⓒ 드라마가 한국어 발음 연습에 **도움이 돼요.**
电视剧对于韩语发音练习有帮助。

ⓓ 쓰기 숙제가 한국어 발음 연습에 **도움이 안 돼요.**
写作练习对于韩语发音练习没有帮助。

C 에 좋다 vs. 에 나쁘다

건강에 좋다 对健康好

① 운동이 **건강에 좋아요.**
运动对健康很好。

② 휴식이 **건강에 좋아요.**
休息对健康很好。

③ 채소가 **건강에 좋아요.**
蔬菜对健康很好。

건강에 나쁘다 对健康不好

① 담배가 **건강에 나빠요.**
香烟对健康不好。

② 스트레스가 **건강에 나빠요.**
压力对健康不好。

③ 패스트푸드가 **건강에 나빠요.**
速食对健康不好。

D 其他

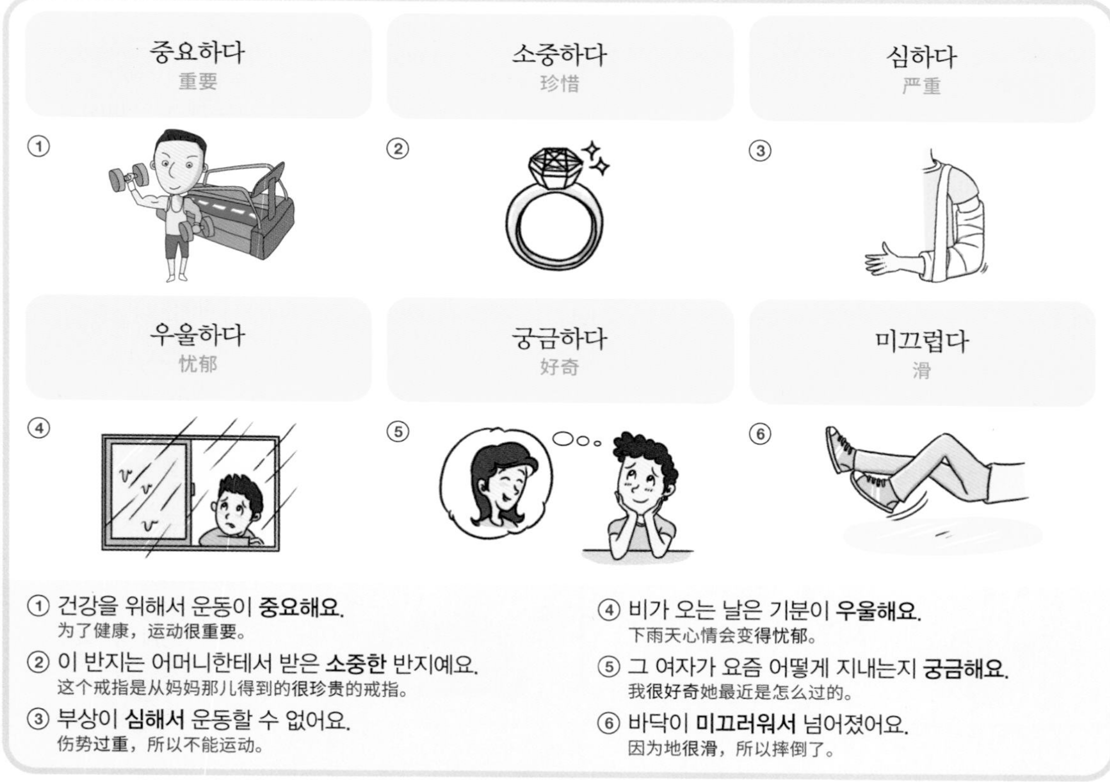

중요하다 重要
소중하다 珍惜
심하다 严重
우울하다 忧郁
궁금하다 好奇
미끄럽다 滑

① 건강을 위해서 운동이 **중요해요.**
为了健康，运动很重要。

② 이 반지는 어머니한테서 받은 **소중한** 반지예요.
这个戒指是从妈妈那儿得到的很珍贵的戒指。

③ 부상이 **심해서** 운동할 수 없어요.
伤势过重，所以不能运动。

④ 비가 오는 날은 기분이 **우울해요.**
下雨天心情会变得忧郁。

⑤ 그 여자가 요즘 어떻게 지내는지 **궁금해요.**
我很好奇她最近是怎么过的。

⑥ 바닥이 **미끄러워서** 넘어졌어요.
因为地很滑，所以摔倒了。

考考自己! **请选择正确的答案。**

(1) 친구와 약속한 것을 잘 지키는 것이 (ⓐ 중요해요. / ⓑ 중요하지 않아요.)

(2) 제 동생은 장난이 (ⓐ 심해서 / ⓑ 심하지 않아서) 항상 문제가 생겨요.

(3) 저는 역사에 관심이 없으니까 역사 이야기가 (ⓐ 궁금해요. / ⓑ 궁금하지 않아요.)

(4) 겨울에 길이 (ⓐ 미끄러우면 / ⓑ 미끄럽지 않으면) 위험해요.

(5) 저에게 (ⓐ 소중한 / ⓑ 소중하지 않은) 물건은 청소할 때 버려요.

(6) 기분이 (ⓐ 우울하면 / ⓑ 우울하지 않으면) 아무것도 하고 싶지 않아요.

E 形容词的两种用法

在韩语中，使用形容词的时候，如下所述，叙述名词时与修饰名词时各自不同添加语尾活用。

(1) 形容词以叙述的用法使用时，如同动词一样，在形容词词干后添加-아/어요。

汉语(名词+形容词) : 天气好。
韩语(形容词词干 + -아/어요) : 날씨가 좋아요. (← 좋 + -아요)

(2) 形容词修饰名词的时候，形容词词干后添加-ㄴ/은。

汉语(形容词+名词): 好天气
韩语(形容词词干 + -ㄴ/은 + 名词): : 좋은 날씨 (← 좋다 + -은 + 날씨)

	形容词	以叙述的用法使用时	修饰名词时
(1)	유명하다 有名	김치가 **유명해요.** (유명하 + -여요) 泡菜有名。	**유명한** 김치 (유명하 + -ㄴ) 有名的泡菜
(2)	같다 相同	이름이 **같아요.** (같 + -아요) 名字相同。	**같은** 이름 (같 + -은) 相同的名字
(3)	맛있다 好吃	음식이 **맛있어요.** (맛있 + -어요) 食物好吃。	**맛있는** 음식 (맛있 + -는) 好吃的食物
(4)	바쁘다 忙	일이 **바빠요.** (바쁘 + -아요) 事情忙。	**바쁜** 일 (바쁘 + -ㄴ) 忙的事
(5)	길다 长	머리가 **길어요.** (길 + -어요) 头发很长。	**긴** 머리 (길 + -ㄴ) 长头发
(6)	맵다 辣	음식이 **매워요.** (맵 + -어요) 食物很辣。	**매운** 음식 (맵 + -은) 辣的食物
(7)	다르다 不同	성격이 **달라요.** (다르 + -아요) 性格不同。	**다른** 성격 (다르 + -ㄴ) 不同的性格

考考自己! **请选择并填写正确的答案。**

아름답다　　힘들다　　게으르다　　젊다　　이상하다　　필요하다

(1) 동생이 너무 ______ 서 방 청소를 하나도 안 해요.
(2) 부산에 갔는데 바다 경치가 정말 ______.
(3) 여권을 만들 때 ______ 서류는 여기에 다 있어요.
(4) 너무 ______ 운동은 건강에 도움이 안 돼요.
(5) 발음이 ______ 면 알아듣기 어려워요.
(6) ______ 사람이 나이 많은 사람보다 경험이 부족해요.

贴心小叮咛!
韩语中필요하다是形容词。
因此前方需要主语和助词이/가。
例 신분증이 필요해요.
我需要身份证。

第100课 名词

韩语小单词

A 하다动词的名词词根

动词	名词
사랑하다 爱	사랑 爱
걱정하다 担心	걱정 担心
준비하다 准备	준비 准备
생각하다 想	생각 想法
기억하다 记住	기억 记忆

动词	名词
경험하다 经验	경험 经验
실망하다 失望	실망 失望
후회하다 后悔	후회 后悔
성공하다 成功	성공 成功
실패하다 失败	실패 失败

考考自己! 请选择并填写正确的答案。

준비　　걱정　　기억　　사랑

(1) 진수는 비싼 학비 때문에 ______ 이/가 많아요.

(2) 민호는 지금 ______ 에 빠져서 아무것도 못 해요.

(3) 일찍 시험 ______ 을/를 끝낸 사람은 밤새 공부하지 않아요.

(4) 어렸을 때 부모님과 바닷가에 간 것이 지금도 ______ 에 남아요.

B 动词词干 + -기 ➡ 名词

动词	名词
말하다 说	말하기 会话 (말하 + -기)
듣다 听	듣기 听力 (듣 + -기)
읽다 读	읽기 阅读 (읽 + -기)

动词	名词
쓰다 写	쓰기 写作 (쓰 + -기)
걷다 走	걷기 走路 (걷 + -기)
달리다 跑	달리기 跑步 (달리 + -기)

考考自己! 请看图片，并选择正确的答案。

(1)

(ⓐ 걷기 / ⓑ 달리기) 가 건강에 좋아요.

(2)

(ⓐ 걷기 / ⓑ 달리기) 에 자신이 있어요.

(3)

(ⓐ 쓰기 / ⓑ 말하기) 를 좋아해서 매일 일기를 써요.

(4)

매일 드라마를 보면 (ⓐ 듣기 /ⓑ 쓰기)가 좋아져요.

C 形容词词干 + -(으)ㅁ ➡ 名词

-(으)ㅁ表现心情、状态、感觉。

形容词		名词	形容词		名词
기쁘다 高兴	➜	기쁨 喜悦 (기쁘 + -ㅁ)	고맙다 感谢	➜	고마움 感谢 (고맙 + -음)
슬프다 悲伤		슬픔 悲伤 (슬프 + -ㅁ)	무섭다 害怕		무서움 恐惧 (무섭 + -음)
아프다 疼痛		아픔 痛楚 (아프 + -ㅁ)	즐겁다 愉悦		즐거움 愉悦 (즐겁 + -음)
배고프다 肚子饿		배고픔 饥饿 (배고프 + -ㅁ)	아쉽다 可惜		아쉬움 可惜 (아쉽 + -음)

考考自己! **请将下列单词的形式改变，完成下列句子。**

(1) (아프다 →)을 참고 이기면 곧 병이 나을 거예요.

(2) 나이 어린 아이들이 (배고프다 →)을 참기 어려워요.

(3) 내 옆에서 나를 도와준 친구에게 (고맙다 →)을 느껴요.

(4) 할머니께서 돌아가셔서 가족이 (슬프다 →)에 빠졌어요.

D 动词词干 + -(으)ㅁ ➡ 名词

-(으)ㅁ表动词完全更改为名词。

动词		名词	动词		名词
자다 睡	➜	잠 觉 (자 + -ㅁ)	죽다 死	➜	죽음 死亡 (죽 + -음)
(꿈을) 꾸다 做(梦)		꿈 梦 (꾸 + -ㅁ)	느끼다 感觉		느낌 感觉 (느끼 + -ㅁ)
(춤을) 추다 跳(舞)		춤 舞 (추 + -ㅁ)	바라다 希望		바람 希望 (바라 + -ㅁ)
웃다 笑		웃음 笑容 (웃 + -음)	믿다 相信		믿음 信任 (믿 + -음)
울다 哭		울음 哭声 (울 + -음)	싸우다 争吵		싸움 争吵 (싸우 + -ㅁ)
걷다 走		걸음 脚步 (걷 + -음)	모이다 聚集		모임 聚会 (모이 + -ㅁ)

考考自己! **请将下列单词的形式改变，完成下列句子。**

(1) (추다 →)보다 노래가 더 자신이 있어요.

(2) 어젯밤에 (꾸다 →)에서 돌아가신 할아버지를 봤어요.

(3) 연말에는 (모이다 →)이 많아서 집에 늦게 들어가요.

(4) (싸우다 →)에서 진 아이가 결국 울기 시작했어요.

(5) 그 영화를 보고 (죽다 →)에 대해서 생각하게 됐어요.

(6) 교통사고 이후에 그 여자는 (웃다 →)을 잃어버렸어요.

E 动词词干 + 개 ➡ 名词

用-개形成的名词大都是工具。

动词	名词	动词	名词
지우다 擦	지우개 橡皮擦 (지우 + 개)	가리다 挡住	가리개 屏风 (가리 + 개)
베다 枕	베개 枕头 (베 + 개)	싸다 包	싸개 包东西的纸或布 (싸 + 개)
덮다 盖	덮개 子、纱罩 (덮 + 개)	따다 打开	따개 开瓶器 (따 + 개)

考考自己! 请将下列动词改为名词，并连接正确的图片。

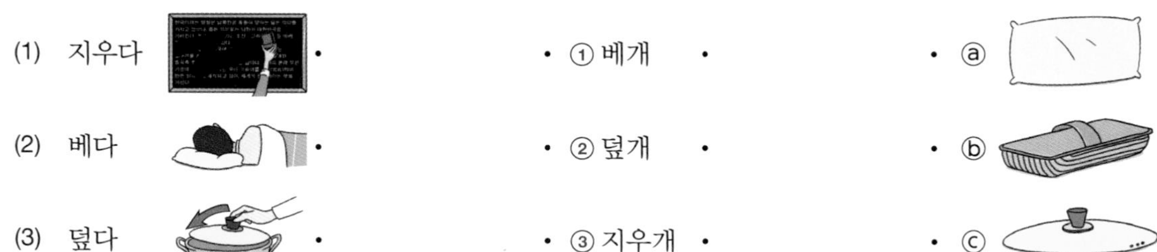

(1) 지우다 • • ① 베개 • • ⓐ

(2) 베다 • • ② 덮개 • • ⓑ

(3) 덮다 • • ③ 지우개 • • ⓒ

F 形容词词干 + -(으)ㄴ + 이 ➡ 名词

이是人的意思。

形容词		名词
늙다 老	➔	늙은이 老人 (늙 + -은 + 이)
젊다 年轻		젊은이 年轻人 (젊 + -은 + 이)
어리다 年幼		어린이 儿童 (어리 + -ㄴ + 이)

小秘诀
늙은이和어린이不用做称呼，对方年纪小的时候，叫名字就可以；对方年纪大的时候，使用适当的称呼即可。

考考自己! 请看图片，并连接相应的部分。

(1) • • ① 어린이 • • ⓐ 청년

(2) • • ② 늙은이 • • ⓑ 아이

(3) • • ③ 젊은이 • • ⓒ 노인

G 固有名词

固有名词的汉字词可推测其意义。

(1) 一般名词是固有词时，在固有名词中，以汉字词替换。

一般名词		例
바다 海	__해	동**해**, 서**해**, 남**해**
다리 桥	__교	잠수**교**, 금천**교**, 양화**교**
섬 岛	__도	제주**도**, 여의**도**, 거제**도**, 강화**도**
절 寺庙	__사	불국**사**, 해인**사**, 부석**사**, 내소**사**
길 路	__로	종**로**, 을지**로**, 대학**로**, 퇴계**로**

(2) 一般名词如果是一个音节的汉字词，使用该固有名词。

一般名词		例
산 山	__산	남**산**, 북한**산**, 설악**산**, 한라**산**
강 江	__강	한**강**, 남한**강**, 낙동**강**, 금**강**
문 门	__문	동대**문**, 서대**문**, 광화**문**, 독립**문**
궁 宫	__궁	경복**궁**, 창덕**궁**, 창경**궁**, 덕수**궁**
탕 汤	__탕	설렁**탕**, 곰**탕**, 매운**탕**, 갈비**탕**

(3) 一般名词如果是两个音节以上的汉字词，在固有名词中选择一个汉字词。

一般名词		例
도시 都市	__시	서울**시**, 부산**시**, 대전**시**, 광주**시**
대학 大学	__대	고려**대**, 서강**대**, 서울**대**, 연세**대**

考考自己! **请选择划线部分的汉字词的意思。**

(1) 감자탕을 오늘 처음 봤어요.
ⓐ 채소 ⓑ 사탕 ⓒ 뜨거운 음식

(2) 울산시에 갔다 왔어요.
ⓐ 시내 ⓑ 도시 ⓒ 시간

(3) 부산대에서 수업을 들어요.
ⓐ 군대 ⓑ 대학 ⓒ 바다

(4) 통도사에 갔다 왔어요.
ⓐ 절 ⓑ 회사 ⓒ 사진관

H 敬语法

有几个单词对于应尊敬的人和相关的词汇都应使用敬语。

普通
이름 名字
나이 年纪
말 话
밥 饭
집 家
생일 生日

敬语
성함 名字
연세 年纪
말씀 话
진지 饭
댁 宅
생신 寿辰

考考自己!1 **请连接具有相同意义的问号。**

(1) 이름이 뭐예요? •
(2) 몇 살이에요? •
(3) 집이 어디예요? •
(4) 밥 먹었어요? •
(5) 생일이 며칠이에요? •
(6) 말 들었어요? •

• ⓐ 댁이 어디세요?
• ⓑ 진지 드셨어요?
• ⓒ 말씀 들었어요?
• ⓓ 성함이 어떻게 되세요?
• ⓔ 연세가 어떻게 되세요?
• ⓕ 생신이 며칠이세요?

考考自己!2 **请填写正确的答案，完成下列句子。**

(1) 친구의 이름은 알지만 선생님 ______ 은/는 잊어버렸어요.

(2) 할머니께 ______ 을/를 차려 드리고 우리도 밥을 먹었어요.

(3) 우리 아버지 ______ 와/과 제 생일이 같은 날짜예요.

(4) 우리 할아버지께서는 ______ 이/가 많으시지만 건강하세요.

(5) 사장님의 ______ 을/를 듣고 직원들이 힘을 냈어요.

(6) 급한 일이 있는데 선생님께서 사무실에 안 계셔서 선생님 ______ 에 찾아뵈었어요.

谦让法

在韩语中，为了对对方使用敬语，有时会将自己相关的词汇降格。

普通

谦让　　敬语

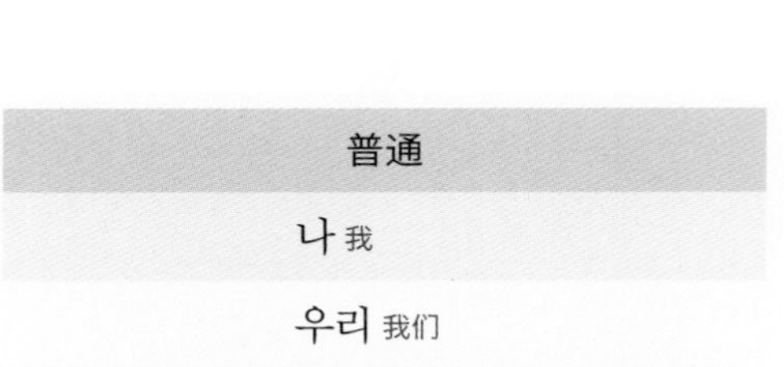

普通
나 我
우리 我们
말 话

谦让
저 我
저희 我们
말씀 话

小秘诀

말씀在使用应尊敬对方的和降低自己的 时都使用。

例 지금부터 사장님 말씀이 있겠습니다.
〔敬语〕现在起，请社长致词。
말씀 드릴 게 있는데요.
〔谦让〕我有想说的话。

考考自己! 请将划线的部分改为敬语，并填写于空格中。

나는 오늘 동료들하고 부산으로 출장 갈 거야.
출장에서 돌아와서 내가 전화할게.
그리고 우리 회사 근처에서 만나면 출장에
대해 말해 줄게.

(1) ________ 오늘 동료들하고 부산으로
출장 갈 거예요. 출장에서 돌아와서
(2) ________ 전화 드릴게요. 그리고
(3) ________ 회사 근처에서 만나면
출장에 대해 (4) ________ 드릴게요.

附录

答案

听力台本

词汇目录

答案

Part 1

第01课 数字的读法 1

韩语小单词

2 (1) ⓔ (2) ⓕ (3) ⓑ (4) ⓒ
(5) ⓐ (6) ⓓ (7) ⓖ

动动脑 2

(1) × (2) ○ (3) × (4) ×
(5) ○ (6) × (7) × (8) ○
(9) ×

第02课 数字的读法 2

韩语小单词

2 (1) ⓓ (2) ⓖ (3) ⓐ (4) ⓒ
(5) ⓔ (6) ⓕ (7) ⓗ (8) ⓑ

动动脑 2

(1) ⓔ (2) ⓒ (3) ⓓ (4) ⓑ
(5) ⓖ (6) ⓗ (7) ⓕ (8) ⓐ

第03课 价格的读法

韩语小单词

2 (1) ⓑ (2) ⓔ (3) ⓓ (4) ⓐ
(5) ⓒ (6) ⓕ

动动脑 2

(1) ⓗ (2) ⓕ (3) ⓓ (4) ⓔ
(5) ⓒ (6) ⓐ (7) ⓑ (8) ⓖ

第04课 个数的读法

韩语小单词

2 (1) ⓑ (2) ⓓ (3) ⓒ (4) ⓔ
(5) ⓕ (6) ⓐ

动动脑 1

(1) ⓒ (2) ⓓ (3) ⓓ (4) ⓐ
(5) ⓒ (6) ⓓ (7) ⓐ (8) ⓑ

动动脑 2

(1) ⓔ (2) ⓒ (3) ⓓ (4) ⓖ
(5) ⓑ (6) ⓘ (7) ⓐ (8) ⓙ
(9) ⓕ (10) ⓗ

第05课 月、日

韩语小单词

2 (1) ⓐ (2) ⓑ (3) ⓑ (4) ⓐ

动动脑 2

(1) ⓐ (2) ⓑ (3) ⓐ (4) ⓑ

第06课 特别的日子

韩语小单词

(1) ⓒ (2) ⓑ (3) ⓐ (4) ⓖ
(5) ⓘ (6) ⓕ (7) ⓗ (8) ⓓ
(9) ⓔ

动动脑 1

(1) ⓒ (2) ⓑ (3) ⓓ (4) ⓐ

动动脑 2

(1) ⓒ (2) ⓐ (3) ⓑ (4) ⓓ

第07课 星期

韩语小单词

1 (1) ⓔ (2) ⓒ (3) ⓖ (4) ⓐ
(5) ⓓ (6) ⓕ (7) ⓑ

2 (1) ⓑ (2) ⓐ (3) ⓐ (4) ⓑ
(5) ⓐ, ⓓ (6) ⓑ

动动脑 2

(1) ⓐ, ⓐ, ⓑ, ⓑ (2) ⓑ, ⓐ, ⓐ
(3) ⓑ, ⓑ, ⓑ

第08课 年度

韩语小单词

2 (1) ⓑ (2) ⓔ (3) ⓐ (4) ⓒ
(5) ⓓ (6) ⓕ

动动脑 2

1 (1) ⓓ (2) ⓒ (3) ⓐ (4) ⓑ
2 (1) ⓒ (2) ⓑ (3) ⓓ (4) ⓐ

第09课 星期与月份

韩语小单词

2 (1) ⓑ (2) ⓐ (3) ⓐ (4) ⓑ
(5) ⓐ (6) ⓑ (7) ⓐ (8) ⓐ

动动脑 2

(1) ⓑ (2) ⓐ (3) ⓑ (4) ⓐ
(5) ⓐ (6) ⓑ

第10课 日期和年份

韩语小单词

(1) 그제 (2) 어제 (3) 내일 (4) 모레
(5) 재작년 (6) 작년 (7) 올해 (8) 내년
(9) 후년

动动脑 1

(1) 달 (2) 전 (3) 어제 (4) 매주
(5) 모레 (6) 내일 (7) 일주일 (8) 후
(9) 화요일 (10) 오늘

动动脑 2

(1) 오늘 오후 2시 30분에 명동에서 약속이 있어요
(2) 지난주 금요일 밤 8시에 동료하고(동료와/동료랑) 저녁 식사를 했어요
(3) 올해 12월 마지막 주 토요일에 콘서트를 보러 가요
(4) 다음 주 월요일 아침 9시에 한국어 수업을 시작해요

第11课 时间的读法

韩语小单词

2 (1) ⓓ (2) ⓑ (3) ⓔ (4) ⓐ
(5) ⓒ (6) ⓕ

动动脑 1

(1) ⓑ (2) ⓓ (3) ⓐ (4) ⓒ

第12课 需要的时间

韩语小单词

2 (1) ⓓ (2) ⓐ (3) ⓒ (4) ⓑ

动动脑 1

(1) ⓔ (2) ⓓ (3) ⓖ (4) ⓑ
(5) ⓕ (6) ⓒ (7) ⓐ (8) ⓗ
(9) ⓘ

动动脑 2

(1) ⓔ (2) ⓐ (3) ⓕ (4) ⓓ
(5) ⓑ (6) ⓒ

第13课 国家

韩语小单词

(1) ⑦ 한국 ⑥ 중국 ⑧ 일본 ⑨ 호주 ① 인도 ② 태국 ⑤ 필리핀 ③ 베트남 ④ 싱가포르

(2) ② 미국 ① 캐나다 ④ 브라질 ③ 멕시코 ⑤ 아르헨티나

(3) ① 영국 ④ 독일 ⑦ 이란 ⑧ 케냐 ② 스페인 ⑥ 이집트 ③ 프랑스 ⑤ 러시아

动动脑 1

(1) ⓗ (2) ⓒ (3) ⓖ (4) ⓕ
(5) ⓑ (6) ⓔ (7) ⓐ (8) ⓓ

动动脑 2

(1) ⓓ (2) ⓖ (3) ⓐ (4) ⓔ
(5) ⓒ (6) ⓑ (7) ⓗ (8) ⓕ

第14课 国籍与语言

韩语小单词

(1) 일본어 (2) 중국인 (3) 프랑스 (4) 아랍어
(5) 미국 사람 (6) 영어 (7) 외국

动动脑 1

(1) ⓐ (2) ⓑ (3) ⓑ (4) ⓐ
(5) ⓑ (6) ⓑ

动动脑 2

(1) ○ (2) × (3) ○ (4) ×
(5) ○ (6) ×

第15课 职业

韩语小单词

(1) ⓔ (2) ⓐ (3) ⓕ (4) ⓒ
(5) ⓚ (6) ⓗ (7) ⓑ (8) ⓙ
(9) ⓘ (10) ⓛ (11) ⓓ (12) ⓖ

动动脑 1

(1) ⓑ (2) ⓐ (3) ⓔ (4) ⓒ
(5) ⓓ

动动脑 2

(1) ⓒ (2) ⓔ (3) ⓐ (4) ⓑ
(5) ⓓ (6) ⓕ

第16课 年纪

韩语小单词

1 (1) ⓑ (2) ⓐ (3) ⓓ (4) ⓔ (5) ⓒ

2 (1) ⓐ (2) ⓙ (3) ⓖ (4) ⓓ (5) ⓒ (6) ⓘ (7) ⓕ (8) ⓗ (9) ⓔ (10) ⓑ

动动脑 1

2 (1) ⓑ (2) ⓕ (3) ⓓ (4) ⓐ (5) ⓒ (6) ⓔ

动动脑 2

(1) ⓕ (2) ⓓ (3) ⓐ (4) ⓒ (5) ⓔ (6) ⓑ

第17课 家人

韩语小单词

(1) ⓘ (2) ⓒ (3) ⓚ (4) ⓕ (5) ⓖ (6) ⓑ (7) ⓛ (8) ⓔ (9) ⓗ (10) ⓐ (11) ⓙ (12) ⓓ

动动脑 1

(1) ⓑ (2) ⓐ (3) ⓑ (4) ⓑ

动动脑 2

(1) ⓑ (2) ⓑ (3) ⓐ (4) ⓐ

第18课 场所1

韩语小单词

(1) ⓒ (2) ⓔ (3) ⓖ (4) ⓓ (5) ⓘ (6) ⓕ (7) ⓗ (8) ⓑ (9) ⓐ (10) ⓙ

动动脑 1

(1) ⓑ (2) ⓓ (3) ⓐ (4) ⓔ (5) ⓕ (6) ⓒ

动动脑 2

(1) ⓕ (2) ⓒ (3) ⓑ (4) ⓓ (5) ⓐ (6) ⓔ

第19课 场所2

韩语小单词

2 (1) ⓕ (2) ⓖ (3) ⓗ (4) ⓙ (5) ⓔ (6) ⓑ (7) ⓚ (8) ⓐ (9) ⓛ (10) ⓓ (11) ⓘ (12) ⓒ

动动脑 1

(1) ⓕ (2) ⓑ (3) ⓐ (4) ⓔ (5) ⓒ (6) ⓓ

动动脑 2

(1) ⓑ (2) ⓒ (3) ⓕ (4) ⓓ (5) ⓐ (6) ⓔ

第20课 街道

韩语小单词

(1) ⓓ (2) ⓐ (3) ⓜ (4) ⓔ (5) ⓚ (6) ⓑ (7) ⓝ (8) ⓒ (9) ⓘ (10) ⓕ (11) ⓛ (12) ⓞ (13) ⓙ (14) ⓖ (15) ⓗ

动动脑 1

(1) ⓑ (2) ⓐ (3) ⓐ (4) ⓐ (5) ⓑ (6) ⓐ

动动脑 2

(1) ⓑ (2) ⓐ (3) ⓑ (4) ⓐ (5) ⓐ

第21课 位置和方向

韩语小单词

(1) ⓖ (2) ⓑ (3) ⓐ (4) ⓒ (5) ⓘ (6) ⓓ (7) ⓕ (8) ⓔ (9) ⓙ (10) ⓗ

动动脑 1

(1) ⓔ (2) ⓓ (3) ⓑ (4) ⓐ (5) ⓒ

动动脑 2

(1) ⓑ (2) ⓔ (3) ⓕ (4) ⓐ (5) ⓓ (6) ⓒ

第22课 问路

韩语小单词

(1) ⓕ (2) ⓖ (3) ⓓ (4) ⓐ (5) ⓚ (6) ⓒ (7) ⓘ (8) ⓔ (9) ⓙ (10) ⓗ (11) ⓑ

动动脑

(1) 수영장 (2) 영화관 (3) 동물원 (4) 교회 (5) 은행

第23课 个人物品

韩语小单词

(1) ⓑ (2) ⓟ (3) ⓐ (4) ⓜ
(5) ⓝ (6) ⓒ (7) ⓓ (8) ⓙ
(9) ⓕ (10) ⓘ (11) ⓞ (12) ⓗ
(13) ⓔ (14) ⓛ (15) ⓖ (16) ⓚ

动动脑 1

(1) 열쇠, 서류, 안경, 지갑, 핸드폰, 사진
(2) 우산, 수첩, 휴지, 빗, 화장품
(3) 책, 공책, 펜, 필통

动动脑 2

(1) ⓐ (2) ⓑ (3) ⓐ (4) ⓑ
(5) ⓐ (6) ⓑ

第24课 房间里的物品

韩语小单词

(1) ⓑ (2) ⓗ (3) ⓔ (4) ⓙ
(5) ⓘ (6) ⓞ (7) ⓕ (8) ⓒ
(9) ⓜ (10) ⓟ (11) ⓓ (12) ⓖ
(13) ⓚ (14) ⓛ (15) ⓝ (16) ⓐ

动动脑 1

(1) ⓑ (2) ⓑ (3) ⓐ (4) ⓑ
(5) ⓑ (6) ⓐ (7) ⓐ (8) ⓐ
(9) ⓑ (10) ⓑ

动动脑 2

(1) ⓐ (2) ⓐ (3) ⓑ (4) ⓐ
(5) ⓑ (6) ⓑ (7) ⓐ (8) ⓑ
(9) ⓐ (10) ⓑ

第25课 家里的物品

韩语小单词

(1) ⓑ (2) ⓔ (3) ⓖ (4) ⓗ
(5) ⓕ (6) ⓓ (7) ⓐ (8) ⓘ
(9) ⓒ

动动脑 1

(1) ⓑ (2) ⓕ (3) ⓔ (4) ⓐ
(5) ⓓ (6) ⓒ

动动脑 2

(1) ⓘ (2) ⓔ (3) ⓑ (4) ⓖ
(5) ⓐ (6) ⓓ (7) ⓕ (8) ⓚ
(9) ⓒ (10) ⓗ (11) ⓙ (12) ⓛ

第26课 家具和生活用品

韩语小单词

(1) ⓛ (2) ⓒ (3) ⓐ (4) ⓡ
(5) ⓖ (6) ⓔ (7) ⓓ (8) ⓘ
(9) ⓑ (10) ⓙ (11) ⓠ (12) ⓜ
(13) ⓝ (14) ⓞ (15) ⓚ (16) ⓕ
(17) ⓗ (18) ⓣ (19) ⓟ (20) ⓢ

动动脑 1

(1) ⓐ (2) ⓐ (3) ⓑ (4) ⓐ
(5) ⓐ (6) ⓑ (7) ⓐ (8) ⓐ

动动脑 2

(1) ⓐ (2) ⓑ (3) ⓐ (4) ⓐ
(5) ⓐ (6) ⓑ

第27课 一天作息

韩语小单词

(1) ⓒ (2) ⓔ (3) ⓓ (4) ⓑ
(5) ⓗ (6) ⓕ (7) ⓘ (8) ⓖ
(9) ⓐ

动动脑 1

(1) ⓔ (2) ⓑ (3) ⓐ (4) ⓓ
(5) ⓒ (6) ⓕ

动动脑 2

(1) ⓑ (2) ⓐ, ⓒ (3) ⓑ (4) ⓓ

第28课 在家里的行动

韩语小单词

(1) ⓔ (2) ⓓ (3) ⓚ (4) ⓖ
(5) ⓘ (6) ⓒ (7) ⓐ (8) ⓕ
(9) ⓛ (10) ⓑ (11) ⓙ (12) ⓗ

动动脑 1

(1) ⓑ (2) ⓐ (3) ⓒ (4) ⓑ
(5) ⓒ (6) ⓒ (7) ⓐ (8) ⓒ
(9) ⓑ (10) ⓐ (11) ⓐ (12) ⓑ

动动脑 2

(1) ⓗ (2) ⓒ (3) ⓓ (4) ⓖ
(5) ⓐ (6) ⓛ (7) ⓕ (8) ⓚ
(9) ⓙ (10) ⓘ (11) ⓔ (12) ⓑ

第29课 生活习惯

韩语小单词

(1) 1　(2) 3　(3) 5　(4) 3
(5) 3　(6) 4　(7) 1　(8) 0
(9) 1~2　(10) 3~4　(11) 1　(12) 1~2
(13) 0　(14) 1　(15) 2~3　(16) 2

动动脑 1

(1) ⓑ　(2) ⓒ　(3) ⓓ　(4) ⓔ
(5) ⓐ

动动脑 2

(1) ⓑ　(2) ⓕ　(3) ⓔ　(4) ⓐ
(5) ⓑ　(6) ⓓ　(7) ⓒ　(8) ⓕ

第30课 家务事

韩语小单词

(1) ⓖ　(2) ⓔ　(3) ⓙ　(4) ⓑ
(5) ⓓ　(6) ⓘ　(7) ⓒ　(8) ⓕ
(9) ⓗ　(10) ⓐ　(11) ⓚ　(12) ⓛ

动动脑 1

(1) ⓓ　(2) ⓔ　(3) ⓑ　(4) ⓕ
(5) ⓗ　(6) ⓐ　(7) ⓖ　(8) ⓒ

动动脑 2

(1) ⓖ　(2) ⓒ　(3) ⓔ　(4) ⓗ
(5) ⓐ　(6) ⓑ　(7) ⓓ　(8) ⓕ

第31课 周末活动

韩语小单词

(1) ⓓ　(2) ⓕ　(3) ⓘ　(4) ⓒ
(5) ⓐ　(6) ⓑ　(7) ⓔ　(8) ⓗ
(9) ⓙ　(10) ⓛ　(11) ⓖ　(12) ⓚ

动动脑 1

(1) ⓐ　(2) ⓑ　(3) ⓐ　(4) ⓑ
(5) ⓑ　(6) ⓐ

动动脑 2

(1) ⓕ　(2) ⓒ　(3) ⓑ　(4) ⓓ
(5) ⓔ　(6) ⓐ

第32课 生活中常用的动词

韩语小单词

(1) ⓓ　(2) ⓐ　(3) ⓒ　(4) ⓜ
(5) ⓕ　(6) ⓔ　(7) ⓝ　(8) ⓗ
(9) ⓑ　(10) ⓖ　(11) ⓙ　(12) ⓘ
(13) ⓚ　(14) ⓛ

动动脑 1

(1) ⓐ　(2) ⓑ　(3) ⓑ　(4) ⓐ
(5) ⓐ　(6) ⓐ　(7) ⓑ　(8) ⓐ

动动脑 2

(1) ③, ⓔ　(2) ④, ⓒ　(3) ②, ⓐ　(4) ①, ⓓ
(5) ⑥, ⓕ　(6) ⑤, ⓑ

第33课 生活中常用的形容词

韩语小单词

(1) ⓗ　(2) ⓑ　(3) ⓕ　(4) ⓒ
(5) ⓖ　(6) ⓘ　(7) ⓔ　(8) ⓓ
(9) ⓐ　(10) ⓙ

动动脑 1

(1) 필요 없다　(2) 쉽다　(3) 안전하다
(4) 재미없다　(5) 맛없다　(6) 한가하다
(7) 안 중요하다　(8) 인기가 없다

动动脑 2

(1) ⓑ　(2) ⓓ　(3) ⓐ　(4) ⓔ
(5) ⓕ　(6) ⓗ　(7) ⓒ　(8) ⓖ

第34课 生活中常用的表现1

韩语小单词

(1) ⓓ　(2) ⓗ　(3) ⓚ　(4) ⓖ
(5) ⓑ　(6) ⓕ　(7) ⓔ　(8) ⓛ
(9) ⓙ　(10) ⓐ　(11) ⓒ　(12) ⓘ

动动脑 1

(1) ⓓ　(2) ⓒ　(3) ⓐ　(4) ⓕ
(5) ⓔ　(6) ⓑ

动动脑 2

(1) ⓒ　(2) ⓓ　(3) ⓐ　(4) ⓑ

第35课 生活中常用的表现2

韩语小单词

(1) ⓕ　(2) ⓚ　(3) ⓖ　(4) ⓗ
(5) ⓓ　(6) ⓛ　(7) ⓘ　(8) ⓑ
(9) ⓒ　(10) ⓐ　(11) ⓔ　(12) ⓙ

动动脑 1

(1) ⓒ (2) ⓔ (3) ⓘ (4) ⓑ
(5) ⓙ (6) ⓖ (7) ⓐ (8) ⓓ
(9) ⓗ (10) ⓕ

动动脑 2

(1) ⓒ (2) ⓑ (3) ⓔ (4) ⓓ
(5) ⓕ (6) ⓐ

第36课 水果

韩语小单词

(1) ⓑ (2) ⓐ (3) ⓔ (4) ⓙ
(5) ⓗ (6) ⓚ (7) ⓛ (8) ⓓ
(9) ⓖ (10) ⓕ (11) ⓒ (12) ⓘ

动动脑 2

(1) ④, ⓐ (2) ①, ⓓ (3) ②, ⓒ (4) ③, ⓑ

第37课 蔬菜

韩语小单词

(1) ⓘ (2) ⓔ (3) ⓕ (4) ⓑ
(5) ⓗ (6) ⓙ (7) ⓒ (8) ⓐ
(9) ⓓ (10) ⓖ (11) ⓢ (12) ⓜ
(13) ⓣ (14) ⓝ (15) ⓡ (16) ⓠ
(17) ⓛ (18) ⓚ (19) ⓟ (20) ⓞ

动动脑 1

(1) ○, × (2) ○, ○ (3) ×, × (4) ×, ○

动动脑 2

(1) × (2) ○ (3) × (4) ×
(5) × (6) × (7) ○ (8) ×

第38课 肉和海鲜

韩语小单词

2 (1) ⓕ (2) ⓘ (3) ⓑ (4) ⓗ
(5) ⓙ (6) ⓐ (7) ⓔ (8) ⓖ
(9) ⓓ (10) ⓒ (11) ⓜ (12) ⓚ
(13) ⓝ (14) ⓛ (15) ⓞ (16) ⓟ

动动脑 2

(1) ⓒ, ⓔ (2) ⓐ, ⓑ (3) ⓔ, ⓓ (4) ⓐ, ⓔ
(5) ⓔ, ⓒ (6) ⓑ, ⓒ

第39课 每天吃的食物和食材

韩语小单词

1 (1) ⓒ (2) ⓓ (3) ⓐ (4) ⓑ
(5) ⓔ (6) ⓕ
2 (1) ⓑ (2) ⓑ (3) ⓐ (4) ⓐ
(5) ⓐ (6) ⓑ

动动脑 1

(1) ⓓ (2) ⓐ (3) ⓔ (4) ⓒ
(5) ⓕ (6) ⓑ

动动脑 2

(1) ⓕ (2) ⓖ (3) ⓐ (4) ⓒ
(5) ⓔ (6) ⓗ (7) ⓑ (8) ⓙ
(9) ⓘ (10) ⓓ

第40课 饮料

韩语小单词

(1) ⓕ (2) ⓒ (3) ⓔ (4) ⓑ
(5) ⓓ (6) ⓗ (7) ⓐ (8) ⓖ
(9) ⓙ (10) ⓛ (11) ⓚ (12) ⓜ
(13) ⓘ

动动脑 2

(1) ⓕ (2) ⓔ (3) ⓑ (4) ⓐ
(5) ⓒ (6) ⓓ

第41课 饭后甜点和零食

韩语小单词

1 (1) ⓓ (2) ⓒ (3) ⓐ (4) ⓗ
(5) ⓑ (6) ⓕ (7) ⓖ (8) ⓔ

动动脑 1

(1) ⓑ (2) ⓐ (3) ⓔ (4) ⓖ
(5) ⓕ (6) ⓗ (7) ⓓ (8) ⓒ

动动脑 2

(1) ⓑ (2) ⓒ (3) ⓐ (4) ⓓ

第42课 饭桌

韩语小单词

1 (1) ⓐ (2) ⓓ (3) ⓕ (4) ⓘ
(5) ⓖ (6) ⓗ (7) ⓑ (8) ⓔ
(9) ⓒ
2 (1) ⓕ (2) ⓐ (3) ⓓ (4) ⓒ
(5) ⓑ (6) ⓔ

动动脑 1

(1) × (2) ○ (3) × (4) ×
(5) ○ (6) ○ (7) ○ (8) ○
(9) ○ (10) ×

动动脑 2

(1) ⓐ (2) ⓑ (3) ⓑ (4) ⓐ
(5) ⓐ (6) ⓐ

第43课 用餐

韩语小单词

(1) ⓓ (2) ⓒ (3) ⓑ (4) ⓐ
(5) ⓔ (6) ⓕ

动动脑 1

(1) ⓔ (2) ⓛ (3) ⓚ (4) ⓗ
(5) ⓓ (6) ⓐ (7) ⓘ (8) ⓒ
(9) ⓕ (10) ⓖ (11) ⓑ (12) ⓙ

动动脑 2

(1) ⓖ (2) ⓐ (3) ⓗ (4) ⓒ
(5) ⓔ (6) ⓓ (7) ⓕ (8) ⓑ

第44课 料理方法

韩语小单词

2 (1) ⓑ, ⓐ (2) ⓐ, ⓑ (3) ⓑ, ⓐ (4) ⓑ, ⓐ
(5) ⓐ, ⓑ (6) ⓑ, ⓐ

动动脑 1

(1) ⓓ (2) ⓒ (3) ⓒ (4) ⓐ
(5) ⓒ (6) ⓒ

动动脑 2

ⓒ → ⓔ → ⓐ → ⓓ → ⓕ → ⓑ

第45课 兴趣

韩语小单词

(1) ⓒ (2) ⓘ (3) ⓑ (4) ⓕ
(5) ⓓ (6) ⓗ (7) ⓝ (8) ⓙ
(9) ⓜ (10) ⓐ (11) ⓛ (12) ⓞ
(13) ⓟ (14) ⓖ (15) ⓔ (16) ⓚ

动动脑 2

(1) ○, × (2) ×, × (3) ×, ○ (4) ×, ×
(5) ○, ×, × (6) ×, ○, ×

第46课 运动

韩语小单词

(1) ⓛ (2) ⓔ (3) ⓖ (4) ⓚ
(5) ⓑ (6) ⓞ (7) ⓘ (8) ⓕ
(9) ⓗ (10) ⓓ (11) ⓐ (12) ⓙ
(13) ⓜ (14) ⓒ (15) ⓝ

动动脑 2

(1) × (2) ○ (3) × (4) △
(5) × (6) ○ (7) × (8) △
(9) ○ (10) △ (11) △ (12) ×

第47课 旅行1

韩语小单词

(1) ⓐ (2) ⓕ (3) ⓒ (4) ⓞ
(5) ⓟ (6) ⓡ (7) ⓙ (8) ⓝ
(9) ⓑ (10) ⓠ (11) ⓜ (12) ⓗ
(13) ⓔ (14) ⓘ (15) ⓚ (16) ⓓ
(17) ⓖ (18) ⓛ

动动脑 1

(1) ⓓ (2) ⓐ (3) ⓒ (4) ⓑ
(5) ⓗ (6) ⓖ (7) ⓔ (8) ⓕ

动动脑 2

2 (1) ⓓ (2) ⓒ (3) ⓐ (4) ⓕ
(5) ⓒ (6) ⓔ

第48课 旅行2

韩语小单词

(1) ⓓ (2) ⓐ (3) ⓑ (4) ⓚ
(5) ⓔ (6) ⓒ (7) ⓘ (8) ⓕ
(9) ⓛ (10) ⓙ (11) ⓖ (12) ⓗ

动动脑 1

(1) ⓔ (2) ⓘ (3) ⓐ (4) ⓓ
(5) ⓗ (6) ⓑ (7) ⓕ (8) ⓙ
(9) ⓒ (10) ⓖ

动动脑 2

(1) ⓓ (2) ⓔ (3) ⓐ (4) ⓕ
(5) ⓑ (6) ⓖ (7) ⓗ (8) ⓒ

第49课 通信

韩语小单词

1 (1) ⓒ (2) ⓕ (3) ⓐ (4) ⓙ
(5) ⓔ (6) ⓗ (7) ⓘ (8) ⓖ
(9) ⓓ (10) ⓑ

2 (1) ⓓ (2) ⓑ (3) ⓒ (4) ⓐ

动动脑 1

(1) ⓓ (2) ⓑ (3) ⓒ (4) ⓐ

动动脑 2

(1) ⓐ, ⓑ (2) ⓐ, ⓑ (3) ⓑ, ⓐ (4) ⓒ, ⓑ, ⓐ

第50课 买东西

韩语小单词

(1) ⓖ (2) ⓒ (3) ⓔ (4) ⓘ
(5) ⓓ (6) ⓕ (7) ⓐ (8) ⓑ
(9) ⓗ

动动脑 1

(1) ⓑ (2) ⓐ (3) ⓕ (4) ⓔ
(5) ⓓ (6) ⓒ

动动脑 2

(1) 3, 0, 1 (2) 15, 0, 2 (3) 3, 4, 0 (4) 6, 2, 0
(5) 6, 0, 4 (6) 9, 4, 0

第51课 感觉

韩语小单词

(1) ⓖ (2) ⓓ (3) ⓐ (4) ⓘ
(5) ⓕ (6) ⓔ (7) ⓒ (8) ⓗ
(9) ⓑ

动动脑 1

(1) ⓓ (2) ⓒ (3) ⓑ (4) ⓐ
(5) ⓕ (6) ⓔ

动动脑 2

(1) ⓓ (2) ⓔ (3) ⓐ (4) ⓒ
(5) ⓑ

第52课 情绪

韩语小单词

(1) ⓙ (2) ⓚ (3) ⓐ (4) ⓒ
(5) ⓘ (6) ⓔ (7) ⓗ (8) ⓑ
(9) ⓛ (10) ⓕ (11) ⓓ (12) ⓖ

动动脑 1

(1) ⓑ (2) ⓐ (3) ⓑ (4) ⓑ
(5) ⓐ

动动脑 2

(1) ⓒ (2) ⓐ (3) ⓕ (4) ⓔ
(5) ⓑ (6) ⓓ

第53课 人物描述

韩语小单词

(1) ⓑ (2) ⓐ (3) ⓑ (4) ⓐ
(5) ⓐ (6) ⓑ (7) ⓐ (8) ⓑ
(9) ⓑ (10) ⓐ (11) ⓐ (12) ⓑ
(13) ⓑ (14) ⓒ (15) ⓐ

动动脑 1

(1) ⓔ (2) ⓓ (3) ⓒ (4) ⓐ
(5) ⓑ (6) ⓕ

动动脑 2

(1) ⓑ (2) ⓒ (3) ⓓ (4) ⓐ

第54课 身体与症状

韩语小单词

(1) ⓗ (2) ⓖ (3) ⓒ (4) ⓕ
(5) ⓘ (6) ⓔ (7) ⓐ (8) ⓓ
(9) ⓑ (10) ⓙ (11) ⓝ (12) ⓜ
(13) ⓣ (14) ⓚ (15) ⓠ (16) ⓞ
(17) ⓟ (18) ⓡ (19) ⓛ (20) ⓢ

动动脑 1

(1) ⓓ (2) ⓑ (3) ⓐ (4) ⓕ
(5) ⓔ (6) ⓒ

动动脑 2

(1) ⓒ (2) ⓑ (3) ⓕ (4) ⓔ
(5) ⓐ (6) ⓓ (7) ⓗ (8) ⓖ
(9) ⓘ

第55课 身体部位

韩语小单词

A (1) ⓑ (2) ⓔ (3) ⓐ (4) ⓓ
(5) ⓕ (6) ⓒ

B (1) ⓔ (2) ⓒ (3) ⓓ (4) ⓑ
(5) ⓕ (6) ⓐ

C (1) ⓑ (2) ⓓ (3) ⓔ (4) ⓒ
(5) ⓐ (6) ⓕ

D (1) ⓒ (2) ⓔ (3) ⓑ (4) ⓐ
(5) ⓕ (6) ⓓ

动动脑 1

(1) ⓐ, ⓑ, ⓒ, ⓔ, ⓗ, ⓘ, ⓞ, ⓟ, ⓡ
(2) ⓕ, ⓛ, ⓜ, ⓤ
(3) ⓖ, ⓝ, ⓢ, ⓣ
(4) ⓓ, ⓙ, ⓚ, ⓠ

动动脑 2

(1) ⓑ (2) ⓕ (3) ⓓ (4) ⓒ
(5) ⓔ (6) ⓐ

第56课 穿着

韩语小单词

A (1) ⓔ (2) ⓚ (3) ⓞ (4) ⓐ
(5) ⓘ (6) ⓗ (7) ⓓ (8) ⓜ
(9) ⓛ (10) ⓙ (11) ⓑ (12) ⓕ
(13) ⓒ (14) ⓖ (15) ⓝ
B (1) ⓑ (2) ⓐ (3) ⓒ (4) ⓔ
(5) ⓓ (6) ⓖ (7) ⓕ
C (1) ⓒ (2) ⓓ (3) ⓐ (4) ⓑ
(5) ⓔ
D (1) ⓓ (2) ⓑ (3) ⓕ (4) ⓒ
(5) ⓔ (6) ⓐ
E (1) ⓒ (2) ⓐ (3) ⓑ
F (1) ⓑ (2) ⓐ

动动脑

(1) ⓐ (2) ⓐ (3) ⓑ (4) ⓐ
(5) ⓑ (6) ⓐ

第57课 季节

韩语小单词

1 (1) ⓒ (2) ⓑ (3) ⓓ (4) ⓐ

动动脑 1

(1) ⓒ (2) ⓐ (3) ⓓ (4) ⓑ

动动脑 2

(1) ⓑ (2) ⓑ (3) ⓑ (4) ⓐ
(5) ⓑ

第58课 天气

韩语小单词

1 (1) ⓑ (2) ⓔ (3) ⓒ (4) ⓐ
(5) ⓗ (6) ⓓ (7) ⓕ (8) ⓖ

2 (1) ⓒ (2) ⓐ (3) ⓓ (4) ⓑ
(5) ⓔ (6) ⓕ

动动脑 1

(1) ⓐ (2) ⓒ (3) ⓓ (4) ⓔ
(5) ⓑ

动动脑 2

(1) ⓐ, ⓓ, ⓗ (2) ⓕ, ⓘ
(3) ⓑ, ⓔ, ⓖ (4) ⓒ, ⓙ

第59课 动物

韩语小单词

1 (1) ⓔ (2) ⓐ (3) ⓓ (4) ⓕ
(5) ⓗ (6) ⓖ (7) ⓑ (8) ⓒ
(9) ⓛ (10) ⓚ (11) ⓙ (12) ⓘ
2 A (1) ⓓ (2) ⓔ (3) ⓕ (4) ⓑ
(5) ⓒ (6) ⓐ
B (1) ⓑ (2) ⓒ (3) ⓓ (4) ⓐ
C (1) ⓐ (2) ⓒ (3) ⓑ (4) ⓓ

动动脑 1

(1) ⓓ (2) ⓕ (3) ⓐ (4) ⓒ
(5) ⓔ (6) ⓑ

动动脑 2

(1) ⓑ (2) ⓒ (3) ⓐ (4) ⓑ
(5) ⓐ (6) ⓒ (7) ⓑ (8) ⓐ
(9) ⓒ (10) ⓑ (11) ⓒ (12) ⓐ

第60课 乡村

韩语小单词

(1) ⓣ (2) ⓗ (3) ⓜ (4) ⓢ
(5) ⓡ (6) ⓑ (7) ⓙ (8) ⓐ
(9) ⓒ (10) ⓘ (11) ⓓ (12) ⓞ
(13) ⓖ (14) ⓕ (15) ⓝ (16) ⓟ
(17) ⓔ (18) ⓠ (19) ⓚ (20) ⓛ

动动脑 1

(1) ○ (2) × (3) × (4) ○
(5) ○ (6) ×

动动脑 2

(1) ⓒ (2) ⓗ (3) ⓔ (4) ⓐ
(5) ⓕ (6) ⓙ (7) ⓘ (8) ⓓ
(9) ⓖ (10) ⓑ

Part 2

第61课 外貌

自我挑战!

1 (1) ⓓ (2) ⓐ (3) ⓕ (4) ⓒ
(5) ⓑ (6) ⓔ

2 (1) 키가 작아요 (2) 뚱뚱해요
(3) 머리가 짧아요 (4) 잘생겼어요

3 (1) 눈이 커요 (2) 말랐어요
(3) 커요 (4) 잘생겼어요
(5) 20대 초반이에요 (6) 검은색 머리예요

4 (1) ⓔ (2) ⓒ (3) ⓑ (4) ⓐ
(5) ⓕ (6) ⓓ

第62课 个性

自我挑战!

1 (1) ⓒ (2) ⓓ (3) ⓐ (4) ⓑ

2 (1) ⓑ (2) ⓐ (3) ⓑ (4) ⓑ
(5) ⓐ (6) ⓐ (7) ⓑ (8) ⓑ

3 (1) 착한 (2) 인내심이 없어요
(3) 게을러 (4) 성실한
(5) 이기적이에요 (6) 활발하

4 (1) ⓓ (2) ⓒ (3) ⓑ (4) ⓐ
(5) ⓕ (6) ⓔ

第63课 感觉描述

自我挑战!

1 (1) ⓑ (2) ⓐ (3) ⓑ (4) ⓐ

2 (1) ⓒ, 그리워요 (2) ⓑ, 대단해요
(3) ⓕ, 불쌍해요 (4) ⓓ, 신기해요
(5) ⓔ, 아쉬워요 (6) ⓐ, 싫어요

第64课 人間関係

自我挑战!

1 (1) ① 할아버지, 아저씨, 사위, 삼촌, 아들, 형, 손자, 아빠, 남편
② 딸, 아내, 엄마, 이모, 장모, 며느리, 손녀, 고모, 할머니, 누나
③ 조카, 동생
(2) ① 할아버지, 아저씨, 엄마, 이모, 장모, 삼촌, 고모, 할머니, 형, 아빠, 누나
② 딸, 아내, 조카, 사위, 며느리, 손녀, 아들, 동생, 손자, 남편

2 (1) ⓑ (2) ⓔ (3) ⓕ (4) ⓐ
(5) ⓒ (6) ⓓ

3 (1) 부모님 (2) 부부 (3) 형제 (4) 동료

4 (1) ⓒ (2) ⓒ (3) ⓓ (4) ⓒ
(5) ⓐ (6) ⓑ

5 (1) 이모 (2) 부모님
(3) 사위 (4) 조카
(5) 시어머니 (6) 엄마
(7) 손자 (8) 큰아버지
(9) 며느리 (10) 사촌

第65课 人生

自我挑战!

1 (1) 퇴근 (2) 퇴직 (3) 졸업 (4) 이혼

2 (1) ⓑ (2) ⓒ (3) ⓐ (4) ⓓ

3 (1) ⓑ (2) ⓑ (3) ⓐ (4) ⓑ
(5) ⓑ (6) ⓐ

第66课 受伤了

自我挑战!

1 (1) ⓐ (2) ⓑ (3) ⓑ (4) ⓐ

2 (1) ②, ⓐ (2) ③, ⓒ (3) ④, ⓑ (4) ①, ⓓ

3 (1) ⓑ (2) ⓑ (3) ⓐ (4) ⓐ

第67课 治疗

自我挑战!

1 (1) ⓑ (2) ⓐ (3) ⓑ (4) ⓑ

2 (1) ⓓ (2) ⓐ (3) ⓕ (4) ⓒ
(5) ⓔ (6) ⓑ

3 (1) 피부과 (2) 안과 (3) 치과 (4) 소아과
(5) 내과 (6) 정형외과

第68课 家里可能出现的问题

自我挑战!

1 (1) ⓐ (2) ⓐ (3) ⓑ (4) ⓐ

2 (1) ⓑ (2) ⓐ (3) ⓑ (4) ⓐ
(5) ⓑ (6) ⓐ

3 (1) ⓔ (2) ⓒ (3) ⓓ (4) ⓐ
(5) ⓑ

第69课 生活中可能发生的问题

自我挑战!

1 (1) ⓑ (2) ⓒ (3) ⓐ (4) ⓑ
(5) ⓓ (6) ⓐ

2 (1) ⓑ (2) ⓐ (3) ⓑ (4) ⓑ
(5) ⓐ

第70课 问题情况

自我挑战!

1 (1) ⓐ (2) ⓑ (3) ⓓ (4) ⓑ

2 (1) ⓒ (2) ⓑ (3) ⓑ (4) ⓒ
(5) ⓐ (6) ⓑ

3 (1) ⓔ (2) ⓐ (3) ⓓ (4) ⓒ
(5) ⓑ (6) ⓕ

4 (1) ⓓ (2) ⓒ (3) ⓕ (4) ⓔ
(5) ⓑ (6) ⓐ

第71课 相反副词1

自我挑战!

1 (1) ⓒ (2) ⓑ (3) ⓐ (4) ⓕ
(5) ⓓ (6) ⓔ

2 (1) 혼자 (2) 잘
(3) 오래 (4) 빨리
(5) 많이 (6) 일찍

3 (1) 일찍 (2) 조금
(3) 혼자 (4) 천천히

第72课 相反副词2

自我挑战!

1 (1) ⓔ (2) ⓐ (3) ⓓ (4) ⓑ
(5) ⓒ

2 (1) ⓓ, 다 (2) ⓕ, 더
(3) ⓔ, 같이 (4) ⓑ, 자세히
(5) ⓒ, 먼저 (6) ⓐ, 대충

3 (1) 하나 더 (2) 전혀 안 해요
(3) 먼저

第73课 相反形容词1

自我挑战!

1 (1) ⓑ (2) ⓐ (3) ⓐ (4) ⓐ

2 (1) ⓒ (2) ⓓ (3) ⓔ (4) ⓕ
(5) ⓑ (6) ⓐ

3 (1) ⓑ (2) ⓐ (3) ⓑ (4) ⓑ

第74课 相反形容词2

自我挑战!

1 (1) 낮아요 (2) 많아요
(3) 불편해요 (4) 빨라요

2 (1) ⓒ (2) ⓐ (3) ⓑ (4) ⓓ

3 (1) ⓐ (2) ⓑ (3) ⓐ (4) ⓑ
(5) ⓐ (6) ⓑ (7) ⓐ (8) ⓐ

4 (1) ⓕ (2) ⓗ (3) ⓒ (4) ⓑ
(5) ⓔ (6) ⓐ (7) ⓖ (8) ⓓ

5 (1) 달라요 (2) 느려서
(3) 좁아서 (4) 안 불편해요
(5) 적어서

第75课 相反动词1

自我挑战!

1 (1) 등, 얼굴, 다리 (2) 피아노, 외국어, 태권도
(3) 스트레스, 월급, 선물

2 (1) ⓐ (2) ⓐ (3) ⓑ

3 (1) ⑤, ⓑ (2) ①, ⓐ (3) ③, ⓑ (4) ②, ⓑ
(5) ⑥, ⓐ (6) ④, ⓑ

第76课 相反动词2

自我挑战!

1 (1) ⓐ (2) ⓑ (3) ⓐ (4) ⓑ
(5) ⓑ (6) ⓑ

2 (1) ⓒ (2) ⓑ (3) ⓐ (4) ⓓ

3 (1) ⓐ (2) ⓐ (3) ⓐ (4) ⓑ
(5) ⓑ (6) ⓐ (7) ⓑ (8) ⓑ

4 (1) 에 (2) 에서 (3) 을 (4) 에
(5) 을 (6) 에 (7) 에서 (8) 가

5 (1) 놓으세요 (2) 주웠어요
(3) 덮으세요

第77课 相反动词3

自我挑战!

1 (1) ⓐ (2) ⓑ (3) ⓐ (4) ⓐ
2 (1) ⓑ (2) ⓐ (3) ⓓ (4) ⓒ
3 (1) 올랐어요 (2) 몰라요
(3) 줄여요

第78课 动作动词

自我挑战!

1 (1) ⓐ (2) ⓑ (3) ⓑ (4) ⓐ
(5) ⓑ (6) ⓐ
2 (1) ⓒ (2) ⓑ (3) ⓑ (4) ⓐ
(5) ⓑ (6) ⓐ

第79课 身体相关动词

自我挑战!

1 (1) ⓑ (2) ⓐ (3) ⓓ (4) ⓒ
(5) ⓒ (6) ⓑ
2 (1) ⓑ (2) ⓐ (3) ⓑ (4) ⓐ
(5) ⓑ (6) ⓑ (7) ⓑ (8) ⓐ
3 (1) ⓑ (2) ⓐ (3) ⓑ (4) ⓑ
(5) ⓑ (6) ⓑ
4 (1) ⓐ (2) ⓑ (3) ⓑ (4) ⓐ

第80课 成双的动词

自我挑战!

1 (1) ⓑ (2) ⓑ (3) ⓐ (4) ⓐ
(5) ⓑ (6) ⓐ
2 (1) ⓔ (2) ⓒ (3) ⓓ (4) ⓕ
(5) ⓑ (6) ⓐ
3 (1) ⓑ (2) ⓐ (3) ⓑ (4) ⓑ
(5) ⓐ (6) ⓑ
4 (1) ⓔ (2) ⓓ (3) ⓑ (4) ⓐ
(5) ⓕ (6) ⓒ

Part 3

第81课 动词가다/오다

A 考考自己!

(1) 선아 (2) 영호 (3) 동현 (4) 지수
(5) 소연 (6) 준기

B 考考自己!

(1) ⓑ (2) ⓐ (3) ⓑ (4) ⓑ
(5) ⓐ (6) ⓑ

C 考考自己!

(1) ⓒ (2) ⓑ (3) ⓓ (4) ⓓ
(5) ⓒ (6) ⓓ (7) ⓐ (8) ⓑ

D 考考自己!

(1) ⓑ (2) ⓐ (3) ⓐ (4) ⓐ

E 考考自己!

(1) 가지고 다니 (2) 다니
(3) 돌아다녔어요 (4) 데리고 다녔

F 考考自己!

(1) 다니고 (2) 가지고 다녀요
(3) 돌아다녔어요 (4) 찾아다녔어요
(5) 다녀갔어요 (6) 따라다녔지만
(7) 마중 나갔지만 (8) 다녀왔습니다

第82课 动词나다

A, B 考考自己!

(1) ⓐ (2) ⓑ (3) ⓐ (4) ⓑ

C, D 考考自己!

(1) ⓓ (2) ⓑ (3) ⓐ (4) ⓒ

E, F 考考自己!

(1) ⓐ (2) ⓑ (3) ⓑ (4) ⓐ
(5) ⓑ (6) ⓑ

G, H 考考自己!

(1) ⓒ (2) ⓕ (3) ⓐ (4) ⓓ
(5) ⓑ (6) ⓔ

第83课 动词하다

A 考考自己!

(1) 공부해요 (2) 운동해요
(3) 연습해요 (4) 청소해요

C 考考自己!

(1) ⓑ (2) ⓓ (3) ⓒ (4) ⓐ

D 考考自己!

(1) 했어요 (2) 썼어요
(3) 썼어요 (4) 했어요
(5) 했어요/찼어요 (6) 했어요/맸어요

E 考考自己!

(1) ⓑ (2) ⓐ (3) ⓑ (4) ⓐ

F 考考自己!

(1) × (2) × (3) ○ (4) ○

G 考考自己!

(1) 없냐고 했어요 (2) 만났다고 했어요
(3) 점심 먹자고 했어요 (4) 운동한다고 했어요

H 考考自己!

(1) ⓓ (2) ⓒ (3) ⓑ (4) ⓐ

I 考考自己!

(1) ⓐ (2) ⓑ (3) ⓑ (4) ⓑ

第84课 动词되다

A 考考自己!

(1) 작가 (2) 경찰 (3) 의사 (4) 배우

B 考考自己!

(1) ⓑ (2) ⓐ (3) ⓓ (4) ⓒ

C 考考自己!

(1) 송년회 (2) 환갑잔치
(3) 집들이 (4) 환송회
(5) 돌잔치 (6) 환영회

D 考考自己!

(1) 거의 (2) 다 (3) 반 (4) 하나도

E 考考自己!

(1) ⓑ (2) ⓑ (3) ⓐ (4) ⓑ

F 考考自己!

(1) 세탁기 (2) 전화기 (3) 면도기 (4) 자판기

G 考考自己!

(1) ⓑ (2) ⓐ (3) ⓐ (4) ⓑ

H 考考自己!

(1) ⓒ (2) ⓐ (3) ⓓ (4) ⓑ

第85课 动词생기다, 풀다, 걸리다

「생기다」动词

A, B 考考自己!

(1) ⓑ (2) ⓐ (3) ⓓ (4) ⓒ

C 考考自己! 1

(1) ⓑ (2) ⓓ (3) ⓐ (4) ⓒ

考考自己! 2

(1) ⓑ (2) ⓐ (3) ⓐ (4) ⓑ

「풀다」动词

A 考考自己! 1

(1) ⓐ (2) ⓑ (3) ⓐ (4) ⓒ
(5) ⓑ (6) ⓒ

考考自己! 2

(1) ⓐ (2) ⓑ (3) ⓑ (4) ⓐ
(5) ⓐ (6) ⓑ

B 考考自己!

(1) ⓑ (2) ⓒ (3) ⓓ (4) ⓐ

「걸리다」动词

A 考考自己!

(1) ○ (2) × (3) × (4) ○
(5) ×

B 考考自己!

(1) ⓑ (2) ⓓ (3) ⓒ (4) ⓐ

C, D, E 考考自己!

(1) ⓓ (2) ⓐ (3) ⓒ (4) ⓑ

第86课 及物动词和不及物动词

A 考考自己! 1

(1) ⓓ (2) ⓒ (3) ⓐ (4) ⓕ
(5) ⓔ (6) ⓑ

考考自己! 2

(1) ⓑ, ⓐ (2) ⓑ, ⓐ (3) ⓑ, ⓐ (4) ⓑ, ⓐ
(5) ⓑ, ⓐ (6) ⓐ, ⓑ (7) ⓐ, ⓑ (8) ⓑ, ⓐ

B 考考自己!

(1) 깨져 (2) 부러뜨려
(3) 빠졌어요 (4) 떨어뜨려

C 考考自己!

(1) ⓐ (2) ⓑ (3) ⓐ (4) ⓑ
(5) ⓐ (6) ⓐ (7) ⓑ (8) ⓑ

D 考考自己!

(1) ⓑ (2) ⓐ (3) ⓐ (4) ⓑ
(5) ⓐ (6) ⓐ

第87课 与钱相关的动词

A 考考自己!

(1) ⓑ, ⓐ (2) ⓐ (3) ⓑ (4) ⓑ
(5) ⓑ (6) ⓐ

B 考考自己!

(1) ⓓ (2) ⓐ (3) ⓑ (4) ⓒ

C, D 考考自己!

(1) 썼어요 (2) 내
(3) 모이 (4) 떨어졌어요
(5) 들어요 (6) 모으

E 考考自己!

(1) ⓐ (2) ⓑ (3) ⓑ (4) ⓐ
(5) ⓐ (6) ⓑ

F 考考自己!

(1) ⓒ (2) ⓐ (3) ⓑ (4) ⓓ

第88课 主题动词

A 考考自己!

(1) 미루 (2) 고민하
(3) 정했어요 (4) 세우
(5) 믿을 (6) 바라

B 考考自己!

(1) 그만뒀어요 (2) 고생했어요
(3) 참으 (4) 포기하
(5) 계속하

C, D 考考自己!

(1) ⓐ (2) ⓑ (3) ⓐ (4) ⓑ

E 考考自己!

(1) ⓒ (2) ⓔ (3) ⓓ (4) ⓐ
(5) ⓑ

F 考考自己!

(1) ⓓ (2) ⓑ (3) ⓐ (4) ⓔ
(5) ⓒ

G 考考自己!

(1) 태워 (2) 갈아타
(3) 탈 (4) 내려

H 考考自己!

(1) 알아볼게요 (2) 알아두세요
(3) 알아듣기 (4) 알아차리지

I, J 考考自己!

(1) ⓐ (2) ⓐ (3) ⓑ (4) ⓑ

第89课 情绪表现

A 考考自己!

(1) ⓑ (2) ⓔ (3) ⓕ (4) ⓐ
(5) ⓒ (6) ⓓ

B 考考自己!

(1) 만족하 (2) 질투해요
(3) 마음에 들 (4) 사랑하
(5) 당황했 (6) 실망했어요

C 考考自己! 1

(1) ⓐ (2) ⓒ (3) ⓐ (4) ⓒ

考考自己! 2

(1) ⓐ (2) ⓑ (3) ⓐ (4) ⓑ

D 考考自己!

(1) ⓐ (2) ⓑ (3) ⓑ (4) ⓐ

E 考考自己!

(1) ⓐ (2) ⓐ (3) ⓑ (4) ⓐ

F 考考自己!

(1) ⓓ (2) ⓐ (3) ⓑ (4) ⓒ

第90课 购物表现

A 考考自己! 1

(1) ⓓ (2) ⓔ (3) ⓒ (4) ⓑ
(5) ⓐ

考考自己! 2

(1) ⓑ (2) ⓐ (3) ⓐ (4) ⓑ

B 考考自己!

(1) ⓐ (2) ⓐ (3) ⓑ (4) ⓑ

C 考考自己!

(1) ⓐ (2) ⓑ (3) ⓐ (4) ⓑ

D 考考自己!

(1) ⓐ (2) ⓐ (3) ⓐ (4) ⓑ

第91课 穿着的表现

A 考考自己! 1

(1) ⓓ (2) ⓓ (3) ⓒ (4) ⓑ

考考自己! 2

(1) ⓐ (2) ⓑ (3) ⓐ (4) ⓑ

B 考考自己!

(1) ⓑ (2) ⓐ (3) ⓐ (4) ⓑ
(5) ⓑ (6) ⓑ

C 考考自己!

(1) 잠옷 (2) 수영복 (3) 운동복 (4) 비옷
(5) 반팔 옷 (6) 속옷 (7) 양복 (8) 교복

D 考考自己!

(1) 입다, 벗다 (2) 차다, 풀다
(3) 신다, 벗다 (4) 끼다, 벗다
(5) 쓰다, 벗다 (6) 하다, 빼다
(7) 하다, 풀다 (8) 하다, 풀다/벗다
(9) 끼다, 빼다 (10) 쓰다/끼다, 벗다
(11) 차다, 풀다 (12) 신다, 벗다

E 考考自己!

(1) ⓐ (2) ⓑ (3) ⓐ

F 考考自己!

(1) 가죽 (2) 유리 (3) 금 (4) 모
(5) 은 (6) 고무 (7) 털 (8) 면

G 考考自己!

(1) 단추 (2) 끈/줄 (3) 거울

H 考考自己!

(1) ⓑ (2) ⓑ (3) ⓐ

第92课 时间的表现

A 考考自己! 1

(1) ⓐ (2) ⓑ (3) ⓐ (4) ⓑ
(5) ⓑ (6) ⓐ

考考自己! 2

(1) ⓑ (2) ⓑ (3) ⓐ (4) ⓐ
(5) ⓑ (6) ⓐ

考考自己! 3

(1) ⓐ (2) ⓐ (3) ⓑ (4) ⓐ

考考自己! 4

(1) ⓐ (2) ⓑ (3) ⓐ (4) ⓑ

B 考考自己!

(1) ⓑ (2) ⓐ (3) ⓑ (4) ⓑ

C 考考自己!

(1) ⓐ (2) ⓐ (3) ⓐ (4) ⓑ

D 考考自己! 1

(1) ⓑ (2) ⓑ (3) ⓐ (4) ⓑ
(5) ⓐ (6) ⓑ

考考自己! 2

(1) 보냈어요 (2) 지내요
(3) 지냈어요 (4) 보내요

考考自己! 3

(1) ⓑ (2) ⓓ (3) ⓐ (4) ⓒ

第93课 数量表现

A 考考自己!

(1) 삼 대 영 (2) 영 점 오
(3) 이백십 (4) 이 대 이

B 考考自己!

(1) ⓐ (2) ⓑ (3) ⓐ (4) ⓑ
(5) ⓑ

C, D, E, F 考考自己! 1

(1) ⓑ (2) ⓒ

考考自己! 2

(1) ⓐ (2) ⓑ

考考自己! 3

(1) ⓒ (2) ⓐ (3) ⓓ (4) ⓑ
(5) ⓔ

第94课 位置表现

A 考考自己! 1

(1) 작은아버지 (2) 아버지
(3) 작은형 (4) 어머니
(5) 큰형 (6) 고모
(7) 큰아버지 (8) 큰어머니
(9) 작은어머니 (10) 할아버지
(11) 할머니 (12) 막내 삼촌

考考自己! 2

(1) 아버지 (2) 고모
(3) 큰형 (4) 작은어머니

B 考考自己!

(1) ⓑ (2) ⓐ (3) ⓐ (4) ⓑ

C 考考自己! 1

(1) 남쪽 (2) 서쪽 (3) 중앙/가운데 (4) 북쪽

考考自己! 2

(1) × (2) × (3) ○ (4) ×
(5) × (6) ○

第95课 助词

A, B, C 考考自己! 1

(1) ⓑ (2) ⓑ (3) ⓐ (4) ⓐ

考考自己! 2

(1) × (2) ○ (3) × (4) ×
(5) × (6) ○

D, E 考考自己! 1

(1) 보통 아침 8시에 회사에 가요.
(2) 밤 11시에 길에 사람이 없어요.
(3) 올해 6월에 박물관에서 일했어요.
(4) 다음 달 15일에 고향에 돌아갈 거예요.
(5) 오늘 오후 2시에 친구를 만나요.
(6) 토요일 저녁 6시에 공원 입구에서 봐요.

考考自己! 2

(1) 시장에 (2) 사무실에
(3) 다음 주 금요일에 (4) 부산에
(5) 내일 오후 3시에 (6) 일본에

F 考考自己!

(1) ⓐ (2) ⓑ (3) ⓐ (4) ⓑ
(5) ⓐ (6) ⓑ (7) ⓑ (8) ⓐ
(9) ⓑ (10) ⓐ

G 考考自己! 1

(1) 부터, 까지 (2) 에서, 까지
(3) 부터, 까지 (4) 에서, 까지

考考自己! 2

(1) 부터 (2) 까지
(3) 에서 (4) 까지
(5) 에서 (6) 부터
(7) 까지 (8) 부터
(9) 까지 (10) 까지

H, I 考考自己!

(1) ⓑ (2) ⓑ (3) ⓐ (4) ⓑ
(5) ⓑ (6) ⓑ (7) ⓑ

J 考考自己!

(1) ○ (2) ○ (3) × (4) ○
(5) ○ (6) × (7) × (8) ×

K 考考自己!

(1) ⓐ (2) ⓑ (3) ⓐ (4) ⓑ
(5) ⓐ

L 考考自己! 1

(1) ⓑ (2) ⓐ (3) ⓐ (4) ⓐ
(5) ⓑ (6) ⓐ (7) ⓑ (8) ⓐ

考考自己! 2

(1) 께서는 (2) 께서
(3) 께 (4) 께서
(5) 께

M, N 考考自己!

(1) 처럼 (2) 에
(3) 마다 (4) 보다
(5) 씩 (6) 나

第96课 疑问词

A 考考自己!

(1) 누구하고 (2) 누구
(3) 누구한테 (4) 누가
(5) 누구를 (6) 누구한테서

B 考考自己!

(1) ⓑ (2) ⓐ (3) ⓐ (4) ⓑ
(5) ⓐ (6) ⓐ

C, D 考考自己!

(1) ⓐ (2) ⓑ (3) ⓑ (4) ⓐ
(5) ⓐ (6) ⓐ

E 考考自己! 1

(1) ⓔ (2) ⓓ (3) ⓐ (4) ⓒ
(5) ⓑ

考考自己! 2

(1) 몇 개 (2) 몇 명
(3) 몇 잔 (4) 몇 장
(5) 몇 층 (6) 몇 호

F 考考自己!

(1) ⓐ (2) ⓑ (3) ⓑ (4) ⓐ

G 考考自己! 1

(1) ⓒ (2) ⓑ (3) ⓐ

考考自己! 2

(1) 어디예요 (2) 누구예요
(3) 언제예요 (4) 얼마예요

第97课 副词

A, B, C, D 考考自己! 1

(1) ⓐ (2) ⓐ (3) ⓑ (4) ⓐ
(5) ⓑ (6) ⓐ

考考自己! 2

(1) 두껍게 (2) 사이좋게
(3) 편하게 (4) 시끄럽게

考考自己! 3

(1) ⓔ, 우연히 (2) ⓑ, 새로
(3) ⓒ, 겨우 (4) ⓕ, 억지로
(5) ⓓ, 갑자기 (6) ⓐ, 그만

E 考考自己!

(1) ⓑ (2) ⓑ (3) ⓐ (4) ⓑ

F 考考自己!

(1) 가끔 (2) 자주 (3) 보통 (4) 항상

G 考考自己!

(1) ⓐ (2) ⓑ (3) ⓐ (4) ⓑ

H 考考自己!

(1) ⓑ (2) ⓑ (3) ⓐ

I 考考自己!

(1) ⓓ (2) ⓒ (3) ⓐ (4) ⓑ

J 考考自己!

(1) 마지막으로 (2) 가운데
(3) 첫째 (4) 다른 하나는

K 考考自己! 1

(1) ⓐ (2) ⓑ (3) ⓐ (4) ⓑ
(5) ⓑ (6) ⓐ

考考自己! 2

(1) ⓐ (2) ⓑ (3) ⓑ (4) ⓑ
(5) ⓑ (6) ⓐ (7) ⓐ (8) ⓑ

第98课 接续副词

A 考考自己! 1

(1) 그래서 (2) 그러면
(3) 왜냐하면 (4) 그리고
(5) 그렇지 않으면 (6) 그래도

考考自己! 2

(1) ⓔ (2) ⓐ (3) ⓓ (4) ⓑ
(5) ⓕ (6) ⓒ

B, C 考考自己!

(1) ⓐ (2) ⓑ (3) ⓐ (4) ⓑ
(5) ⓐ (6) ⓑ

D 考考自己! 1

(1) ⓑ (2) ⓑ (3) ⓐ (4) ⓑ

考考自己! 2

(1) ⓑ (2) ⓑ (3) ⓑ (4) ⓑ

E 考考自己! 1

(1) 커피하고 주스 (2) 쉬거나
(3) 통화하고 (4) 소설이나 잡지

考考自己! 2

(1) 예를 들면 (2) 왜냐하면
(3) 그래서 (4) 하지만
(5) 그래서 (6) 그리고
(7) 그런데 (8) 그래도

第99课 形容词

A 考考自己!

(1) ⓑ (2) ⓐ (3) ⓑ (4) ⓐ

B, C, D 考考自己!

(1) ⓐ (2) ⓐ (3) ⓑ (4) ⓐ
(5) ⓑ (6) ⓐ

E 考考自己!

(1) 게을러 (2) 아름다웠어요
(3) 필요한 (4) 힘든
(5) 이상하 (6) 젊은

第100课 名词

A 考考自己!

(1) 걱정 (2) 사랑
(3) 준비 (4) 기억

B 考考自己!

(1) ⓑ (2) ⓐ (3) ⓐ (4) ⓐ

C 考考自己!

(1) 아픔 (2) 배고픔
(3) 고마움 (4) 슬픔

D 考考自己!

(1) 춤 (2) 꿈
(3) 모임 (4) 싸움
(5) 죽음 (6) 웃음

E 考考自己!

(1) ③, ⓑ (2) ①, ⓐ (3) ②, ⓒ

F 考考自己!

(1) ②, ⓒ (2) ③, ⓐ (3) ①, ⓑ

G 考考自己!

(1) ⓒ (2) ⓑ (3) ⓑ (4) ⓐ

H 考考自己! 1

(1) ⓓ (2) ⓔ (3) ⓐ (4) ⓑ
(5) ⓕ (6) ⓒ

考考自己! 2

(1) 성함 (2) 진지
(3) 생신 (4) 연세
(5) 말씀 (6) 댁

I 考考自己!

(1) 저는 (2) 제가
(3) 저희 (4) 말씀해

听力台本

Part 1

第01课

韩语小单词 ▸ Track **003**

(1) A 전화번호가 몇 번이에요?
　B 3371-2420이에요.
(2) A 핸드폰 번호가 몇 번이에요?
　B 010-9523-8614예요.
(3) A 비밀번호가 몇 번이에요?
　B 7203이에요.
(4) A 우편 번호가 몇 번이에요?
　B 03139예요.
(5) A 자동차 번호가 몇 번이에요?
　B 3152예요.
(6) A 외국인 등록 번호가 몇 번이에요?
　B 495230이에요.
(7) A 카드 번호가 몇 번이에요?
　B 9428 7780 3631 2768이에요.

动动脑 2 ▸ Track **005**

(1) 영화관 전화번호가 1544-1570이에요.
(2) 공항 전화번호가 1577-2600이에요.
(3) 교회 전화번호가 398-1287이에요.
(4) 리에 전화번호가 010-5690-0235예요.
(5) 민호 전화번호가 010-3467-3230이에요.
(6) 제인 전화번호가 010-2924-3573이에요.
(7) 병원 전화번호가 507-7584예요.
(8) 미용실 전화번호가 6334-1010이에요.
(9) 경찰서 전화번호가 2438-9670이에요.

第02课

韩语小单词 ▸ Track **008**

(1) A 몇 쪽이에요?
　B 27쪽이에요.
(2) A 책이 몇 쪽으로 되어 있어요?
　B 84쪽으로 되어 있어요.
(3) A 몇 층이에요?
　B 15층이에요.
(4) A 몇 층이에요?
　B 32층이에요.
(5) A 몇 퍼센트예요?
　B 41퍼센트예요.
(6) A 몇 퍼센트예요?
　B 29퍼센트예요.
(7) A 몸무게가 몇 킬로그램이에요?
　B 74킬로그램이에요.
(8) A 몸무게가 몇 킬로그램이에요?
　B 16킬로그램이에요.

第03课

动动脑 2 ▸ Track **014**

(1) A 노트북이 얼마예요?
　B 1,120,000원 (백십이만 원)이에요.
(2) A 그림이 얼마예요?
　B 56,300,000원 (오천육백삼십만 원)이에요.
(3) A 한복이 얼마예요?
　B 830,000원 (팔십삼만 원)이에요.
(4) A 코트가 얼마예요?
　B 610,000원 (육십일만 원)이에요.
(5) A 자동차가 얼마예요?
　B 47,400,000원 (사천칠백사십만 원)이에요.
(6) A 가방이 얼마예요?
　B 380,000원 (삼십팔만 원)이에요.
(7) A 비행기표가 얼마예요?
　B 2,173,000원 (이백십칠만삼천 원)이에요.
(8) A 냉장고가 얼마예요?
　B 2,837,000원 (이백팔십삼만칠천 원)이에요.

第05课

韩语小单词 ▸ Track **019**

(1) A 몇 월이에요? B 1(일)월이에요.
(2) A 몇 월이에요? B 2(이)월이에요.
(3) A 몇 월이에요? B 3(삼)월이에요.
(4) A 몇 월이에요? B 4(사)월이에요.
(5) A 몇 월이에요? B 5(오)월이에요.

(6) A 몇 월이에요? B 6(유)월이에요.
(7) A 몇 월이에요? B 7(칠)월이에요.
(8) A 몇 월이에요? B 8(팔)월이에요.
(9) A 몇 월이에요? B 9(구)월이에요.
(10) A 몇 월이에요? B 10(시)월이에요.
(11) A 몇 월이에요? B 11(십일)월이에요.
(12) A 몇 월이에요? B 12(십이)월이에요.

▸ Track **020**

(1) 시험을 1월에 봐요.
(2) 출장을 10월에 가요.
(3) 휴가를 8월에 가요.
(4) 축제를 6월에 해요.

动动脑 1 ▸ Track **022**

(1) A 며칠이에요? B 1(일)일이에요.
(2) A 며칠이에요? B 2(이)일이에요.
(3) A 며칠이에요? B 3(삼)일이에요.
(4) A 며칠이에요? B 4(사)일이에요.
(5) A 며칠이에요? B 5(오)일이에요.
(6) A 며칠이에요? B 6(육)일이에요.
(7) A 며칠이에요? B 7(칠)일이에요.
(8) A 며칠이에요? B 8(팔)일이에요.
(9) A 며칠이에요? B 9(구)일이에요.
(10) A 며칠이에요? B 10(십)일이에요.
(11) A 며칠이에요? B 11(십일)일이에요.
(12) A 며칠이에요? B 12(십이)일이에요.
(13) A 며칠이에요? B 13(십삼)일이에요.
(14) A 며칠이에요? B 14(십사)일이에요.
(15) A 며칠이에요? B 15(십오)일이에요.
(16) A 며칠이에요? B 16(십육)일이에요.
(17) A 며칠이에요? B 17(십칠)일이에요.
(18) A 며칠이에요? B 18(십팔)일이에요.
(19) A 며칠이에요? B 19(십구)일이에요.
(20) A 며칠이에요? B 20(이십)일이에요.
(21) A 며칠이에요? B 21(이십일)일이에요.
(22) A 며칠이에요? B 22(이십이)일이에요.
(23) A 며칠이에요? B 23(이십삼)일이에요.
(24) A 며칠이에요? B 24(이십사)일이에요.
(25) A 며칠이에요? B 25(이십오)일이에요.
(26) A 며칠이에요? B 26(이십육)일이에요.
(27) A 며칠이에요? B 27(이십칠)일이에요.
(28) A 며칠이에요? B 28(이십팔)일이에요.
(29) A 며칠이에요? B 29(이십구)일이에요.
(30) A 며칠이에요? B 30(삼십)일이에요.
(31) A 며칠이에요? B 31(삼십일)일이에요.

动动脑 2 ▸ Track **023**

(1) 오늘이 13일이에요.
(2) 졸업이 27일이에요.
(3) 발표가 11일이에요.
(4) 생일이 31일이에요.

第06课

韩语小单词 ▸ Track **025**

(1) A 설날이 며칠이에요?
B 음력 1월 1일이에요.
(2) A 개천절이 며칠이에요?
B 10월 3일이에요.
(3) A 어린이날이 며칠이에요?
B 5월 5일이에요.
(4) A 광복절이 며칠이에요?
B 8월 15일이에요.
(5) A 추석이 며칠이에요?
B 음력 8월 15일이에요.
(6) A 부처님 오신 날이 며칠이에요?
B 음력 4월 8일이에요.
(7) A 성탄절이 며칠이에요?
B 12월 25일이에요.
(8) A 현충일이 며칠이에요?
B 6월 6일이에요.
(9) A 한글날이 며칠이에요?
B 10월 9일이에요.

动动脑 1 ▸ Track **026**

(1) A 설날 때 뭐 해요?
B 세배해요.
(2) A 돌 때 뭐 해요?
B 잔치를 해요.
(3) A 어버이날 때 뭐 해요?
B 부모님께 꽃을 드려요.
(4) A 추석 때 뭐 해요?
B 성묘 가요.

第07课

动动脑 1 ▸ Track **031**

(1) A 언제 휴가 가요? B 9월 초에 가요.
(2) A 언제 여행 가요? B 9월 중순에 가요.
(3) A 언제 출장 가요? B 9월 말에 가요.

第11课

动动脑 1 ▸ Track 048

(1) A 몇 시에 지하철을 타요?
B 아침 8시 반에 지하철을 타요.

(2) A 몇 시에 퇴근해요?
B 저녁 8시 반에 퇴근해요.

(3) A 몇 시에 이메일을 써요?
B 새벽 1시 30분에 이메일을 써요.

(4) A 몇 시에 회의해요?
B 오후 1시 30분에 회의해요.

第12课

动动脑 1 ▸ Track 053

(1) A 어떻게 가요? B 자동차로 가요.
(2) A 어떻게 가요? B 버스로 가요.
(3) A 어떻게 가요? B 지하철로 가요.
(4) A 어떻게 가요? B 택시로 가요.
(5) A 어떻게 가요? B 비행기로 가요.
(6) A 어떻게 가요? B 기차로 가요.
(7) A 어떻게 가요? B 배로 가요.
(8) A 어떻게 가요? B 자전거로 가요.
(9) A 어떻게 가요? B 오토바이로 가요.
(10) A 어떻게 가요? B 걸어서 가요.
(11) A 어떻게 가요? B 뛰어서 가요.

动动脑 2 ▸ Track 055

(1) A 서울에서 뉴욕까지 어떻게 가요?
B 비행기로 가요.
A 시간이 얼마나 걸려요?
B 14시간 걸려요.

(2) A 집에서 공항까지 어떻게 가요?
B 택시로 가요.
A 시간이 얼마나 걸려요?
B 40분 걸려요.

(3) A 서울에서 부산까지 어떻게 가요?
B 기차로 가요.
A 시간이 얼마나 걸려요?
B 3시간 30분 걸려요.

(4) A 부산에서 오사카까지 어떻게 가요?
B 배로 가요.
A 시간이 얼마나 걸려요?
B 18시간 걸려요.

(5) A 집에서 회사까지 어떻게 가요?
B 지하철로 가요.
A 시간이 얼마나 걸려요?
B 50분 걸려요.

(6) A 집에서 지하철역까지 어떻게 가요?
B 걸어서 가요.
A 시간이 얼마나 걸려요?
B 10분 걸려요.

第13课

动动脑 1 ▸ Track 057

(1) A 에펠탑이 어디에 있어요?
B 프랑스에 있어요.

(2) A 만리장성이 어디에 있어요?
B 중국에 있어요.

(3) A 피라미드가 어디에 있어요?
B 이집트에 있어요.

(4) A 오페라하우스가 어디에 있어요?
B 호주에 있어요.

(5) A 할리우드가 어디에 있어요?
B 미국에 있어요.

(6) A 타지마할이 어디에 있어요?
B 인도에 있어요.

(7) A 한강이 어디에 있어요?
B 한국에 있어요.

(8) A 타워브리지가 어디에 있어요?
B 영국에 있어요.

动动脑 2 ▸ Track 058

(1) A 한국은 뭐가 유명해요?
B 태권도가 유명해요.

(2) A 일본은 뭐가 유명해요?
B 초밥이 유명해요.

(3) A 독일은 뭐가 유명해요?
B 맥주가 유명해요.

(4) A 미국은 뭐가 유명해요?
B 카우보이가 유명해요.

(5) A 영국은 뭐가 유명해요?
B 여왕이 유명해요.

(6) A 호주는 뭐가 유명해요?
B 캥거루가 유명해요.

(7) A 인도는 뭐가 유명해요?
B 카레가 유명해요.

(8) A 스페인은 뭐가 유명해요?
B 투우가 유명해요.

第14课

动动脑 2 ▸ Track 061

(1) A 한국어 할 수 있어요?
B 네, 할 수 있어요.
(2) A 일본어 할 수 있어요?
B 아니요, 못해요.
(3) A 영어 할 수 있어요?
B 그럼요, 잘해요.
(4) A 중국어로 말할 수 있어요?
B 아니요, 말할 수 없어요.
(5) A 스페인어로 말이 통해요?
B 네, 말이 통해요.
(6) A 아랍어 할 수 있어요?
B 아니요, 할 수 없어요.

第15课

韩语小单词 ▸ Track 063

(1) A 직업이 뭐예요? B 교사예요.
(2) A 직업이 뭐예요? B 의사예요.
(3) A 직업이 뭐예요? B 간호사예요.
(4) A 직업이 뭐예요? B 회사원이에요.
(5) A 직업이 뭐예요? B 변호사예요.
(6) A 직업이 뭐예요? B 주부예요.
(7) A 직업이 어떻게 되세요? B 작가예요.
(8) A 직업이 어떻게 되세요? B 가수예요.
(9) A 직업이 어떻게 되세요? B 요리사예요.
(10) A 직업이 어떻게 되세요? B 운동선수예요.
(11) A 직업이 어떻게 되세요? B 배우예요.
(12) A 직업이 어떻게 되세요? B 군인이에요.

动动脑 1 ▸ Track 064

(1) A 기자가 무슨 일을 해요?
B 기자가 기사를 써요.
(2) A 미용사가 무슨 일을 해요?
B 미용사가 머리를 잘라요.
(3) A 경찰이 무슨 일을 해요?
B 경찰이 도둑을 잡아요.
(4) A 영화감독이 무슨 일을 해요?
B 영화감독이 영화를 만들어요.
(5) A 수리 기사가 무슨 일을 해요?
B 수리 기사가 기계를 고쳐요.

第18课

韩语小单词 ▸ Track 074

(1) A 어디에서 책을 사요?
B 서점에서 책을 사요.
(2) A 어디에서 약을 사요?
B 약국에서 약을 사요.
(3) A 어디에서 빵을 사요?
B 빵집에서 빵을 사요.
(4) A 어디에서 꽃을 사요?
B 꽃집에서 꽃을 사요.
(5) A 어디에서 옷을 사요?
B 옷 가게에서 옷을 사요.
(6) A 어디에서 우유를 사요?
B 편의점에서 우유를 사요.
(7) A 어디에서 커피를 사요?
B 카페에서 커피를 사요.
(8) A 어디에서 표를 사요?
B 여행사에서 표를 사요.
(9) A 어디에서 구두를 사요?
B 백화점에서 구두를 사요.
(10) A 어디에서 채소를 사요?
B 시장에서 채소를 사요.

动动脑 1 ▸ Track 075

(1) A 어디에 가요?
B 돈을 찾으러 은행에 가요.
(2) A 어디에 가요?
B 산책하러 공원에 가요.
(3) A 어디에 가요?
B 일하러 회사에 가요.
(4) A 어디에 가요?
B 기도하러 성당에 가요.
(5) A 어디에 가요?
B 머리를 자르러 미용실에 가요.
(6) A 어디에 가요?
B 소포를 보내러 우체국에 가요.

动动脑 2 ▸ Track 076

(1) A 집에서 뭐 해요? B 집에서 쉬어요.
(2) A 공항에서 뭐 해요? B 공항에서 비행기를 타요.
(3) A 식당에서 뭐 해요? B 식당에서 밥을 먹어요.

(4) A 학원에서 뭐 해요? B 학원에서 요리를 배워요.
(5) A 영화관에서 뭐 해요? B 영화관에서 영화를 봐요.
(6) A 피시방에서 뭐 해요? B 피시방에서 게임해요.

第19课

韩语小单词 ▸ Track 077

(1) A 여기가 어디예요? B 노래방이에요.
(2) A 여기가 어디예요? B 대학교예요.
(3) A 여기가 어디예요? B 도서관이에요.
(4) A 여기가 어디예요? B 헬스장이에요.
(5) A 여기가 어디예요? B 대사관이에요.
(6) A 여기가 어디예요? B 박물관이에요.
(7) A 여기가 어디예요? B 사진관이에요.
(8) A 여기가 어디예요? B 교회예요.
(9) A 여기가 어디예요? B 지하철역이에요.
(10) A 여기가 어디예요? B 술집이에요.
(11) A 여기가 어디예요? B 경찰서예요.
(12) A 여기가 어디예요? B 주차장이에요.

动动脑 1 ▸ Track 078

(1) A 경찰이 어디에 있어요?
B 경찰이 경찰서에 있어요.
(2) A 신부가 어디에 있어요?
B 신부가 성당에 있어요.
(3) A 요리사가 어디에 있어요?
B 요리사가 식당에 있어요.
(4) A 교수가 어디에 있어요?
B 교수가 대학교에 있어요.
(5) A 의사가 어디에 있어요?
B 의사가 병원에 있어요.
(6) A 소방관이 어디에 있어요?
B 소방관이 소방서에 있어요.

动动脑 2 ▸ Track 079

(1) 옷이 더러워요. 그러면 세탁소에 가요.
(2) 교통사고가 났어요. 그러면 병원에 가요.
(3) 살을 빼고 싶어요. 그러면 헬스장에 가요.
(4) 스피커가 고장 났어요. 그러면 서비스 센터에 가요.
(5) 여권을 잃어버렸어요. 그러면 대사관에 가요.
(6) 기름이 떨어졌어요. 그러면 주유소에 가요.

第21课

韩语小单词 ▸ Track 084

(1) A 은행이 어디에 있어요?
B 모퉁이에 있어요.
(2) A 우체국이 어디에 있어요?
B 길 건너편에 있어요.
(3) A 세탁소가 어디에 있어요?
B 병원 오른쪽에 있어요.
(4) A 약국이 어디에 있어요?
B 병원 왼쪽에 있어요.
(5) A 경찰서가 어디에 있어요?
B 병원 앞에 있어요.
(6) A 교회가 어디에 있어요?
B 병원 바로 뒤에 있어요.
(7) A 꽃집이 어디에 있어요?
B 약국하고 병원 사이에 있어요.
(8) A 빵집이 어디에 있어요?
B 병원 근처에 있어요.
(9) A 대사관이 어디에 있어요?
B 횡단보도 지나기 전에 오른쪽에 있어요.
(10) A 박물관이 어디에 있어요?
B 횡단보도 지나서 오른쪽에 있어요.

第23课

动动脑 1 ▸ Track 090

(1) 아빠가 열쇠하고 서류하고 안경하고 지갑을 갖고 있어요. 핸드폰하고 사진도 있어요.
(2) 엄마가 우산하고 수첩하고 휴지하고 빗하고 화장품을 갖고 있어요.
(3) 아이가 책하고 공책하고 펜하고 필통이 있어요. 그런데 핸드폰을 갖고 있지 않아요.

第24课

动动脑 1 ▸ Track 093

(1) A 공책이 어디에 있어요?
B 공책이 휴지 옆에 있어요.
(2) A 나무가 어디에 있어요?
B 나무가 창문 밖에 있어요.
(3) A 핸드폰이 어디에 있어요?
B 핸드폰이 액자 앞에 있어요.

(4) A 가방이 어디에 있어요?
B 가방이 책상 아래에 있어요.
(5) A 책꽂이가 어디에 있어요?
B 책꽂이가 휴지 뒤에 있어요.
(6) A 옷이 어디에 있어요?
B 옷이 침대 위에 있어요.
(7) A 시계가 어디에 있어요?
B 시계가 안경 앞에 있어요.
(8) A 모자가 어디에 있어요?
B 모자가 책상 서랍 안에 있어요.
(9) A 그림이 어디에 있어요?
B 그림이 창문 오른쪽에 있어요.
(10) A 노트북이 어디에 있어요?
B 노트북이 핸드폰과 선풍기 사이에 있어요.

动动脑 2 ▸Track **094**

(1) A 안경이 누구 거예요? B 안경이 지수 거예요.
(2) A 치마가 누구 거예요? B 치마가 지수 거예요.
(3) A 노트북이 누구 거예요? B 노트북이 승민 거예요.
(4) A 시계가 누구 거예요? B 시계가 지수 거예요.
(5) A 핸드폰이 누구 거예요? B 핸드폰이 승민 거예요.
(6) A 모자가 누구 거예요? B 모자가 승민 거예요.
(7) A 공책이 누구 거예요? B 공책이 지수 거예요.
(8) A 가방이 누구 거예요? B 가방이 승민 거예요.
(9) A 연필이 누구 거예요? B 연필이 지수 거예요.
(10) A 바지가 누구 거예요? B 바지가 승민 거예요.

第25课

韩语小单词 ▸Track **096**

(1) A 방이 어디에 있어요?
B 방이 2층 왼쪽에 있어요.
(2) A 창고가 어디에 있어요?
B 창고가 2층 계단 바로 왼쪽 옆에 있어요.
(3) A 계단이 어디에 있어요?
B 계단이 2층 중앙에 있어요.
(4) A 화장실이 어디에 있어요?
B 화장실이 2층 계단 오른쪽에 있어요.
(5) A 정원이 어디에 있어요?
B 정원이 1층 현관 밖에 있어요.
(6) A 현관이 어디에 있어요?
B 현관이 1층 정원과 거실 사이에 있어요.
(7) A 거실이 어디에 있어요?
B 거실이 1층 주방 옆에 있어요.
(8) A 주방이 어디에 있어요?
B 주방이 1층 거실 옆에 있어요.
(9) A 지하실이 어디에 있어요?
B 지하실이 지하에 있어요.

动动脑 1 ▸Track **097**

(1) A 방에서 뭐 해요?
B 방에서 자요.
(2) A 주방에서 뭐 해요?
B 주방에서 요리해요.
(3) A 거실에서 뭐 해요?
B 거실에서 텔레비전을 봐요.
(4) A 현관에서 뭐 해요?
B 현관에서 신발을 벗어요.
(5) A 창고에서 뭐 해요?
B 창고에서 물건을 정리해요.
(6) A 지하실에서 뭐 해요?
B 지하실에서 운동해요.

动动脑 2 ▸Track **098**

(1) A 식탁이 어디에 있어요? B 식탁이 주방에 있어요.
(2) A 칫솔이 어디에 있어요? B 칫솔이 화장실에 있어요.
(3) A 접시가 어디에 있어요? B 접시가 주방에 있어요.
(4) A 침대가 어디에 있어요? B 침대가 방에 있어요.
(5) A 소파가 어디에 있어요? B 소파가 거실에 있어요.
(6) A 옷장이 어디에 있어요? B 옷장이 방에 있어요.
(7) A 치약이 어디에 있어요? B 치약이 화장실에 있어요.
(8) A 냄비가 어디에 있어요? B 냄비가 주방에 있어요.
(9) A 상자가 어디에 있어요? B 상자가 창고에 있어요.
(10) A 책상이 어디에 있어요? B 책상이 방에 있어요.
(11) A 변기가 어디에 있어요? B 변기가 화장실에 있어요.
(12) A 시계가 어디에 있어요? B 시계가 거실에 있어요.

第26课

韩语小单词 ▸Track **100**

(1) A 에어컨이 어디에 있어요?
B 에어컨이 방에 있어요.
(2) A 옷걸이가 어디에 있어요?
B 옷걸이가 방에 있어요.
(3) A 책장이 어디에 있어요?
B 책장이 방에 있어요.
(4) A 선풍기가 어디에 있어요?
B 선풍기가 방에 있어요.
(5) A 청소기가 어디에 있어요?
B 청소기가 방에 있어요.

(6) A 옷장이 어디에 있어요?
B 옷장이 방에 있어요.
(7) A 서랍장이 어디에 있어요?
B 서랍장이 방에 있어요.
(8) A 침대가 어디에 있어요?
B 침대가 방에 있어요.
(9) A 베개가 어디에 있어요?
B 베개가 방에 있어요.
(10) A 이불이 어디에 있어요?
B 이불이 방에 있어요.
(11) A 의자가 어디에 있어요?
B 의자가 방에 있어요.
(12) A 탁자가 어디에 있어요?
B 탁자가 방에 있어요.
(13) A 변기가 어디에 있어요?
B 변기가 화장실에 있어요.
(14) A 세면대가 어디에 있어요?
B 세면대가 화장실에 있어요.
(15) A 샤워기가 어디에 있어요?
B 샤워기가 화장실에 있어요.
(16) A 욕조가 어디에 있어요?
B 욕조가 화장실에 있어요.
(17) A 냉장고가 어디에 있어요?
B 냉장고가 부엌에 있어요.
(18) A 전자레인지가 어디에 있어요?
B 전자레인지가 부엌에 있어요.
(19) A 가스레인지가 어디에 있어요?
B 가스레인지가 부엌에 있어요.
(20) A 신발장이 어디에 있어요?
B 신발장이 현관에 있어요.

动动脑 1 ▸ Track 101

(1) A 이 집에 냉장고가 있어요?
B 네, 있어요.
(2) A 이 집에 청소기가 있어요?
B 네, 있어요.
(3) A 이 집에 의자가 있어요?
B 아니요, 없어요.
(4) A 이 집에 옷장이 있어요?
B 네, 있어요.
(5) A 이 집에 신발장이 있어요?
B 네, 있어요.
(6) A 이 집에 선풍기가 있어요?
B 아니요, 없어요.
(7) A 이 집에 침대가 있어요?
B 네, 있어요.
(8) A 이 집에 세탁기가 있어요?
B 네, 있어요.

动动脑 2 ▸ Track 102

(1) A 거울이 어디에 있어요?
B 거울이 벽에 있어요.
(2) A 냄비가 어디에 있어요?
B 냄비가 가스레인지 바로 위에 있어요.
(3) A 그림이 어디에 있어요?
B 그림이 창문 옆에 있어요.
(4) A 청소기가 어디에 있어요?
B 청소기가 옷장 옆에 있어요.
(5) A 신발이 어디에 있어요?
B 신발이 신발장 안에 있어요.
(6) A 방석이 어디에 있어요?
B 방석이 탁자 양쪽에 있어요.

第27课

韩语小单词 ▸ Track 103

(1) A 몇 시에 일어나요?
B 아침 6시 55분에 일어나요.
(2) A 몇 시에 세수해요?
B 아침 7시에 세수해요.
(3) A 몇 시에 이를 닦아요?
B 아침 7시 10분에 이를 닦아요.
(4) A 몇 시에 옷을 입어요?
B 아침 7시 20분에 옷을 입어요.
(5) A 몇 시에 집에서 나가요?
B 아침 7시 30분에 집에서 나가요.
(6) A 몇 시에 집에 돌아와요?
B 저녁 7시 30분에 집에 돌아와요.
(7) A 몇 시에 밥을 먹어요?
B 저녁 8시에 밥을 먹어요.
(8) A 몇 시에 목욕해요?
B 밤 9시 30분에 목욕해요.
(9) A 몇 시에 자요?
B 밤 11시에 자요.

动动脑 2 ▸ Track 105

(1) A 뭐 마셔요?
B 녹차를 마셔요.
(2) A 뭐 읽어요?
B 신문하고 잡지를 읽어요.
(3) A 뭐 봐요?

B 영화만 봐요.
(4) A 뭐 해요?
B 아무것도 안해요.

第28课

韩语小单词 Track 106

(1) A 아빠가 뭐 해요? B 자동차를 닦아요.
(2) A 아이가 뭐 해요? B 단어를 찾아요.
(3) A 아이가 뭐 해요? B 라면을 먹어요.
(4) A 엄마가 뭐 해요? B 손을 씻어요.
(5) A 아이가 뭐 해요? B 이를 닦아요.
(6) A 엄마가 뭐 해요? B 화장해요.
(7) A 아빠가 뭐 해요? B 면도해요.
(8) A 엄마가 뭐 해요? B 머리를 빗어요.
(9) A 아빠가 뭐 해요? B 화분에 물을 줘요.
(10) A 아이가 뭐 해요? B 편지를 써요.
(11) A 엄마가 뭐 해요? B 음식을 만들어요.
(12) A 아빠가 뭐 해요? B 집을 수리해요.

动动脑 1 Track 107

(1) A 누가 손을 씻어요?
B 엄마가 손을 씻어요.
(2) A 누가 면도해요?
B 아빠가 면도해요.
(3) A 누가 이를 닦아요?
B 아이가 이를 닦아요.
(4) A 누가 화장해요?
B 엄마가 화장해요.
(5) A 누가 라면을 먹어요?
B 아이가 라면을 먹어요.
(6) A 누가 편지를 써요?
B 아이가 편지를 써요.
(7) A 누가 자동차를 닦아요?
B 아빠가 자동차를 닦아요.
(8) A 누가 단어를 찾아요?
B 아이가 단어를 찾아요.
(9) A 누가 머리를 빗어요?
B 엄마가 머리를 빗어요.
(10) A 누가 화분에 물을 줘요?
B 아빠가 화분에 물을 줘요.
(11) A 누가 집을 수리해요?
B 아빠가 집을 수리해요.
(12) A 누가 음식을 만들어요?
B 엄마가 음식을 만들어요.

动动脑 2 Track 108

(1) A 뭘로 머리를 빗어요?
B 빗으로 머리를 빗어요.
(2) A 뭘로 손을 씻어요?
B 비누로 손을 씻어요.
(3) A 뭘로 이를 닦아요?
B 칫솔로 이를 닦아요.
(4) A 뭘로 단어를 찾아요?
B 사전으로 단어를 찾아요.
(5) A 뭘로 면도해요?
B 면도기로 면도해요.
(6) A 뭘로 화분에 물을 줘요?
B 물통으로 화분에 물을 줘요.
(7) A 뭘로 편지를 써요?
B 펜으로 편지를 써요.
(8) A 뭘로 집을 수리해요?
B 망치로 집을 수리해요.
(9) A 뭘로 음식을 만들어요?
B 냄비로 음식을 만들어요.
(10) A 뭘로 자동차를 닦아요?
B 수건으로 자동차를 닦아요.
(11) A 뭘로 라면을 먹어요?
B 젓가락으로 라면을 먹어요.
(12) A 뭘로 화장해요?
B 화장품으로 화장해요.

第29课

韩语小单词 Track 109

(1) 하루에 한 번 커피를 마셔요.
(2) 하루에 세 번 이를 닦아요.
(3) 하루에 다섯 번 손을 씻어요.
(4) 하루에 세 번 밥을 먹어요.
(5) 일주일에 세 번 운동해요.
(6) 일주일에 네 번 요리해요.
(7) 일주일에 한 번 택시를 타요.
(8) 신용 카드를 전혀 사용 안 해요.
(9) 한 달에 한두 번 친구를 만나요.
(10) 한 달에 서너 번 빨래해요.
(11) 한 달에 한 번 가족한테 전화해요.
(12) 한 달에 한두 번 장을 봐요.
(13) 선물을 전혀 안 사요.
(14) 일 년에 한 번 여행해요.
(15) 일 년에 두세 번 영화를 봐요.
(16) 일 년에 두 번 미용실에 가요.

动动脑 2 ▸ Track 111

(1) A 자주 외식해요?
B 아니요, 거의 외식하지 않아요.
(2) A 담배를 피워요?
B 가끔 담배를 피워요.
(3) A 가끔 거짓말해요?
B 아니요, 저는 거짓말을 전혀 안 해요.
(4) A 늦잠을 잘 때도 있어요?
B 네, 보통 늦잠을 자요.
(5) A 감기에 자주 걸려요?
B 아니요, 저는 감기에 거의 걸리지 않아요.
(6) A 보통 정장을 입어요?
B 네, 저는 항상 정장을 입어요.
(7) A 자주 술을 마셔요?
B 네, 회식이 있어서 자주 술을 마셔요.
(8) A 자주 운동해요?
B 일주일에 한 번쯤 운동해요. 가끔 해요.

第30课

韩语小单词 ▸ Track 112

(1) A 지금 뭐 해요? B 장을 봐요.
(2) A 지금 뭐 해요? B 요리해요.
(3) A 지금 뭐 해요? B 음식을 데워요.
(4) A 지금 뭐 해요? B 상을 차려요.
(5) A 지금 뭐 해요? B 상을 치워요.
(6) A 지금 뭐 해요? B 설거지해요.
(7) A 지금 뭐 해요? B 빨래해요.
(8) A 지금 뭐 해요? B 다리미질해요.
(9) A 지금 뭐 해요? B 옷을 정리해요.
(10) A 지금 뭐 해요? B 청소해요.
(11) A 지금 뭐 해요? B 바닥을 닦아요.
(12) A 지금 뭐 해요? B 쓰레기를 버려요.

动动脑 1 ▸ Track 113

(1) A 걸레로 뭐 해요?
B 바닥을 닦아요.
(2) A 청소기로 뭐 해요?
B 청소해요.
(3) A 세탁기로 뭐 해요?
B 빨래해요.
(4) A 다리미로 뭐 해요?
B 다리미질해요.
(5) A 쓰레기봉투로 뭐 해요?
B 쓰레기를 버려요.
(6) A 도마하고 칼로 뭐 해요?
B 요리해요.
(7) A 전자레인지로 뭐 해요?
B 음식을 데워요.
(8) A 행주로 뭐 해요?
B 상을 치워요.

动动脑 2 ▸ Track 114

(1) A 뭐가 필요해요? B 베개가 필요해요.
(2) A 뭐가 필요해요? B 뚜껑이 필요해요.
(3) A 뭐가 필요해요? B 사다리가 필요해요.
(4) A 뭐가 필요해요? B 망치가 필요해요.
(5) A 뭐가 필요해요? B 이불이 필요해요.
(6) A 뭐가 필요해요? B 바늘하고 실이 필요해요.
(7) A 뭐가 필요해요? B 삽이 필요해요.
(8) A 뭐가 필요해요? B 빗자루가 필요해요.

第31课

韩语小单词 ▸ Track 115

(1) A 지난 주말에 뭐 했어요?
B 시험을 봤어요.
(2) A 지난 주말에 뭐 했어요?
B 친구를 만났어요.
(3) A 지난 주말에 뭐 했어요?
B 책을 읽었어요.
(4) A 지난 주말에 뭐 했어요?
B 구경했어요.
(5) A 지난 주말에 뭐 했어요?
B 쉬었어요.
(6) A 지난 주말에 뭐 했어요?
B 데이트했어요.
(7) A 지난 주말에 뭐 했어요?
B 이사했어요.
(8) A 지난 주말에 뭐 했어요?
B 아르바이트했어요.
(9) A 지난 주말에 뭐 했어요?
B 피아노를 배웠어요.
(10) A 지난 주말에 뭐 했어요?
B 친구 집에 놀러 갔어요.
(11) A 지난 주말에 뭐 했어요?
B 산책했어요.
(12) A 지난 주말에 뭐 했어요?
B 동영상을 봤어요.

动动脑 1 ▸Track 116

(1) 절을 구경했어요.
(2) 길을 산책했어요.
(3) 영화관에서 데이트했어요.
(4) 놀이공원에 놀러 갔어요.
(5) 술집에서 친구를 만났어요.
(6) 편의점에서 아르바이트했어요.

动动脑 2 ▸Track 117

(1) A 데이트가 어땠어요? B 그저 그랬어요.
(2) A 생일 파티가 어땠어요? B 심심했어요.
(3) A 여행이 어땠어요? B 별로였어요.
(4) A 수업이 어땠어요? B 재미있었어요.
(5) A 영화가 어땠어요? B 재미없었어요.
(6) A 공연이 어땠어요? B 신났어요.

第32课

韩语小单词 ▸Track 118

(1) A 정우가 뭐 하고 있어요?
B 정우가 웃고 있어요.
(2) A 동현이 뭐 하고 있어요?
B 동현이 울고 있어요.
(3) A 지연이 뭐 하고 있어요?
B 지연이 나리하고 얘기하고 있어요.
(4) A 진규가 뭐 하고 있어요?
B 진규가 유나하고 놀고 있어요.
(5) A 준기가 뭐 하고 있어요?
B 준기가 춤을 추고 있어요.
(6) A 민수가 뭐 하고 있어요?
B 민수가 소은을 찾고 있어요.
(7) A 윤호가 뭐 하고 있어요?
B 윤호가 친구를 기다리고 있어요.
(8) A 동욱이 뭐 하고 있어요?
B 동욱이 의자에 앉아 있어요.
(9) A 소은이 뭐 하고 있어요?
B 소은이 숨어 있어요.
(10) A 정희가 뭐 하고 있어요?
B 정희가 풍선을 사고 있어요.
(11) A 영식이 뭐 하고 있어요?
B 영식이 풍선을 팔고 있어요.
(12) A 현철이 뭐 하고 있어요?
B 현철이 사진을 찍고 있어요.
(13) A 혜인이 뭐 하고 있어요?
B 혜인이 진석하고 싸우고 있어요.
(14) A 성하가 뭐 하고 있어요?
B 성하가 음악을 듣고 있어요.

动动脑 2 ▸Track 120

(1) A 누가 운동화를 신고 있어요?
B 진석이 운동화를 신고 있어요.
(2) A 누가 모자를 쓰고 있어요?
B 동현이 모자를 쓰고 있어요.
(3) A 누가 치마를 입고 있어요?
B 소은이 치마를 입고 있어요.
(4) A 누가 목도리를 하고 있어요?
B 성하가 목도리를 하고 있어요.
(5) A 누가 부채를 들고 있어요?
B 동욱이 부채를 들고 있어요.
(6) A 누가 시계를 차고 있어요?
B 윤호가 시계를 차고 있어요.

第36课

韩语小单词 ▸Track 127

(1) A 뭐 드릴까요? B 사과 주세요.
(2) A 뭐 드릴까요? B 배 주세요.
(3) A 뭐 드릴까요? B 포도 주세요.
(4) A 뭐 드릴까요? B 딸기 주세요.
(5) A 뭐 드릴까요? B 수박 주세요.
(6) A 뭐 드릴까요? B 참외 주세요.
(7) A 뭐 드릴까요? B 복숭아 주세요.
(8) A 뭐 드릴까요? B 감 주세요.
(9) A 뭐 드릴까요? B 귤 주세요.
(10) A 뭐 드릴까요? B 레몬 주세요.
(11) A 뭐 드릴까요? B 키위 주세요.
(12) A 뭐 드릴까요? B 바나나 주세요.

动动脑 2 ▸Track 129

(1) A 사과가 얼마예요?
B 사과 한 개에 1,500원이에요.
(2) A 사과가 얼마예요?
B 사과 한 상자에 25,000원이에요.
(3) A 사과가 얼마예요?
B 사과 한 봉지에 6,000원이에요.
(4) A 사과가 얼마예요?
B 사과 한 바구니에 10,000원이에요.

第37课

动动脑 1 ▸ Track 132

(1) 저는 양파는 좋아하는데 마늘은 안 좋아해요.
(2) 저는 옥수수도 고구마도 둘 다 좋아해요.
(3) 저는 고추하고 콩 둘 다 안 좋아해요.
(4) 저는 호박은 안 좋아하지만 버섯은 좋아해요.

第38课

韩语小单词 ▸ Track 135

(1) A 이게 한국어로 뭐예요? B 새우예요.
(2) A 이게 한국어로 뭐예요? B 조개예요.
(3) A 이게 한국어로 뭐예요? B 홍합이에요.
(4) A 이게 한국어로 뭐예요? B 게예요.
(5) A 이게 한국어로 뭐예요? B 가재예요.
(6) A 이게 한국어로 뭐예요? B 문어예요.
(7) A 이게 한국어로 뭐예요? B 낙지예요.
(8) A 이게 한국어로 뭐예요? B 오징어예요.
(9) A 이게 한국어로 뭐예요? B 굴이에요.
(10) A 이게 한국어로 뭐예요? B 미역이에요.
(11) A 이게 한국어로 뭐예요? B 고등어예요.
(12) A 이게 한국어로 뭐예요? B 장어예요.
(13) A 이게 한국어로 뭐예요? B 연어예요.
(14) A 이게 한국어로 뭐예요? B 참치예요.
(15) A 이게 한국어로 뭐예요? B 갈치예요.
(16) A 이게 한국어로 뭐예요? B 멸치예요.

动动脑 2 ▸ Track 137

(1) 남자 저는 소고기를 좋아하는데 좀 비싸서 가끔 먹어요.
여자 저는 소고기를 전혀 안 먹어요.
(2) 남자 저는 돼지고기를 좋아해서 매일 먹어요.
여자 저도 돼지고기를 자주 먹어요.
(3) 남자 저는 닭고기를 못 먹어요.
여자 저도 닭고기를 거의 안 먹어요.
(4) 남자 저는 아침마다 새우를 먹어요.
여자 저는 새우를 전혀 안 먹어요.
(5) 남자 저는 조개를 못 먹어요.
여자 저는 가끔 조개를 먹어요.
(6) 남자 저는 장어를 좋아해서 자주 먹어요.
여자 저도 장어를 좋아해서 가끔 먹어요.

第39课

动动脑 1 ▸ Track 139

(1) 고추가 매워요.
(2) 바닷물이 짜요.
(3) 초콜릿이 달아요.
(4) 레몬이 시어요.
(5) 치킨이 느끼해요.
(6) 인삼이 써요.

第40课

韩语小单词 ▸ Track 142

(1) A 뭐 드릴까요? B 커피 주세요.
(2) A 뭐 드릴까요? B 녹차 주세요.
(3) A 뭐 드릴까요? B 홍차 주세요.
(4) A 뭐 드릴까요? B 주스 주세요.
(5) A 뭐 드릴까요? B 콜라 주세요.
(6) A 뭐 드릴까요? B 사이다 주세요.
(7) A 뭐 드릴까요? B 우유 주세요.
(8) A 뭐 드릴까요? B 생수 주세요.
(9) A 뭐 드릴까요? B 맥주 주세요.
(10) A 뭐 드릴까요? B 생맥주 주세요.
(11) A 뭐 드릴까요? B 소주 주세요.
(12) A 뭐 드릴까요? B 막걸리 주세요.
(13) A 뭐 드릴까요? B 와인 주세요.

第41课

动动脑 2 ▸ Track 148

(1) 케이크 한 조각하고 커피 한 잔 주세요.
(2) 과자 두 봉지에 콜라 한 병 주세요.
(3) 떡 한 접시와 물 세 잔 주세요.
(4) 땅콩 한 접시하고 생맥주 두 잔 주세요.

第42课

韩语小单词 ▸ Track 150

(1) 개인 접시 좀 갖다주세요.
(2) 국자 좀 갖다주세요.
(3) 계산서 좀 갖다주세요.

(4) 물티슈 좀 갖다주세요.
(5) 영수증 좀 갖다주세요.
(6) 냅킨 좀 갖다주세요.

动动脑 1 ▸ Track **151**

A 찌개에 뭐가 들어가요?
B 파하고 마늘, 감자가 들어가요. 고추하고 양파, 버섯도 들어가요.
A 그럼, 찌개에 뭐가 안 들어가요?
B 오이하고 당근은 안 들어가요. 옥수수하고 호박도 안 들어가요.

▸ Track **152**

(1) A 찌개에 오이가 들어가요?
B 아니요, 안 들어가요.
(2) A 찌개에 감자가 들어가요?
B 네, 들어가요.
(3) A 찌개에 당근이 들어가요?
B 아니요, 안 들어가요.
(4) A 찌개에 옥수수가 들어가요?
B 아니요, 안 들어가요.
(5) A 찌개에 파가 들어가요?
B 네, 들어가요.
(6) A 찌개에 고추가 들어가요?
B 네, 들어가요.
(7) A 찌개에 양파가 들어가요?
B 네, 들어가요.
(8) A 찌개에 버섯이 들어가요?
B 네, 들어가요.
(9) A 찌개에 마늘이 들어가요?
B 네, 들어가요.
(10) A 찌개에 호박이 들어가요?
B 아니요, 안 들어가요.

第44课

韩语小单词 ▸ Track **158**

(1) 썰어요, 잘라요
(2) 넣어요, 빼요
(3) 구워요, 부쳐요
(4) 발라요, 뿌려요
(5) 섞어요, 저어요
(6) 삶아요, 데쳐요

动动脑 2 ▸ Track **159**

먼저, 여러 가지 채소를 잘 씻으세요.
그다음에, 채소를 썰어 놓으세요.
그리고 그릇에 밥을 넣고 그 위에 채소를 놓으세요.
그다음에 고추장을 넣으세요.
그리고 채소와 밥을 잘 비비세요.
마지막으로 맛있게 드세요.

第45课

韩语小单词 ▸ Track **160**

(1) A 시간이 있을 때 뭐 해요?
B 여행해요.
(2) A 시간이 있을 때 뭐 해요?
B 등산해요.
(3) A 시간이 있을 때 뭐 해요?
B 책을 읽어요.
(4) A 시간이 있을 때 뭐 해요?
B 영화를 봐요.
(5) A 시간이 있을 때 뭐 해요?
B 사진을 찍어요.
(6) A 시간이 있을 때 뭐 해요?
B 음악을 들어요.
(7) A 시간이 있을 때 뭐 해요?
B 악기를 연주해요.
(8) A 시간이 있을 때 뭐 해요?
B 그림을 그려요.
(9) A 시간이 있을 때 뭐 해요?
B 쇼핑해요.
(10) A 시간이 있을 때 뭐 해요?
B 운동해요.
(11) A 시간이 있을 때 뭐 해요?
B 테니스를 쳐요.
(12) A 시간이 있을 때 뭐 해요?
B 게임해요.
(13) A 시간이 있을 때 뭐 해요?
B 개하고 놀아요.
(14) A 시간이 있을 때 뭐 해요?
B 수리해요.
(15) A 시간이 있을 때 뭐 해요?
B 요리해요.
(16) A 시간이 있을 때 뭐 해요?
B 낚시해요.

动动脑 2 ▶ Track 162

(1) 저는 한국 음악에 관심이 있지만, 가수에는 관심이 없어요.
(2) 친구는 사진도 안 좋아하고, 사진작가에도 관심이 없어요.
(3) 저는 한국 음식을 좋아해요. 하지만 요리 방법에 관심이 없어요.
(4) 저는 운동도 안 좋아하고 운동선수에도 관심이 없어요.
(5) 제 동생은 한국 영화에 관심이 있지만 한국 배우하고 감독은 잘 몰라요.
(6) 저는 한국 역사하고 그림은 잘 모르겠어요. 하지만 서예에 관심이 있어요.

第46课

韩语小单词 ▶ Track 165

(1) A 수리 잘해요? B 아니요, 전혀 못해요.
(2) A 요리 잘해요? B 네, 잘해요.
(3) A 춤 잘 춰요? B 아니요, 전혀 못 춰요.
(4) A 노래 잘해요? B 아니요, 잘 못해요.
(5) A 기타 잘 쳐요? B 아니요, 전혀 못 쳐요.
(6) A 운전 잘해요? B 네, 잘해요.
(7) A 바둑 잘해요? B 아니요, 전혀 못해요.
(8) A 외국어 잘해요? B 아니요, 잘 못해요.
(9) A 피아노 잘 쳐요? B 네, 잘 쳐요.
(10) A 컴퓨터 잘해요? B 아니요, 잘 못해요.
(11) A 농담 잘해요? B 아니요, 잘 못해요.
(12) A 한자 잘해요? B 아니요, 전혀 못해요.

第47课

韩语小单词 ▶ Track 167

(1) A 옷을 가져가요? B 네, 가져가요.
(2) A 속옷을 가져가요? B 네, 가져가요.
(3) A 양말을 가져가요? B 네, 가져가요.
(4) A 수영복을 가져가요? B 아니요, 안 가져가요.
(5) A 모자를 가져가요? B 네, 가져가요.
(6) A 운동화를 가져가요? B 아니요, 안 가져가요.
(7) A 담요를 가져가요? B 아니요, 안 가져가요.
(8) A 수건을 가져가요? B 네, 가져가요.
(9) A 비누를 가져가요? B 아니요, 안 가져가요.
(10) A 칫솔을 가져가요? B 네, 가져가요.
(11) A 치약을 가져가요? B 아니요, 안 가져가요.
(12) A 화장품을 가져가요? B 네, 가져가요.
(13) A 책을 가져가요? B 아니요, 안 가져가요.
(14) A 약을 가져가요? B 네, 가져가요.
(15) A 지도를 가져가요? B 아니요, 안 가져가요.
(16) A 카메라를 가져가요? B 네, 가져가요.
(17) A 우산을 가져가요? B 아니요, 안 가져가요.
(18) A 슬리퍼를 가져가요? B 아니요, 안 가져가요.

动动脑 1 ▶ Track 168

(1) A 어디로 놀러 갔어요?
B 산으로 놀러 갔어요.
(2) A 어디로 놀러 갔어요?
B 바닷가로 놀러 갔어요.
(3) A 어디로 놀러 갔어요?
B 강으로 놀러 갔어요.
(4) A 어디로 놀러 갔어요?
B 섬으로 놀러 갔어요.
(5) A 어디로 놀러 갔어요?
B 궁으로 놀러 갔어요.
(6) A 어디로 놀러 갔어요?
B 동물원으로 놀러 갔어요.
(7) A 어디로 놀러 갔어요?
B 관광지로 놀러 갔어요.
(8) A 어디로 놀러 갔어요?
B 놀이 공원으로 놀러 갔어요.

动动脑 2 ▶ Track 170

(1) A 누구하고 산에 등산 갔어요?
B 가족이 시간이 없었어요. 그래서 이웃하고 등산 갔어요.
(2) A 누구하고 강에 놀러 갔어요?
B 회사에서 동료하고 강에 놀러 갔어요.
(3) A 누구하고 바다에 여행 갔어요?
B 지난여름에 여행을 못 갔어요. 그래서 이번에는 가족하고 바다에 여행 갔어요.
(4) A 누구하고 관광지에 구경 갔어요?
B 저는 산책을 좋아해요. 그래서 혼자 구경 갔어요.
(5) A 누구하고 동물원에 구경 갔어요?
B 원래 친구하고 동물원에 가려고 했어요. 하지만 결국 동료하고 갔어요.
(6) A 누구하고 놀이공원에 놀러 갔어요?
B 친구하고 놀이공원에 가고 싶었어요. 하지만 친구가 시간이 없어서 아는 사람하고 놀러 갔어요.

第51课

韩语小单词 ▸ Track 177

(1) A 지금 어때요? B 아파요.
(2) A 지금 어때요? B 더워요.
(3) A 지금 어때요? B 추워요.
(4) A 지금 어때요? B 배고파요.
(5) A 지금 어때요? B 배불러요.
(6) A 지금 어때요? B 목말라요.
(7) A 지금 어때요? B 피곤해요.
(8) A 지금 어때요? B 긴장돼요.
(9) A 지금 어때요? B 졸려요.

动动脑 2 ▸ Track 179

(1) 배고파요. 빵 좀 주세요.
(2) 더워요. 부채 좀 주세요.
(3) 아파요. 약 좀 주세요.
(4) 목말라요. 물 좀 주세요.
(5) 추워요. 담요 좀 주세요.

第52课

韩语小单词 ▸ Track 180

(1) A 기분이 어때요? B 기분이 좋아요.
(2) A 기분이 어때요? B 걱정돼요.
(3) A 기분이 어때요? B 기뻐요.
(4) A 기분이 어때요? B 슬퍼요.
(5) A 기분이 어때요? B 놀랐어요.
(6) A 기분이 어때요? B 무서워요.
(7) A 기분이 어때요? B 화가 났어요.
(8) A 기분이 어때요? B 심심해요.
(9) A 기분이 어때요? B 기분이 나빠요.
(10) A 기분이 어때요? B 창피해요.
(11) A 기분이 어때요? B 실망했어요.
(12) A 기분이 어때요? B 외로워요.

第58课

韩语小单词 ▸ Track 198

(1) A 날씨가 어때요? B 비가 와요.
(2) A 날씨가 어때요? B 맑아요.
(3) A 날씨가 어때요? B 눈이 와요.
(4) A 날씨가 어때요? B 흐려요.
(5) A 날씨가 어때요? B 바람이 불어요.
(6) A 날씨가 어때요? B 안개가 꼈어요.

动动脑 2 ▸ Track 199

(1) 날씨가 더워요. 선풍기하고 손수건하고 부채가 필요해요.
(2) 비가 와요. 비옷하고 우산이 필요해요.
(3) 날씨가 추워요. 장갑하고 코트하고 목도리가 필요해요.
(4) 햇빛이 강해요. 선글라스하고 모자가 필요해요.

第59课

动动脑 2 ▸ Track 202

(1) A 무슨 띠예요? B 쥐띠예요.
(2) A 무슨 띠예요? B 소띠예요.
(3) A 무슨 띠예요? B 호랑이띠예요.
(4) A 무슨 띠예요? B 토끼띠예요.
(5) A 무슨 띠예요? B 용띠예요.
(6) A 무슨 띠예요? B 뱀띠예요.
(7) A 무슨 띠예요? B 말띠예요.
(8) A 무슨 띠예요? B 양띠예요.
(9) A 무슨 띠예요? B 원숭이띠예요.
(10) A 무슨 띠예요? B 닭띠예요.
(11) A 무슨 띠예요? B 개띠예요.
(12) A 무슨 띠예요? B 돼지띠예요.

词汇目录

词汇

ㄱ

ㄴ

ㄷ

ㄹ

ㅁ

ㅂ

ㅅ

ㅇ

ㅈ

ㅊ

ㅋ

ㅌ

ㅍ

ㅎ

表现